Coleção
Preparando
para concursos

Questões
discursivas
comentadas

Organizadores: **Leonardo Garcia e Roberval Rocha**

ADVOCACIA PÚBLICA FEDERAL

Coleção
Preparando *para concursos*

Questões *discursivas* comentadas

Organizadores: **Leonardo Garcia e Roberval Rocha**

ADVOCACIA PÚBLICA FEDERAL

3ª edição
Revista, atualizada e ampliada

2023

EDITORA JusPODIVM
www.editorajuspodivm.com.br

EDITORA *Jus*PODIVM
www.editorajuspodivm.com.br

Rua Canuto Saraiva, 131 – Mooca – CEP: 03113-010 – São Paulo – São Paulo
Tel: (11) 3582.5757
• Contato: https://www.editorajuspodivm.com.br/central-de-relacionamento

Copyright: Edições *Jus*PODIVM

Diagramação: Ana Paula Lopes Corrêa *(aninha_lopescorrea@hotmail.com)*

Capa: Ana Caquetti

G719p Gouveia, Mila.
Preparando para Concursos - Questões Discursivas Comentadas - Advocacia Pública Federal (AGU, PFN, BACEN) / Mila Gouveia, Marianna Motta – 3. ed., rev., atual. e ampl. - São Paulo: Editora JusPodivm, 2023.
320 p.
(Coleção Preparando para Concursos - Discursivas)

Inclui Bibliografia
ISBN: 978-85-442-4227-8

1. Concursos. 2. Provas de seleção. I. Gouveia, Mila. II. Motta, Marianna. III. Título.

CDD 341.33312

BIBLIOTECÁRIA RESPONSÁVEL
Ana Carolina Ribeiro Mois – CRB7 – RJ 007348/0

AUTORES

Carolina Blum

Procuradora do Banco Central. Pós-graduanda em Direito Empresarial. Professora de Direito Econômico, Empresarial e Financeiro no Curso CEI-AGU.

Danilo Moreira Nascimento

Procurador Federal. Pós-graduado em Ordem Jurídica pela Fundação Escola Superior do Ministério Público do Distrito Federal e dos Territórios - FESMPDFT. Bacharel em Direito pela Universidade Estadual de Montes Claros (Unimontes) e Centro Universitário do Distrito Federal (UDF). Ex-Defensor Público Federal e ex-Analista Judiciário do TJDFT. Aprovado em 2º lugar para Juiz de Direito do TJAM. Instagram: @prof.danilo.nascimento

Eliete Viana Xavier

Advogada da União com atuação perante os Tribunais Superiores. Conselheira da OAB/DF (2022-2024). Bacharel em Direito pelo UniCeub. Especialista em Direito Processual Civil. Professora e mentora em cursos preparatórios para concursos.

Frederico Rios Paula

Procurador Federal. Graduado em Direito pela Universidade Federal Fluminense.

Gabriela Koetz da Fonseca Guedes

Procuradora Federal. Bacharel em Direito pela Pontifícia Universidade Católica do Rio Grande do Sul. Especialista em Gestão Estratégica para Resultados pela UNICEUB-DF. Pós-graduanda em Direito Previdenciário e em Jurimetria.

Igor Rodrigues

Juiz do Trabalho. Ex-Procurador Federal. Mestre em Direito pela Universidade Federal do Rio Grande do Sul e Especialista em Direito Público pela Universidade de Brasília.

João Paulo Lawall Valle

Advogado da União. Pós-Graduado em Direito Público pela Universidade Anhanguera. Professor e Coach de Concursos Públicos da Escola Brasileira de Ensino Jurídico na Internet.

Leonardo Bas Galupe Lagos

Procurador Federal. Doutorando em Direito pela UFSC. Mestre em Direito pela UFPEL. Professor de Direito Administrativo na UCPEL.

Luciana Lima Rocha

Procuradora do Banco Central. Especialista em Direito Processual Civil pela PUC/Minas. Professora de Direito Processual Civil e Direito Administrativo. Mestranda em Direito Público no IDP. Atualmente ocupa o cargo de Subprocuradora-chefe dos Processos Relevantes do Banco Central do Brasil.

Manoel Simião Cavalcante Neto

Procurador do Município do Rio de Janeiro. Ex-Procurador do Estado da Paraíba. Pós-graduando em LLM de Direito da Infraestrutura e Regulação pela FGV.

Marcelo Zanine Caldas Olivieri

Procurador da Fazenda Nacional. Especialista em Direito Administrativo e em Direito Tributário.

Renata Maria de Brito Azevêdo

Procuradora Federal. Pós-graduanda em Direito Internacional pela Faculdade Estácio de Sá. Graduada em Direito pela Universidade Federal do Maranhão. Ex-assessora na Procuradoria da República do Maranhão.

Renato Cesar Guedes Grilo

Procurador da Fazenda Nacional com atuação perante os Tribunais Superiores. Pós-graduado em Direito Constitucional. Professor de cursos preparatórios para concursos. Bacharel em Ciências Jurídicas e Sociais pela Universidade Federal da Paraíba.

Rodolfo Botelho Cursino

Procurador da Fazenda Nacional. Pós-graduando em Direito Público pela Universidade Braz Cubas. Bacharel em Direito pela Universidade Federal de Pernambuco. Ex-Técnico do Seguro Social - INSS.

Rodolfo Soares Ribeiro Lopes

Procurador Federal. Bacharel em Direito pela Universidade Federal de Pernambuco (UFPE). Especialista em Direito Administrativo.

Marianna Martini Motta

Coordenadora do Livro

Procuradora Federal. Mestre em Direito pela IMED (Atitus). Especialista em Direito Público pela PUC-RS. Especialista em Direito Processual Civil pela LFG-Anhanguera. Pós-graduanda em Gestão de Projetos pela Escola Conquer. Bacharel em Direito pela Universidade Federal de Santa Maria (UFSM). Ex-Analista do MPU. Idealizadora e coordenadora do Método M - Mentoria para concursos e cursos de questões discursivas. Instagram: @metodommentoria

Mila Gouveia

Coordenadora do Livro

Mestranda em Direitos Fundamentais. Pós-graduada em Direito Público. Advogada. Professora e Coordenadora de cursos jurídicos. Apresentadora do Fique por dentro dos Informativos STF/STJ da Editora Juspodivm. Criadora do canal "Mila Gouveia" no YouTube.

APRESENTAÇÃO

A Coleção ***PREPARANDO PARA CONCURSOS***, conhecida do público pela forma sistematizada e direcionada de estudos por meio de questões dos principais certames do país, agora apresenta um antigo desejo dos leitores: livros com foco em carreiras específicas, voltados para questões discursivas, comentadas por membros destas carreiras jurídicas e por excelentes professores.

As questões discursivas, muitas vezes de difícil acesso para os interessados em estudá-las, foram selecionadas e catalogadas criteriosamente, no intuito de oferecer aos concursandos o melhor panorama de exigência de conteúdo destes concursos públicos.

Com as ***QUESTÕES DISCURSIVAS COMENTADAS***, o candidato terá condições de se preparar de maneira direcionada para as etapas subsequentes às provas objetivas, analisando quais os temas já foram cobrados, as recorrências, o foco explorado pelas Bancas etc.

Além disso, de maneira inédita e pensando na melhor metodologia de estudos, os profissionais e professores não somente comentam as questões como se estivessem fazendo a prova; antes dos comentários, discorrem sobre os tópicos que devem ser abordados nas respostas, quais os cuidados a serem tomados na redação, qual, enfim, o melhor caminho a ser trilhado.

É que, muitas vezes, a simples apresentação dos comentários não basta para mostrar ao leitor como ele deve apresentar sua resposta e quais os cuidados e técnicas devem ser empregados na hora de enfrentar a prova.

Deste modo, aprimorando os métodos de estudo por meio de questões, esperamos que gostem desta nova proposta apresentada na Coleção.

Boa sorte e bons estudos.
Contem conosco

Roberval Rocha

Leonardo Garcia

SUMÁRIO

DIREITO ADMINISTRATIVO

1. AGENTES PÚBLICOS

***(Cespe/Bacen/Procurador/2013)** O Bacen, no exercício da sua competência de supervisionar e fiscalizar o Sistema Financeiro Nacional, investigava a procedência de informações recebidas acerca do envio clandestino por pessoa física ao exterior de valores objeto de operações de câmbio não autorizadas ou registradas, com indícios do ilícito denominado lavagem de dinheiro. A conduta consistia na importação de veículos, que perfazia um total de US$ 40 milhões, ao passo que, no sistema de informações do Bacen, constava apenas valor declarado de US$ 20 milhões. Havia informações, também, de que a pessoa física investigada estaria utilizando dinheiro oriundo da atividade delituosa para pagamento de despesas pessoais incompatíveis com a renda declarada e demonstrando, ainda, outros sinais exteriores de riqueza, tais como bens móveis e imóveis suntuosos. O fato foi noticiado na imprensa e o Ministério Público federal, o Tribunal de Contas da União e uma comissão parlamentar de inquérito instaurada na Câmara dos Deputados solicitaram do Bacen o envio das informações relativas à indigitada pessoa física constantes do SISBacen. A Procuradoria-Geral do Bacen foi consultada acerca da viabilidade do atendimento da solicitação de cada órgão, em especial, por força do disposto no art. 11 da Lei Complementar n. 105/2001, a seguir transcrito: "Art. 11. O servidor público que utilizar ou viabilizar a utilização de qualquer informação obtida em decorrência da quebra de sigilo de que trata esta Lei Complementar responde pessoal e diretamente pelos danos decorrentes, sem prejuízo da responsabilidade objetiva da entidade pública, quando comprovado que o servidor agiu de acordo com orientação oficial." Nessa situação hipotética, que orientação jurídica deve ser dada em resposta a cada um dos órgãos com relação à solicitação feita? Fundamente sua resposta.*

Direcionamento da resposta

O candidato deverá distinguir as três situações e afirmar que: no que se refere ao Ministério Público Federal, o repasse das informações somente poderá ser realizado com autorização judicial, à exceção da hipótese do art. 9º, da LC nº 105/2001, além disso é importante mencionar jurisprudência do STJ e do STF sobre o assunto; quanto ao Tribunal de Contas da União, uma vez que não está incluído no rol dos que podem ordenar a quebra de sigilo bancário, também não será possível; por fim, a Comissão Parlamentar de Inquérito poderá ter acesso, desde que respeitado o disposto no art. 4º, §§ 1º e 2º, da LC nº 105/2001.

Sugestão de resposta

Tendo em vista a solicitação do Ministério Público Federal (MPF), do Tribunal de Contas da União (TCU) e da Comissão Parlamentar de Inquérito (CPI), é necessário destacar que tais órgãos merecem tratamento distinto no que se refere ao acesso de informações obtidas pelo Banco Central (Bacen) no exercício da sua competência de supervisionar e fiscalizar o Sistema Financeiro Nacional.

Em relação ao MPF, em regra, vale destacar que, no uso de suas prerrogativas institucionais, não está autorizado a requisitar documentos fiscais e bancários sigilosos diretamente ao Fisco e às instituições financeiras, sob pena de violar os direitos fundamentais ao sigilo de dados e à privacidade e intimidade (art. 5º, XII, da CF/88). De acordo com o STJ[1], é ilegal a requisição de dados fiscais feita diretamente pelo Ministério Público (MP), sem autorização judicial. Essa decisão decorre do entendimento do Supremo Tribunal Federal (STF), firmado no **Tema 990**, que permite que a Receita Federal encaminhe ao MP dados fiscais quando houver suspeita de crime, mas não possibilita ao órgão de acusação requisitar esses mesmos dados sem autorização judicial. Portanto, o entendimento jurisprudêncial é de que é ilegal a requisição, sem autorização judicial, de dados fiscais pelo Ministério Público. Contudo, uma vez verificados indícios da ocorrência de crimes de ação penal pública, como no caso concreto, o Bacen deverá repassar tais informações ao MPF, tal qual prevê o art. 9º, da LC nº 105/2001.

O TCU, por sua vez, não tem prerrogativa de quebra de sigilo sem autorização judicial, por ausência de previsão legal. Sendo assim, por mais relevantes que sejam suas funções institucionais, não está incluído no rol dos órgãos que podem ordenar a quebra de sigilo bancário.[2]

Por fim, no que se refere à CPI, poderá ter acesso às informações obtidas pelo Bacen, desde que haja requerimento aprovado pela maioria absoluta da Comissão ou do Plenário da respectiva Casa, conforme disposto no art. 4º, §§ 1º e 2º, da LC nº 105/2001.

1. RHC 83.233-MG, Rel. Min. Sebastião Reis Júnior, julgado em 09/02/2022 (Info 724)
2. Ver, no STF, o MS 22.934.

(Cespe/AGU/Advogado/2012) *A teoria das relações contratuais de fato, desenvolvida na Alemanha, a partir dos escritos de Gunther Haupt, em 1941, e adaptada e divulgada por Karl Larenz, nos anos 50 do século XX, tem sido utilizada em situações que envolvam passagem direta do plano da existência para o plano da eficácia, a despeito de o negócio jurídico apresentar defeitos ou causas de invalidade subjetiva, objetiva ou formal. Embora arruinada em seu país de origem e desconsiderada pelos tribunais alemães, por um curioso fenômeno de recepção tardia de uma doutrina estrangeira no país, essa teoria encontra razoável aplicação no Brasil, na jurisprudência do STJ e do STF. Com base nessas informações e na jurisprudência dominante no STJ, discorra sobre aplicação da teoria das relações contratuais de fato ao caso de nomeação de servidor público admitido sem concurso público. Em sua resposta, considere, especificamente, o problema da investidura e do pagamento de subsídios.*

Direcionamento da resposta

Nesta questão, o candidato deve destacar, de maneira breve, em que consiste a "teoria/doutrina das relações contratuais de fato", realçando que, no caso, há um ato que produz efeitos regularmente, muito embora inválido (nomeação sem concurso público), isto é, passa-se diretamente do plano da existência para o plano da eficácia. Em seguida, é interessante tratar dos denominados "agentes de fato", gênero do qual são espécie os "agentes putativos", para, por fim, concluir que a investidura desses agentes, apesar de ilegítima, não retira o direito à percepção da remuneração, a fim de que se evite enriquecimento sem causa por parte da Administração Pública.

Sugestão de resposta

A teoria/doutrina das relações contratuais de fato, originalmente aplicada no âmbito civilista, foi desenvolvida com a finalidade de preservar os efeitos de um negócio jurídico viciado no plano da validade, mas que produz seus efeitos regularmente. Trata-se, portanto, de atribuir efeitos jurídicos a um ato existente, muito embora inválido.

No Brasil, tal teoria foi recepcionada pela jurisprudência dos Tribunais Superiores e aplicada especificamente à situação em que se identifica a prática de ato administrativos pelos chamados "agentes de fato", admitidos sem prévio concurso público. Nesse sentido, o termo "agentes de fato" é considerado gênero, do qual são espécie os chamados "agentes putativos", que "são os que desempenham uma atividade pública na presunção de que há legitimidade, embora não tenha havido investidura dentro do procedimento legalmente exigido".[3] Trata-se do caso, por exemplo, do servidor público que pratica vários atos típicos da Administração, sem que tenha sido investido regularmente mediante concurso público, tal como exige o art. 37, II, da CF/88.

Nessas hipóteses, a jurisprudência do STJ (cf. REsp 915.322/MG) tem entendimento pacífico no sentido de que, muito embora a investidura na função pública seja manifestamente ilegítima (e inválida), os efeitos do ato devem ser preservados, a fim de evitar que terceiros de boa-fé sejam prejudicados.

Assim, tendo em vista existência de efetiva prestação de serviço por alguém que não deveria ter trabalhado, conforme entendimento do STF,[4] justifica-se o pagamento da remuneração correspondente, inclusive para evitar que ocorra enriquecimento sem causa por parte da Administração Pública.[5]

(Cespe/AGU/Advogado/2012) *O Ministério do Planejamento, Orçamento e Gestão pretende lançar edital de concurso público, com prazo de validade de um ano, para o provimento de cem cargos vagos de especialista em políticas públicas e gestão governamental. Pretende, ainda, o referido órgão que o concurso público seja realizado em três fases: prova objetiva, prova discursiva e exame psicotécnico. Para tanto, a ministra de Estado decidiu consultar previamente a Consultoria Jurídica, acerca da realização do concurso público. Considerando a situação hipotética apresentada, responda, de forma justificada, com fundamento na Constituição Federal de 1988 (CF) e na jurisprudência do Supremo Tribunal Federal (STF) às indagações seguintes. (i) É possível o estabelecimento da fase do exame psicotécnico no edital do referido concurso? (ii) O referido órgão público tem a obrigação de nomear, no prazo de validade do concurso público, todos os candidatos aprovados dentro do número de vagas previsto no edital?*

Direcionamento da resposta

Essa questão exige do candidato um bom domínio do texto constitucional e da jurisprudência dominante do Superior Tribunal de Justiça e o Supremo Tribunal Federal.

---

3. CARVALHO FILHO, José dos Santos. **Manual de direito administrativo.** 25ª ed. São Paulo: Atlas, 2012, p. 587-588.
4. Informativo 756 do STF.
5. No mesmo sentido: CARVALHO FILHO, José dos Santos. *Op. cit.*, p. 588.

Para introdução da resposta é fundamental fazer um apanhado geral do que é o concurso público, a sua base constitucional, demonstrando conhecimento da situação excepcional quando o mesmo não é exigido. Friso, é fundamental expor ao examinador os artigos da legislação (não copiá-los, mas citá-los).

Para responder a primeira pergunta é importante que o candidato demonstre conhecimento sobre a divergência que paira sobre o exame psicotécnico e a posição atual da jurisprudência sobre o caso, demonstrando conhecer os requisitos impostos pelos tribunais (citando a Súmula 686 do STF) e pelo Decreto nº 9.739/2019.

Para a segunda resposta também é importante que o candidato demonstre conhecer a jurisprudência dos dois tribunais superiores, demonstrando que ambos têm hoje posição convergente no sentido da existência de direito subjetiva à nomeação do candidato aprovado dentro do número de vagas previstas no edital do concurso.

Sugestão de resposta

A Constituição Federal traz no artigo 37, II, a consagração do princípio do concurso público, informando que a investidura em cargos ou empregos públicos dependerá de prévia aprovação em concurso de provas ou provas e títulos, de acordo com a complexidade do cargo ou do emprego, havendo ressalva para as nomeações para cargos em comissão declarados em lei como de livre nomeação e livre exoneração. Ou seja, a exigência de concurso público se aplica para a nomeação de cargos ou empregos públicos de provimento efetivo, não abrangendo os cargos onde o entendimento subjetivo e discricionário do administrador define quem irá preenchê-los (cargos em comissão).

Como dito acima, da leitura do dispositivo constitucional mencionado (artigo 37, II) é importante frisar que é exigência normativa que o concurso público seja de provas e títulos ou apenas provas. Com isso se nota que não é possível se falar em contratações para cargos ou empregos públicos com base exclusivamente na análise de títulos ou do currículo do candidato.

O exame psicotécnico e a sua admissibilidade nos concursos públicos é um tema que gera acentuada polêmica na doutrina administrativista nacional e também na jurisprudência. Hoje a posição que predomina, tanto na doutrina como na jurisprudência do Superior Tribunal de Justiça[6] é que é possível que o exame psicotécnico seja exigido como fase no concurso público desde que estejam presentes os seguintes pressupostos: i) previsão legal para exigir este

6. AgInt no AREsp 1992770 / MG, Informativo 535 do STJ, RMS 29087/MS e REsp 469959/RS.

exame, não sendo suficiente apenas a exigência no edital; ii) que o exame não seja realizado segundo critérios subjetivos do avaliador, que resultem em discriminação dos candidatos (cientificidade do exame); iii) que seja passível de recurso pelo candidato.

A jurisprudência do Supremo Tribunal Federal não discrepa desta posição, entendendo que é possível o estabelecimento de exame psicotécnico para concurso público, desde que preencham os requisitos acima arrolados (RE 473719 AgR/DF), cabendo destacar a Súmula 686 da jurisprudência dominante do STF que reforça a necessidade de lei para que os candidatos a um concurso público possam se sujeitar a exame psicotécnico.

Além disso, o Decreto 9.739, de 28 de março de 2019, aplicável à Administração Direta e às Autarquias e Fundações Públicas do Poder Executivo Federal, determina que a realização de exame psicotécnico deve constar no edital do concurso público.[7]

No que tange à obrigatoriedade da Administração nomear todos os candidatos aprovados dentro do número de vagas, durante a duração do concurso público, o STF fixou no Tema 161 a tese de que o candidato aprovado em concurso público dentro do número de vagas previsto no edital possui direito subjetivo à nomeação.

Por sua vez, o STJ, seguindo o entedimento do STF, tem o entendimento de que nos concursos nos quais não há previsão expressa do número certo de vagas (formação de cadastro de reserva), há direito subjetivo à nomeação para aquele candidato classificado na primeira colocação[8].

Essa jurisprudência garante aos candidatos aprovados em concurso público, dentro do número das vagas definidas no edital do certame, o direito subjetivo de serem nomeados no prazo de validade do processo seletivo, podendo ir ao judiciário no caso de omissão administrativa na sua nomeação. Cabe ressaltar que a Administração não é obrigada a nomear imediatamente todos os candidatos, podendo efetuar esta nomeação de forma fracionada dentro do prazo do concurso, da forma que melhor atenda ao interesse público e garanta a todos os aprovados o efetivo ingresso no serviço público.

---

7. A título de complementação é relevante citar a **Súmula Administrativa AGU 35/2008**: "O exame psicotécnico a ser aplicado em concurso público deverá observar critérios objetivos, previstos no edital, e estará sujeito a recurso administrativo".

8. AgInt no RMS 64876 / SP.

Deve ser ainda frisado que a jurisprudência do STF[9] consignou que em casos excepcionais, causados por circunstâncias supervenientes à publicação do edital, pode ser aceito que a Administração deixe de nomear todos os aprovados dentro do número de vagas, devendo tal situação ser fundamentada de forma detalhada, expondo os excepcionais motivos da Administração para a não nomeação, estando tal situação sujeita a controle judicial.

Por fim, registre-se que o STF no julgamento do Tema 784 fixou a tese de que o direito subjetivo à nomeação dos candidatos aprovados fora do número de vagas previstas o edital surge nas seguintes hipóteses excepcionais: i) quando a aprovação ocorrer dentro do número de vagas previstas no edital; ii) quando houver preterição na nomeação por não observância da ordem de classificação; iii) quando surgirem novas vagas ou for aberto novo concurso durante a validade do certame anterior, e ocorrer a preterição de candidatos aprovados fora das vagas de forma arbitrária e imotivada por parte da administração.

Em síntese é possível que o exame psicotécnico seja previsto como fase do concurso público, desde que atendidos os requisitos acima descritos, e há a obrigação do órgão público nomear todos os candidatos aprovados dentro do número de vagas, durante o prazo de duração do concurso, conforme jurisprudência do STF e do STJ, ressalvadas situações excepcionalíssima, supervenientes ao lançamento do edital e devidamente fundamentada.

2. ATOS ADMINISTRATIVOS

(Cespe/AGU/Advogado/2015) *Antes de enviar à Casa Civil da Presidência da República a minuta de decreto que será referendado por determinado ministro de Estado, o gabinete do ministro encaminhou-a à consultoria jurídica do Ministério, para análise e manifestação. O referido decreto versa sobre a reestruturação do Ministério, contemplando a extinção de algumas de suas secretarias e de diversos cargos em comissão ocupados, bem como a especificação de percentual ínfimo de funções de confiança – destinadas às atribuições de direção e assessoramento – a serem exercidas por não ocupantes de cargo efetivo no Ministério. Na minuta da exposição de motivos ministerial, constam, entre os fundamentos para a edição do decreto, a necessidade de ajuste fiscal, dado o contexto econômico, e, como finalidade, o alcance de uma*

9. **RE 598.099**, rel. min. **Gilmar Mendes**, P, j. 10-8-2011, *DJE* de 189 de 3-10-2011, Tema 161.

administração pública mais eficiente. Na qualidade de advogado da União, elabore um parecer sobre a referida minuta, devidamente fundamentado na legislação de regência e nos elementos doutrinários aplicáveis. Em seu parecer, aborde: (i) a competência das consultorias jurídicas, enquanto advocacia de Estado, no controle interno da legalidade administrativa; (ii) o decreto como regulamento administrativo e o princípio da legalidade; (iii) o regulamento administrativo como espécie de ato administrativo abstrato ou concreto; (iv) a constitucionalidade e a legalidade da minuta, considerando os elementos do ato administrativo.

Direcionamento da resposta

A presente questão exige que o candidato demonstre conhecimento sobre a estruturação da Advocacia-Geral da União, sendo capaz de tratar em sua resposta sobre a figura do decreto.

A questão pede que o candidato aborde 04 (quatro) pontos específicos. Para organizar os estudos a análise, nesta obra, será feita sobre cada um desses pontos.

(i) A competência das consultorias jurídicas no controle interno da legalidade administrativa.

Para uma resposta completa sobre este tema o candidato deve, necessariamente, situar a AGU como uma das funções essências à justiça, expressamente prevista na Constituição da República, no artigo 131.

Neste próprio dispositivo constitucional estão previstas as atribuições da AGU, quais sejam:

> - Representar judicial e extrajudicialmente a União;
>
> **- Prestar consultoria e assessoramento jurídico ao Poder Executivo.**

No nível infraconstitucional a Advocacia-Geral da União é regida, essencialmente, pela Lei Complementar 73, de 1993, que prevê no seu artigo 11 o seguinte:

> *"Art. 11- Às Consultorias Jurídicas, órgãos administrativamente subordinados aos Ministros de Estado, ao Secretário-Geral e aos demais titulares de Secretarias da Presidência da República e ao Chefe do Estado-Maior das Forças Armadas, compete, especialmente:*
>
> *(...)*
>
> *V – assistir a autoridade assessorada no controle interno da legalidade administrativa dos atos a serem por ela praticados ou já efetivados, e daqueles oriundos de órgão ou entidade sob sua coordenação jurídica;"*

Desta maneira, o controle prévio da legalidade dos atos administrativos é atribuição extremamente relevante dos órgãos de consultoria jurídica, visando garantir que o gestor público (autoridades do Poder Executivo) pratique os atos administrativos de acordo com o previsto na Constituição e nas leis.

No caso em tela, é atribuição constitucional e legal da consultoria jurídica analisar a minuta do decreto, emitindo parecer jurídico sobre o decreto antes do envio da minuta do ato para a Casa Civil da Presidência da República.

(ii) O decreto como regulamento administrativo e o princípio da legalidade.

De acordo com Marcelo Alexandrino e Vicente Paulo[10] *os atos administrativos normativos contêm determinações gerais e abstratas. Tais atos não tem destinatários determinados; incidem sobre todos os fatos ou situações que se enquadrem nas hipóteses que abstratamente preveem. Os atos administrativos normativos editados pelo Chefe do Poder Executivo assumem a forma de decreto.*

A Constituição da República trata do tema no artigo 84, assim dispondo:

> *Art. 84. Compete privativamente ao Presidente da República: (...)*
>
> *IV – sancionar, promulgar e fazer publicar as leis, bem como expedir decretos e regulamentos para sua fiel execução; (...)*
>
> *VI – dispor, mediante decreto, sobre:*
>
> *a) organização e funcionamento da administração federal, quando não implicar aumento de despesa nem criação ou extinção de órgãos públicos;*
>
> *b) extinção de funções ou cargos públicos, quando vagos;*

O decreto previsto no artigo 84, IV acima transcrito é o que a doutrina convencionou de chamar de decreto de execução ou regulamentar, definido por Celso Antônio Bandeira de Mello como *ato geral e (de regra) abstrato, de competência privativa do Chefe do Poder Executivo, expedido com a estrita finalidade de produzir as disposições operacionais uniformizadoras necessárias à execução de lei cuja aplicação demande atuação da Administração Pública11.*

Por sua vez, o decreto previsto no artigo 84, VI, chamado por alguns autores como decreto autônomo, entrega ao Presidente da República a atribuição para dispor sobre a organização e o funcionamento da administração federal, quando não implicar aumento de despesa nem criação ou extinção de órgãos públicos; e dispor sobre a extinção de funções ou cargos públicos, quando vagos.

---

10. Direito Administrativo Descomplicado. Rio de Janeiro: Forense, 2014, p. 237
11. Curso de Direito Administrativo. São Paulo: Malheiros, 2013, p. 343 e ss.

Esta modalidade de decreto tem a natureza de ato primário, uma vez que retira o seu fundamento de validade diretamente de Constituição da República, não sendo expedidos por determinação/autorização de lei ou outro ato infraconstitucional.

É importante perceber que as matérias que a Constituição autoriza ao Chefe do Executivo dispor através deste decreto autônomo são limitadas, não havendo uma permissão ampla para que o Presidente da República exerça o seu poder regulamentar fundamentado diretamente no texto constitucional.

O princípio da legalidade está expressamente previsto no artigo 37 da Constituição Federal, sendo um dos princípios basilares da Administração Pública. A legalidade administrativa decorre diretamente da indisponibilidade do interesse público, somente podendo o administrador agir nos estritos limites que o titular do poder – o povo – define através das leis.

Em razão de a situação concreta apresentada dizer respeito à espécie de regulamento administrativo prevista no art. 84, inciso VI, da Constituição, importante verificar se a minuta de decreto submetida pelo gabinete do ministro à consultoria jurídica se apresenta em conformidade com os limites do poder regulamentar, estabelecidos na Constituição.

(iii) O regulamento administrativo como espécie de ato administrativo abstrato ou concreto.

O ato administrativo é uma espécie de ato jurídico (manifestação de vontade humana, unilateral, que tem a finalidade imediata de produzir um determinado resultado jurídico), que pode ser conceituado como a manifestação de vontade unilateral da Administração Pública, agindo nessa qualidade, ou de particulares que estejam exercendo prerrogativas públicas, que buscam a produção de efeitos jurídicos.

O regulamento é uma modalidade de ato administrativo, que na hipótese prevista no artigo 84, IV da Constituição Federal, é considerado como ato abstrato, e na hipótese do inciso VI do mesmo artigo é considerado como concreto.

No caso em tela a minuta de decreto presidencial constitui um ato administrativo concreto, visto que extingue algumas secretarias e cargos em comissão do ministério, além de especificar percentual ínfimo de funções de confiança a serem exercidas por não ocupantes de cargo efetivo no ministério, destinadas às atribuições de direção e assessoramento.

(iv) A constitucionalidade e a legalidade da minuta, considerando os elementos do ato administrativo.

Os elementos do ato administrativo são os seguintes: competência (ou sujeito), forma, objeto, motivo e finalidade

O objeto, ou conteúdo, dos atos administrativos consiste no efeito jurídico imediato que o ato produz. O objeto constante na minuta de decreto é reestruturar o ministério por meio da extinção de algumas de suas secretarias e de cargos em comissão ocupados, bem como da especificação de percentual ínfimo de funções de confiança a serem exercidas por não ocupantes de cargo efetivo no ministério, destinadas às atribuições de direção e assessoramento.

O objeto do decreto – extinguir algumas secretarias do ministério e cargos em comissão – é legítimo, tendo em vista a necessidade de implementação de uma Administração Pública mais eficiente. As secretarias dos ministérios são classificadas como órgãos públicos e, nos termos da alínea a) do inciso VI do art. 84, o presidente da República pode dispor, mediante decreto, sobre organização e funcionamento da administração federal, desde que não implique, entre outros fatores, a extinção de órgãos públicos.

Bem analisando a minuta de decreto é possível perceber que o mesmo tem como um de seus objetos a "(...) especificação de percentual ínfimo de funções de confiança – destinadas às atribuições de direção e assessoramento – a serem exercidas por não ocupantes de cargo efetivo no Ministério". Este ponto está em confronto com o texto constitucional. Vejamos:

> *Art. 37 (...). V – as* ***funções de confiança, exercidas exclusivamente por servidores ocupantes de cargo efetivo****, e os cargos em comissão, a serem preenchidos por servidores de carreira nos casos, condições e percentuais mínimos previstos em lei, destinam-se apenas às atribuições de direção, chefia e assessoramento;*

Desta maneira, percebe-se que um dos objetos do decreto está em contrariedade com o texto da Constituição da República, eivando a minuta de vício insanável de inconstitucionalidade.

Além disso, deve-se verificar o elemento competência — ou sujeito —, ou seja, aquele a quem a legislação atribui a prática do ato. Verifica-se vício na proposta de decreto também quanto a este elemento, uma vez que, nos termos do art. 48, incisos X e XI, da Constituição Federal, compete ao Congresso Nacional a extinção de cargos não vagos e de órgãos da administração pública.

> *Art. 48.* ***Cabe ao Congresso Nacional, com a sanção do Presidente da Républic****a, não exigida esta para o especificado nos arts. 49, 51 e 52, dispor sobre todas as matérias de competência da União, especialmente sobre: (...)*
>
> *X – criação, transformação* ***e extinção de cargos****, empregos e funções públicas, observado o que estabelece o art. 84, VI, b;*
>
> *XI – criação e* ***extinção*** *de Ministérios e* ***órgãos da administração pública****;*

Desta maneira, há na minuta pontos conflitantes com o texto constitucional, devendo ser elaborado novo documento, sanando os vícios apontados, possibilitando que o ato administrativo possa produzir regularmente os seus efeitos no mundo jurídico.

Sugestão de resposta

A Advocacia-Geral da União (AGU) está expressamente prevista no texto da Constituição da República como uma das funções essenciais à justiça, ao lado do Ministério Público, da Defensoria Pública e da Advocacia, estando expressamente prevista no artigo 131 do texto magno.

De acordo com o dispositivo constitucional supramencionado, são atribuições da AGU a) representar judicial e extrajudicialmente a União; e b) Prestar consultoria e assessoramento jurídico ao Poder Executivo. No nível infraconstitucional, a Lei Complementar nº 73/1973, no seu artigo 11 regulamenta as consultorias jurídicas e prevê como uma de suas atribuições assistir a autoridade assessorada no controle interno da legalidade administrativa dos atos a serem por ela praticados ou já efetivados, e daqueles oriundos de órgão ou entidade sob sua coordenação jurídica.

No caso em tela, é atribuição constitucional e legal da consultoria jurídica analisar a minuta do decreto, emitindo parecer jurídico sobre o decreto antes do envio da minuta do ato para a Casa Civil da Presidência da República.

O artigo 84 da Constituição, nos incisos IV e VI traz a previsão de duas modalidades de decreto, quais sejam, decreto regulamentar e decreto autônomo. O decreto de execução é um ato geral e (de regra) abstrato, de competência privativa do Chefe do Poder Executivo, expedido com a estrita finalidade de produzir as disposições operacionais uniformizadoras necessárias à execução de lei cuja aplicação demande atuação da Administração Pública.

O decreto previsto no artigo 84, VI, chamado por alguns autores como decreto autônomo, entrega ao Presidente da República a atribuição para dispor sobre a organização e o funcionamento da administração federal, quando não implicar aumento de despesa nem criação ou extinção de órgãos públicos; e dispor sobre a extinção de funções ou cargos públicos, quando vagos. Esta modalidade de decreto tem a natureza de ato primário, uma vez que retira o seu fundamento de validade diretamente de Constituição da República, não sendo expedidos por determinação/autorização de lei ou outro ato infraconstitucional.

Em razão de a situação concreta apresentada dizer respeito à espécie de regulamento administrativo prevista no art. 84, inciso VI, da Constituição, deve ser verificado se a minuta de decreto submetida pelo gabinete do ministro à consultoria jurídica se apresenta em conformidade com os limites do poder regulamentar, estabelecidos na Constituição.

No caso em tela a minuta de decreto presidencial constitui um ato administrativo concreto, visto que extingue algumas secretarias e cargos em comissão do ministério, além de especificar percentual ínfimo de funções de confiança a serem exercidas por não ocupantes de cargo efetivo no ministério, destinadas às atribuições de direção e assessoramento.

Por último, analisando os elementos do ato administrativo (competência, forma, objeto, motivo e finalidade). O objeto do decreto - extinguir algumas secretarias do ministério e cargos em comissão - é legítimo, tendo em vista a necessidade de implementação de uma Administração Pública mais eficiente. Entretanto, o outro objeto do ato administrativo - especificar o percentual de funções de confiança a serem exercida por servidores não ocupantes de cargo efetivo - há contrariedade com o artigo 37, V da Constituição, que determina que estas funções serão ocupadas exclusivamente por servidores ocupantes de cargos efetivos.

Além disso, deve-se verificar o elemento competência — ou sujeito —, ou seja, aquele a quem a legislação atribui a prática do ato. Verifica-se vício na proposta de decreto também quanto a este elemento, uma vez que, nos termos do art. 48, incisos X e XI, da Constituição Federal, compete ao Congresso Nacional a extinção de cargos não vagos e de órgãos da administração pública.

Desta maneira, há na minuta pontos conflitantes com o texto constitucional, devendo ser elaborado novo documento, sanando os vícios apontados, possibilitando que o ato administrativo possa produzir regularmente os seus efeitos no mundo jurídico.

(Cespe/AGU/Advogado/2012) *Considere que o presidente da República tenha decidido conferir condecoração e distinção honorífica a militares do Exército brasileiro que participaram de um conflito armado e que, para isto, ele tenha editado ato transferindo essa competência ao ministro de Estado da Defesa. Considere, ainda, que, posteriormente, após verificar que a autoridade ministerial não havia condecorado todas as pessoas que deveriam ter sido agraciadas, o presidente tenha chamado para si as atribuições transferidas ao ministro. A respeito dessa situação hipotética, faça o que se pede a seguir. Explicite os institutos de distribuição de competência presentes na situação hipotética e suas principais características. Discorra sobre o poder da administração evidenciado na situação hipotética, e analise o ato do presidente da República que transferiu a referida competência, tendo em vista a matéria que foi objeto de delegação.*

Direcionamento da resposta

A resposta utilizada para a solução da presente questão depende de algumas explicações de ordem técnica para que o leitor possa compreender a solução adotada.

Em primeiro lugar é mister consignar que delegação de competência e avocação de competência são fenômenos jurídicos que implicam na modificação do agente ou órgão que irá exercer a competência, não havendo a transmissão da titularidade da mesma (lembrar que uma das características da competência é ser intransferível e imodificável). Esses dois fenômenos, para a doutrina majoritária, são coisas distintas, sendo inconfundíveis as figurar da revogação da delegação e da avocação, visto que para este fenômeno é necessário que a competência avocada se realize por uma autoridade que inicialmente era incompetente para a prática do ato.

Contudo, lendo o enunciado da questão (onde o examinador fala "explicite os institutos") nota-se que o examinador quer que o candidato adote uma outra corrente, encampada em especial por José dos Santos Carvalho Filho, onde não se faz a diferenciação supra mencionada, limitando-se a dizer que ocorre avocação quando o delegante atrai para a sua esfera decisória a prática de um ato objeto de delegação.

Assim nessa questão deve-se seguir esta segunda corrente doutrinária, adaptando ao exigido pelo examinador buscando obter a totalidade da pontuação.

Passado este alerta inicial é importante destacar que na questão o candidato deve dizer que estão presentes o instituto da delegação e da avocação de competência, explicando-os e diferenciando-os, dizendo ainda que o poder que se faz presente é o poder hierárquico. Deve ficar bem frisado que no caso de delegação, embora seja comum, não é fundamental a relação de hierarquia entre delegante e delegado.

Por fim o examinador quer que o candidato demonstre conhecer o teor do artigo 84, XXI da Constituição Federal e do artigo 13, III da Lei 9.784/99 que veda a delegação de matéria de competência exclusiva do órgão delegante, havendo assim vício no objeto do ato administrativo de delegação, acarretando a nulidade deste ato e de todos os que foram praticados com base nele (vício insanável).

Sugestão de resposta

A competência para a prática dos atos administrativos pode ser definida como o poder legal conferido ao agente público para o desempenho específico das atribuições inerentes ao seu cargo. Trata-se de um dos requisitos de validade do ato administrativo e que deve ser corretamente preenchido sob pena de vício neste atributo e a nulidade ou a anulabilidade do ato (a depender do tipo de vício).

Em algumas circunstâncias, pode a norma jurídica autorizar que um agente transfira a outro ou dele retire o exercício da competência para a prática de um determinado ato administrativo, caracterizando o que se chama de delegação e avocação de competência.

No caso tratado na questão são exatamente esses institutos de distribuição de competência que se fazem presentes: a delegação e a avocação de competências para a prática de atos administrativos.

A delegação de competência, com previsão no artigo 12 do Decreto-Lei nº 200/67 e nos artigos 11 a 14 da Lei 9.784/99, é o fenômeno no qual o agente competente transfere a outro o exercício de atribuições que originalmente lhe são atribuídas. É importante frisar que para a delegação de competência não é necessário existência de relação de hierarquia entre o delegando e o delegado, não obstante na prática seja comum esta relação. Dentre as principais características da delegação destaca-se o fato de ser regra geral a possibilidade de delegação de competência, somente não sendo possível no caso de vedação legal expressa; além disso a delegação deve ser apenas de parte da competência do ente delegante; deve ser feita em razão de circunstâncias de ordem técnica, social, econômica, jurídica ou territorial; é revogável a qualquer tempo pela autoridade delegante, entre outros.

Lado outro a avocação de competência (prevista no artigo 15 da Lei 9.784/99) é uma situação excepcional, no qual diante de motivos técnicos devidamente justificados o ente com superioridade hierárquica traz para si a prática de atos administrativos que seriam da competência do agente/órgão avocado. É importante ressaltar que para a avocação é fundamental a existência de relação hierárquica entre o avocante e o avocado, sendo o avocante de hierarquia superior ao do avocado.

Na situação em questão percebe-se a manifestação do poder hierárquico da Administração Pública, uma vez que o Presidente da República, autoridade máxima do poder executivo federal inicialmente delegou para um Ministro de Estado (que tem a função constitucional de auxilia-lo, conforme previsto no artigo 84, II da CRFB, sendo hierarquicamente inferior) uma competência que lhe foi atribuída pela Constituição Federal no seu artigo 84, XXI. E após o Presidente perceber que o Ministro de Estado não realizou a contento a função para o qual foi incumbido avocou a competência, sendo neste caso fundamental a existência de hierarquia entre os envolvidos.

Por último, analisando o ato administrativo que delegou a competência do Presidente da República para o Ministro de Estado percebe-se que o mesmo tem um vício no seu objeto. O artigo 13, III da Lei 9.784/99 veda expressamente a delegação da prática de ato administrativo quando o mesmo tratar de matéria de competência exclusiva do órgão ou autoridade delegante. Por sua vez a Constituição da República, no seu artigo 84, XXI diz que conferir condecoração e distinções honoríficas (objeto do ato de delegação) é matéria da competência privativa (na verdade, exclusiva) do Presidente da República.

Cabe ressaltar que não obstante o *caput* do artigo 84 fale em competência privativa do Presidente da República (que doutrinariamente se admite a delegação) a grande maioria dos incisos do citado artigo trata-se efetivamente de competência exclusiva visto que não são delegáveis, à exceção dos dispositivos mencionados no seu parágrafo único (incisos VI, XII e XXV).

Assim sendo, como o ato administrativo efetuou a delegação da competência para o Ministro de Estado foi realizado em desconformidade com o previsto no artigo 13, III da Lei 9.784/99 e no artigo 84 da Constituição Federal (que delimita expressamente quais são os casos em que se admite a delegação de competência), sendo um ato nulo por vício no seu objeto, sendo este vício insanável, não admitindo convalidação.

(Esaf/PFN/Procurador/2012) *No que tange à regularidade dos atos administrativos, é possível o reconhecimento de atos anuláveis, ou somente atos administrativos nulos? Fundamente sua resposta, abordando, necessariamente, as teorias existentes (se houver), bem assim a legislação federal eventualmente aplicável ao enfrentamento da matéria.*

Direcionamento da resposta

Nessa questão o candidato deve começar falando sobre a grande controvérsia que existe na Teoria das Nulidades do ato administrativo ressaltando que esta dificuldade se eleva pela ausência de sistematização dos textos legais referente a este ramo do direito. Para deixar a resposta mais completa é relevante fazer um paralelo com o direito privado, dizendo que neste campo do direito os vícios obedecem a um sistema dicotômico, divididos em nulos e anuláveis, mencionando expressamente os artigos 166 e 171 do Código Civil.

Após isso deve responder a pergunta do examinador explicando que existem duas correntes que tratam da Teoria das Nulidades do ato administrativo, quais sejam, a teoria monista e a teoria dualista. É importante que se explique as duas teorias. Para a teoria monista não é possível o reconhecimento de atos administrativos anuláveis, dado que para esta teoria não se aplica a dicotomia adotada no direito privado, sendo o ato válido ou nulo. Já para a teoria dualista é possível o reconhecimento de atos anuláveis, ao lado dos atos nulos, de acordo com a maior ou menor gravidade do vício, aplicando no direito administrativo a dicotomia típica do direito civil.

É sempre válido apresentar os autores que defendem cada uma das correntes, podendo citar como expoente da teoria monista Hely Lopes Meireles e como expoente da dualista José dos Santos Carvalho Filho e Celso Antônio Bandeira de Melo.

Deve ser exposto ao examinador que a teoria dualista é predominante hoje no direito brasileiro e que no direito comparado é defendida por renomados autores, tais como, Renato Alessi e Marcelo Caetano.

Para concluir a resposta é necessário que o candidato exponha o que é um ato administrativo nulo e um ato administrativo anulável, expondo a conceituação de ambos e as diferenças entre eles, falando sobre a possibilidade de convalidação do ato administrativo anulável, mencionando o artigo 55 da Lei 9.784/99. Além disso, é interessante fazer menção à lei de Ação Popular (Lei 4.717/65), informando que esta lei traz os vícios do ato administrativo e dizer que não obstante o artigo 2º desta lei determinar que os atos que tenham os vícios ali apresentados são nulos alguns deles são anuláveis, sendo esses, competência quanto à pessoa (desde que não se trate de competência exclusiva) e vício de forma (quando não se tratar de forma exigida pela lei como condição essencial à validade do ato).

Por fim, deve constar na resposta menção aos artigos 20 e 21, § único, da Lei de Introdução às Normas de Direito Brasileiro, dispositivos introduzidos pela Lei nº 13.655, de 2018. De acordo com os referidos dispositivos, definida a ilicitude e fixada a pertinência da invalidação, tornou-se indispensável indicar as consequências práticas da extinção do ato, sem assentar somente em "valores jurídicos abstratos" (artigo 20 da LINDB), bem como explicitar condições para que, se possível, a regularização ocorra de modo proporcional e equânime, sem prejuízo aos interesses gerais, nem perdas anormais e excessivas aos atingidos (artigo 21 da LINDB).

Sugestão de resposta

A regularidade dos atos administrativos está dentro da chamada Teoria das Nulidades desta modalidade de ato jurídica. Este tema é bastante controverso na doutrina, fato que se agrava pela ausência de uma sistematização das normas de direito administrativo no sistema jurídico nacional.

O direito privado adota um sistema dicotômico para tratar as nulidades, composto da nulidade e da anulabilidade, a primeira figurando no artigo 166 e a segunda no artigo 171, ambos do Código Civil.

No direito administrativo brasileiro, quando se fala na regularidade do ato administrativo é possível ver duas correntes de entendimento distintas. Para a primeira corrente – teoria monista – não é possível se falar atos administrativos anuláveis, não se aplicando a dicotomia existente no direito civil, somente existindo atos administrativos perfeitos e nulos. O principal expoente desta corrente é o professor Hely Lopes Meireles.

Lado outro, para a segunda corrente (predominante) existem os atos administrativos perfeitos, nulos e anuláveis, de acordo com a maior ou menor gravidade do vício sobre o ato. Esta corrente tem como principais expoentes no Brasil José dos Santos Carvalho Filho e Celso Antônio Bandeira de Mello e no direito comparado Marcelo Caetano e Renato Alessi.

Pode-se afirmar que atualmente, no direito brasileiro, é possível o reconhecimento de atos administrativos nulos e atos administrativos anuláveis, em especial após o advento da Lei 9.784/99 que permite expressamente a convalidação em seu artigo 55.

O ato será tido como anulável quando possuir algum tipo de vício chamado de sanável, ou seja, vício este passível de convalidação[12] pela própria administração que o praticou, e desde que não seja lesivo ao interesse público ou não tenha causado prejuízos a terceiros. Como os vícios estão presentes nos elementos do ato administrativo, pode-se dizer que são sanáveis os vícios quanto ao elemento da competência e da forma. Entretanto esta possibilidade de convalidação não é irrestrita, visto que o vício na forma não pode ser convalidado se for forma exigida por lei como condição essencial a validade do ato. Por sua vez, o vício na competência não será convalidado quando estivermos diante de uma competência exclusiva para a prática do ato administrativo. Na esfera federal a convalidação é regulada pelo artigo 55 da Lei 9.784/99.

---

12. A diferença fundamental entre nulidade e anulabilidade em Direito Administrativo, baseia-se, quase que exclusivamente, na possibilidade de *convalidação*. Logo, no ato absolutamente nulo, impossível é a sua convalidação, enquanto que nos atos anuláveis é possível que os mesmos sejam saneados pela Administração. Esta é a posição defendida por *Celso A. B. de Mello*, para quem, "nulos são os atos que não podem ser convalidados, entrando nessa categoria: os atos que a lei assim o declare; os atos em que é materialmente impossível a convalidação, pois se o mesmo conteúdo fosse novamente produzido, seria reproduzida a invalidade anterior (é o que ocorre com os vícios relativos ao objeto, à finalidade, ao motivo, à causa); seriam anuláveis os que a lei assim declare; os que podem ser praticados sem vício (é o caso dos praticados por sujeito incompetente, com vício de vontade, com defeito de formalidade)". (MELLO, Celso Antônio Bandeira, Curso de Direito Administrativo, 26. ed. Malheiros).

O ato nulo, por sua vez, é aquele que nasce com um vício insanável, normalmente resultante da ausência de um de seus elementos constitutivos, ou de defeitos substancial em algum deles, não sendo possível a convalidação neste caso. É importante lembrar que os elementos do ato administrativos estão previstos na Lei 4.717/65 em seu artigo 2º. O ato nulo não pode produzir efeitos válidos entre as partes, sendo que a anulação retira o ato do mundo jurídico com efeito retroativo (*ex tunc*), devendo ser preservados os efeitos que o ato tenha produzido perante terceiros de boa-fé.

Assim, pode-se dizer que no Brasil predomina atualmente a teoria dualista quanto a regularidade dos atos administrativos, podendo ser reconhecido atos nulos e atos anuláveis, a depender da maior e da menor gravidade do vício e das consequências que o ordenamento jurídico determina para esses vícios.

Por fim, no que concerne à invalidação dos atos administrativos a Lei nº 13.655, de 2018, introduziu na Lei de Introdução às Normas Brasileiras disposições no sentido de que definida a ilicitude e fixada a pertinência da invalidação, tornou-se indispensável indicar as consequências práticas da extinção do ato, sem assentar somente em "valores jurídicos abstratos" (artigo 20 da LINDB), bem como explicitar condições para, se possível, que a regularização ocorra de modo proporcional e equânime, sem prejuízo aos interesses gerais, nem perdas anormais e excessivas aos atingidos (artigo 21 da LINDB).

(Esaf/PFN/Procurador/2005) *Em reunião de trabalho, o representante de um órgão público federal registra que foi detectado um defeito sanável em determinado ato administrativo realizado pelo órgão. Tal servidor aponta que há interesse no saneamento do ato, e, ainda que isso traga prejuízo a terceiros, se justificaria, tendo em vista um alegado interesse público envolvido, que se encontraria em situação de primazia em relação ao interesse de particulares. Pergunta-se: em tais condições, seria possível o saneamento do ato? Responda justificadamente.*

Direcionamento da resposta

Em primeiro lugar o candidato deve demonstrar que conhece a discussão doutrinária sobre a existência ou não de atos administrativos anuláveis. Deve expor as duas teorias: i) **monista**: segundo a qual é inaplicável a dicotomia das nulidades do direito privado para o direito administrativo, somente havendo atos nulos ou atos válidos, não podendo se falar em convalidação; ii) **dualista**: segundo a qual os atos administrativos podem ser nulos, anuláveis ou válidos. É relevante que o candidato exponha para o examinador conhecimento sobre a principal característica do ato anulável que é a possibilidade de convalidação.

Indico que o candidato discorra sobre o instituto da convalidação, definindo-o, expondo os efeitos da convalidação sobre o ato em si e sobre os efeitos que este ato produziu no mundo jurídico.

Em seguida o candidato deve responder diretamente a questão formulada pelo examinador informando que **não é possível a convalidação neste caso** tendo em vista a **proibição expressa do artigo 55 da Lei 9.784/99**[13]. Por fim cabe dizer sobre a doutrina mais recente sobre a superação do dogma absoluto da primazia do interesse público sobre o interesse privado.

É muito importante que se indique todos os dispositivos legais que o candidato se valeu para resolver a questão. Não é recomendável a cópia do texto dos dispositivos, mas a menção ao número da lei, do artigo, do inciso e assim por diante.

Sugestão de resposta

Na doutrina administrativista existe uma séria controvérsia entre os principais autores sobre a existência de atos administrativos anuláveis (que é aquele que apresenta um defeito sanável) ou não.

Para uma primeira corrente – corrente monista – não existem atos administrativos anuláveis, mas apenas atos administrativos nulos e válidos, não havendo aqui a possibilidade de convalidação.

Para a segunda corrente doutrinária – dualista -os atos anuláveis existem, havendo além deles os atos nulos e os atos válidos (corrente dominante no Brasil), sendo possível a convalidação do primeiro grupo de atos administrativos (anuláveis).

Cabe destacar que o ato administrativo é anulável, exatamente pelo fato de possuir um vício sanável pode ser convalidado pela própria administração que o praticou. A convalidação, também conhecida como saneamento, é a possibilidade da administração que praticou o ato corrigi-lo, regulariza-lo desde a origem (efeito *ex tunc*), fazendo com que os efeitos já produzidos passem a ser considerados efeitos válidos, não passíveis de desconstituição, e o ato convalidado permaneça no mundo jurídico como um ato válido, apto a produzir efeitos válidos.

13. Art. 55. Em decisão na qual se evidencie não acarretarem lesão ao interesse público nem prejuízo a terceiros, os atos que apresentarem defeitos sanáveis poderão ser convalidados pela própria Administração.

O direito positivo nacional não passou ao largo da polêmica doutrinária acima exposta e se posicionou no sentido da segunda corrente – dualista – uma vez que o artigo 55 da Lei 9.784/99 prevê expressamente a possibilidade de convalidação dos atos administrativos que possuem defeitos sanáveis.

Não obstante a essa possibilidade legal de convalidação dos atos administrativos anuláveis no caso da questão não é possível a correção pretendida pelo servidor. O mesmo artigo que permite a convalidação dos atos administrativos anuláveis (artigo 55 da Lei 9.784/95) expressamente veda esta possibilidade de regularização em dois casos: quando acarretar lesão ao interesse público ou quando gerar prejuízo a terceiros.

O fato da convalidação do ato administrativo anulável gerar benefício ao interesse público não é a única condição para que a regularização do ato ocorra. A solução proposta pelo servidor, além de ser expressamente vedada pelo artigo 55 da Lei 9.784/99, dispõe de maneira contrária à doutrina administrativista contemporânea[14] que relativiza a força absoluta do princípio da supremacia do interesse público em relação ao privado, dizendo que esta prevalência não existe *a priori*, devendo no caso concreto serem sopesados os interesses em confronto e ver qual deles melhor realiza a vontade da Constituição, não sendo possível a convalidação de um determinado ato administrativo anulável quando esta decisão gerar prejuízo a terceiros.

3. CONTRATOS ADMINISTRATIVOS

(Esaf/PFN/Procurador/2006) *Cinco dias antes do término da vigência de contrato de serviços de vigilância em um edifício, todo ele ocupado por órgãos públicos de um determinado Ministério, é encaminhada ao exame do órgão de consultoria jurídica respectivo, proposta de contratação direta (sem prévia licitação) de empresa diversa daquela que vem prestando os serviços. Os autos estão instruídos apenas com a minuta do contrato que se pretende celebrar, e com esclarecimentos do órgão responsável pela gestão dos contratos no sentido de que: a) os serviços devem ser prestados de forma contínua, sendo que a ausência dos postos de vigilância no edifício, mesmo que por um só dia, colocaria em risco bens públicos e servidores; b) não há mais tempo hábil para a realização do certame licitatório, e c) a licitação não foi realizada com a antecedência necessária por um lapso do setor responsável pelas contratações. O mesmo documento aponta ainda que, há 5 (cinco) anos, também houve tal "lapso", tendo sido realizada contratação sem prévio certame licitatório. À época, por ter a contratação valor*

14. Diogo de Figueiredo Moreira Neto, Odete Medaur e Humberto Ávila.

anual de apenas R$ 50.000,00 (cinquenta mil reais), substituiu-se o instrumento contratual por nota de empenho e, a cada ano, foi emitido novo empenho, sob a alegação de se estar prorrogando o contrato original, que agora estaria a completar 60 meses de vigência, em suposta consonância com o disposto no art. 57, inciso II, da Lei n. 8.666, de 1993. O órgão responsável pela gestão dos contratos esclarece que, por não ter a contratação direta anterior adotado minuta de instrumento contratual propriamente dito, mas sim notas de empenho, não houve a necessidade, à época, de a questão ser submetida ao exame do órgão de consultoria jurídica. Em face da situação descrita, responda, de forma objetiva e fundamentada, as seguintes indagações: (i) há amparo jurídico para a contratação direta (sem licitação) ora pretendida? O Tribunal de Contas da União já exarou alguma manifestação com caráter normativo sobre o assunto? Em não sendo possível a contratação direta, qual a solução cabível para afastar o risco de dano aos bens públicos e servidores? (ii) a substituição do instrumento contratual e termos aditivos por notas de empenho, ao longo dos últimos anos, encontra amparo legal? Em sendo negativa a resposta, há alguma hipótese na qual um contrato administrativo pode ser substituído por nota de empenho? (iii) considerando correta, em tese, a substituição do instrumento contratual pela nota de empenho, a contratação direta anteriormente realizada deveria, ainda assim, ter sido submetida ao exame da consultoria jurídica? Qual o fundamento legal aplicável? (iv) quais os documentos e informações que deveriam instruir o processo, com vistas à contratação direta pretendida? (v) em vista dos "lapsos" cometidos pelo setor responsável pela gestão dos contratos, há outras providências que devem ser tomadas por autoridades do Ministério respectivo?

Direcionamento da resposta

Referida questão exigiu conhecimento da Lei 8.666/93 que está em vigor até 31/03/2023. Desta forma, as provas realizadas após esse período deverão ser respondidas com base na Lei 14.133/21, cujos dispositivos estão citados no presente item e na sugestão de resposta.

Nesta questão espera-se que o candidato: 1) identifique no caso descrito a hipótese de dispensa de licitação para contratações emergenciais (art. 24, IV, da Lei 8.666/93/ art. 75, VIII, da Lei 14.133/21); 2) aborde o conteúdo do art. 62 da Lei 8.666/93 e 95 da Lei 14.133/21, que trata da obrigatoriedade do instrumento de contrato; 3) conclua pela impossibilidade de prorrogação das contratações emergenciais nos termos da legislação; 4) aponte o regramento constante do art. 38, parágrafo único, da Lei 8.666/93, do art. 53, § 5º, da Lei 14.133/21 e do art. 11, VI, "a" da LC nº 73/93, que cuida da sistemática de consulta jurídica sobre pareceres e minutas; e 5) manifeste-se pela necessidade de responsabilização do agente responsável pela gestão dos contratos (35 a 52 linhas).

Sugestão de resposta

Na situação acima descrita, considerando-se que a eventual ausência de postos de vigilância, mesmo que por um dia, colocaria em risco os bens públicos e servidores, convém aplicar a autorização para dispensa de licitação prevista pelo art. 24, IV, da Lei 8.666/93 e no art. 75, VIII, da Lei 14.133/21.

O art. 24, IV, da Lei nº 8.666/93 ampara a contratação direta nos casos de emergência ou de calamidade pública, quando configurada a urgência de atendimento de situação que possa ocasionar prejuízo ou comprometer a segurança de pessoas, obras, serviços, bens públicos ou privados e somente para os bens necessários ao atendimento da situação emergencial ou calamitosa e para as parcelas de obras e serviços que possam ser concluídas no prazo máximo de 180 dias consecutivos e ininterruptos, contados da ocorrência da emergência ou calamidade, restando vedada a prorrogação dos respectivos contratos.

Por sua vez, o art. 75, VIII, da Lei 14.133/21, autoriza a contratação direta nos casos de emergência ou de calamidade pública, quando caracterizada urgência de atendimento de situação que possa ocasionar prejuízo ou comprometer a continuidade dos serviços públicos ou a segurança de pessoas, obras, serviços, equipamentos e outros bens, públicos ou particulares, e somente para aquisição dos bens necessários ao atendimento da situação emergencial ou calamitosa e para as parcelas de obras e serviços que possam ser concluídas no prazo máximo de 1 (um) ano, contado da data de ocorrência da emergência ou da calamidade, vedadas a prorrogação dos respectivos contratos e a recontratação de empresa já contratada com base neste dispositivo.

Sobre o tema, o TCU exarou várias manifestações apontando a impossibilidade da contratação direta nos casos em que a situação de emergência ou calamidade derive da falta de planejamento, má gestão ou desídia do gestor público.[15] Sem embargo disso, a matéria não é pacífica, pois existem várias decisões que relativizam esse posicionamento[16], para permitir a contratação mesmo que caracterizada a incúria do administrador, embora isso deva gerar sua responsabilização.

Quanto à formalização, a substituição do instrumento contratual por nota de empenho encontra guarida no art. 62 da Lei 8.666/1993, o qual estabelece a obrigatoriedade do instrumento de contrato apenas para as avenças precedidas de concorrência e de tomada de preço ou quando a contratação envolver dispensa ou inexigibilidade com preços que estejam compreendidos nas citadas modalidades. Assim, uma vez que o contrato de vigilância é de R$ 50.000,00,

15. TCU, Acórdão 1395/2005, Segunda Câmara.

16. TCU, AC-1138-15/11-P. TCU, **Acórdão 1122/2017 Plenário, Auditoria, Relator Ministro Benjamin Zymler.**

valor este abrangido pela modalidade de convite, é possível, em tese, a substituição por um instrumento de menor formalidade, tal qual a nota de empenho.

Nos termos do artigo 95, I, da Lei 14.133/21, o contrato poderá ser substituído por nota de empenho na hipótese de dispensa de licitação em razão do valor que está prevista no artigo 75, I e II, e nas compras com entrega imediata e integral dos bens adquiridos e dos quais não resultem obrigações futuras, inclusive quanto a assistência técnica, independentemente de seu valor. Desta forma, considerando que no caso presente, a dispensa se dá nos termos do inciso VIII do art. 75, não é possível a substituição do contrato por nota de empenho.

Quanto à prorrogação das contratações emergenciais, o art. 24, IV, da Lei 8.666/93, é expresso ao vedar a prorrogação da contratação fundada em situação emergencial, de maneira a evidenciar a ilegalidade da emissão das outras notas de empenho referentes aos aditivos de prorrogação do contrato. Isso significa que o contrato inicial somente deveria ter tido vigência pelo tempo necessário para se concluir as novas licitações dos serviços de segurança e, à medida que fossem firmados os novos contratos, deveria ter sido encerrada a respectiva prestação de serviços exercida no âmbito do contrato emergencial[17].

No mesmo sentido, o artigo 75, VIII, da Lei 14.133/21, veda a prorrogação dos respectivos contratos e a recontratação de empresa já contratada com base neste dispositivo.

O art. 38, parágrafo único, da Lei de Licitações impõe que apenas as minutas de editais de licitação e as dos contratos, acordos, convênios ou ajustes sejam examinadas pela assessoria jurídica da Administração. Interpretando o dispositivo, Maria Sylvia Zanella Di Pietro[18] entende ser obrigatória análise jurídica apenas se existir minuta de edital ou de contrato, não havendo a mesma necessidade quando se tratar de carta-convite, cartas-contratos ou notas de empenho referidas pelo art. 62 da Lei 8.666/93. O TCU adota similar posicionamento, dispensando a manifestação jurídica no caso de convites, salvo se houver minuta de contrato[19]. Assim, *in casu*, ante a substituição do instrumento contratual pela nota de empenho e a ausência de minuta de contrato, não é necessária a manifestação da Procuradoria jurídica.

Nos termos do artigo 53, § 5º, da Lei 14.133/21, ao final da fase preparatória, o processo licitatório seguirá para o órgão de assessoramento jurídico da

17. TCU, Acórdão 771/2005 Segunda Câmara.

18. DI PIETRO, Maria Sylvia Zanella. **Temas polêmicos sobre licitações e contratos**. São Paulo: Malheiros Editores, p. 164-165.

19. Acórdão nº 2.347/2006, Plenário.

Administração, que realizará controle prévio de legalidade mediante análise jurídica da contratação.

Aqui, distintamente do artigo 38, parágrafo único, da Lei 8.666/93, o legislador não exige apenas a apreciação pela assessoria jurídica do edital e anexos, mas de todo o processo licitatório e os atos praticados na fase preparatória. Além disso, a lei também exige o controle prévio de legalidade de contratações diretas, acordos, termos de cooperação, convênio, ajustes, adesões a atas de registro de preços, outros instrumentos côngeneres e seus termos aditivos.

No mesmo sentido, o artigo 11, VI, alíneas "a" e "b", da LC 73/93 dispõe que compete às Consultorias Jurídicas examinar, prévia e conclusivamente, no âmbito do Ministério, Secretaria e Estado-Maior das Forças Armadas: os textos de edital de licitação, como os dos respectivos contratos ou instrumentos congêneres, a serem publicados e celebrados e os atos pelos quais se vá reconhecer a inexigibilidade, ou decidir a dispensa, de licitação.

Por outro lado, segundo o § 5°, do art 53, da Lei 14.133/21 a análise jurídica será dispensável nas hipóteses previamente definidas em ato da autoridade jurídica máxima competente, que deverá considerar o baixo valor, a baixa complexidade da contratação, a entrega imediata do bem ou a utilização de minutas de editais e instrumentos de contrato, convênio ou outros ajustes previamente padronizados pelo órgão de assessoramento jurídico.

Portanto, considerando que a hipótese não se enquadra no § 5° do art. 53, já que a dispensa está baseada no inciso VIII, do art. 75 da Lei 14.133/21, é necessária a análise da Procuradoria Jurídica.

Com vistas à contratação direta pretendida, em atendimento ao art. 26 da Lei 8.666/93, o processo de dispensa deve ser instruído com caracterização da situação emergencial ou calamitosa que justifique a dispensa; a razão da escolha do fornecedor ou executante e justificativa do preço e documento de aprovação dos projetos de pesquisa aos quais os bens serão alocados.

Com vistas à contratação direta pretendida, em atendimento ao art. 72 da Lei 14.133/21, o processo de dispensa deve ser instruído com caracterização da situação emergencial ou calamitosa que justifique a dispensa; documento de formalização de demanda e, se for o caso, estudo técnico preliminar, análise de riscos, termo de referência, projeto básico ou projeto executivo; estimativa de despesa, que deverá ser calculada na forma estabelecida no art. 23 desta Lei; parecer jurídico e pareceres técnicos, se for o caso, que demonstrem o atendimento dos requisitos exigidos; demonstração da compatibilidade da previsão de recursos orçamentários com o compromisso a ser assumido; comprovação de que o contratado preenche os requisitos de habilitação e qualificação mínima necessária; razão da escolha do contratado; justificativa de preço; autorização da autoridade competente.

Por fim, tendo em vista que os "lapsos" cometidos pelo setor responsável pela gestão dos contratos deram causa à situação emergencial, recomenda-se a apuração de faltas funcionais, para o fim de ensejar a responsabilização, consoante também apregoa a Orientação Normativa nº 11 da AGU[20].

(Esaf/PFN/Procurador/2008) *Em 10/11/2000, determinado órgão público federal realizou concorrência pública do tipo menor preço, objetivando contratação de empresa para construção de sua nova sede, em regime de empreitada por preço global. As empresas licitantes realizaram regularmente a vistoria técnica no local da obra, tomando ciência das condições locais e do grau de dificuldade que os serviços poderiam oferecer. Ocorridos regularmente os trâmites do procedimento licitatório, a empresa XIS Ltda., renomada empresa de engenharia, a qual já atua há aproximadamente 40 anos no mercado, sagrou-se vencedora, tendo a autoridade competente homologado a licitação em 15/12/2000. O respectivo contrato fora assinado entre os pactuantes em 20/12/2000, tendo a previsão, em uma de suas cláusulas, de que os serviços a serem executados encontravam-se definidos nos cadernos de encargos e especificações e os projetos executivos constantes dos anexos relativos à concorrência, ficando a licitante vencedora vinculada ao instrumento convocatório, nos termos do artigo 3º da Lei n. 8.666/93. Não havia previsão contratual a respeito da manutenção do equilíbrio econômico-financeiro. Entre as especificações técnicas para a execução da obra, constava item relativo à escavação de subsolo em terreno rochoso, tendo sido estimada a profundidade máxima de 600m3. Ficou pactuado que a obra seria realizada em 24 meses, a contar da assinatura do contrato. Em janeiro de 2002, a contratada solicitou recomposição do equilíbrio econômico-financeiro, tendo em vista as dificuldades encontradas nas escavações, alegando ter direito à revisão contratual, em razão de ter realizado escavação de um volume quatro vezes superior ao inicialmente previsto, alegando, ainda, tratar-se de um fato imprevisível. Diante do referido contexto, na qualidade de Procurador da Fazenda Nacional ante o pedido de recomposição do equilíbrio econômico-financeiro, discorra de forma fundamentada e objetiva sobre os itens abaixo: (i) Cabimento da teoria da imprevisão; (ii) Cabimento da impugnação ao instrumento*

---

20. "A contratação direta com fundamento no inc. IV do art. 24 da Lei nº 8.666, de 1993, exige que, concomitantemente, seja apurado se a situação emergencial foi gerada por falta de planejamento, desídia ou má gestão, hipótese que, quem lhe deu causa será responsabilizado na forma da lei".

convocatório; (iii) Ausência de previsão contratual a respeito da manutenção do equilíbrio econômico-financeiro; (iv) Cabimento da revisão contratual para o restabelecimento do equilíbrio econômico-financeiro.

Direcionamento da resposta

Referida questão exigiu conhecimento da Lei 8.666/93 que está em vigor até 31/03/2023. Desta forma, as provas realizadas após esse período deverão ser respondidas com base na Lei 14.133/21, cujos dispositivos estão citados no presente item e na sugestão de resposta.

Nesta questão espera-se que o candidato: 1)defina cláusula econômico-financeira;2) aponte a previsão constitucional do art. 37, XXI; 3) aborde o conceito de revisão e reajuste, tecendo as diferenças sobre esses instrumentos de reequilíbrio econômico financeiro; 4) discorra sobre a teoria da imprevisão e o art. 65, II, d, § 2º, da Lei 8.666/1993 e o art. 124, II, d, da Lei 14.133/21; 5) conceitue cláusula *rebus sic stantibus*; e 6) apresente as consequências advindas pela não previsão contratual para o restabelecimento do equilíbrio econômico-financeiro e mencione a Orientação Normativa nº 22 da Advocacia - Geral da União (de 20 a 50 linhas).

Sugestão de resposta

O equilíbrio econômico-financeiro contratual pode ser definido como uma relação intangível de equipolência entre os encargos do particular contratado e a justa remuneração do objeto do ajuste. Nos contratos administrativos, a relação de equivalência financeira é garantida expressamente pelo art. 37, XXI, da Constituição Federal, que exige a presença de cláusulas que estabeleçam obrigações de pagamento e a manutenção das condições efetivas da proposta, nos termos da lei.

Assim, o constituinte, sensível à posição privilegiada da Administração em relação ao particular contratante, quis garantir que as cláusulas econômicas não ficassem ao alvedrio do administrador, porque isso acarretaria um desequilíbrio inexplicável ao contrato administrativo. Por essa razão, o art. 65, § 6º, da Lei 8.666/93 dispõe que em havendo alteração unilateral que aumente os encargos do contratado, a Administração deverá restabelecer equilíbrio financeiro-econômico inicial.

Nesse sentido, o art. 130 da Lei 14.133/21 dispõe que no caso alteração unilateral do contrato que aumente ou diminua os encargos do contratado, a Administração deverá restabelecer, no mesmo termo aditivo, o equilíbrio econômico-financeiro inicial.

Um dos instrumentos para a recomposição do equilíbrio econômico-financeiro é reajuste, que com características de uma cláusula preventiva, é inserido no contrato com o desiderato de diluir os efeitos da inflação a partir da previsão de fórmulas automáticas de correção monetária. Sem embargo disso, é importante notar que o art. 55, III, da Lei 8.666/93 faculta o estabelecimento de critérios de reajuste, o que significa dizer que caso não reste presente a cláusula de reajustamento, o contrato será por preço fixo e irreajustável.

A Lei 14.133/21 repetiu essa previsão no artigo 92, V e manteve a necessidade de cláusula de reajuste de preços.

Por outro lado, a revisão contratual, embora também se preste a garantir o equilíbrio econômico, difere do reajuste porque se destina a balancear os impactos de situações futuras e imprevistas pelos contratantes. Nesse sentido, vale citar o art. 65, II, d, § 2º, da Lei 8.666/1993 e o art. 124, II, d, da Lei 14.133/21, que garantem o restabelecimento da relação que as partes pactuaram inicialmente, na hipótese de sobrevirem fatos imprevisíveis, ou previsíveis, porém, de consequências incalculáveis, retardadores ou impeditivos da execução do ajustado, ou, ainda, em caso de força maior, caso fortuito ou fato do príncipe, configurando álea econômica extraordinária e extracontratual.

O art. 65, II, d, § 2º, da Lei 8.666/1993 e o art. 124, II, d, da Lei 14.133/21 acolhem a teoria da imprevisão, cujo cerne é a presença da cláusula *rebus sic stantibus*, segundo a qual a força obrigatória do contrato está condicionada à preservação das mesmas condições iniciais da contratação. Assim, se a parte ficar impossibilitada de cumprir a obrigação pela ocorrência de causas obstativas posteriores, não haverá inexecução culposa. Por outro lado, se o cumprimento da avença for possível, mas acarretar elevação de ônus para a parte, disso decorrerá o direito à revisão do preço.

Dessa forma, na situação acima descrita, é forçoso concluir pelo cabimento da aplicação da teoria da imprevisão, dado que houve a elevação dos encargos contratuais pela dificuldade de escavação, situação essa imprevista e inevitável. Nesse sentido, a revisão contratual para o restabelecimento do equilíbrio econômico-financeiro é direito subjetivo do contratado.

Cumpre, ainda, destacar que a ausência de previsão contratual a respeito da manutenção do equilíbrio econômico-financeiro em nada prejudica o direito de recomposição dos preços. Deveras, considerando-se que o art. 55, III, da Lei 8.666/93 e o art. 92, V, da Lei 14.133/21 apenas indicaram como obrigatória a cláusula que fixe o preço e as condições de pagamento, a única consequência advinda pela não previsão da cláusula de reequilíbrio financeiro é a impossibilidade de reajuste ordinário, de modo a não ser possível a impugnação ao instrumento convocatório tão somente com esse fundamento.

Sobre a desnecessidade de previsão contratual para a concretização do reequilíbrio econômico-financeiro cabe mencionar a Orientação Normativa nº 22 da Advocacia-Geral da União que prevê:

> REEQUILÍBRIO ECONÔMICO-FINANCEIRO PODE SER CONCEDIDO A QUALQUER TEMPO, INDEPENDENTEMENTE DE PREVISÃO CONTRATUAL, DESDE QUE VERIFICADAS AS CIRCUNSTÂNCIAS ELENCADAS NA LETRA "D" DO INC. II DO ART. 65, DA LEI No 8.666, DE 1993.

Dessa forma, considerando-se que o direito de revisão decorre diretamente da lei, que se situa em um plano acima do contrato[21], o importante para o reequilíbrio econômico é a comprovação do fato superveniente, o que ocorreu *in casu*, estando presentes as condições para aplicação do art. 65, II, d, § 2º, da Lei 8.666/1993 e do art. 124, II, d, da Lei 14133/21.

4. ENTES DA ADMINISTRAÇÃO PÚBLICA

(Cespe/AGU/Advogado/2012) *Considere que a União pretenda, com base no princípio da eficiência e economicidade administrativa, extinguir uma entidade da administração pública federal, que possui personalidade jurídica de direito privado. Essa entidade, prestadora de serviço público, foi constituída sob a forma de sociedade aberta com maioria do capital votante público. Para substituir a entidade que será extinta, a União planeja criar outra que também possua personalidade jurídica de direito privado, mas que seja constituída sob a forma de sociedade limitada. O capital votante da nova entidade deverá ser integralizado, em sua maioria, com bens da União e o restante, com bens de uma empresa pública estadual e de um município da Federação. Em face dessa situação hipotética, responda às indagações que se seguem. Quais são os tipos de entidades que a União pretende extinguir e criar? Quais são os procedimentos necessários para a efetiva extinção e criação dessas entidades.*

Direcionamento da resposta

Nessa questão o candidato deve discorrer brevemente sobre o princípio da eficiência, demonstrando para o examinador que conhece o mesmo e sabe onde o mesmo está previsto na Constituição.

21. CARVALHO FILHO, José dos Santos. **Manual de Direito Administrativo**, 24ª Ed. Rio de janeiro: Lúmen Júris, 2011, p. 185.

Deve informar que as entidades tratadas na questão integram o gênero empresas estatais, e após passar a efetiva resposta das indagações feitas pela banca examinadora.

Para a resposta é fundamental, com base na Lei 13303/16, demonstrar conhecimento sobre as características da empresa pública e da sociedade de economia mista, demonstrando que conhece a forma societária que cada uma dela adota, como deve ser a formação do seu capital social e a diferenciação na sua constituição e na sua extinção.

Sugestão de resposta

Em primeiro lugar cabe dizer que o princípio da eficiência administrativa (princípio expresso no *caput* do artigo 37 da Constituição da República) e o seu correlato, princípio da economicidade, informam que a Administração Pública deve buscar alcançar os melhores resultados se valendo da menor quantidade de recursos públicos possível. Trata-se de fazer mais gastando o mínimo de recursos do erário possível

Ambas as entidades tratadas na questão estão dentro do gênero empresas estatais, designando as sociedades civis ou empresariais, de que o Estado tem o controle acionário, abrangendo a empresa pública e a sociedade de economia mista.

Cumpre mencionar que a Lei 13303/16, denominada lei das estatais, regulamenta as atividades das empresas públicas, sociedades de economia mista e suas subsidiárias, bem como o processo de licitação.

No caso em tela a Administração Pública pretende extinguir uma sociedade de economia mista. É possível concluir isso pelo fato de que o capital da empresa ser composto de uma parte pública e outra parte privada. Neste tipo de empresa estatal a composição do seu patrimônio é misto, ou seja, parte dele é público e parte dele é privado, exigindo-se participação majoritária do Poder Público.

A sociedade de economia mista tem expressa previsão no Decreto Lei 200/67 (artigo 5º, III) e nos art. 2º, §1º e art. 4º da Lei 13303/16, é a pessoa jurídica de direito privado cuja criação é autorizada por lei, com finalidade de explorar atividade econômica ou prestar serviços públicos, sob a forma de sociedade anônima, tendo a maioria do capital com direito a voto pertencente ao Estado. São exemplos de sociedades de economia mista o Banco do Brasil, a Eletrobras, a Telebras, entre outros.

Por sua vez a entidade que será criada pela Administração Pública é uma empresa pública. Conclui-se isso pelo fato de que o capital votante será integralizado totalmente por pessoas integrantes da Administração Pública, ainda que não seja totalmente da entidade política que o criou, sendo admitida a participação de outras pessoas políticas ou de entidades das diversas Administrações Indiretas.

Este tipo de empresa estatal - Empresas Públicas - também tem expressa previsão no Decreto Lei 200/67 (artigo 5°, II) e no art. 3°, § 1° da Lei 13303/16 sendo entidade dotada de personalidade jurídica de direito privado, com capital integralmente do Estado (em sentido lato), tendo a sua criação autorizada por lei, podendo adotar qualquer forma admitida em direito. Podemos citar como exemplo de empresa pública o BNDES, a Casa da Moeda, a EMBRAPA entre outros.

A criação das empresas públicas e das sociedades de economia mista tem o mesmo procedimento. Ambas dependem da edição de lei com autorização específica para a sua criação, nos termos do artigo 37, XIX da Constituição Federal. Esta lei, que deve ser específica para a criação da entidade, estabelecerá as diretrizes gerais da mesma relativo aos seus fins, suas competências e a estrutura da entidade. É importante destacar que uma vez autorizada a criação, o ente criador elabora os atos constitutivos e providencia a sua inscrição no registro público competente. A efetiva criação da entidade, com a aquisição de personalidade jurídica, somente ocorre com o registro.

Para a extinção, em atenção ao paralelismo de forma, é necessário que haja autorização legislativa específica para tanto, não sendo possível que as empresas estatais mencionadas na questão venha a ser extintas por algum ato infra legal. Com a existência da autorização legal é feito o cancelamento do registro público competente.

5. INTERVENÇÃO DO ESTADO NA PROPRIEDADE

(Cespe/AGU/Advogado/2012) *Considere que, dada a necessidade de utilizar parte de um imóvel particular para a instalação de redes de transmissão de energia elétrica, o governo tenha editado decreto declarando ser o imóvel bem de utilidade pública para fins de constituição de servidão administrativa. Nessa situação hipotética, a edição do decreto é suficiente para autorizar a União a instalar no imóvel a rede de energia elétrica? Justifique sua resposta.*

Direcionamento da resposta

Na resposta da questão o candidato deve, inicialmente, conceituar a servidão administrativa, demonstrando para o examinador que conhece o instituto e as suas características, os seus fundamentos e a sua base legal.

Após, já respondendo a questão propriamente dita, deve o candidato expor o que é necessário para a constituição da servidão administrativa e informar que a expedição do decreto não é suficiente para constituir este direito real sobre a coisa alheia, sendo necessário também acordo com o proprietário ou decisão judicial.

Por último, para demonstrar conhecimento sobre o tema e sobre a lei de registro público é importante constar que é preciso registrar a servidão administrativa no Cartório de Registro de Imóveis.

Sugestão de resposta

A servidão administrativa é uma forma de intervenção restritiva na propriedade, ou seja, a titularidade do bem continua com o seu proprietário, não havendo a transferência do bem para o patrimônio do ente público (o que caracterizaria uma intervenção na propriedade supressiva).

Trata-se de um direito real público sobre a coisa alheia que autoriza o Poder Público a usar a propriedade imóvel para permitir a execução de obras e serviços de interesse coletivo afetando o caráter exclusivo do direito de propriedade, dado que o proprietário não usará mais sozinho seu bem, mas o fará conjuntamente com o Estado, gerando também restrições ao caráter absoluto da propriedade.

Os fundamentos jurídicos para a servidão administrativa são o princípio da supremacia do interesse público sobre o interesse privado e a função social da propriedade, marcada nos artigos 5º, XXIII e 170, III da Constituição da República. Não existe um diploma legal específico para tratar do tema da servidão administrativa. O Decreto-Lei 3.365/41 (rege as desapropriações) trata de passagem da matéria em seu artigo 40, dispondo também sobre o tema as leis 8.987/95 (define a obrigação do Poder Concedente em fazer servidões necessárias à prestação do serviço delegado), lei 9.472/97 e lei 9.074/95.

Para a constituição de uma servidão administrativa é necessário que a Administração Pública competente expeça um decreto declarando a necessidade de utilização de determinado bem que não integra o seu patrimônio para a execução de uma obra pública ou a prestação de um serviço público.

A só expedição deste decreto declarando a utilidade pública do bem para fins de constituir servidão administrativa não é suficiente para autorizar a União a instalar no imóvel a rede de energia elétrica. A doutrina administrativista dominante no Brasil entende que para a efetiva instituição da servidão administrativa é necessário que haja um acordo entre o proprietário do imóvel e o Poder Público, formalizado através de um contrato ou na hipótese de não haver consenso através de sentença judicial em ação movida pelo poder público contra o proprietário do bem, demonstrando ao poder judiciário a existência do decreto específico que declara a necessidade da utilização do bem, sendo o seu procedimento idêntico ao adotado para a desapropriação.

Destaca-se que segundo a doutrina de José dos Santos Carvalho Filho a implementação material de uma servidão administrativa sem a observância das formalidades necessárias (dentre elas a celebração de acordo com o proprietário ou o ajuizamento de ação judicial para a utilização do bem pelo poder público) assemelha-se à desapropriação indireta, sendo este um ato ilícito, cabendo ao proprietário acionar o judiciário para ser reparado pelos prejuízos que experimentou.

Cabe destacar que em ambas as formas de constituição da servidão administrativa é necessário o registro da mesma no Cartório de Registro de Imóveis, na forma exigida pela lei 6.015/73 (artigo 167), de modo a torna-la oponível *erga omnes*, visando a sua proteção em face de terceiros. Destaque-se que hoje existe jurisprudência que vem liberando a exigência do registro de alguns casos, nos quais há reconhecimento independentemente da formalidade, em razão da natureza das obras realizadas ou tornadas aparentes, permanentes e contínuas (Sumula nº 415 do STF).

6. LICITAÇÕES

(Esaf/PFN/Procurador/2016) *A Lei n. 8.666, de 1993, dispõe que "o edital (...) indicará, obrigatoriamente, o (...) objeto da licitação, em descrição sucinta e clara" (art. 40, caput e inc. I), bem assim que "A Administração não pode descumprir as normas e condições do Edital, ao qual se acha estritamente vinculada" (art. 41). Jungida que está ao princípio da vinculação ao instrumento convocatório, é certo que a Administração deve, também, observância ao preceito da isonomia entre os licitantes. Considerando os princípios e normas que regem a seara das licitações e contratos públicos, pergunta-se: seria possível, não obstante os cânones mencionados, a alteração qualitativa do objeto contratual, após ocorrido o certame licitatório e já celebrado o contrato respectivo? A depender de sua resposta, complemente-a em uma das seguintes linhas: (i) Em sendo negativa a resposta, qual ou quais a(s) providência(s) a ser(em) adotada(s) pela Administração na hipótese de haver celebrado um contrato, ainda vigente e em fase inicial de execução, cuja alteração qualitativa do objeto melhor atenderia as necessidades públicas? Quais os direitos assegurados ao contratado, nessa hipótese? (ii) Por outro lado, caso seja possível alteração da espécie em objeto já* *licitado e contratado, quais as providências a serem adotadas? E haveria limites a essa alteração?*

Direcionamento da resposta

Referida questão exigiu conhecimento da Lei 8666/93 que está em vigor até 31/03/2023. Desta forma, as provas realizadas após esse período deverão ser respondidas com base na Lei 14133/21, cujos dispositivos estão citados no presente item e na sugestão de resposta.

Os contratos administrativos estão subordinados a um regime jurídico próprio, em especial por conta da presença das denominadas cláusulas exorbitantes, previstas no art. 58 da Lei 8.666/93 e no art. 124, I, da Lei 14133/21, que admitem, entre outras hipóteses, a possibilidade de alteração unilateral do ajuste, com vistas ao atendimento do interesse público colimado.

Pode-se afirmar, com elevado grau de certeza, que o principal diferenciador entre as avenças de direito privado e de direito público é a possibilidade legal da alteração unilateral de determinadas cláusulas neste segundo tipo de avença.

Nesta esteira, Yara Darcy Police Monteiro assim se pronunciou:

> (...) o contrato, como acordo de vontades para criar obrigações e direito recíprocos, com base na autonomia da vontade e igualdade jurídica entre as partes, é instituto típico de direito privado. Todavia, quando uma das partes é o Poder Público, agindo nessa qualidade, ou seja, com supremacia de poder, em face das prerrogativas que lhe são conferidas para a satisfação do interesse público, as regras de direito privado cedem espaço para aquelas que compõem o regime de direito público" (BLC 10/2001, p. 603).

A Lei 8.666/93 e a Lei 14133/21 trazem a seguinte regulamentação, respectivamente, referente ao tema da alteração do contrato administrativo:

> Art. 65. Os contratos regidos por esta Lei poderão ser alterados, com as devidas justificativas, nos seguintes casos:
>
> I – unilateralmente pela Administração:
>
> a) quando houver modificação do projeto ou das especificações, para melhor adequação técnica aos seus objetivos;
>
> b) quando necessária a modificação do valor contratual em decorrência de acréscimo ou diminuição quantitativa de seu objeto, nos limites permitidos por esta Lei;
>
> Art. 124. Os contratos regidos por esta Lei poderão ser alterados, com as devidas justificativas, nos seguintes casos:
>
> I - unilateralmente pela Administração:

> a) quando houver modificação do projeto ou das especificações, para melhor adequação técnica a seus objetivos;
>
> b) quando for necessária a modificação do valor contratual em decorrência de acréscimo ou diminuição quantitativa de seu objeto, nos limites permitidos por esta Lei;

A alínea "a" não trata de alteração quantitativa (acréscimos e supressões), mas sim, da modificação dos projetos e especificações para melhor adequação técnica. Percebam, desde logo, que este dispositivo não traz menção a qualquer tipo de limite.

Não obstante a isso a doutrina entende que as alterações contratuais não podem transfigurar o objeto licitado, alterando radicalmente o objeto contratado, uma vez que não há liberdade ilimitada para o administrador.

Vejamos o entendimento de Marçal Justen Filho sobre este ponto:

> A lei não estabelece limites qualitativos para essa modificação contratual. Não se pode presumir, no entanto, existir liberdade ilimitada. Não se caracteriza a hipótese quando a modificação tiver tamanha dimensão que altere radicalmente o objeto contratado. Não se alude a uma modificação quantitativa, mas a alteração qualitativa. No entanto, a modificação unilateral introduzida pela Administração não pode transfigurar o objeto licitado em outro, qualitativamente distinto[22].

Quanto a essas modificações qualitativas o Tribunal de Contas da União assim decidiu o seguinte:

> O Tribunal Pleno, diante das razões expostas pelo Relator, decide: 8.1. com fundamento no art. 1°, inciso XVII, § 2° da Lei n° 8.443/92, e no art. 216, inciso II, do Regimento Interno deste Tribunal, responder à Consulta formulada pelo ex-Ministro de Estado de Estado do Meio Ambiente, dos Recursos Hídricos e da Amazônia Legal, Gustavo Krause Gonçalves Sobrinho, nos seguintes termos: a) **tanto as alterações contratuais quantitativas - que modificam a dimensão do objeto - quanto as unilaterais qualitativas - que mantêm intangível o objeto, em natureza e em dimensão, estão sujeitas aos limites preestabelecidos nos §§ 1° e 2° do art. 65 da Lei n° 8.666/93, em face do respeito aos direitos do contratado, prescrito no art. 58, I, da mesma Lei, do princípio da proporcionalidade e da necessidade de esses limites serem obrigatoriamente fixados em lei;** b) **nas hipóteses de alterações contratuais consensuais, qualitativas e excepcionalíssimas de contratos de obras e serviços, é facultado à Administração ultrapassar os limites aludidos no item anterior, observados os princípios da finalidade, da razoabilidade e da proporcionalidade, além dos direitos patrimoniais do contratante privado, desde que satisfeitos cumulativamente os**

22. Comentários à Lei de Licitações e Contratos Administrativos, 5. ed., Dialética, p. 514

> **seguintes pressupostos:** I – não acarretar para a Administração encargos contratuais superiores aos oriundos de uma eventual rescisão contratual por razões de interesse público, acrescidos aos custos da elaboração de um novo procedimento licitatório; II – não possibilitar a inexecução contratual, à vista do nível de capacidade técnica e econômico-financeira do contratado; III – decorrer de fatos supervenientes que impliquem em dificuldades não previstas ou imprevisíveis por ocasião da contratação inicial; IV – não ocasionar a transfiguração do objeto originalmente contratado em outro de natureza e propósito diversos; V – ser necessárias à completa execução do objeto original do contrato, à otimização do cronograma de execução e à antecipação dos benefícios sociais e econômicos decorrentes; VI – demonstrar-se – na motivação do ato que autorizar o aditamento contratual que extrapole os limites legais mencionados na alínea "a", supra – que as consequências da outra alternativa (a rescisão contratual, seguida de nova licitação e contratação) importam sacrifício insuportável ao interesse público primário (interesse coletivo) a ser atendido pela obra ou serviço, ou seja gravíssimas a esse interesse; inclusive quanto à sua urgência e emergência; 8.2. Encaminhar à autoridade consulente cópia do inteiro teor desta Decisão, bem como dos Relatórios e Votos que a fundamentaram; 8.3. Determinar o arquivamento do presente processo. (Acórdão 215/1999, Rel. José Antônio Barreto De Macedo).

Desta maneira, pode-se concluir pela aplicabilidade dos limites estabelecidos no art. 65, §§ 1° e 2°, da Lei n° 8.666/1993, às alterações qualitativas, mas também da possibilidade da excepcional extrapolação do limite de acréscimo de 25%, observadas determinadas condicionantes.

Com o fim de consolidar o entendimento doutrinário e jurisprudencial, a Lei 14133/21 previu expressamente em seu artigo 126 que as alterações qualitativas não poderão transfigurar o objeto da contratação.

Por sua vez, sobre os limites dos acréscimos e supressões, o art. 125 estabelece que nas alterações unilaterais a que se refere o inciso I do *caput* do art. 124 da Lei, o contratado será obrigado a aceitar, nas mesmas condições contratuais, acréscimos ou supressões de até 25% (vinte e cinco por cento) do valor inicial atualizado do contrato que se fizerem nas obras, nos serviços ou nas compras, e, no caso de reforma de edifício ou de equipamento, o limite para os acréscimos será de 50% (cinquenta por cento).

Sendo as alterações unilaterais a que se refere o inciso I do *caput* do art. 124, as alterações de natureza qualitativa ou quantitativa, os limites de 25% ou de 50% se aplicarão a ambas.

Sugestão de resposta

O contrato administrativo é o ajuste que a Administração, agindo nessa qualidade, firma com o particular ou outra entidade administrativa para a consecução de objetivos de interesse público, nas condições estabelecidas pela própria Administração. Esta avença tem as seguintes características: formal, oneroso, comutativo e *intuitu personae*. É formal porque deve ser formulado por escrito e nos termos previstos em lei. Oneroso porque há remuneração relativa contraprestação do objeto do contrato. Comutativo porque são as partes do contrato compensadas reciprocamente. "Intuitu personae" consiste na exigência para execução do objeto pelo próprio contratado.

Na Lei 8.666/93, no seu artigo 65, I, "a" e na Lei 14133/21, no seu art. 124, I, a, constam a possibilidade de alteração qualitativa do objeto, que ocorre quando houver modificação do projeto ou das especificações, para melhor adequação técnica aos seus objetivos. Esta forma de alteração se mostra diferente da chamada modificação quantitativa, prevista no artigo 65, I, "b" da Lei 8666/93 e no art. 124, I, "b", da Lei 14133/21, que ocorre quando for necessária a mudança do valor contratual em decorrência de acréscimo ou diminuição quantitativa de seu objeto, nos limites permitidos na lei.

Predomina na doutrina e na jurisprudência do Tribunal de Contas da União que mesmo não havendo expressa previsão legal a possibilidade de alteração não se mostra como ilimitada, não podendo a mudança qualitativa desnaturar o próprio objeto licitado. Além disso, predomina o entendimento sobre a aplicabilidade, como regra, às alterações qualitativas, dos limites estabelecidos no art. 65, §§ 1º e 2º, da Lei nº 8.666/1993. Entretanto, deve ser ressaltado que se admite a possibilidade, excepcional, de extrapolação do limite de acréscimo de 25%, observadas determinadas condicionantes.

Sobre o tema, a nova Lei de Licitações e Contratos consolidou o entedimento jurisprudencial e doutrinário, pois previu expressamente em seu artigo 126, que as alterações qualitativas não poderão transfigurar o objeto da contratação.

Por sua vez, sobre os limites dos acréscimos e supressões, o art. 125 estabelece que nas alterações unilaterais a que se refere o inciso I do *caput* do art. 124 da Lei, o contratado será obrigado a aceitar, nas mesmas condições contratuais, acréscimos ou supressões de até 25% (vinte e cinco por cento) do valor inicial atualizado do contrato que se fizerem nas obras, nos serviços ou nas compras, e, no caso de reforma de edifício ou de equipamento, o limite para os acréscimos será de 50% (cinquenta por cento).

Sendo as alterações unilaterais a que se refere o inciso I do *caput* do art. 124, as alterações de natureza qualitativa ou quantitativa, os limites de 25% ou de 50% se aplicarão a ambas.

Importante, ainda, expor que para esta alteração é necessária a formalização de termo aditivo, com a submissão da minuta deste termo à análise da unidade de assessoria ou consultoria jurídica, bem com a promoção da publicidade oficial do termo aditivo celebrado e a promoção do reequilíbrio econômico-financeiro do contrato, em caso de ampliação dos encargos do contratado.

(Cespe/AGU/Advogado/2012) *A União publicou edital de licitação, na forma de concorrência do tipo melhor técnica, para a contratação de operação de "leasing" destinada ao arrendamento de tratores com determinadas especificações. No referido edital, além do preço máximo que poderia ser pago no total, previa-se que os bens arrendados seriam de propriedade da fabricante (arrendadora), havendo a possibilidade de a União Federal (arrendatária) adquiri-los ao final do contrato. Previa-se, ainda, que as contraprestações que seriam pagas pela arrendatária contemplariam o arrendamento dos bens e os serviços inerentes às suas disposições, e a soma das contraprestações não poderia ultrapassar 75% do custo dos bens. Logo após a publicação do edital, determinado concorrente recorreu administrativamente, alegando que a licitação não poderia ser do tipo melhor técnica e que a contratação não poderia ser feita por meio de leasing, por infringir a lei de licitações, que proíbe tais contratos. Com base nessa situação hipotética, redija um texto dissertativo, devidamente fundamentado, em resposta às indagações a seguir. (i) Tem razão o recorrente com relação ao não cabimento do tipo melhor técnica e à proibição de contrato de operação de leasing? (ii) Se, ao final do contrato, a União Federal decidir pela aquisição dos bens objeto da avença, será cabível a cobrança antecipada do valor residual, de acordo com o entendimento do Superior Tribunal de Justiça? (iii) Que modalidade de leasing é adotada no contrato firmado pela União Federal?*

Direcionamento da resposta

Referida questão exigiu conhecimento da Lei 8666/93 que está em vigor até 31/03/2023. Desta forma, as provas realizadas após esse período deverão ser respondidas com base na Lei 14133/21, cujos dispositivos estão citados no presente item e na sugestão de resposta.

Para começar a resposta desta questão deve o candidato contextualizar o instituto da licitação, informando que o mesmo tem assento no artigo 37, XXI da Constituição da República, regulamentado pela Lei 8.666/93 e pela Lei 14133/21, dentre outros diplomas legais.

A licitação tem a finalidade de a garantir a observância do princípio constitucional da isonomia, a seleção da proposta mais vantajosa para a administração e a promoção do desenvolvimento nacional sustentável e será processada e julgada em estrita conformidade com os princípios básicos da legalidade, da impessoalidade, da moralidade, da igualdade, da publicidade, da probidade administrativa, da vinculação ao instrumento convocatório, do julgamento objetivo e dos que lhes são correlatos.

A nova Lei de Licitações e Contratos ampliou em seu art. 5º o rol dos princípios previstos na Lei 8666/93 e acrescentou os princípios da eficiência, do interesse público, do planejamento, da transparência, da eficácia, da segregação de funções, da motivação, da segurança jurídica, da razoabilidade, da competitividade, da proporcionalidade, da celeridade, da economicidade e do desenvolvimento nacional sustentável.

O *leasing* é um contrato denominado na legislação brasileira como "arrendamento mercantil". As partes desse contrato são denominadas "arrendador" e "arrendatário", conforme sejam, de um lado, um banco ou sociedade de arrendamento mercantil e, de outro, o cliente. O objeto do contrato é a aquisição, por parte do arrendador, de bem escolhido pelo arrendatário para sua utilização. O arrendador é, portanto, o proprietário do bem, sendo que a posse e o usufruto, durante a vigência do contrato, são do arrendatário. O contrato de arrendamento mercantil pode prever ou não a opção de compra, pelo arrendatário, do bem de propriedade do arrendador.

Este tipo de operação se divide em duas principais: o *leasing* operacional e o *leasing* financeiro.

O *leasing* operacional caracteriza-se como espécie de locação com prestação de serviços. O arrendador, especialista em determinados tipos de equipamentos ou bens duráveis, cede ao arrendatário, por tempo certo, a sua utilização com o compromisso de se encarregar de sua manutenção e funcionamento. O modelo operacional – por ter na soma das contraprestações um valor inferior ao que terá o objeto no fim do prazo estipulado e por ser o arrendador especialista em certos tipos de bens – aproxima-se mais da locação propriamente dita, tendo como única particularidade a opção de compra ao fim do prazo. No entanto, o valor residual para a aquisição do bem tende a ser elevado, pois não se busca a sua aquisição, mas tão somente seu uso. Esta é a modalidade de *leasing* que foi utilizada pela União na questão.

Já o modelo financeiro pressupõe que a empresa arrendadora tenha o *leasing* como sua principal atividade. O funcionamento prático é diferente do arrendamento operacional, pois agora a parte arrendadora não é especialista em determinados bens, mas sim em comprar os objetos especificados pelo arrendatário, transferindo-lhe o uso por meio da locação. O que se observa é, em regra, que as empresas de *leasing* são instituições financeiras ou empresas pertencentes a esses grupos, as quais adquirem os bens após as especificações do arrendatário – modelo, natureza ou origem.

Inexiste vedação na legislação que rege as licitações e os contratos no Brasil para que a Administração pública celebre avença cujo objeto seja o *leasing*, sendo posição doutrinária dominante (Di Pietro) que na ausência de proibição legal a Administração poderá celebrar avenças típicas de direito privado. Cabe destacar que ainda nestes contratos, não obstante exista uma maior paridade entre o particular e o Estado, ainda assim haverá a incidência das chamadas cláusulas exorbitantes.

Quando aos tipos de licitação, destaca-se para a presente questão a chamada **melhor técnica**. De acordo com Hely Lopes Meirelles "na licitação de melhor técnica o que a Administração pretende é a obra, o serviço, o equipamento ou o material mais eficiente, mais durável, mais aperfeiçoado, mais rápido, mais rentável, mais adequado, enfim, aos objetivos de determinado empreendimento ou programa administrativo. Em face desses objetivos, é licito a Administração dar prevalência a outros fatores sobre o preço, porque nem sempre pode obter a melhor técnica, dentro das especificações e do preço negociado pela Administração"[23].

A Nova Lei de Licitações adotou a terminologia "Critérios de Julgamento" para os tipos que definem os critérios de escolha do vencedor e previu no artigo 35 o critério "melhor técnica". Seguindo a Lei 8666/93, prioriza-se neste critério de julgamento, fatores de técnica e de conteúdo artístico em detrimento do fator preço.[24]

No caso da contratação do *leasing* o tipo melhor técnica é inadequado, devendo ser adotado o melhor preço, visto que a primeira modalidade citada tem natureza excepcional, somente se justificando para serviços específicos, com natureza predominantemente intelectual, na forma prevista no artigo 46 da Lei 8.666/93 e no art. 35 da Lei 14133/21.

O Superior Tribunal de Justiça, após entendimento diverso sobre o tema (inclusive sumulado[25]), definiu que "a cobrança antecipada do valor residual garantido (VRG) não descaracteriza o contrato de arrendamento mercantil" (Súmula 293).

Sugestão de resposta

No direito administrativo brasileiro, as contratações públicas, regra geral, devem ser precedidas de regular procedimento administrativo denominado de

23. MEIRELLES, Hely Lopes. **Direito Administrativo Brasileiro.** 35. ed. São Paulo: Malheiros, 2009.
24. Tratado da Nova Lei de Licitações e Contratos Administrativos: Lei 144133/21. Comentada por Advogados Públicos/organizador Leandro Sarai – 2 ed – São Paulo: Editora Juspodivm, 2022, pg 35.
25. Tratava-se da Súmula 263 do STJ, cancelada em agosto de 2003.

licitação, previsto expressamente no artigo 37, XXI da Constituição da República, regulamentado pela Lei 8.666/93 e pela Lei 14133/21, dentre outros diplomas legais.

A licitação tem a finalidade de a garantir a observância do princípio constitucional da isonomia, a seleção da proposta mais vantajosa para a administração e a promoção do desenvolvimento nacional sustentável e será processada e julgada em estrita conformidade com os princípios básicos da legalidade, da impessoalidade, da moralidade, da igualdade, da publicidade, da probidade administrativa, da vinculação ao instrumento convocatório, do julgamento objetivo e dos que lhes são correlatos.

A Lei 14133/21 somou à Lei 8666/93 os princípios da eficiência, do interesse público, do planejamento, da transparência, da eficácia, da segregação de funções, da motivação, da segurança jurídica, da razoabilidade, da competitividade, da proporcionalidade, da celeridade, da economicidade e do desenvolvimento nacional sustentável.

Como se sabe, inexiste vedação na legislação que rege as licitações e os contratos no Brasil para que a Administração pública celebre avença cujo objeto seja o *leasing*, sendo posição doutrinária dominante (DI PIETRO) que na ausência de proibição legal a Administração poderá celebrar avenças típicas de direito privado. Cabe destacar que ainda nestes contratos, não obstante exista uma maior paridade entre o particular e o Estado, ainda assim haverá a incidência das chamadas cláusulas exorbitantes.

Entretanto, não poderá a Administração realizar a licitação no tipo melhor-técnica para a contratação de *leasing*, uma vez que este tipo tem natureza excepcional, somente sendo admitido para situações de natureza predominantemente intelectual, de natureza técnica, científica ou artística conforme consta no artigo 46 da Lei 8.666/93 e no art. 35 da Lei 14133/21. No caso, o tipo licitatório adequado a ser utilizado é o menor preço, previsto no artigo 45, parágrafo 1º, inciso I do diploma legal retro citado e no art. 33, I, da Lei 14133/21.

O Superior Tribunal de Justiça, após entendimento diverso sobre o tema (inclusive sumulado através do enunciado 263, atualmente cancelado), definiu que *a cobrança antecipada do valor residual garantido (VRG) não descaracteriza o contrato de arrendamento mercantil* (Súmula 293), podendo, desta forma, ser feita a cobrança antecipada do valor residual, sem que haja a descaracterização da operação.

Por último, a operação realizada na questão é o chamado *leasing* operacional, que caracteriza-se como espécie de locação com prestação de serviços. O arrendador, especialista em determinados tipos de equipamentos ou bens duráveis, cede ao arrendatário, por tempo certo, a sua utilização com o compromisso de se encarregar de sua manutenção e funcionamento.

(Esaf/PFN/Procurador/2003) *Dissertar, fundamentadamente, sobre o instituto jurídico administrativo da licitação, abordando, entre outros aspectos pertinentes relevantes, o alcance da sua previsão constitucional e os princípios fundamentais que o orientam, bem como o campo de incidência do poder discricionário e as consequências possíveis de eventuais vícios sanáveis, insanáveis ou de mérito.*

Direcionamento da resposta

Referida questão exigiu conhecimento da Lei 8666/93 que está em vigor até 31/03/2023. Desta forma, as provas realizadas após esse período deverão ser respondidas com base na Lei 14133/21, cujos dispositivos estão citados no presente item e na sugestão de resposta.

Trata-se de questão com conteúdo bem aberta, na qual o examinador pretende ver uma resposta com muito conteúdo, com muita informação sobre o tema. O examinador traz um rol mínimo de pontos que obrigatoriamente devem ser abordados na resposta. Inicialmente é importante que o candidato defina a licitação, trazendo em um parágrafo os seus principais traços. Acho necessário demonstrar atualização e mencionar alterações legislativas recentes, dando o fundamento constitucional da mesma. A partir deste ponto introdutório deve seguir a resposta o roteiro definido pelo examinador. É fundamental que seja apontado os dispositivos normativos que se aplicam a questão, como por exemplo o artigo 37, XXI da Constituição Federal e os previstos na Lei 8.666/93 e na Lei 14133/21. Insisto na necessidade de expor sempre para o examinador o número do dispositivo, visto que as bancas (em especial o CESPE) retira pontos se os artigos não forem apontados. Em relação aos princípios é importante que se relacione os mais importantes, selecionando alguns para explicar com um pouco mais de profundidade. Quando for tratar da discricionariedade no procedimento de licitação é importante que se explique brevemente o que é o poder discricionário e quando este poder tem reflexo na licitação. Por último deve-se falar sobre os vícios no processo de licitação, descrevendo as consequências dos mesmos para o procedimento e para o futuro contrato.

Sugestão de resposta

A licitação é um procedimento administrativo, de observância obrigatória pelas entidades governamentais, em que, observada a igualdade entre os participantes do certame, deve ser selecionada a proposta mais vantajosa ao interesse público dentre as apresentadas pelos interessados em firmar relações de conteúdo patrimonial com a entidade contratante, uma vez estabelecidos os requisitos mínimos para o bom cumprimento das obrigações firmadas. A licitação tem arraigada em seu conceito a ideia de igualdade entre os participantes do certame e a seleção da proposta mais vantajosa ao interesse público.

É relevante mencionar que a Lei 12.349/10 alterou o *caput* do artigo 3° da Lei 8.666/93 e ampliou a destinação da licitação incluindo como uma delas a promoção do desenvolvimento nacional sustentável, objetivando o fomento da indústria nacional, dando máxima efetividade a um dos objetivos da República Federativa do Brasil previsto no artigo 3° da Constituição.

A Lei 14133/21 repetiu esta previsão no artigo 11, inciso IV, no qual especifica como um dos objetivos do processo licitatório incentivar a inovação e o desenvolvimento nacional sustentável.

O instituto jurídico da licitação tem previsão expressa no texto constitucional, constando no artigo 37, XXI do texto magno onde se prevê a necessidade da realização do certame licitatório para a contratação de obras, serviços, compras e alienações. A Constituição Federal deixa claro que em situações excepcionais é possível a celebração de contratos administrativos sem o prévio procedimento licitatório, situações previstas em lei para as circunstâncias de impossibilidade ou inconveniência do certame.

Como se vê o artigo 37 inaugura o Capítulo VII da Constituição da República, sendo as suas disposições aplicáveis para a Administração Pública, direta e indireta de todos os poderes da União, dos Estados, do Distrito Federal e dos Municípios. A Lei 8.666/93, no artigo 1° *caput* retoma o texto da Constituição e no parágrafo único especifica quais as entidades estão obrigadas a realizar a licitação prévia à celebração dos contratos administrativos, quais sejam: os órgãos da administração pública, os fundos especiais, as autarquias, as fundações públicas, as empresas públicas, as sociedades de economia mista e demais entidades controladas direta ou indiretamente pela União, Estados, Distrito Federal e Municípios. É importante destacar que no conceito de entidade controlada pelo Estado são aquelas de natureza paraestatal que, gerindo dinheiro público, devem submeter-se ao procedimento licitatório. Mas cabe ressaltar a existência de entendimento do TCU no sentido de que os Serviços Sociais Autônomos não se subordinam de forma estrita aos termos da Lei 8.666/93, podendo possuir regulamentos próprios, desde que compatíveis com a lei[26].

Sobre o âmbito de aplicação da Lei 14133/21, o art 1°, incisos I e II, especifica as entidades que devem se submeter ao processo licitatório. São eles: os órgãos dos Poderes Legislativo e Judiciário da União, dos Estados e do Distrito Federal e os órgãos do Poder Legislativo dos Municípios, quando no desempenho

26. TCU, Acórdão n° 1.337/2003.

de função administrativa; os fundos especiais e as demais entidades controladas direta ou indiretamente pela Administração Pública.

Por outro lado, ao contrário do que prevê a Lei 8666/93, não são abrangidas pela nova Lei de Licitações e Contratos as empresas públicas, as sociedades de economia mista e as suas subsidiárias, pois são regidas pela Lei 13303/16.

A licitação se rege por três ordens de princípios: primeiramente pelos princípios constitucionais expressos previstos no *caput* do artigo 37 da Constituição (legalidade, impessoalidade, moralidade, publicidade e eficiência) além dos princípios básicos dispostos no artigo 3º da Lei 8.666/93 (isonomia, probidade administrativa, vinculação ao instrumento convocatório, julgamento objetivo) e os chamados princípios correlatos (competitividade, indistinção, inalterabilidade do edital, sigilo das propostas, formalismo procedimental, vedação à oferta de vantagens, proporcionalidade entre outros[27]). É importante que se diga que os princípios vêm expressados em estruturas abertas, flexíveis, dando o contorno geral dos institutos jurídicos. No caso da licitação nota-se que os princípios informam que o certame é fundamental para a garantia da igualdade, da eficiência nas contratações públicas, devendo ser guiado de forma objetiva pelo gestor, buscando a proposta mais vantajosa para a Administração Pública e para o interesse público como um todo.

Destaque-se que a Lei 14133/21 somou aos princípios constantes na Lei 8666/93, os princípios da eficiência, do interesse público, do planejamento, da transparência, da eficácia, da segregação de funções, da motivação, da segurança jurídica, da razoabilidade, da competitividade, da proporcionalidade, da celeridade, da economicidade e do desenvolvimento nacional sustentável.

Dentre desse amplo rol principiológico cabe destacar alguns princípios fundamentais. O princípio da impessoalidade, indicando este que a Administração deve dispensar o mesmo tratamento para todos os administrados que estejam na mesma situação jurídica, razão pela qual o julgamento, no que versa a licitação, deva ser objetivo não permitindo favorecimentos. Outro princípio que se destaca é o da igualdade, havendo expressa menção no artigo 37, XXI, que o procedimento licitatório deve assegurar a igualdade de condições entre todos os concorrentes, não cabendo a estipulação de discriminações odiosas. Além desses cabe dar destaque ao princípio da probidade, onde se determina que o administrador atue com honestidade para com os licitantes e sobretudo para com a própria administração, adotando sempre medidas de defesa do interesse público.

27. Rol de princípios com base na doutrina de José dos Santos Carvalho Filho.

A lei geral de licitação brasileira (Lei 8.666/93 e Lei 14133/21) é um extenso diploma que regula de forma pormenorizada todo o procedimento licitatório, objetivando garantir a maior objetividade possível ao certame. Entretanto é possível verifica algumas situações nas quais há uma margem de opção ou uma margem de discricionariedade para o Administrador optar por algumas opções e fazer algum juízo de valor buscando sempre a tutela do interesse público.

A discricionariedade ou poder discricionário é aquele conferido à administração pública para a prática de atos administrativos com uma razoável liberdade de atuação, podendo valorar a conveniência e a oportunidade da prática do ato, quanto ao seu conteúdo (objeto) e ao seu motivo.

A maior relevância do poder discricionário nas licitações verifica-se quando estivermos diante das hipóteses de dispensabilidade e inexigibilidade de licitação, previstas nos artigos 24 e 25 da Lei 8.666/93 respectivamente e 74 e 75 da Lei 14133/21, respectivamente. A incidência nesses casos do poder discricionário do Administrador é maior porque percebe-se aqui um maior grau de incerteza quanto a configuração das circunstâncias que dão margem aos institutos.

A dispensabilidade de licitação (artigo 24 da Lei 8.666/93 e artigo 75 da Lei 14133/21) contemplam as hipóteses nas quais a licitação é viável, todavia existem razões fáticas ou jurídicas que justificam o afastamento do certame licitatório. Aqui o Administrador pode realizar o certame ou não, a depender do seu juízo de conveniência e oportunidade sobre o que vai melhor atender ao interesse público. Perceba que o juízo discricionário do Administrador, neste caso, se dá na definição se é caso de realizar ou certame ou não, não cabendo realizar qualquer ampliação do rol definido pelos artigos 24 e 75.

A inexigibilidade de licitação, prevista no artigo 25 da Lei 8.666/93 e no artigo 74 da Lei 14133/21, ocorre quando houver inviabilidade de competição ou faltar-lhes os seus pressupostos lógicos, conforme dito por Celso Antônio Bandeira de Mello. A legislação elenca, em rol não exaustivo, algumas situações nas quais é inviável a competição. Nesta situação jurídica destaca-se a discricionariedade do Administrador que deverá valorar a situação fática existente e definir se é ou não caso de inviabilidade de competição e motivar assim a dispensa do certame licitatório.

E por último, para a análise quanto as consequências de eventuais vícios no certame licitatório é preciso, antes de tudo, a percepção de que a licitação é um procedimento administrativo, ou seja, uma sequência encadeada de atos visando a um determinado fim. Se houver alguma nulidade insanável na prática de algum ato do procedimento este ato deverá ser anulado, e a sua anulação implicará na nulidade de todas as etapas posteriores do procedimento, dependentes ou consequentes daquele ato. Cabe destacar o artigo 38, IX da Lei 8.666/93 que determina que o despacho de anulação ou revogação do certame deve ser fundamentado circunstanciadamente.

É importante fazer menção ao artigo 49 da Lei de Licitações que preconiza que a autoridade competente para aprovação do procedimento deve anulá-lo por conta de ilegalidade, de ofício (autotutela administrativa) ou mediante provocação, mediante parecer escrito e devidamente fundamentado. A nulidade do procedimento licitatório induz à nulidade do contrato administrativo (Artigo 49, § 2º da Lei 8.666/93) e a anulação do procedimento licitatório não gera obrigação de indenizar (artigo 49, § 1º). É relevante destacar que a nulidade do contrato administrativo, diferentemente não exonera a Administração do seu dever de indenizar o contratado, contando que a causa da nulidade não seja a ele imputável. Por último deve ficar claro que no caso de desfazimento do processo licitatório fica assegurado o contraditório e a ampla defesa, consoante prevê o parágrafo 3º do artigo 49 da Lei 8.666/93. Caso haja uma nulidade sanável em algum ato do procedimento licitatório a Administração deve convalidar o ato, garantindo a sua permanência no ordenamento jurídico, resguardando as situações já concretizadas sob a égide deste ato, havendo um ganho na segurança jurídica e na economicidade, evitando a repetição da prática de atos administrativos já realizados.

Quando o vício do ato administrativo integrante do procedimento licitatório for de mérito (elementos objeto e motivo) não se fala em ilegalidade, mas em inconveniência do ato administrativo, cabendo a sua retirada do mundo jurídico com o instituto da revogação. Esta revogação é uma forma de retirada do ato do mundo jurídico que só pode ser realizada pelo poder de editou o ato, somente produzindo efeitos para frente (*ex nunc*), ou seja, o ato produz efeitos válidos até a sua retirada. Na lei de licitações existem restrições à possibilidade de revogação dos atos administrativos, somente esta sendo possível em duas hipóteses: por motivo de interesse público decorrente de fato superveniente devidamente comprovado e suficiente para justificar tal conduta (artigo 49) ou por critério da administração, quando o adjudicatário do bem tiver sido convocado para assinar o contrato ou aceitar ou retirar o instrumento equivalente e recusar-se a fazê-lo ou não comparecer (artigo 64, § 2º). Em qualquer das hipóteses o despacho de revogação deve ser fundamentado circunstanciadamente (artigo 38, IX) e deve ser assegurado o direito ao contraditório.

Por último, ressalte-se que depois de assinado o contrato, não se pode mais revogar a licitação. Já a anulação pode ser feita mesmo depois de assinado o contrato (como vista a nulidade da licitação induz a nulidade do contrato).

A Lei 14133/21 trouxe a possibilidade de revogação e anulação do procedimento licitatório no artigo 71, incisos II e III, no qual determina que encerrada as fases de julgamento e habilitação, o processo licitatório será encaminhado à autoridade superior, que poderá revogar a licitação por motivo de conveniência e oportunidade e proceder a sua anulação, de ofício ou mediante provocação de terceiros, sempre que presente ilegalidade insanável.

Cumpre registrar que a anulação do artigo 71 refere-se àquela que ocorre ao final do procedimento licitatório e sobre ele recai, total ou parcialmente. Detectando-se a nulidade nesse momento, não haverá a celebração de contrato.[28]

Por sua vez, o art. 147 traz a possibilidade de não anulação contratual em casos específicos em que tal medida não se coadune com o interesse público. Contudo a premissa de tal dispositivo é a existência de um contrato e o prejuízo que a sua descontinuidade poderá gerar. Tal contexto não está presente a hipótese do art. 71.[29]

De acordo com o §1° do art. 71, ao pronunciar a nulidade, a autoridade indicará expressamente os atos com vícios insanáveis, tornando sem efeito todos os subsequentes que deles dependam, e dará ensejo à apuração de responsabilidade de quem lhes deu causa.

Destaque-se que, nos termos do art. 149, a nulidade não exonerará a Administração do dever de indenizar o contratado pelo que ele houver executado até a data em que for declarada nem por outros prejuízos comprovados, desde que não lhe seja imputável. Nesse caso, deve ser apurada a responsabilidade de quem tenha dado causa. Contudo, se foi o licitante quem deu causa à nulidade, não caberá indenização de eventuais prejuízos.

Quanto à revogação, essa depende da demonstração motivada de que a extinção da licitação é melhor para o interesse público. Além disso, apenas razões supervenientes poderão ensejar tal medida, dada a sua excepcionalidade.

Por fim, a pretensão de anulação e revogação do procedimento licitatório deve ser comunicada aos interessados, para fins de manifestação prévia antes de ser tomada a decisão pela autoridade competente (§3°, art. 71).

(Cespe/AGU/Procurador/2005) *O presidente de uma autarquia federal pretende oferecer à população brasileira – notadamente àqueles segmentos que*

28. Tratado da Nova Lei de Licitações e Contratos Administrativos: Lei 144133/21. Comentada por Advogados Públicos/organizador Leandro Sarai – 2 ed – São Paulo: Editora Juspodivm, 2022, pg 863/864.
29. Tratado da Nova Lei de Licitações e Contratos Administrativos: Lei 144133/21. Comentada por Advogados Públicos/organizador Leandro Sarai – 2 ed – São Paulo: Editora Juspodivm, 2022, pg 865.

não têm acesso aos meios mais sofisticados de comunicação e que apresentam dificuldades de interpretação da informação – igualdade de oportunidades de compreensão das normas e diretrizes de um novo programa em implementação na área de atuação da citada autarquia. Para isso, a referida autoridade consultou sua Procuradoria a respeito da possibilidade de dispensa da obrigatoriedade de procedimento licitatório, fundada na conveniência administrativa, com o objetivo de facilitar a campanha de esclarecimento à sociedade. Em face da situação hipotética acima, elabore, na qualidade de procurador federal em exercício na referida autarquia, um parecer jurídico abordando as questões constitucionais e legais relacionadas à situação-problema em questão.

Direcionamento da resposta

Referida questão exigiu conhecimento da Lei 8666/93 que está em vigor até 31/03/2023. Desta forma, as provas realizadas após esse período deverão ser respondidas com base na Lei 14133/21, cujos dispositivos estão citados no presente item e na sugestão de resposta.

Nesta questão o candidato deve abordar o conceito de licitação, o princípio da obrigatoriedade de licitação (art. 37, XXI, da CF), conceito e regramento legal das hipóteses de dispensa de licitação e inexigibilidade (arts. 24 e 25, da Lei 8.666/93, arts. 74 e 75 da Lei 14133/21), apontando especificamente a vedação legal para a contratação de serviços de publicidade por meio de inexigibilidade (art. 25, II, Lei 8.666/93 e art. 74, III, da Lei 14133/21).

Sugestão de resposta

Processo nº

Parecer nº

Solicitante: Presidente da Autarquia.

Assunto: Contratação direta de campanha publicitária para esclarecimento da sociedade sobre normas de diretrizes do novo programa da Autarquia Federal.

Ementa: Contratação direta de campanha publicitária para esclarecimento da sociedade sobre normas de diretrizes do novo programa da Autarquia Federal. Impossibilidade de contratação por dispensa de licitação. Vedação legal para contratação por inexigibilidade. Procedimento de licitação obrigatório.

I – Relatório

Trata-se de consulta formulada pelo presidente da Autarquia Federal sobre a possibilidade de dispensa de licitação para a contratação de campanha de publicidade, a qual tem por escopo o esclarecimento sociedade sobre normas e diretrizes de novo programa da área de atuação finalística da Autarquia Federal.

É o relatório. Passo a opinar.

II - FUNDAMENTAÇÃO

II.a Do princípio da obrigatoriedade de licitação.

A licitação é o procedimento prévio à contratação, destinado a selecionar a proposta mais vantajosa para Administração, mediante critérios preestabelecidos, que garantam a isonomia, a competitividade e a promoção do desenvolvimento nacional sustentável (art. 3° da Lei 8.666/993 e art. 11 da Lei 14133/21).

Nesse sentido, atento aos imperativos da moralidade, da impessoalidade e da publicidade, o art. 37, XXI, da CF estabeleceu o princípio da obrigatoriedade de licitação como vetor para Administração Pública. Assim, excepcionados os casos previstos em lei, as obras, os serviços, as compras e as alienações serão contratados mediante prévio procedimento licitatório que assegure as condições de igualdade a todos os concorrentes.

No plano infraconstitucional, o dever de licitar está enunciado no art. 2°, da Lei 8.666/93 e art. 2° da Lei 14133/21, que institui normas gerais para licitações e contratações. Todavia, partindo-se do pressuposto de que nem sempre a licitação ensejará vantagem para Administração, há ressalvas legais à obrigatoriedade de realização de certame licitatório nas hipóteses de dispensa de licitação e de inexigibilidade.

No caso em exame, questiona-se a viabilidade jurídica de contratação direta de serviços de publicidade com teor informativo, o que será analisado à luz dos regramentos constantes dos arts. 24 e 25 da Lei de Licitações[30] e 74 e 75 da Lei 14133/21.

II.b Da licitação dispensável e da inexigibilidade de licitação. Impossibilidade de contratação direta de serviços de publicidade.

Por força do princípio da obrigatoriedade de licitação, a contratação direta é medida excepcional que somente ocorre nos casos de dispensa de licitação ou de inexigibilidade.

A dispensa de licitação se configura nas situações previstas na lei em que o legislador não tornou obrigatória a realização do certame por opção política. A doutrina divide as hipóteses de dispensa em licitação dispensável e licitação dispensada. Nesta, a Lei já determina a não realização da licitação, obrigando a

30. À época da elaboração da questão ainda não estava vigente a Lei 12.232/2010, que rege as contratações dos serviços de publicidade e divulgação.

contratação direta (art. 17 da Lei 8.666/1993), ao passo que naquela, a Lei autoriza o Administrador a escolher se irá realizar o procedimento de seleção, tratando-se, portanto, de decisão discricionária (art. 24 da Lei 8.666/1993).

A nova Lei de Licitação e Contratos Administrativos manteve a sistemática da Lei 8666/93 e prevê um artigo completo para tratar das hipòteses de licitação dispensável.[31]

Está consolidado, tanto em doutrina como na jurisprudência do STJ[32] e STF, que as hipóteses de dispensa de licitação constam em rol taxativo no art. 24 da Lei 8.666/93 e no art. 75 da Lei 14133/21, não podendo ser ampliado por decisão do administrador, com o fim de que não haja margens para a quebra da isonomia.Com efeito, cumpre observar que o art. 24 da Lei 8.666/93 não contempla a dispensa de licitação para os serviços de publicidade com teor informativo, estando, por isso, vedada a contração pela modalidade de licitação dispensável.

Diversamente da dispensa, a inexigibilidade de licitação pressupõe a inviabilidade de competição, seja pela ausência de pluralidade de objetos ou pela singularidade de ofertantes, de modo a não ser possível sequer cogitar a realização do procedimento.

As hipóteses de inexigibilidade estão enumeradas no art. 25 do estatuto, abarcando as situações em que haja (i) fornecedor exclusivo; (ii) contração de serviços técnicos especializados de natureza singular; e (iii) contratação de profissionais do setor artístico. Vale ressaltar, ainda, que ao final do caput do art. 25,

31. Tratado da Nova Lei de Licitações e Contratos Administrativos: Lei 144133/21. Comentada por Advogados Públicos/organizador Leandro Sarai – 2 ed – São Paulo: Editora Juspodivm, 2022, pg 919.

32. DIREITO ADMINISTRATIVO. LIMITE DE DISPENSA DE LICITAÇÃO PREVISTO NO ART. 24, II, DA LEI N. 8.666/1993.Não se amolda à hipótese de dispensa de licitação prevista no art. 24, II, da Lei n. 8.666/1993 a situação em que, contratada organizadora para a realização de concurso público por valor inferior ao limite previsto no referido dispositivo, tenha-se verificado que a soma do valor do contrato com o total arrecado a título de taxa de inscrição supere o limite de dispensa previsto no aludido inciso. A Constituição da República estabelece como regra a obrigatoriedade da realização de licitação, que é desnecessária nas excepcionais hipóteses previstas em lei, como na dispensa para a contratação de serviços de valor inferior ao limite estabelecido no art. 24, II, da Lei n. 8.666/1993. **Não cabe ao intérprete criar novos casos de dispensa, sobretudo porquanto a licitação é destinada a garantir a observância do princípio constitucional da isonomia e a seleção da proposta mais vantajosa para a administração** (art. 3º da Lei n. 8.666/93). Nesse contexto, ainda que os valores recolhidos como taxa de inscrição não sejam públicos, a adequada destinação deles é de interesse público primário. Mesmo que a contratação direta de banca realizadora de concurso sem licitação não afete o interesse público secundário (direitos patrimoniais da Administração Pública), é contrária ao interesse público primário, pois a destinação de elevado montante de recursos a empresa privada ocorrerá sem o processo competitivo, violando, dessa maneira, o princípio da isonomia. REsp 1.356.260-SC, Rel. Min. Humberto Martins, julgado em 7/2/2013.

o legislador utilizou a expressão "em especial", a indicar que existem outros casos em que a competição é inviável, e por isso, a doutrina é uníssona em afirmar que o rol de inexigibilidade é meramente exemplificativo.

O art. 74 da Lei 14133, ampliou as hipóteses de inexigibilidade , aplicando-se a contratação direta em especial nos casos de: (i) aquisição de materiais, de equipamentos ou de gêneros ou contratação de serviços que só possam ser fornecidos por produtor, empresa ou representante comercial exclusivos; (ii) contratação de profissional do setor artístico, diretamente ou por meio de empresário exclusivo, desde que consagrado pela crítica especializada ou pela opinião pública; (iii) contratação dos seguintes serviços técnicos especializados de natureza predominantemente intelectual com profissionais ou empresas de notória especialização, vedada a inexigibilidade para serviços de publicidade e divulgação: (iv) objetos que devam ou possam ser contratados por meio de credenciamento e (v) aquisição ou locação de imóvel cujas características de instalações e de localização tornem necessária sua escolha.

Apesar de o serviço de publicidade e divulgação poder, a princípio, ser enquadrado como serviço técnico especializado de natureza singular, o art. 25, II, da Lei 8.666/93 e o art. 74, III, da Lei 14.133/21 são expressos ao vedar a inexigibilidade para a sua contratação. Ademais, também não seria possível enquadrar o serviço de publicidade na modalidade de inexigibilidade de que trata o art. 25, III, da Lei 8.666/93 e 74, II, da Lei 14.133/21, uma vez que segundo entendimento do STJ[33], na definição de artista não se inclui o publicitário, porque o publicitário planeja, cria executa e/ou dirige a execução de campanhas publicitárias, já o artista dedica-se às belas-artes como profissão, exibindo suas habilidades na interpretação em teatro, cinema, televisão ou rádio.

Tendo em vista os argumentos acima elucidados, é forçoso concluir que o serviço de publicidade para divulgação de informação das atividades fins da Autarquia Federal não pode ser contratado sem prévia licitação, seja porque a hipótese não está prevista no rol taxativo de dispensa de licitação constante do art. 24, da Lei 8.886/93 e 75 da Lei 14133/21, seja em razão da vedação expressa da utilização de inexigibilidade prevista no art. 25, II, do mesmo diploma e 74, III, da Lei 14133/21.

III - DA CONCLUSÃO.

Em face do exposto, conclui-se ser necessária a realização de licitação para a contratação de campanha de publicidade com o objetivo de esclarecer

33. STJ, REsp 932.821/RS, Rel. Ministra Eliana Calmon, Segunda Turma, julgado em 01/04/2008, DJe 11/04/2008.

sociedade sobre normas e diretrizes de novo programa da área de atuação finalística da Autarquia Federal.

É o parecer.

À consideração superior.

Local, Data.

Procurador Federal.

7. PROCESSO ADMINISTRATIVO DISCIPLINAR

(Cespe/AGU/Advogado/2012) *A administração instaurou processo administrativo disciplinar contra servidor federal, que foi punido, com base nas provas dos autos, com a pena de demissão, apesar de o relatório da comissão disciplinar ter concluído pela absolvição. O processo disciplinar foi concluído em prazo superior ao prazo máximo fixado no art. 152 da Lei n. 8.112/1990. O servidor interpôs recurso administrativo, objetivando a anulação da punição que lhe fora aplicada, sob as seguintes alegações: 1) o processo administrativo disciplinar ultrapassara o prazo previsto em lei para a sua conclusão; e 2) a autoridade julgadora decidira contrariamente ao relatório final da comissão disciplinar. Em face dessa situação hipotética, pronuncie-se, com base na legislação de regência, sobre a pertinência dos argumentos apresentados pelo servidor no recurso interposto.*

Direcionamento da resposta

É importante que o candidato inicie a resposta dando um panorama geral sobre o que é o Processo Administrativo Disciplinar, as suas espécies e finalidades.

Como o examinador deixou claro que queria uma resposta com base "na legislação de regência" é mais do que nunca muito importante que sejam citados todos os dispositivos que regulam a matéria.

Deve ser informado que o primeiro argumento do servidor não é razão para a anulação do PAD uma vez que, nos termos da Súmula 592 do STJ, o excesso de prazo para a conclusão do processo administrativo disciplinar só causa nulidade se houver demonstração de prejuízo à defesa. (releva explicar qual é o prazo e qual é o prazo máximo que o processo pode durar).

Deve ser analisado o segundo argumento e dizer que aquele deve prosperar por violar frontalmente a legislação, sendo esta violação razão suficiente para gerar a nulidade do PAD, consoante entendimento do STJ.

Sugestão de resposta

O processo administrativo disciplinar (PAD) é composto por um conjunto de atos que servem de instrumento para a apuração de ilícitos administrativos com a possível consequência da punição de faltas graves praticadas por servidores públicos. Esta modalidade de processo administrativo está prevista no Título V da Lei 8.112/90 (a partir do artigo 143) tendo como principais objetivos a apuração de ação ou omissão de servidor público, desde que punível disciplinarmente, promover o deslinde de anormalidades prejudiciais ao bom desempenho dos serviços públicos, oferecer ao servidor público a possibilidade de exercer o seu direito de ampla defesa entre diversos outros.

Este processo administrativo disciplinar que visa apurar e, se for o caso, punir a prática de infrações funcionais é gênero, podendo ser subdividido de acordo com a extensão de suas etapas, o prazo de cada uma delas, o ilícito praticado e a sanção aplicável, em: sindicância contraditória, procedimento administrativo disciplinar propriamente dito e procedimento sumário. Para o deslinde da presente questão focarei no processo administrativos propriamente dito.

Um ponto que deve ser destacado é que o processo administrativo disciplinar, além de se buscar apurar infrações funcionais e punir eventuais ilícitos praticados, é um instrumento para o exercício do devido processo legal e da ampla defesa, devendo ser ofertada para o processado as oportunidades para apresentar as suas provas e as suas alegações capazes de influenciar a convicção de quem tem a competência legal para julgar.

Em relação ao prazo para a conclusão do PAD, a Lei 8.112/90, no seu artigo 152 determina que o processo terá um prazo máximo de 60 dias, prorrogáveis por igual período quando as circunstâncias exigirem. Cabe destacar que a jurisprudência do Supremo Tribunal Federal (STF) entende que esse prazo de 60 dias, prorrogáveis por igual período não inclui o prazo de 20 dias estipulado no artigo 167 para que a autoridade julgadora profira a sua decisão, ou seja o STF considera que a fase de julgamento acontece depois da conclusão do PAD[34].

Quanto ao argumento do servidor que o excesso de prazo na conclusão do processo viciaria o PAD sendo motivo suficiente para a sua anulação tal alegação não prospera, indo de encontro à Súmula 592 do STJ. De acordo com este tribunal, o excesso de prazo para a conclusão do processo administrativo disciplinar só causa nulidade se houver demonstração de prejuízo à defesa[35-36]. Assim, caso se comprove que houve algum vício na possibilidade do servidor bem

34. STF, MS 22.728/PR; MS 23.229/SP; RMS 23.436/DF.

35. Disponível em: http://www.stj.jus.br/sites/STJ/default/pt_BR/sala_de_noticias/noticias/Destaques/Excesso-de-prazo-em-processo-administrativo-disciplinar-n%C3%A3o-gera-nulidade.

36. STJ, MS 14504/DF.

exercer o seu direito constitucional a ampla defesa, aí sim haverá um vício apto a anular o processo administrativo disciplinar.

Lado outro, quanto a segunda alegação do servidor no sentido de que a autoridade decidiu de forma contrária ao relatório final da comissão disciplinar e que isso poderia levar a nulidade do PAD aquele está com a razão. O artigo 168 da Lei 8.112/90 traz relevante regra de julgamento e diz que o julgamento acatará o relatório da comissão, só não o fazendo quando este for contrário à prova dos autos. Ou seja, o julgamento está vinculado à posição adotada no relatório, só podendo concluir de forma diversa para agravar a penalidade proposta, abrandá-la ou isentar o servidor de responsabilidade (parágrafo único do art. 168), quando este foi contrário à prova dos autos (artigo 168) ou houver algum vício insanável (art. 169) situação que a autoridade que determinou a instauração do processo ou outra de superior hierarquia deverá declarar a sua nulidade e ordenar a constituição de outra comissão.

No presente caso como a punição se deu com base na prova dos autos e não há notícia de nulidades insanáveis (o excesso de prazo não configura este tipo de nulidade, consoante jurisprudência do STJ[37]) a segunda alegação do servidor procede, devendo o PAD ser anulado por conta deste vício.

(Cespe/Bacen/Procurador/2009) *A administração pública abriu sindicância a fim de apurar se Henrique, servidor público, teria praticado crime contra a administração. A sindicância, concluída no prazo legal, resultou na instauração de processo disciplinar contra o servidor. Os autos da sindicância integraram o processo disciplinar, como peça informativa da instrução. Durante o processo, foram assegurados o contraditório e a ampla defesa a Henrique. A administração, ao final, com base em prova emprestada, licitamente obtida por meio de interceptação telefônica, e nos depoimentos colhidos durante a instrução do processo disciplinar, considerou que a infração estava capitulada como ilícito penal, encaminhou cópia dos autos ao Ministério Público e aplicou, de forma motivada, pena de demissão ao servidor. Considerando a situação hipotética apresentada acima, responda, de forma fundamentada, aos questionamentos a seguir. No decorrer da sindicância, era prescindível o exercício do direito de defesa do servidor? De acordo com orientação do Supremo Tribunal Federal, há obstáculo jurídico para a utilização da citada prova emprestada no processo administrativo disciplinar?*

Direcionamento da resposta

Nesta questão o candidato deve iniciar a sua resposta falando do processo administrativo, dando maior ênfase a uma específica modalidade de processo administrativo disciplinar, a sindicância.

---

37. Súmula 592/STJ.

Para responder corretamente é fundamental que o candidato demonstre conhecer as duas espécies de sindicância existentes, dizendo que a sindicância preparatória dispensa a garantia do contraditório e da ampla defesa.

Após é importante que seja demonstrado conhecimento da jurisprudência do STF (determinado pelo enunciado da questão), explicando que segundo entendimento já consolidado no tribunal não há óbice para a utilização da prova emprestada no processo administrativo disciplinar, expondo os requisitos mínimos para isso.

Sugestão de resposta

O procedimento administrativo disciplinar que visa apurar, e se for o caso, punir a prática de infrações funcionais é gênero, mas, observando a extensão de suas etapas e o prazo destinado a cada uma delas, o ato ilícito praticado e a sanção que é aplicável, é possível subdividi-lo em algumas espécies, quais sejam: a sindicância contraditória, o processo administrativo propriamente dito e o procedimento sumário.

Falando mais especificamente da sindicância, podemos subdividi-la em duas: a sindicância investigatória ou preparatória e a sindicância autônoma, acusatória, contraditória ou apuratória.

A primeira delas é um procedimento inquisitorial que pode servir como meio preparatório para a sindicância contraditória ou para o processo administrativo disciplinar. Esta sindicância, por ter como finalidade apurar a ocorrência de infrações administrativas, sem estar dirigida, desde logo, à aplicação de sanção prescinde da observância dos princípios do contraditório e da ampla defesa, consoante entendimento do Superior Tribunal de Justiça[38].

A segunda espécie de sindicância (autônoma, acusatória ou contraditória), prevista nos artigos 143 a 145 da Lei 8.112/90, depende de contraditório e ampla defesa e pode ser utilizada para a aplicação de sanções mais brandas, sendo essas a advertência e a suspensão por até 30 dias (art. 145, II da Lei 8.112/90).

No caso em tela fica claro que a sindicância configurou-se como sindicância investigatória ou preparatória, não tendo sido aplicado qualquer tipo de punição por meio dela, tendo sido a mesma utilizada apenas como elemento de instrução para o processo administrativo posterior, este sim resultando em aplicação de penalidades para os servidores que tenham agido com desvio de conduta. Neste caso era prescindível o exercício do direito de defesa uma vez que do processo não decorre a aplicação de qualquer tipo de penalidades ou

38. STJ, MS 10.828/DF e MS 14039 / DF.

sanção para os servidores, tendo este procedimento administrativo apenas finalidade instrutória.

No que toca a utilização de prova emprestada licitamente obtida no bojo de um processo criminal, através do instrumento da interceptação telefônica, no processo administrativo disciplinar a jurisprudência do Supremo Tribunal Federal, através de vários julgados, entende que inexiste óbice jurídica à utilização desta prova no PAD, ainda mais quando cotejada com outras provas, em especial depoimentos de todos os envolvidos no mesmo sentido da prova emprestada[39].

Desta forma, é possível concluir que no caso em tela a sindicância realizada classifica-se como sindicância investigatória ou preparatória (sem a finalidade de impor qualquer tipo de penalidade) sendo dispensável a garantia do exercício do direito de defesa e do contraditório, devendo este ser garantido em eventual processo administrativo futuro. Além disso o STF entende legítima a utilização de prova emprestada licitamente colhida em processo crime no processo administrativo disciplinar, em especial se a prova oral existente nos autos do PAD confirma a prova que foi colhida no processo criminal.

8. SERVIÇOS PÚBLICOS

(Cespe/AGU/Advogado/2012) *Considere que uma empresa concessionária de serviço de telefonia efetue reparos mensais na rede de transmissão, interrompendo o serviço a inúmeros usuários durante o período de manutenção. Em face dessa situação hipotética, responda, de forma justificada, aos questionamentos que se seguem. (i) A paralisação do serviço para manutenção técnica caracteriza inadequação do serviço? (ii) Em caso de inadequação de serviço prestado por concessionária de serviço público, pode a União intervir na empresa para garantir a adequação do serviço? (iii) Quais são os requisitos para a intervenção?*

Direcionamento da resposta

A resposta da questão deve ser iniciada situando o serviço de telefonia como um serviço público econômico, definindo que é este tipo de serviço e a sua base constitucional.

É importante que se de ênfase no princípio da continuidade da prestação do serviço público e da prestação de um serviço adequado, fazendo a

39. MS 24803/DF; ARE 768633 AgR/RJ, **RMS 36434/DF.**

correlação entre os conceitos, para deixar claro que se sabe que um serviço público adequado é aquele que é contínuo e de forma regular.

Deve-se explicar as situações previstas na lei 8.987/95 e o entendimento do STJ[40] que permitem a interrupção da prestação do serviço público de maneira legítima, sem configuração de descontinuidade na prestação do serviço respondendo negativamente à primeira pergunta.

Após deve ser respondida a segunda questão, positivamente, informando as razões pelas quais pode ocorrer a intervenção na empresa concessionária, expondo todos os requisitos para que essa intervenção ocorra.

Sugestão de resposta

O serviço de telefonia é classificado doutrinariamente como um serviço público econômico (ou serviço público comercial ou industrial). Estão incluídos nesta classificação aquelas atividades referidas no artigo 175 da Constituição da República, sendo enquadrada como atividades econômicas em sentido amplo, tendo a possibilidade de ser explorados de maneira lucrativa e que por uma opção do constituinte são de titularidade exclusiva do Estado que pode exercê-la diretamente ou mediante delegação a particulares.

Os serviços públicos em geral (que se aplica ao serviço público econômico) são regidos por diversos princípios administrativos, dentre eles o Princípio da Continuidade dos Serviços Públicos, princípio implícito no ordenamento constitucional, expressamente mencionado na Lei 8.987/95 (artigo 6°, § 1° entre outros). Este princípio informa que pelo fato dos serviços públicos serem prestados no interesse da coletividade, buscando atender os reclamos dos indivíduos, sendo esses reclamos muitas vezes prementes e inadiáveis os serviços não podem simplesmente ser interrompidos devendo, pelo contrário, serem contínuos e permanentes. Cabe destacar que por expressa determinação legal (artigo 6°, § 1°da Lei 8.987/95) o serviço público é considerado adequado quando satisfazer, concomitantemente, algumas condições, cabendo destacar a regularidade e a continuidade.

Entretanto, como não existem princípios e direitos absolutos, a Lei 8.987/95 no parágrafo 3° determina que não caracteriza como descontinuidade do serviço a sua interrupção em situação de emergência ou após prévio aviso, motivada por razões de ordem técnica ou de segurança das instalações ou por inadimplência do usuário. Desta forma a interrupção da prestação do serviço de telefonia para manutenção técnica, desde que previamente avisado aos usuários, não

40. Informativo 598 do STJ.

constitui inadequação da prestação do serviço, uma vez que a lei expressamente autoriza a interrupção, não havendo aqui violação ao princípio da continuidade do serviço público.

Nesse sentido, o STJ considera legítima a interrupção do serviço por razões de ordem técnica, de segurança das instalações, ou ainda em virtude do inadimplemento do usuário, quando houver o devido aviso prévio pela concessionária sobre o possível corte no fornecimento do serviço, nos termos do art. 6º, § 3º, da Lei n. 8.987/1995.

Caso a concessionária de serviço público não preste adequadamente o serviço pera o qual celebrou contrato com o Estado o poder concedente pode intervir na concessão nos termos previstos nos artigos 32 a 34 da Lei 8.987/95 para assegurar a adequação na prestação do serviço evitando que o usuário tenha maiores prejuízos. Esta intervenção deriva do poder-dever de fiscalização que o poder concedente tem em relação à execução do contrato de concessão e a prestação dos serviços públicos, podendo ser definida como a ingerência direta do concedente na prestação do serviço delegado com o fim de manter adequado a sua finalidades. Destaque-se que a intervenção também pode ocorrer para que seja assegurado o fiel cumprimento das normas contratuais, regulamentares ou legais pertinentes.

É relevante destacar que a intervenção deve ser declarada por ato decreto do poder concedente, especificando o interventor, o prazo da intervenção, os objetivos e os limites da medida. Não existe intervenção por tempo indeterminado, devendo sempre haver a determinação de prazo para a mesma. Após decretada a intervenção o poder concedente deve, no prazo de 30 dias, instaurar procedimento administrativo para comprovar as causas determinantes da medida e apurar as responsabilidades, devendo o procedimento ser concluído em até 180 dias. Da intervenção não decorre necessariamente a extinção da concessão podendo, cessada a intervenção, ser devolvida a atividade à concessionária. É importante dizer que o interventor, cessada a intervenção, deve prestar contas dos seus atos e responderá pelos atos praticados durante a sua gestão.

Observe-se que a intervenção, por si só, não é uma sanção, mas sim um procedimento acautelatório. De acordo com a jurisprudência do STJ, a intervenção possui finalidades investigatória e fiscalizatória[41] através da qual o poder concedente assume a gestão do serviço público visando assegurar a adequada prestação do serviço, sem quebra de continuidade, enquanto se apuraram as irregularidades eventualmente havidas na prestação do serviço pela concessionária.

41. RMS 66794/AM.

DIREITO AMBIENTAL

1. RESPONSABILIDADE AMBIENTAL

(Cespe/AGU/Advogado/2012) *Discorra sobre a responsabilidade civil por danos causados ao meio ambiente, respondendo, de forma fundamentada na legislação e no entendimento do STF, aos questionamentos a seguir. (i) Adquirente de boa-fé de gleba de terra onde já tenha sido realizado desmatamento ilegal poderá ser responsabilizado pelo dano ambiental decorrente de tal ato? (ii) Como é tratado o instituto da prescrição no âmbito da responsabilidade ambiental? (iii) É possível que, em ação civil pública, seja o causador do dano condenado, de forma cumulativa, a reparar dano material e recuperar a área degradada?*

Direcionamento da resposta

Nessa questão, o candidato deve responder que (i) o adquirente de boa-fé de gleba de terra onde já tenha sido realizado desmatamento ilegal pode ser responsabilizado pelo dano ambiental decorrente de tal ato, tendo em vista que a responsabilidade civil pela reparação dos danos ambientais é solidária e adere ao título de domínio ou posse, como obrigação *propter rem*; (ii) o direito ao pedido de reparação de danos ambientais está protegido pelo manto da imprescritibilidade; (iii) é possível que, em ação civil pública, seja o causador do dano condenado, de forma cumulativa, a reparar dano material e recuperar a área degradada.

Para tanto, é importante que o candidato, atualmente, tenha ciência do teor das Súmulas n. 623 e 629 do STJ, as quais referem, respectivamente, que "as obrigações ambientais possuem natureza *propter rem*, sendo admissível cobrá-las do proprietário ou possuidor atual e/ou dos anteriores, à escolha do credor" e que "quanto ao dano ambiental, é admitida a condenação do réu à obrigação de fazer ou à de não fazer cumulada com a de indenizar", eis que poderá lhe ser exigido que responda com fundamento no atual entendimento do STJ, por exemplo.

Sugestão de resposta

A responsabilidade civil por dano ambiental fundamenta-se nos artigos 225, § 3º, da Constituição Federal e 14, § 1º, da Lei n. 6.938/1981. Trata-se de uma forma de responsabilização objetiva, pois dispensa a demonstração de culpa ou dolo do agente poluidor. O art. 3º, IV, da Lei n. 6.938/1981 define poluidor como toda pessoa física ou jurídica responsável, direta ou indiretamente, por atividade causadora de degradação ambiental.

O adquirente de boa-fé de gleba de terra onde já tenha sido realizado desmatamento ilegal pode ser responsabilizado pelo dano ambiental decorrente de tal ato, tendo em vista que a responsabilidade civil pela reparação dos danos ambientais é solidária e adere ao título de domínio ou posse, como obrigação *propter rem* nos termos da Súmula n. 623 do STJ. Então, aquele que, adquirindo a propriedade, não reverte o dano ambiental, ainda que não causado por ele, já teria responsabilidade indireta pela degradação ambiental. Vale ressaltar que o novo Código Florestal (Lei n. 12.651/2012), no art. 2º, § 2º, também já havia trazido previsão expressa de que as obrigações nele previstas têm natureza real e são transmitidas ao sucessor, de qualquer natureza, no caso de transferência de domínio ou posse do imóvel.

Por se tratar o meio ambiente ecologicamente equilibrado de interesse difuso e de valor fundamental indisponível, associado à sadia qualidade de vida das presentes e futuras gerações, a pretensão reparatória de dano ambiental está protegida pelo manto da imprescritibilidade, de acordo com a jurisprudência do Supremo Tribunal Federal[1].

Na hipótese de ação civil pública proposta em razão de dano ambiental, é possível que a sentença condenatória imponha ao responsável, cumulativamente, as obrigações de recompor o meio ambiente degradado e de pagar

1. Tema 999. Repercussão Geral. "É imprescritível a pretensão de reparação civil de dano ambiental". RE 654.833 (AC). Rel. Min. Alexandre de Moraes. DJe. 24/06/2020. RECURSO EXTRAORDINÁRIO. REPERCUSSÃO GERAL. TEMA 999. CONSTITUCIONAL. DANO AMBIENTAL. REPARAÇÃO. IMPRESCRITIBILIDADE. 1. Debate-se nestes autos se deve prevalecer o princípio da segurança jurídica, que beneficia o autor do dano ambiental diante da inércia do Poder Público; ou se devem prevalecer os princípios constitucionais de proteção, preservação e reparação do meio ambiente, que beneficiam toda a coletividade. 2. Em nosso ordenamento jurídico, a regra é a prescrição da pretensão reparatória. A imprescritibilidade, por sua vez, é exceção. Depende, portanto, de fatores externos, que o ordenamento jurídico reputa inderrogáveis pelo tempo. 3. Embora a Constituição e as leis ordinárias não disponham acerca do prazo prescricional para a reparação de danos civis ambientais, sendo regra a estipulação de prazo para pretensão ressarcitória, a tutela constitucional a determinados valores impõe o reconhecimento de pretensões imprescritíveis. 4. O meio ambiente deve ser considerado patrimônio comum de toda humanidade, para a garantia de sua integral proteção, especialmente em relação às gerações futuras. Todas as condutas do Poder Público estatal devem ser direcionadas no sentido de integral proteção legislativa interna e de adesão aos pactos e tratados internacionais protetivos desse direito humano fundamental de 3ª geração, para evitar prejuízo da coletividade em face de uma afetação de certo bem (recurso natural) a uma finalidade individual. 5. A reparação do dano ao meio ambiente é direito fundamental indisponível, sendo imperativo o reconhecimento da imprescritibilidade no que toca à recomposição dos danos ambientais.

quantia em dinheiro a título de compensação por dano moral coletivo. Isso porque vigora em nosso sistema jurídico o princípio da reparação integral do dano ambiental, que, ao determinar a responsabilização do agente por todos os efeitos decorrentes da conduta lesiva, permite a cumulação de obrigações de fazer, de não fazer e de indenizar. Embora o art. 3º da Lei n. 7.347/1985 disponha que a ação civil poderá ter por objeto a condenação em dinheiro ou o cumprimento de obrigação de fazer ou não fazer, é certo que a conjunção "ou" - contida na citada norma, bem como nos arts. 4º, VII, e 14, § 1º, da Lei n. 6.938/1981 - opera com valor aditivo, não introduzindo alternativa excludente.

Para o Superior Tribunal de Justiça, nos termos de sua Súmula n. 629, a prioridade da recuperação *in natura* do bem degradado não significa a impossibilidade de cumulação simultânea dos deveres de repristinação natural (obrigação de fazer), compensação ambiental e indenização em dinheiro (obrigação de dar), e abstenção de uso e nova lesão (obrigação de não fazer)[2].

(Cespe/AGU/Procurador/2007) *Situação I: Carlos abate uma anta para dar alimento a sua família. Situação II: Flávio caça jacarés, sem autorização da autoridade ambiental competente, no Pantanal mato-grossense com o objetivo de exportar peles e couros. Situação III: A Madeireira ABC corta árvores em floresta considerada de preservação permanente, sem permissão da autoridade competente. O corte e a venda da madeira devem-se a decisão unânime do órgão colegiado da madeireira. Considerando essas situações hipotéticas, responda, de forma justificada e sucinta, às seguintes indagações: Carlos e Flávio estão sujeitos à denúncia por crimes contra a fauna? A Madeireira ABC poderia, em tese, ser responsabilizada civil, administrativa e penalmente?*

Direcionamento da resposta

Nessa questão, o candidato deve conhecer os tipos penais de crimes contra a fauna, bem como seus excludentes de ilicitude/antijuridicidade penal-ambiental; e abordar os requisitos de responsabilização penal da pessoa jurídica previstos no art. 3º da Lei n. 9.605/1998, citando a teoria da dupla imputação. Ao final, para completar a questão, deve citar o entendimento do STF e do STJ a respeito do tema.

2. STJ, Súmula n. 629: Quanto ao dano ambiental, é admitida a condenação do réu à obrigação de fazer ou à de não fazer cumulada com a de indenizar.

Sugestão de resposta

Há ações que são contrárias ao Direito, mas a própria Lei n. 9.605/1998 apresenta algumas causas justificadoras da conduta típica que, consequentemente, afasta a configuração do crime.

A conduta de Carlos, em tese, é considerada crime contra a fauna, mas, por ter abatido a anta para dar alimento a sua família, caracterizado o estado de necessidade, o art. 37, I, da referida Lei a elenca como causa excludente da ilicitude/antijuridicidade do ponto de vista penal-ambiental.

Portanto, Carlos não está sujeito à denúncia por crime contra a fauna.

Flávio, por sua vez, está sujeito à denúncia por crime contra a fauna previsto no *caput* do art. 29 da Lei n. 9.605/1998, cuja pena é de detenção de 6 meses a 1 ano, e multa. O bem jurídico protegido desse tipo penal é a fauna silvestre, isto é, todos aqueles pertencentes às espécies nativas, migratórias e quaisquer outras, aquáticas ou terrestres, que tenham todo ou parte de seu ciclo de vida ocorrendo dentro dos limites do território brasileiro, ou águas jurisdicionais brasileiras, conforme define o § 3º do referido dispositivo legal, o que é o caso de jacarés do Pantanal mato-grossense. Vale ressaltar que dependendo do modo, do tempo, do lugar, ou de outras circunstâncias que envolvem a caça praticada pelo agente, podem estar presentes causa de aumento de metade da pena.

Vale ressaltar que se o crime tiver sido praticado contra espécie rara ou considerada ameaçada de extinção, ainda que somente no local da infração; em período proibido à caça; durante a noite; com abuso de licença; em unidade de conservação; ou com emprego de métodos ou instrumentos capazes de provocar destruição em massa, a pena é aumentada de metade, conforme determina o § 4º. Já se o crime decorre do exercício de caça profissional, a pena é aumentada até o triplo, tal como prevê o parágrafo subsequente.

O art. 225, § 3º, CF/88 determina que as condutas e atividades consideradas lesivas ao meio ambiente sujeitarão os infratores, pessoas físicas ou jurídicas, a sanções penais e administrativas, independentemente da obrigação de reparar os danos causados. Regulamentando tal dispositivo constitucional, a Lei n. 9.605/1998, no art. 3º, prevê dois requisitos de responsabilização da pessoa jurídica: i) quando a infração for cometida por decisão de seu representante legal ou contratual ou de seu órgão colegiado; e ii) no interesse ou benefício da entidade. Ocorre que a responsabilidade das pessoas jurídicas não exclui a das pessoas físicas, autoras, coautoras ou partícipes do mesmo fato, nos termos do parágrafo único do respectivo dispositivo. É a chamada teoria da dupla imputação[3]. Portanto, a Madeireira ABC poderia, em tese, ser responsabilizada nas três esferas: civil, administrativa e penal."

---

3. O STF entendeu que é admissível a condenação de pessoa jurídica pela prática de crime ambiental, ainda que absolvidas as pessoas físicas ocupantes de cargo de presidência ou de direção do órgão responsável pela prática criminosa. Nesse sentido: "EMENTA RECURSO EXTRAORDINÁRIO. DIREITO PENAL. CRIME AMBIENTAL. RESPONSABILIDADE PENAL DA PESSOA JURÍDICA. CONDICIONAMENTO DA AÇÃO PENAL À IDENTIFICAÇÃO E À PERSECUÇÃO CONCOMITANTE DA PESSOA FÍSICA QUE NÃO ENCONTRA AMPARO NA CONSTITUIÇÃO DA REPÚBLICA. 1. **O art. 225, § 3º, da Constituição Federal não condiciona a responsabilização penal da pessoa jurídica por crimes ambientais à simultânea persecução penal da pessoa física em tese responsável no âmbito da empresa. A norma constitucional não impõe a necessária dupla imputação.** 2. As organizações corporativas complexas da atualidade se caracterizam pela descentralização e distribuição de atribuições e responsabilidades, sendo inerentes, a esta realidade, as dificuldades para imputar o fato ilícito a uma pessoa concreta. 3.Condicionar a aplicação do art. 225, §3º, da Carta Política a uma concreta imputação também a pessoa física implica indevida restrição da norma constitucional, expressa a intenção do constituinte originário não apenas de ampliar o alcance das sanções penais, mas também de evitar a impunidade pelos crimes ambientais frente às imensas dificuldades de individualização dos responsáveis internamente às corporações, além de reforçar a tutela do bem jurídico ambiental. 4. A identificação dos setores e agentes internos da empresa determinantes da produção do fato ilícito tem relevância e deve ser buscada no caso concreto como forma de esclarecer se esses indivíduos ou órgãos atuaram ou deliberaram no exercício regular de suas atribuições internas à sociedade, e ainda para verificar se a atuação se deu no interesse ou em benefício da entidade coletiva. Tal esclarecimento, relevante para fins de imputar determinado delito à pessoa jurídica, não se confunde, todavia, com subordinar a responsabilização da pessoa jurídica à responsabilização conjunta e cumulativa das pessoas físicas envolvidas. Em não raras oportunidades, as responsabilidades internas pelo fato estarão diluídas ou parcializadas de tal modo que não permitirão a imputação de responsabilidade penal individual. 5. Recurso Extraordinário parcialmente conhecido e, na parte conhecida, provido. (RE 548181, Rel. Min. Rosa Weber, Primeira Turma, julgado em 06/08/2013, DJe 30.10.2014)". O STJ, por sua vez, acerca da teoria da dupla imputação no Direito Ambiental, entendia que somente seria possível a responsabilidade penal da pessoa jurídica por dano ambiental se houvesse a imputação simultânea da pessoa física que atuava em seu nome. A partir de agosto de 2015, o STJ mudou o seu entendimento, em julgamento realizado pela 5ª Turma no RMS n. 39.173 (BA), Rel. Min. Reynaldo Soares da Fonseca, DJe 13/08/2015, passando a entender, na esteira do STF, que é possível a responsabilização penal da pessoa jurídica por delitos ambientais **independentemente** da responsabilização concomitante da pessoa física que agia em seu nome. (PENAL E PROCESSUAL PENAL. RECURSO EM MANDADO DE SEGURANÇA. RESPONSABILIDADE PENAL DA PESSOA JURÍDICA POR CRIME AMBIENTAL: DESNECESSIDADE DE DUPLA IMPUTAÇÃO CONCOMITANTE À PESSOA FÍSICA E À PESSOA JURÍDICA. 1. Conforme orientação da 1ª Turma do STF, "O art. 225, § 3º, da Constituição Federal não condiciona a responsabilização penal da pessoa jurídica por crimes ambientais à simultânea persecução penal da pessoa física em tese responsável no âmbito da empresa. A norma constitucional não impõe a necessária dupla imputação." (RE 548181, Relatora Min. ROSA WEBER, Primeira Turma, julgado em 6/8/2013, acórdão eletrônico DJe-213, divulg. 29/10/2014, public. 30/10/2014). 2. Tem-se, assim, que é possível a responsabilização penal da pessoa jurídica por delitos ambientais independentemente da responsabilização concomitante da pessoa física que agia em seu nome. Precedentes desta Corte. 3. A personalidade fictícia atribuída à pessoa jurídica não pode servir de artifício para a prática de condutas espúrias por parte das pessoas naturais responsáveis pela sua condução. 4. Recurso ordinário a que se nega provimento).

2. TUTELA DO MEIO AMBIENTE

(Cespe/AGU/Advogado/2015) *A respeito das competências administrativas em matéria ambiental e do poder de polícia para a apuração de infrações administrativas ambientais, redija um texto dissertativo atendendo às determinações a seguir. (i) Informe os dispositivos constitucionais referentes ao exercício de competências administrativas ambientais específicas pelos entes federativos (União, estados, Distrito Federal e municípios), bem como a lei infraconstitucional que fixou as normas de cooperação para esse exercício. (ii) Indique o instrumento jurídico adequado e os requisitos a serem observados na hipótese de delegação da execução de ações ambientais de um ente federativo a outro. (iii) Aponte o órgão ambiental (federal, estadual, distrital ou municipal) que, no âmbito do poder de polícia, é competente para lavrar auto de infração e instaurar processo administrativo com vistas à apuração de infração administrativa ambiental envolvendo ilícito ambiental causado por empreendimento licenciado. (iv) Apresente a solução jurídica prevista na legislação vigente para evitar a punição dobrada motivada pela mesma infração (princípio do "non bis in idem"), como ocorre, por exemplo, quando mais de um órgão ambiental lavra auto de infração sob o mesmo fundamento e em face da mesma irregularidade causada pela atividade licenciada.*

Direcionamento da resposta

Nessa questão, o candidato deve (i) informar que os incisos III, VI e VII do art. 23 da Constituição Federal são os dispositivos referentes ao exercício de competências administrativas ambientais específicas pelos entes federativos, bem como que a Lei Complementar n. 140 de 2011, regulamentando tais dispositivos, fixou normas de cooperação para esse exercício; (ii) indicar o convênio como o instrumento jurídico adequado à delegação da execução de ações ambientais de um ente federativo a outro, observados os requisitos previstos no art. 5º da referida Lei; (iii) apontar que compete ao órgão ambiental responsável pelo licenciamento, lavrar auto de infração ambiental e instaurar processo administrativo com vistas à apuração de infração administrativa ambiental envolvendo ilícito ambiental causado por empreendimento licenciado, nos termos do *caput* do art. 17 da mesma Lei; e (iv) apresentar que a solução jurídica prevista na Lei Complementar n. 140 de 2011 para evitar a punição dobrada motivada pela mesma infração é no sentido de prevalecer o auto de infração ambiental lavrado por órgão que detenha a atribuição de licenciamento (art. 17, § 3º).

Sugestão de resposta

Os incisos III, VI e VII do art. 23 da Constituição Federal são os dispositivos referentes ao exercício de competências administrativas ambientais específicas pelos entes federativos. Na forma do que dispõe o parágrafo único do referido dispositivo constitucional, foi editada a Lei Complementar n. 140 de 2011, que fixa normas para a cooperação entre a União, os Estados, o Distrito Federal e os Municípios nas ações administrativas decorrentes do exercício da competência comum relativas à proteção dos documentos, das obras e outros bens de valor histórico, artístico e cultural, dos monumentos, das paisagens naturais notáveis e dos sítios arqueológicos (III); à proteção do meio ambiente e ao combate à poluição em qualquer de suas formas (VI); e à preservação das florestas, da fauna e da flora (VII). Trata-se de norma que regulamenta o federalismo cooperativo em matéria ambiental.

A Lei Complementar n. 140 de 2011, no art. 4º, VI, prevê, como instrumento de cooperação institucional a delegação da execução de ações administrativas de um ente federativo a outro. Essa delegação deve ser realizada mediante convênio, desde que o seu destinatário disponha de: i) órgão ambiental capacitado, com técnicos próprios ou em consórcio, devidamente habilitados e em número compatível com a demanda das ações administrativas a serem delegadas a executar; e ii) conselho de meio ambiente, nos termos do art. 5º da referida Lei.

A competência para lavrar auto de infração ambiental e instaurar processo administrativo com vistas à apuração de infração administrativa ambiental envolvendo ilícito ambiental causado por empreendimento licenciado é do órgão ambiental responsável pelo licenciamento, conforme dispõe o *caput* do art. 17 da mesma Lei. Isso não impede o exercício do poder de polícia ambiental por órgãos de outros entes federativos, uma vez que a proteção ao meio ambiental, o combate à poluição em qualquer de suas formas e a preservação das florestas, da fauna e da flora são tarefas constitucionalmente atribuídas à União, aos Estados, ao Distrito Federal e também aos Municípios.

A solução jurídica prevista na Lei Complementar n. 140 de 2011 para evitar a punição dobrada motivada pela mesma infração é no sentido de prevalecer o auto de infração ambiental lavrado por órgão que detenha a atribuição de licenciamento (art. 17, § 3º).

(Cespe/AGU/Procurador/2013) *Tendo em vista que, na atualidade, inúmeras ações judiciais têm sido impetradas contra autarquias federais, visando à liberação de bens apreendidos por estarem sendo utilizados em infrações ambientais, como, por exemplo, caminhões utilizados no transporte de madeira ilegalmente extraída; gaiolas e malas utilizadas no transporte de animais silvestres; e tratores utilizados para desmatamento ou parcelamento irregular, redija um* *texto dissertativo a respeito da apreensão de bens utilizados na prática de infrações administrativas ambientais. Ao elaborar seu texto, aborde, necessariamente, os seguintes pontos: (i) apreensão como cautela ou como sanção administrativa; (ii) momentos de aplicação da apreensão; (iii) aplicabilidade ou não das modalidades de apreensão à esfera penal; (iv) possibilidade ou não da apreensão administrativa definitiva se houver absolvição do autuado na esfera penal.*

Direcionamento da resposta

Nessa questão, o candidato deve manifestar-se no sentido de que a apreensão de bens utilizados na prática de infrações ambientais pode ser considerada cautelar, aplicada quando verificada a infração, ou no curso do processo administrativo, ou sanção administrativa, com fundamento nos dispositivos da Lei n. 9.605/1998. Deve explicitar a possibilidade de aplicação das modalidades de apreensão à esfera penal, bem como da apreensão administrativa definitiva, ainda que o autuado seja absolvido penalmente, com base na independência de instâncias.

Sugestão de resposta

A apreensão de bens utilizados na prática de infrações administrativas ambientais pode ser considerada tanto como cautelar quanto como sanção administrativa. A natureza cautelar tem fundamento no art. 25 da Lei n. 9.605/1998, quando verificada a ocorrência de infração administrativa ou crime ambiental, serão apreendidos seus produtos e instrumentos, dando-se a destinação estabelecida nos parágrafos do dispositivo legal, bem como lavrados os respectivos autos. Trata-se de exercício do poder de polícia de tutela ambiental. A natureza de sanção administrativa tem fundamento no art. 70, combinado com o art. 72, IV, da Lei n. 9.605/1998[4], observado o devido processo legal e os critérios para imposição e gradação da penalidade elencados no art. 6º.

4. ADMINISTRATIVO. RECURSO ESPECIAL. INFRAÇÃO ADMINISTRATIVA AMBIENTAL. VIOLAÇÃO DO ART. 535 DO CPC. NÃO-OCORRÊNCIA. RECEBIMENTO DE MADEIRA SERRADA, SEM LICENÇA DO IBAMA. ART. 70 DA LEI 9.605/98. PENA DE MULTA. PRINCÍPIO DA LEGALIDADE ESTRITA. PLENA OBSERVÂNCIA. (...). 2. Ainda que por fundamentos diversos, o aresto atacado abordou todas as questões necessárias à integral solução da lide, concluindo, no entanto, que: (a) somente o juiz criminal, após regular processo penal, pode impor penalidades pela prática de crime cometido contra o meio ambiente; (b) é ilegal a tipificação de infrações administrativas por meio de decreto. 3. A aplicação de sanções administrativas, decorrente do exercício do poder de polícia, somente se torna legítima quando o ato praticado pelo administrado estiver previamente definido pela lei como infração administrativa. 4. Hipótese em que o auto de infração foi lavrado com fundamento no art. 46 da Lei 9.605/98, pelo fato de a impetrante, ora recorrida, ter recebido 180 m^3 de madeira serrada em prancha, sem licença do órgão ambiental competente. 5. Considera-se infração administrativa ambiental, conforme o disposto no art. 70 da Lei 9.605/98, toda ação ou omissão que viole as regras jurídicas de uso, gozo, promoção, proteção e recuperação do meio

A apreensão pode ser aplicada em flagrante ao cometimento da infração administrativa ou do crime ambiental, bem como no curso do processo administrativo sancionatório ou do processo penal com base na Lei n. 9.605/1998.

Na esfera penal, o confisco dos instrumentos do crime em favor da União, ressalvado o direito do lesado ou de terceiro de boa-fé, é um dos efeitos genéricos da condenação, conforme prevê a regra geral do art. 91, II, do Código Penal. Já no caso de crimes ambientais, não é necessário esperar a condenação do infrator para tal apreensão[5].

Por fim, é possível a apreensão administrativa definitiva mesmo que haja absolvição do autuado na esfera penal. Isso porque a Constituição Federal assegura no art. 225, § 3º, a independência das esferas penal e administrativa na aplicação das sanções por condutas e atividades consideradas lesivas ao meio ambiente.

(Cespe/AGU/Advogado/2012) *Disserte sobre as disposições constitucionais a respeito do meio ambiente, abordando, necessariamente, os seguintes aspectos: (i) titularidade do direito ao meio ambiente equilibrado; qualificação jurídica do meio ambiente ecologicamente equilibrado; os obrigados pela sua defesa e preservação; os seus beneficiários (CF, art. 225, caput); (ii) competência para legislar sobre meio ambiente e competência para protegê-lo (CF, arts. 23 e 24); (iii) harmonização entre direito ao desenvolvimento e direito ao meio ambiente (CF, art. 3º, II, c/c art. 170, VI, e art. 225), com base na aplicação do princípio do desenvolvimento; (iv) tipos de responsabilidade pelo dano ambiental e seus sujeitos passivos, com menção ao regime da responsabilidade civil (conforme legislação infraconstitucional); (v) responsabilidade imposta constitucionalmente*

---

ambiente. 6. O art. 46 do mesmo diploma legal, por seu turno, classifica como crime ambiental o recebimento, para fins comerciais ou industriais, de madeira, lenha, carvão e outros produtos de origem vegetal, sem exigir a exibição de licença do vendedor, outorgada pela autoridade competente, e sem munir-se da via que deverá acompanhar o produto até final beneficiamento. 7. **Conquanto se refira a um tipo penal, a norma em comento, combinada com o disposto no art. 70 da Lei 9.605/98, anteriormente mencionado, confere toda a sustentação legal necessária à imposição da pena administrativa, não se podendo falar em violação do princípio da legalidade estrita**. 8. Recurso especial provido, para denegar a segurança anteriormente concedida. (REsp 1091486/RO, Rel. Min. Denise Arruda, Primeira Turma, julgado em 02/04/2009, DJe 06/05/2009).

5. A regra geral do art. 91, II, do Código Penal trata de confisco de instrumentos de crimes, objetos esses, ilícitos, ou seja, aqueles cujo fabrico, alienação, uso porte ou detenção constitua fato ilícito. A regra penal-ambiental é aplicada a qualquer instrumento usado na prática de crime ambiental, seja lícito ou ilícito, como, por exemplo, caminhões utilizados no transporte de madeira ilegalmente extraída. O objeto em si, o caminhão é lícito, mas se é utilizado na prática de crime ambiental, será apreendido.

aos mineradores pela degradação que sua atividade econômica causar, em face do princípio do poluidor pagador.

Direcionamento da resposta

Nessa questão, o candidato deve dissertar sobre as disposições constitucionais a respeito do meio ambiente, abordando que (i) todos tem direito ao meio ambiente ecologicamente equilibrado, cuja qualificação jurídica é de bem de uso comum do povo, sendo obrigados pela sua defesa e preservação o Poder Público e a coletividade, e seus beneficiários as presentes e futuras gerações (CF, 225, *caput*); (ii) a competência para legislar sobre meio ambiente é concorrente (CF, art. 24) e a competência para protegê-lo comum (CF art. 23); (iii) o princípio do desenvolvimento sustentável indica a necessidade de harmonização entre a atividade econômica, a preservação ambiental e a equidade social (CF, art. 3º, II, c/c art. 170, VI e VII, e art. 225); (iv) os tipos de responsabilidade por dano ambiental são penal, administrativa e civil, as pessoas físicas e jurídicas são sujeitos passivos (CF, art. 225, § 3º) e a responsabilidade civil é objetiva (Lei n. 6.938/1981, art. 14, § 1º), e com base na teoria do risco integral; (v) os mineradores ficam obrigados a recuperar o meio ambiente degradado, de acordo com solução técnica exigida pelo órgão público competente, como medida de internalização das externalidades negativas da atividade minerária, em face do princípio do poluidor pagador (CF, art. 225, § 2º c/c Lei n. 6.938/1981, art. 4º, VII).

Sugestão de resposta

Segundo o *caput* do art. 225 da Constituição Federal, todos têm direito ao meio ambiente ecologicamente equilibrado, cuja qualificação jurídica é de bem de uso comum do povo, sendo obrigados pela sua defesa e preservação o Poder Público e a coletividade, e seus beneficiários as presentes e futuras gerações.

A Constituição Federal de 1988, art. 24, VI, VII e VIII, atribuiu à União, aos Estados e ao Distrito Federal competência legislativa concorrente em matéria ambiental. Isso não representa exclusão dos Municípios, que podem legislar sobre assuntos de interesse local e suplementar a legislação federal e estadual no que couber, na forma dos incisos I e II do art. 30.

A competência administrativa, também conhecida por material ou executória, é comum a todos os entes federativos, nos termos o art. 23, III, VI e VII, da Constituição Federal. Assim, União, Estados, Distrito Federal e Municípios são competentes para promover a execução de diretrizes, políticas e preceitos relativos à proteção do meio ambiente, bem como para exercer o poder de polícia. Trata-se de expressão do federalismo cooperativo em matéria ambiental.

O princípio do desenvolvimento sustentável[6] tem previsão implícita no art. 3º, II, c/c art. 170, VI e VII, e art. 225, da Constituição Federal, e indica a necessidade de harmonização entre a atividade econômica, a preservação ambiental e a equidade social. Esse princípio apresenta tanto uma vertente econômico ambiental como também uma acepção social.

A ideia de desenvolvimento sustentável ou ecodesenvolvimento, isto é, de desenvolvimento socioeconômico em harmonia com a preservação ambiental emergiu da Declaração da Conferência das Nações Unidas sobre o Meio Ambiente Humano, a chamada Conferência de Estocolmo de 1972, marco histórico na discussão dos problemas ambientais. De acordo com o princípio 4 da Declaração da Conferência das Nações Unidas sobre Meio Ambiente e Desenvolvimento, a chamada Rio/92 ou Eco/92, a proteção ambiental não pode ser considerada isoladamente ao processo de desenvolvimento, mas parte integrante deste. O princípio 5 trata da vertente social do desenvolvimento sustentável ao exortar que todos devem cooperar na tarefa essencial de erradicar a pobreza, a fim de reduzir as disparidades de padrões de vida e melhor atender às necessidades da maioria da população do mundo.

No Brasil, não se trata de inovação do atual ordenamento constitucional ou da Declaração da Rio/92, pois a Lei n. 6.938/1981, no inciso I do art. 4º já previa, como objetivo da Política Nacional do Meio Ambiente, a compatibilização do desenvolvimento econômico-social com a preservação da qualidade do meio ambiente e do equilíbrio ecológico.

Quanto aos tipos de responsabilidade, a Constituição Federal, no § 3º do art. 225, as condutas e atividades consideradas lesivas ao meio ambiente sujeitarão os infratores a sanções penais e administrativas, independentemente da obrigação de reparar os danos causados. Vê-se que a responsabilização dos infratores pode ocorrer nas esferas penal, administrativa e civil. Quando diz infratores, refere-se tanto a pessoas físicas quanto jurídicas.

---

6. (...). A questão do desenvolvimento nacional (CF, art. 3º, II) e a necessidade de preservação da integridade do meio ambiente (CF, art. 225): o princípio do desenvolvimento sustentável como fator de obtenção do justo equilíbrio entre as exigências da economia e as da ecologia. – O princípio do desenvolvimento sustentável, além de impregnado de caráter eminentemente constitucional, encontra suporte legitimador em compromissos internacionais assumidos pelo Estado brasileiro e representa fator de obtenção do justo equilíbrio entre as exigências da economia e as da ecologia, subordinada, no entanto, a invocação desse postulado, quando ocorrente situação de conflito entre valores constitucionais relevantes, a uma condição inafastável, cuja observância não comprometa nem esvazie o conteúdo essencial de um dos mais significativos direitos fundamentais: o direito à preservação do meio ambiente, que traduz bem de uso comum da generalidade das pessoas, a ser resguardado em favor das presentes e futuras gerações. (...). (ADI 3540 MC, Rel. Min. Celso de Mello, Pleno, DJ 3.2.2006)

A responsabilidade civil ambiental é objetiva, independe da existência de culpa, nos termos do art. 14, § 1º, da Lei n. 6.938/1981. Não há que se discutir a licitude ou ilicitude da conduta, tampouco se houve dolo ou culpa por parte do agente. Basta analisar os elementos dano e nexo causal. Regra geral, comprovada a lesão ao meio ambiente e a relação de causa e efeito entre a conduta e o dano, deve o poluidor responder civilmente pelos danos causados. A jurisprudência do Superior Tribunal de Justiça firmou entendimento pela aplicação da teoria do risco integral, segundo a qual não se admite qualquer hipótese de excludente de responsabilidade.[7]

A responsabilidade penal ambiental tem tratamento sistemático na Lei n. 9.605/1998, sendo necessário observar a culpabilidade do agente, seja por dolo ou por culpa. Para que haja responsabilização penal da pessoa jurídica, a infração deve ter sido cometida por decisão de seu representante legal ou contratual ou de seu órgão colegiado; e ii) no interesse ou benefício da entidade. A responsabilidade das pessoas jurídicas não exclui a das pessoas físicas, autoras, coautoras ou partícipes do mesmo fato. É a chamada teoria da dupla imputação. Ocorre que a Primeira Turma do STF (RE 548181) e a Quinta Turma do STJ (RMS 39.173), relativizando tal teoria, reconheceram a possibilidade de condenação de pessoa jurídica pela prática de crime ambiental, ainda que absolvidas as pessoas físicas ocupantes de cargo de presidência ou de direção do órgão responsável pela prática criminosa.

A responsabilidade administrativa ambiental[89] é tratada nos arts. 70 e seguintes Lei n. 9.605/1998 e envolve o poder de polícia da Administração exercido sobre toda ação ou omissão que viole as regras jurídicas de uso, gozo, promoção, proteção e recuperação do meio ambiente. No âmbito federal, o Decreto n. 6.514/2008, estabelece o processo administrativo para apuração das respectivas infrações.

7. O STJ fixou em julgado submetido à sistemática de recursos repetitivos o seguinte entendimento: "a responsabilidade por dano ambiental é objetiva, informada pela teoria do risco integral, sendo o nexo de causalidade o fator aglutinante que permite que o risco se integre na unidade do ato, sendo descabida a invocação, pela empresa responsável pelo dano ambiental, de excludentes de responsabilidade civil para afastar a sua obrigação de indenizar". (REsp 1354536, Rel. Min. Luis Felipe Salomão, 2ª S., DJe 5.52014).

8. O regime de responsabilidade administrativa foi originariamente tratado na Lei n. 6.938/1981, que previu algumas sanções administrativas (art. 14), contudo, não havia sistematização de normas e tampouco uma tipificação das infrações administrativas, o que ocorreu somente com o advento da Lei n. 9.605/1998, regulamentada pelo Decreto n. 6.514/2008.

9. Na Lei n. 6.938/1981, o uso de "transgressores" no *caput* do artigo 14, comparado à utilização de "poluidor" no § 1º dá a entender que a responsabilidade civil por dano ambiental é subjetivamente mais abrangente do que a responsabilidade administrativa, não admitindo esta última que terceiros respondam a título objetivo por dano ambiental praticado por outrem. (REsp 1251697, Rel. Min. Mauro Campbell Marques, 2ª T., DJe 17.4.2012).

A Constituição Federal, no § 2º do art. 225, obriga aquele que explora recursos minerais a recuperar o meio ambiente degrado, de acordo com solução técnica exigida pelo órgão público competente. Os mineradores devem arcar com os custos sociais da degradação ambiental causada por sua atividade impactante, agregando esse valor no custo produtivo da atividade para evitar que se privatizem os lucros e se socializem os prejuízos ambientais. Trata-se de medida de internalização das externalidades negativas da atividade minerária, em face do princípio do poluidor pagador[10], consoante o art. 4º, VII, da Lei n. 6.938/1981.

10. O princípio do poluidor pagador não deve ser interpretado de forma que haja abertura incondicional à poluição, desde que se pague. Não quer dizer que se limita a tolerar a poluição mediante o pagamento de preço. Não é pagador-poluidor, e sim poluidor-pagador. O poluidor somente pode degradar o meio ambiente dentro dos limites de tolerância previstos na legislação ambiental, após o regular processo de licenciamento.

DIREITO CIVIL

1. DAS PESSOAS

(Esaf/PFN/Procurador/2003) *A desconsideração da personalidade jurídica constitui forma de alteração da imputação que visa beneficiar certos credores. Explique a importância do instituto originado no sistema de direito anglo-norte-americano. A recepção do instituto pelo direito positivo brasileiro é, na sua opinião, acertada? Por quê? Explique e justifique.*

Direcionamento da resposta

O candidato deve conceituar a desconsideração da personalidade jurídica, explicando as suas modalidades e requisitos, fazendo menção expressa aos principais dispositivos do ordenamento jurídico brasileiro que o positivaram. Por fim, deve-se abordar a importância do referido instituto, posicionando-se sobre o acerto ou não de sua adoção no direito brasileiro.

Sugestão de resposta

O ordenamento jurídico brasileiro reconhece a personalidade jurídica das sociedades, que respondem por suas obrigações em nome próprio e por meio de seu patrimônio, não acarretando, via de regra, a responsabilização de seus sócios. Ocorre que, em diversas situações, os sócios acabam por fazer mau uso da sociedade, valendo-se da separação patrimonial para cometer abusos em sua personalidade.

Neste contexto, nos EUA e na Inglaterra, surgiu a teoria da desconsideração da personalidade jurídica, segundo a qual, em situações em que se constate o abuso da personalidade jurídica da empresa, deve ser levantado o véu, atingindo-se o patrimônio de seus sócios para responder por débito da sociedade. Ressalta-se que, na aplicação do referido instituto, não se objetiva despersonalizar a empresa, anulando a sua personalidade, mas, ao contrário, busca-se a preservação da empresa, desconsiderando a sua personalidade de forma momentânea, em determinado caso concreto.

Diversos são os dispositivos, no direito brasileiro, que preveem referido instituto, destacando-se o artigo 4º da Lei de Crimes Ambientais (9.605/98), artigo 34 da Lei da Concorrência (Lei 12.529/2011), o artigo 28, *caput* e § 5º, do Código de Defesa do Consumidor e o artigo 50 do Código Civil.

São espécies deste instituto a teoria maior e a teoria menor. Para a primeira teoria, adotada, por exemplo, pelo Código Civil, para aplicar a desconsideração da personalidade jurídica, deve-se comprovar os requisitos objetivos do desvio de finalidade e da confusão patrimonial entre os bens da sociedade e do sócio. Já para a teoria menor, adotada pelo artigo 28, § 5º, do CDC, apenas se exige o simples inadimplemento, com a ocorrência de prejuízos ao credor.

Ressalta-se, ainda, inexistir prazo ou ação específica para o exercício do direito potestativo à desconsideração da personalidade jurídica, podendo, assim, ser pleiteada, de modo incidental nos autos judiciais, e a qualquer tempo, desde que comprovados os respectivos requisitos.

Ademais, com a evolução doutrinária e jurisprudencial, o direito brasileiro passou a admitir, ainda, a desconsideração inversa, com o escopo de obrigar a sociedade a responder com o seu patrimônio por débitos de seus sócios, sobretudo em situações em que se comprove que os sócios transferiram seus bens particulares à pessoa jurídica, com o escopo de blindar o seu patrimônio.

A adoção deste instituto pelo ordenamento jurídico brasileiro se deu de forma acertada, sendo verdadeira ferramenta na coibição das fraudes e do abuso da personalidade jurídica da sociedade, possibilitando, ainda, a real efetivação e satisfação dos direitos dos credores.

2. DOS FATOS JURÍDICOS

2.1. Leis Civis Especiais

(Cespe/AGU/Advogado/2015) *Pedro e Maria, sua esposa, adquiriram do tio de Pedro, Fernando, bem imóvel localizado no litoral brasileiro. No instrumento de compra e venda, as partes registraram que o imóvel fora negociado pelo valor de vinte e nove salários mínimos, correspondente a um décimo do valor do imóvel, de acordo com a avaliação do fisco. A escritura de compra e venda foi lavrada por meio de instrumento público, por exigência do Cartório de Registro de Imóveis. O imóvel foi gravado como bem de família conforme a vontade manifestada pelos cônjuges, os quais quando da realização do negócio, já eram proprietários de outro imóvel, no qual residem. Alguns dias após a realização do registro da compra e venda, a União, credora de Fernando antes da alienação do bem,* *ajuizou contra ele ação de execução de título extrajudicial. Considerando essa situação hipotética, redija um texto dissertativo, fundamentado na legislação e na jurisprudência do Superior Tribunal de Justiça, apontando (i) se a exigência, pelo Cartório de Registro de Imóveis, da lavratura do contrato de compra e venda por meio de instrumento público para a alienação do imóvel foi correta; (ii) se o bem adquirido de Fernando por Pedro e sua esposa poderia ter sido instituído como bem de família, considerando-se as hipóteses previstas na Lei n. 8.009/1990; (iii) se a União pode realizar a penhora do imóvel alienado a Pedro e Maria, caso seja demonstrada a existência de fraude contra credores, discorrendo, ainda, sobre os requisitos para a caracterização de fraude contra credores.*

Direcionamento da resposta

Inicialmente, deve-se abordar a regra que rege a forma dos atos contratuais no Direito brasileiro, em especial os artigos 104 e 108, do Código Civil, demonstrando que, no caso concreto, seria essencial a existência de instrumento público, sob pena de nulidade. Ademais, caberia ao candidato diferenciar os institutos do bem de família legal e bem de família convencional, expondo os respectivos requisitos para suas configurações, posicionando-se pela possibilidade de instituição do bem de família convencional no caso concreto. Por fim, deve-se dispor sobre os requisitos, efeitos e meio cabível para reconhecimento da fraude contra credores, diferenciando-a, suscintamente, da fraude à execução.

Sugestão de resposta

Para a validade de um negócio jurídico, a regra no Direito brasileiro, de acordo com o artigo 104, inciso III, do Código Civil, é a de se utilizar a forma prescrita ou não defesa em lei. Tratando-se de imóveis e direitos a eles relativos, o artigo 108, do mesmo código, é expresso ao elencar como elemento essencial à validade dos negócios jurídicos praticados a escritura pública, quando os imóveis superarem trinta vezes o maior salário mínimo vigente no País.

Infere-se do caso narrado que, embora o negócio praticado tenha envolvido valor menor do que trinta vezes o salário mínimo, o valor do imóvel é bastante superior ao limite legal, exigindo-se, pois, a utilização de escritura pública. Frise-se, inclusive, que este é o entendimento firmado pelo Superior Tribunal de Justiça (REsp 1099480). Assim, fora correta a exigência do Cartório ao se considerar o valor do imóvel e não do respectivo negócio celebrado.

No que tange ao bem de família, costuma-se diferenciá-lo em bem de família convencional e bem de família legal. O primeiro se encontra previsto nos artigos 1.711 a 1.722 do Código Civil, exigindo-se, para sua instituição, que seu uso se destine a domicílio familiar, seja criado por meio de escritura pública ou testamento, bem como seja averbado no registro do imóvel e que não ultrapasse um terço do patrimônio líquido do casal ao tempo da instituição. O legal, por sua vez, decorre da Lei nº 8.009/1990, que, para sua configuração, exige a condição de único imóvel utilizado pelo casal ou entidade familiar para moradia permanente.

A doutrina e a jurisprudência, ao interpretar os dois institutos, entendem que eles não se excluem. Assim, em que pese as disposições da Lei nº 8.009/1990, a partir das quais se poderia considerar como bem de família legal o imóvel que já possuíam Pedro e Maria e nele residem, é possível a instituição do bem de família convencional no imóvel adquirido, desde que preenchidos todos os requisitos exigidos pelo Código Civil.

Por fim, considerando que o negócio jurídico fora celebrado quando a União já era credora de Fernando, é possível a caracterização da fraude contra credores, instituto previsto nos artigos 158 a 165 do Código Civil, desde que preenchidos o requisito objetivo do *eventus damni,* demonstrando-se que, com a alienação, o devedor incorreu em insolvência, e o requisito subjetivo do *consilium fraudis*, demonstrando-se a intenção fraudulenta. Frise-se que, em que pese o artigo 158, do Código Civil, tratar o vício como anulável, parte da doutrina considera que o seu reconhecimento geraria a ineficácia do negócio jurídico perante o credor.

No caso concreto, a intenção fraudulenta poderia ser constatada pelo fato da venda ocorrer entre parentes e por um valor bem inferior ao valor venal do imóvel. Para tanto, não poderia a União requerer a penhora apenas no bojo do processo de execução, devendo ajuizar ação pauliana ou revocatória, comprovando, ainda, o requisito objetivo. Apenas no caso de a alienação ter ocorrido após a existência da execução é que poderia a União requerer a penhora nestes autos, uma vez que estaria caracterizada a fraude à execução, instituto de direito processual e que possui o efeito de gerar a ineficácia do negócio jurídico perante o credor, desde que obedecidos os requisitos da Súmula 375/STJ ("O reconhecimento da fraude à execução depende do registro da penhora do bem alienado ou da prova de má-fé do terceiro adquirente")[1].

(Cespe/AGU/Advogado/2012) *Um fazendeiro, viúvo, pai de família, faleceu e deixou dívidas vencidas e não pagas, tendo, em vida, estipulado, em testamento, que seus filhos herdariam a fazenda e uma sobrinha seria legatária de um apartamento. Em face dessa situação hipotética, responda, de forma justificada, às perguntas que se seguem, com base nas alterações do Código Civil de*

1. Destaca-se que a fraude à execução, regulada no CPC, difere da fraude à execução fiscal, prevista no artigo 185, do CTN, a qual não se submete aos requisitos da Súmula nº 375/STJ.

2002 a respeito do instituto da prescrição. (i) O prazo prescricional relativo às obrigações pessoais assumidas pelo fazendeiro será suspenso, ou interrompido, em razão de sua morte? (ii) De que maneira a prescrição com relação às pretensões dos credores do fazendeiro alcançará os herdeiros e a legatária?

Direcionamento da resposta

Deve-se, inicialmente, conceituar o instituto da prescrição, esclarecendo a inexistência de causas suspensivas ou interruptivas do lapso prescricional na relação de sucessão de obrigações, nos termos do artigo 196, do Código Civil. Por fim, deve-se abordar a *acessio praescriptionis*, posicionando-se pela normal fluência do prazo prescricional, anteriormente iniciado em relação ao sucedido, em favor dos herdeiros e da legatária.

Sugestão de resposta

Conforme dispõe o Código Civil brasileiro, em seu artigo 189, com base no princípio da *actio nata,* violado o direito nasce a pretensão, que deve ser exercida no prazo legal, sob pena de impossibilidade do seu exercício, por meio da prescrição. Assim, o prazo prescricional consiste no lapso temporal em que o ordenamento possibilita o exercício de um direito a um titular.

Considerando a existência de situações que impossibilitariam o exercício do referido direito, o próprio ordenamento jurídico, nos artigos 197 a 204, do mesmo código, prevê situações em que há a suspensão e a interrupção do referido prazo. No caso proposto, no entanto, por se tratar de relação de sucessão, em virtude do evento morte, não há previsão expressa de qualquer causa de suspensão ou interrupção da prescrição das obrigações pessoais assumidas pelo fazendeiro em favor dos herdeiros e da legatária. Assim, referido prazo prescricional não será suspenso, nem interrompido, mas continuará a correr normalmente.

Neste sentido, dispõe o artigo 196, do Código Civil, que a prescrição iniciada contra uma pessoa continua a correr contra o seu sucessor. Primeiramente, deve-se observar que, ao contrário do Código Civil de 1916, quando constava do artigo a expressão herdeiro, o novo código estendeu tal regra ao sucessor a qualquer título, incluindo, portanto, a legatária, conforme proposto na questão. Ademais, esta regra é aplicável não só aos sucessores em decorrência de óbito, como, também, por qualquer ato *inter vivos.* Por meio de referido artigo, prevê o Código Civil o instituto da *acessio praescriptionis,* possibilitando a fluência do prazo prescricional já iniciado anteriormente, regra que beneficia os sucessores.

Destarte, no presente caso, a prescrição com relação às pretensões dos credores do fazendeiro alcançará os herdeiros e a legatária de forma igual e sem qualquer suspensão ou interrupção do prazo prescricional, possibilitando-se, assim, seja levado em consideração todo o lapso já decorrido em face do devedor originário.

3. DO DIREITO DAS OBRIGAÇÕES

3.1. Do Inadimplemento das Obrigações

(Esaf/PFN/Procurador/2005) *A propósito do descumprimento da obrigação de não fazer, Clóvis Beviláqua sustenta: "mesmo nos casos de urgência e perigo, não é lícito (ao credor) fazer justiça com as próprias mãos, isto porque, em regra, a lei fornece meios e medidas preventivas das quais poderá lançar mão o credor, para evitar qualquer dano. Por onde se vê que, em hipótese alguma, poder-se-á admitir que o próprio credor aja sem estar autorizado pelo juiz". Para o ilustre jurista, "o credor não poderá fazer por autoridade própria, porque seria uma fonte de abusos e uma anarquia imprópria de uma legislação sistematizada". Discorra sobre esse magistério à luz da orientação traçada pelo Código Civil em vigor, situando adequadamente o problema e indicando a solução cabível, inclusive quanto a eventuais perdas e danos.*

Direcionamento da resposta

Deve o candidato observar que a situação criticada pelo jurista possui previsão expressa no Código Civil brasileiro de 2002, em seu artigo 251 e parágrafo único, explicando a solução prevista para o caso em referidos normativos. Por fim, deve-se tomar posição pela possibilidade de condenação do devedor por eventuais perdas e danos.

Sugestão de resposta

Dentre as modalidades de obrigações previstas pelo Código Civil brasileiro, a obrigação de não fazer consiste na abstenção de um ato, por parte do devedor, em benefício do credor ou de terceiros. Ao tratar sobre referida modalidade de obrigação, Clóvis Bevilácqua, jurista responsável pela elaboração do Código Civil de 1916, tece críticas à eventual justiça com as próprias mãos, por parte do credor, em caso de descumprimento de uma obrigação de não fazer, ainda que em situações de urgência, entendendo ser ilícita qualquer ação por parte do credor se não autorizada pelo juiz, possuindo o ordenamento medidas próprias para tal situação.

A situação criticada pelo jurista acima mencionado é tratada de forma diferente pelo Código Civil brasileiro de 2002, possuindo previsão expressa em seu artigo 251, segundo o qual, estabelecida uma obrigação de não fazer, acaso descumprida, é direito do credor exigir que o devedor o desfaça, sob pena de ser determinado o desfazimento por terceiros, à custa do credor, que também deverá ressarcir eventuais perdas e danos. O parágrafo único de referido dispositivo prevê, ainda, a possibilidade de o próprio credor desfazer ou mandar desfazer o ato, independentemente de autorização judicial, sem prejuízo do ressarcimento devido.

Ou seja, observa-se que o Código Civil de 2002 prevê como lícita, justamente, a situação antes criticada pelo jurista mencionado, prevendo a possibilidade da justiça com as próprias mãos, independente de autorização judicial. Frise-se, no entanto, que tal previsão consiste em uma exceção, apenas sendo possível em caso de urgência, pressupondo-se que a demora no desfazimento do ato trará prejuízos inestimáveis ao credor.

Deve-se observar, nos termos dos dispositivos supramencionados, que eventual desfazimento do ato pelo devedor, por terceiro ou, em situações de urgência, pelo próprio credor, não exime o devedor, que descumpriu a obrigação avençada, de arcar com eventuais ressarcimentos pelas consequentes perdas e danos ocasionados por sua atuação positiva.

Neste sentido, ainda, conforme disposição do artigo 461, do Código de Processo Civil, via de regra, deve-se pleitear a tutela específica da obrigação, ou seja, no presente caso, o desfazimento do ato. Acaso impossível o seu desfazimento, bem como inexistente outro resultado prático equivalente ao do adimplemento, a obrigação pode ser convertida em perdas e danos, a serem pagos pelo devedor, como ressarcimento a todo o prejuízo sofrido pelo credor.

Assim, em casos urgentes, descumprida a obrigação de não fazer, é possível o desfazimento do ato pelo próprio credor, sem prejuízo da condenação do devedor ao ressarcimento de eventual indenização pelas perdas e danos sofridos por sua atuação positiva.

3.2. Dos Contratos em Geral

(Esaf/PFN/Procurador/2003) *Discorra sobre a formação e a execução de um contrato de prestações sucessivas, que se prolonga no tempo, acarretando onerosidade excessiva para uma das partes, no âmbito do Código Civil de 1916 (Lei 3.071/16), do Código de Defesa do Consumidor (Lei 8.078/90), da jurisprudência e da doutrina, abordando, necessariamente: (i) o reflexo de novas diretrizes teóricas na normatização de contratos de consumo (visão protetiva do consumidor prevista na Lei 8.078/90); (ii) a noção de "pacta sunt servanda"; (iii) a teoria da imprevisão (cláusula "rebus sic stantibus") e (iv) a função social do contrato.*

Direcionamento da resposta

O candidato deve abordar a hermenêutica da teoria geral dos contratos, advinda da constitucionalização do direito civil e dos princípios norteadores do CDC e do CC de 2002. Ainda, deve-se observar que a noção de "pacta sunt servanda" foi relativizada, devendo-se respeitar, na prática contratual, a boa fé e a função social dos contratos. Por fim, deve-se abordar a possibilidade de revisão contratual, visando o reequilíbrio das partes, em situação de onerosidade excessiva, com aplicação da teoria da imprevisão.

Sugestão de resposta

O Código Civil de 2002 trouxe uma nova concepção de tratar o direito privado, a exemplo dos avanços já trazidos pelo Código de Defesa do Consumidor - CDC, em decorrência da própria constitucionalização do direito civil. O contrato deixou de ser visto como um simples acordo de vontades entre as partes com ampla e irrestrita liberdade de pactuar. A liberdade contratual pode ser amplamente exercida, mas limitada pela função social do contrato, ou seja, torna-se imprescindível uma análise do teor ético daqueles que se vinculam, bem como o respeito aos princípios da probidade e da boa-fé, vedando-se a utilização do contrato como instrumento de atividades abusivas ou danosas a outra parte ou a terceiros.

Neste contexto, as novas diretrizes teóricas trazidas pelo Código de Defesa do Consumidor e pelo Código Civil inauguraram uma nova hermenêutica jurídica contratual. O CDC trouxe regras protetivas que já vinham sendo aplicadas pela jurisprudência e defendidas pela doutrina quando da análise dos casos concretos à luz do código civil anterior, realizando uma verdadeira mudança interpretativa. Referido código se pautou em princípios como a dignidade da pessoa humana, a transparência, a proteção, a informação, a revisão das cláusulas contratuais e a vulnerabilidade, buscando, assim, proporcionar um equilíbrio entre as partes, não se limitando ao simples cumprimento das regras pactuadas.

Neste sentido, a noção de "pacta sunt servanda", segundo a qual os pactos devem ser respeitados, e que corresponde ao princípio da força obrigatória dos contratos, que prezam pelo cumprimento do ali acordado, passou a ser interpretada sob o contexto de equilíbrio das partes e da boa-fé contratual. O Código Civil, por sua vez, contribui para referida mudança interpretativa, pautando-se nos princípios da eticidade, valorizando a boa-fé, a moral, a ética e os costumes, que devem estar presentes nos pactos; no abandono do excessivo formalismo; e na socialidade, valorizando a dimensão comunitária do contrato e sua função social, em detrimento do individualismo então existente.

Assim, esta mudança interpretativa acabou por relativizar a própria noção de noção de "pacta sunt servanda", possibilitando o cumprimento do pactuado desde que obedecidos os limites legais, os princípios e o equilíbrio da relação contratual. Destarte, grande exemplo desta relativização é a cláusula "rebus sic stantibus" e a teoria da imprevisão, previstos nos artigos 317 e 478, do Código Civil, bem como no artigo 6°, inciso V, do CDC.

Segundo referida teoria, a ocorrência de fato imprevisto e imprevisível em momento posterior à celebração de um contrato de prestações sucessivas que gere onerosidade excessiva a uma das partes ocasiona a sua necessária revisão, proporcionando o reequilibro contratual. Ou seja, quando, na execução contratual, as circunstâncias ali presentes não forem as mesmas que ensejaram a sua formação, deve o contrato ser revisto, evitando-se, assim, o prejuízo a uma das partes, em consonância com os princípios da boa fé e da função social dos contratos.

3.3. Das Várias Espécies de Contrato

(Cespe/AGU/Advogado/2012) *Responda, de forma justificada, com fundamento no Código Civil brasileiro, às indagações que se seguem. (i) Em caso de ausência de comunicação do sinistro, pode haver pagamento de indenização? (ii) No seguro de dano, é possível que o valor da indenização ultrapasse o valor da apólice? (iii) No caso de seguros de pessoas, pode o segurador se sub-rogar nas ações do segurado contra o causador do sinistro?*

Direcionamento da resposta

O candidato deve abordar, inicialmente, o conceito de contrato de seguro, diferenciando suas modalidades. Deve explicar, ainda, as regras pertinentes à matéria, fazendo menção ao contido nos artigos 771, 772, 781, 786, 789 e 800, do Código Civil.

Sugestão de resposta

O contrato de seguro corresponde a um contrato bilateral e aleatório, no qual o segurador, mediante o recebimento de valores (prêmio), obriga-se a garantir interesse legítimo do segurado, com o pagamento de uma indenização previamente acordada, no caso de ocorrência de um sinistro, evento pré-estabelecido na apólice.

Os seguros podem ser divididos nas modalidades de pessoas e de danos, a depender do bem jurídico que se estar a proteger. Seja qual for a espécie, ocorrendo o sinistro, como condição para o recebimento da respectiva indenização, é dever do segurado comunicá-lo ao segurador, bem como adotar todas as providências necessárias e que lhes sejam possíveis para diminuir as consequências, conforme dispõe o artigo 771 do Código Civil. Destarte, ausente a comunicação, não há direito à indenização.

A indenização a ser paga pela ocorrência do sinistro deve ser pré-estabelecida em contrato. Em caso de seguro de dano, dispõe o Código Civil, em seu artigo 781, que a indenização não pode ultrapassar o valor do interesse segurado no momento do sinistro e, em hipótese alguma, o limite máximo da garantia fixado na apólice, considerando que o intuito do seguro é apenas ressarcir o prejuízo sofrido. Exceção a esta regra é a mora do segurador, que atrai a necessidade de atualização monetária da indenização, sem prejuízo de juros moratórios, nos termos o artigo 772, do mesmo código. No seguro de pessoas, por sua vez, considerando que a vida e a saúde humana não podem ser mensuradas, permite o Código Civil, em seu artigo 789, que o valor a ser segurado seja estipulado de forma livre pelo proponente.

Uma vez paga a indenização pelo segurador, em se tratando de seguro de dano, o segurador se sub-roga, limitado pelo respectivo valor, nos direitos e ações que possuírem o segurado contra o autor do dano (art.786, CC), situação que é vedada, por expressa previsão do artigo 800, do Código Civil, caso se trate de seguro de pessoas.

3.4. Da Responsabilidade Civil

(Cespe/AGU/Advogado/2012) *Vítima de furto na área interna de um condomínio edilício, um condômino ajuizou ação contra o condomínio, pleiteando a reparação do dano. Após a citação, o síndico do condomínio verificou que, na convenção do edifício, não há cláusula ou dispositivo que preveja a hipótese de assunção de responsabilidade civil pelo condomínio. Com base nessa situação hipotética e na interpretação dominante na jurisprudência das turmas de direito privado do Superior Tribunal de Justiça, responda, de forma justificada, se o condômino tem direito ao ressarcimento ante o silêncio da convenção.*

Direcionamento da resposta

Em introdução, deve o candidato conceituar o condomínio edilício, destacando que a sua criação e a das regras que regem referida relação tomam por base o princípio da autonomia da vontade. Em seguida, abordar a questão da responsabilidade por furto, nos termos do entendimento das turmas de direito privado do STJ.

Sugestão de resposta

O condomínio edilício consiste na coexistência de propriedade de áreas comuns e áreas particulares, unidades autônomas, cuja titularidade pertence a mais de um proprietário. Enquanto instituto de direito privado, dispõe o Código Civil que a sua criação ocorre por ato entre vivos ou por testamento, com o consequente registro no Cartório de Imóveis. Ademais, todas as regras que regem o condomínio são estipuladas em sua convenção e por meio de sua assembleia, consistindo em verdadeira aplicação do princípio da autonomia da vontade.

Destarte, o condomínio, enquanto ente despersonalizado, consiste na reunião dos interesses comuns dos condôminos, que, em votação, podem decidir sobre todas as regras que regem a relação de convivência, dentre elas, os casos em que o condomínio será responsabilizado por ato que cause dano a terceiro.

No caso acima proposto, questiona-se acerca da eventual responsabilidade do condomínio por furto ocorrido na área interna de um condomínio edilício. Existe grande controvérsia, em âmbito doutrinário e jurisprudencial acerca desta possível responsabilidade. Para uma primeira corrente, acaso o condomínio possua grande aparato de segurança, utilizando-se de medidas de proteção além dos padrões normais, onerando o condômino com os rateios mensais para tal fim, assumiria o condomínio uma obrigação implícita de vigilância e de consequente responsabilização por eventual fato danoso. Um segundo entendimento é no sentido de que deve prevalecer a aplicação do princípio da autonomia da vontade, cabendo ao próprio condomínio, por meio de sua convenção, dispor sobre referida questão, sob pena de eventual ressarcimento a um condômino acabar por onerar os demais que com isso não tenham anuído.

Neste contexto, o Superior Tribunal de Justiça, inicialmente, entendia pela necessidade de existência de cláusula expressa, na convenção, eximindo o condomínio de eventual responsabilização por tais danos. Com a evolução jurisprudencial, no entanto, tal entendimento fora alterado, prevalecendo, hoje, nas turmas de direito privado do STJ[2], o posicionamento no sentido de ser a regra a ausência de responsabilidade do condomínio, salvo quando houver previsão expressa em sua convenção em sentido contrário.

2. Neste sentido, dentre outros, os AgRg no AREsp 9.107/MG e AgRg no Ag 1102361/RJ.

4. DO DIREITO DAS COISAS

(Cespe/AGU/Advogado/2012) *Determinada pessoa jurídica adquiriu, mediante celebração de contrato de compra e venda, um prédio no valor de R$ 500.000,00, escriturado em 3.12.2012. Entretanto, antes do registro da escritura no cartório de imóveis, entrou em vigor uma lei que proibiu a aquisição de imóveis na região onde está situado o bem. Nessa situação, considera-se realizada a tradição do bem? A pessoa jurídica é considerada proprietária do imóvel? Justifique ambas as respostas.*

Direcionamento da resposta

Inicialmente, deve-se distinguir o regime de aquisição da propriedade de bens móveis e imóveis, explicitando que a tradição apenas se aplica à primeira modalidade de bens. Por fim, deve-se explicar o regime de aquisição dos bens imóveis, informando a necessidade de registro do título translativo, como condição de eficácia do negócio jurídico, o que impossibilita considerar a pessoa jurídica como proprietária.

Sugestão de resposta

O ordenamento jurídico brasileiro prevê diferentes regras para a aquisição de bens, caso sejam móveis ou imóveis. A aquisição dos bens móveis, conforme dispõe o artigo 1.267 do Código Civil, quando decorrente de negócios jurídicos, apenas ocorre com a devida tradição do bem, ou seja, com a entrega do bem móvel ao adquirente. Em se tratando de bens imóveis, o tratamento dado pela legislação pátria é diverso.

Primeiramente, no que tange ao negócio jurídico celebrado, nos termos do artigo 108, da legislação cível, quando vise à constituição, transferência, modificação ou renúncia de direitos reais sobre imóveis de valor superior a trinta vezes o maior salário mínimo vigente no País, deve ser celebrado por meio de escritura pública, salvo disposição de lei em contrário. Trata-se de condição essencial à validade do referido negócio. Por sua vez, se o valor for inferior ao limite estabelecido pela lei, sua celebração pode ser realizada por meio de simples instrumento particular. Ademais, nos termos do Enunciado nº 87, da I Jornada de Direito Civil, considera-se, também, título translativo a promessa de compra e venda devidamente quitada.

Ocorre que, no direito brasileiro, ao contrário do que acontece no ordenamento jurídico francês, por exemplo, a transferência da propriedade imóvel não se efetiva com a simples celebração de negócio jurídico, sendo necessário o registro do título translativo nos cartórios de registro de imóvel. Conforme dispõe o artigo 1.245, § 1°, do Código Civil, enquanto não registrado o título, o alienante continua a ser havido como dono do imóvel para todos os efeitos, não havendo a transferência da propriedade. Isso porque, para o direito brasileiro, enquanto a celebração do negócio jurídico por escritura pública consiste em condição de validade, o registro imobiliário se situa no plano da eficácia daquele negócio jurídico.

Assim, no presente caso, por se tratar de bem imóvel, não se há que se falar em tradição do bem, instituto apenas aplicado à aquisição dos bens móveis. Ademais, observa-se que o valor do imóvel é superior ao limite legal, havendo informação de que o negócio jurídico fora celebrado, de forma correta, por escritura. No entanto, considerando a legislação superveniente ao negócio jurídico, mas anterior ao registro do título, que proibiu a aquisição de imóveis na região, não se pode afirmar que a pessoa jurídica é proprietária do imóvel, ante a ausência do respectivo registro, que, como dito, é condição essencial e necessária à transferência da propriedade imóvel.

DIREITO CONSTITUCIONAL

1. DOS DIREITOS E GARANTIAS FUNDAMENTAIS

***(Cespe/AGU/Advogado/2012)** Foi ajuizada ação sob o rito ordinário, com pedido de liminar, para impedir a divulgação, pela União, dos vencimentos dos servidores públicos federais, de forma individualizada, em sítio eletrônico oficial na Internet. Sustentou-se a violação do direito fundamental à intimidade e à vida privada. O juízo da vara federal competente deferiu a medida liminar requerida. Com base nessa situação hipotética, apresente argumentação de mérito em favor da União, abordando o embate entre o direito fundamental de acesso à informação e o direito fundamental à inviolabilidade da intimidade e da vida privada, em face do recente posicionamento do Supremo Tribunal Federal.*

Direcionamento da resposta

O candidato deve expor que assiste razão à União devido à recente posição do STF. Deve explicitar que a divulgação dos vencimentos dos servidores públicos federais de forma individualizada constitui "informação de interesse coletivo". Além disso, o candidato deve fazer a contraposição entre o "direito fundamental de acesso à informação pública" em conjunto com o "princípio da publicidade da atuação da administração pública" frente ao direito fundamental da intimidade e da vida privada.

Sugestão de resposta

De acordo com a recente posição do STF, ao julgar o Recurso Extraordinário com Agravo 652.777, assiste razão à União e o assunto gira em torno de dois princípios constitucionais: o direito fundamental de acesso à informação pública e o princípio da publicidade da atuação da administração pública. Este último princípio não só diz respeito à publicidade de agir de toda a administração pública, bem como propicia o controle da atuação da administração até mesmo pelos próprios cidadãos. O gasto do Poder Público deve guardar correspondência com a previsão legal, com o teto remuneratório do serviço público e, em termos globais, com as metas de responsabilidade fiscal. Os vencimentos dos servidores públicos constituem, conforme o STF, informação de interesse coletivo, uma vez que se trata do destino de parte das verbas públicas, o que justifica ainda mais essa transparência que se dá com a socialização dos gastos públicos, sendo até mesmo forma de respeito ao estado democrático de direito. Isso se deve ao fato de que a prevalência do princípio da publicidade administrativa sobre o direito fundamental da intimidade e da vida privada acaba por ser um dos modos de chancelar a República como forma de governo.

(Cespe/AGU/Advogado/2004) *Redija um texto dissertativo a respeito do princípio da dignidade humana, abordando, obrigatoriamente, os seguintes aspectos: (i) princípio da dignidade humana como limite da atividade dos poderes públicos e como tarefa imposta ao Estado; (ii) relação entre o princípio da dignidade humana e os direitos e garantias individuais.*

Direcionamento da resposta

O candidato deve abordar a diferença entre princípios e regras. O candidato deve abordar o princípio da dignidade da pessoa humana como fundamento da República federativa do Brasil conforme artigo 1º, III da CRFB de 1988 e sua relação com a limitação da atuação do Estado, dando ênfase à proteção do indivíduo. O candidato também deve abordar a relação entre o princípio da dignidade da pessoa humana e os direitos e garantias individuais, sendo aquele a diretriz para a efetivação destes.

Sugestão de resposta

Dentro do conceito de norma jurídica podemos extrair os princípios e as regras. Os princípios são normas básicas inquestionáveis, são o mandamento nuclear de todo um sistema. Constituem as proposições primárias do direito, vinculadas aos valores fundamentais de uma determinada sociedade. Os princípios constitucionais traduzem os direitos do homem e os grandes princípios de justiça impondo ao legislador, à jurisprudência, à administração e aos particulares as diretrizes para a interpretação do direito, de acordo com os valores por eles espelhados. Além disso, são caracterizados pela falta de precisão, a generalização e a abstração lógica.

As regras, por sua vez, são as normas jurídicas dotadas de concreção, destinadas justamente a dar concreção aos princípios. Assim, os princípios são normas jurídicas de natureza anterior e superior às regras e que servem de base e diretriz para a sua criação, interpretação e aplicação. O princípio da dignidade da pessoa humana está previsto no artigo 1º, III da CRFB de 1988 e é um dos fundamentos da República Federativa do Brasil e um dos responsáveis pela constituição e manutenção de um estado democrático de direito. O princípio da dignidade da pessoa humana, por ser um princípio, por si só, já é fundamental e estabelece as diretrizes, em conjunto com outros princípios, para a elaboração das regras que fazem parte do nosso ordenamento jurídico. Esse princípio dá unidade aos direitos e garantias fundamentais e é inerente aos indivíduos, o que afasta a ideia de predomínio das concepções transpersonalistas (ou transpessoalistas) de Estado e Nação, em detrimento da liberdade individual, ou seja, faz com que o indivíduo passe a ser enxergado de forma singular, intencional, livre, inovadora e transcendente, o que seria impossível numa concepção transpersonalista, que vê o indivíduo como coletividade, espécie, ou consciência coletiva. Assim, o princípio da dignidade da pessoa humana faz com que o indivíduo seja visto sob uma concepção metafísica do ser humano. O valor que esse princípio guarda é o da dignidade. Por esse princípio, portanto, a dignidade é trazida como um valor inerente à pessoa e que assegura à ela uma série de direitos fundamentais que são um mínimo invulnerável que todo estatuto deve garantir, de modo que, somente em casos excepcionais podem ser feitas limitações a esses direitos fundamentais, no entanto, sem ferir esse valor da dignidade garantida a cada indivíduo.

Desse modo, o princípio da dignidade da pessoa humana acaba por limitar a atuação do Estado na medida em que assegura ao indivíduo uma série de direitos e garantias fundamentais, ou seja, há uma esfera de proteção do indivíduo em que são estabelecidos direitos e há a limitação da atuação do Estado frente a esses direitos estabelecidos, para que o indivíduo possa gozá-los de forma plena. Ou seja, a constitucionalização do princípio da dignidade humana alterou de modo significativo o panorama jurídico, na medido em que pode ser considerado um superprincípio a partir do qual toda a atuação Estatal deve se pautar.

2. DA ORGANIZAÇÃO DO ESTADO

2.1. Dos Municípios

(Cespe/Bacen/Procurador/2009) *Determinado município editou lei que estabelece o tempo máximo de espera em fila nas instituições bancárias localizadas em seu território, bem como exige a instalação, nas agências, de equipamentos de segurança, tais como portas eletrônicas com detector de metais e câmaras filmadoras. Inconformados, alguns bancos ingressaram com mandado de segurança sob a alegação de que a lei municipal versava sobre matéria de* *competência da União, uma vez que a normatização do sistema financeiro nacional é de competência federal - art. 192 da Constituição Federal de 1988 (CF). Os bancos alegaram, ainda, que a lei municipal atentava contra o art. 22, VII, da CF, que estatui ser da competência privativa da União legislar sobre política de crédito, câmbio, seguros e transferência de valores, e contra o art. 48, XIII, da CF, que dispõe ser da competência reservada do Congresso Nacional dispor sobre matéria financeira, cambial e monetária, instituições financeiras e suas operações. Tendo como referência o texto acima, responda, de forma sucinta e fundamentada, aos seguintes questionamentos: (i) Pode-se considerar que a lei municipal versa sobre assuntos que se encontram na esfera de competência do município? (ii) É adequado afirmar que a lei municipal, ao dispor sobre o tempo de atendimento ao público nas agências bancárias e sobre a obrigatoriedade de instalação de equipamentos de segurança, dispôs sobre matérias que a CF estabelece como sendo da competência privativa da União, além de transgredir competência reservada ao Congresso Nacional?*

Direcionamento da resposta

(i) O candidato deve abordar se há competência do município para a elaboração de lei que verse sobre o limite de tempo de espera nas filas das instituições bancárias e sobre a implementação de aparato de segurança por parte de tais instituições, valendo-se da orientação do STF sobre o tema. (ii) O candidato deve afastar o argumento de que o tema é de competência privativa da União e de que houve transgressão à competência reservada do Congresso Nacional, uma vez que trata-se de assunto de interesse local e o Município pode sim legislar sobre o tema.

Sugestão de resposta

(i) Sim, pode-se considerar que a lei municipal versa sobre assuntos que se encontram na esfera de competência do município. De acordo com a jurisprudência do STF, os municípios têm competência para legislar sobre assuntos de interesse local, conforme artigo 30, I da CRFB de 1988, tais como medidas que proporcionam segurança, conforto e rapidez aos usuários de serviços bancários. Tais medidas referem-se à matéria de interesse local e de proteção ao consumidor e não às atividades-fim das instituições bancárias.

(ii) Tais afirmações não são corretas. Tanto o limite de tempo de espera na fila das instituições bancárias bem como a obrigatoriedade de instalação de equipamentos de segurança em tais instituições são matérias que se encontram na esfera de competência do Município e não da União, uma vez que são assuntos de interesse local e de proteção ao consumidor, não se tratando de matérias atinentes às atividades-fim das instituições financeiras, conforme a própria orientação do STF sobre o tema. Desse modo, não há que se falar em transgressão à competência privativa da União e à competência reservada do Congresso Nacional.

O Supremo Tribunal Federal, ao julgar o Recurso Extraordinário 610.221, fixou, para o Tema 272, a seguinte tese: *Compete aos Municípios legislar sobre assuntos de interesse local, notadamente sobre a definição do tempo máximo de espera de clientes em filas de instituições bancárias.*

Ver, também, AC 1124 MC, Rel. Min. Marco Aurélio, Primeira Turma, julgado em 09/05/2006, DJ 04-08-2006; AI 768666 AgR, Rel. Min. Roberto Barroso, Primeira Turma, julgado em 26/11/2013, DJe 03-02-2014.

2.2. Da Intervenção

(Cespe/AGU/Procurador/2013) *Supondo que o governo de determinado estado da Federação, de forma reiterada, não venha aplicando o mínimo exigido da receita resultante de impostos estaduais, compreendida a proveniente de transferências, nas ações e serviços públicos de saúde, e tomando por base as disposições da Constituição Federal de 1988 acerca desse tema, redija um texto dissertativo que responda, de forma justificada, aos seguintes questionamentos: (i) Na hipótese descrita, que norma constitucional está sendo violada? (ii) Qual providência pode ser adotada – e por quem –, visando resolver a situação? Descreva, em linhas gerais, as possíveis tramitações dessa "providência".*

Direcionamento da resposta

(i) Nesta questão o candidato deve abordar o tema da intervenção federal, contido no artigo 34 e incisos da CRFB de 1988, demonstrando o porquê de haver tal intervenção.

(ii) O candidato deverá explicar como se dá a decretação da intervenção federal, conforme regra contida no artigo 36, inciso III e parágrafos, todos da CRFB de 1988.

Sugestão de resposta

Na hipótese descrita está sendo violada a norma constitucional contida no artigo 34, inciso VII, alínea "e" da CRFB de 1988, que dispões que a União não intervirá nos Estados nem no Distrito Federal, exceto para assegurar a observância dos princípios constitucionais, como a aplicação do mínimo exigido da receita resultante de impostos estaduais, compreendida a proveniente de transferências, na manutenção e desenvolvimento do ensino e nas ações e serviços públicos de saúde.

(ii) A providência a ser tomada no caso em questão é a decretação da intervenção federal da União no estado-membro descumpridor da norma constitucional citada. Em tal situação, a decretação da intervenção dependerá de provimento, pelo STF, de representação do Procurador-Geral da República, conforme artigo 36, inciso III da CRFB de 1988. Tal decreto de intervenção especificação a amplitude, o prazo e as condições de execução e, se couber, nomeará o interventor e será submetido à apreciação do Congresso Nacional no prazo de vinte e quatro horas. Caso o Congresso nacional não esteja funcionando, far-se-á sua convocação extraordinária no mesmo prazo de vinte e quatro horas. No caso em questão, tal decreto limitar-se-á a suspender a execução do ato impugnado, caso isso baste para o restabelecimento da normalidade. Por fim, cessados os motivos da intervenção, as autoridades afastadas de seus cargos a estes retornarão, salvo impedimento legal. Tal procedimento está contido no artigo 36, § 1º, § 2º, § 3º e § 4º da CRFB de 1988.

3. DO PROCESSO LEGISLATIVO

(Cespe/AGU/Advogado/2012) *A presidenta da República pretende editar medida provisória para alterar uma lei e suprimir a condenação em honorários advocatícios, por sucumbência, em determinado tipo de ação judicial. Pretende, também, que essa medida provisória tramite no Congresso Nacional da maneira mais célere possível, dadas a relevância e a urgência da medida. A presidenta, antes de submeter a medida ao Congresso Nacional, consultou a Casa Civil da Presidência da República a respeito de alguns aspectos relacionados à temática das medidas provisórias. Em face dessa situação hipotética, responda, de forma justificada, com fundamento na Constituição Federal de 1988 e no posicionamento do Supremo Tribunal Federal, às seguintes perguntas: (i) A referida medida provisória respeita as limitações constitucionais materiais à edição de medidas provisórias? (ii) Para que haja maior celeridade na tramitação no Congresso Nacional, é possível, considerados os mecanismos de freios e contrapesos, a dispensa de exame da medida provisória por comissão mista de deputados e senadores?*

Direcionamento da resposta

(i) O candidato deverá explicitar que as limitações constitucionais materiais exigidas para a edição de medidas provisórias estão contidas no artigo 62,

§ 1º da CRFB de 1988. Deverá também explicar se os honorários advocatícios tratam de matéria processual e, por tal motivo, se tal matéria poderia ser regulada por uma medida provisória e a posição do STF a respeito do tema.

(ii) O candidato deve explicitar se e possível a dispensa do parecer prévio da comissão mista de deputados e senadores a respeito da medida provisória editada, bem como a orientação jurisprudencial do STF sobre o tema.

Sugestão de resposta

(i) A medida provisória em questão não respeita as limitações constitucionais materiais à edição de medidas provisórias. Tais limitações estão contidas no artigo 62, § 1º da CRFB de 1988. Isso se deve ao fato de que a condenação em honorários advocatícios de sucumbência é matéria típica de direito processual, uma vez que tem como pressuposto indispensável a existência de um processo sob jurisdição contenciosa, no qual tenha atuado advogado e tenha sido vencida uma das partes. Esta é a própria materialização da regra processual da sucumbência. O STF já consolidou entendimento de que são normas de direito processual as relativas às garantias do contraditório, do devido processo legal, dos poderes, direitos e ônus que constituem a relação processual. A condenação em honorários advocatícios, por sua vez, encontra-se abrangida pelos ônus, já que é imposta à parte sucumbente e é um direito subjetivo da parte vitoriosa destinado a aliviá-la da diminuição patrimonial. Dessa forma, tal medida provisória trata de matéria processual, a qual é matéria privativa da União, enquanto exercida pelo Congresso Nacional, conforme artigo 22, I da CRFB de 1988 e, portanto, indelegável ao Presidente da República, que, ao usurpá-la, acaba por cometer abuso de poder. Além disso, a medida provisória em questão, ao tratar de matéria processual, acaba por infringir a limitação material contida claramente na regra do artigo 62, § 1º, inciso I, alínea "b" da CRFB de 1988. Esta é a posição consolidada pelo STF acerca do tema.

Ver RE 581160, Rel. Min. Ricardo Lewandowski, Tribunal Pleno, julgado em 20/06/2012, Repercussão Geral – Mérito, DJe 23-08-2012; RE 478089 AgR, Rel. Min. Carlos Britto, Primeira Turma, julgado em 18/04/2006, DJ 17-11-2006.

(ii) De acordo com a orientação jurisprudencial do STF não é possível a dispensa do parecer prévio da comissão mista de deputados e senadores a respeito das medidas provisórias editadas pelo Chefe do Poder Executivo. A função das comissões mistas, imposta pela CRFB de 1988, no processo de conversão das medidas provisórias em Lei, decorre da necessidade de assegurar uma reflexão mais detalhada e cuidadosa sobre o ato normativo emanado pelo Poder Executivo, evitando que a apreciação pelo Plenário seja feita de forma inopinada, sendo esse parecer prévio uma garantia de que o Legislativo está fiscalizando a atividade legiferante atípica exercida pelo Executivo, e não uma mera formalidade. O parecer prévio assume condição de instrumento indispensável, uma vez que proporciona discussão da matéria, uniformidade de votação e celeridade na apreciação das medidas provisórias.

Ver ADI 4029, Rel. Min. LUIZ FUX, Tribunal Pleno, julgado em 08/03/2012, DJe 27-06-2012.

Atenção: recentemente o STF julgou parcialmente procedentes as Arguições de Descumprimento de Preceito Fundamental 661 e 663, para conferir interpretação conforme aos atos impugnados, delimitando que, durante a emergência em Saúde Pública de importância nacional e o estado de calamidade pública decorrente da COVID-19, as medidas provisórias sejam instruídas perante o Plenário da Câmara dos Deputados e do Senado Federal, ficando, excepcionalmente, autorizada a emissão de parecer, em substituição à Comissão Mista, por parlamentar de cada uma das Casas designado na forma regimental; bem como, em deliberação nos Plenários da Câmara dos Deputados e do Senado Federal, operando por sessão remota, as emendas e requerimentos de destaque possam ser apresentados à Mesa, na forma e prazo definidos para funcionamento do Sistema de Deliberação Remota (SDR) em cada Casa, sem prejuízo da possibilidade de as Casas Legislativas regulamentarem a complementação desse procedimento legislativo regimental, nos termos do voto do Relator Min. Alexandre de Moraes, vencidos os Ministros Edson Fachin, Cármen Lúcia e Rosa Weber. (Plenário, Sessão Virtual de 27.8.2021 a 3.9.2021).

(Esaf/PFN/Procurador/2012) *Examine a situação descrita e responda as questões formuladas em conformidade com a Constituição de 1988 e com a jurisprudência do Supremo Tribunal Federal. Tramita no Congresso Nacional proposta de emenda constitucional - PEC apresentada por um terço dos membros da Câmara dos Deputados que pretende prorrogar contribuição social que fora instituída por Emenda Constitucional para prazo certo de vigência prestes a expirar. Após discutida e votada em dois turnos, a PEC é aprovada pela Câmara dos Deputados com fórmula que submete a prorrogação pretendida ao disposto no § 6º do art. 195 da Constituição. Após discutida e votada em dois turnos, a PEC é aprovada no Senado Federal com uma modificação: a supressão da fórmula relativa à submissão da prorrogação ao disposto no § 6º citado. Sem retornar à Câmara dos Deputados, a PEC vai à promulgação, que é agendada para sessão conjunta das Mesas da Câmara dos Deputados e do Senado Federal, especialmente convocada para tanto. Antes da promulgação, a Assessoria para Assuntos Parlamentares do Gabinete do Ministro de Estado da Fazenda submete o assunto à Procuradoria-Geral da Fazenda Nacional, onde é distribuído* *à Coordenação-Geral de Assuntos Tributários em que você acaba de entrar em exercício no cargo de Procurador da Fazenda Nacional. As questões cuja análise é solicitada são as seguintes: (i) A legislação sobre matéria tributária é da iniciativa privativa do Presidente da República? Em caso positivo, o tema poderia ser objeto de PEC apresentada por um terço dos membros da Câmara dos Deputados? Fundamente ambas as respostas. (ii) No caso descrito, é possível a promulgação da PEC sem que ela tenha retornado à Casa iniciadora para que seja, uma vez mais, discutida e votada em dois turnos em razão da modificação ocorrida? Por quê? (iii) Na situação descrita é necessário observar o disposto no § 6º do art. 195 da Constituição? Por quê? (iv) Da redação final da PEC não consta nenhuma cláusula de vigência. Aplica-se, no caso, a regra geral constante do caput do art. 1º da Lei de Introdução às Normas do Direito Brasileiro? Por quê?*

Direcionamento da resposta

(i) O candidato deverá abordar o disposto nos artigos 60, inciso I e 61, § 1°, inciso II, alínea "b", ambos da CRFB de 1988 e a orientação do STF sobre o tema.

(ii) O candidato deverá explicitar se houve ofensa ao artigo 60, § 2° da CRFB de 1988 ao ter sido suprimido parte do texto da PEC e esta não ter retornado à Casa iniciadora. O candidato deverá pautar sua resposta no entendimento jurisprudencial do STF sobre o assunto.

(iii) O candidato deverá explicar se o caso em questão trata de instituição ou majoração de tributos, ou se trata apenas de prorrogação, discorrendo sobre o posicionamento do STF sobre a obediência à anterioridade nonagesimal prevista no artigo 195, 6° em cada caso.

(iv) O candidato deve observar a regra de vigência das EC segundo o próprio STF.

Sugestão de resposta

(i) De acordo com a orientação consolidada da jurisprudência do STF, a iniciativa privativa do Presidente da República quanto as leis que disponham sobre matéria tributária,somente tem vez no que se refere aos Territórios Federais. Segundo o STF o artigo 61, § 1°, inciso II, alínea "b" da CRFB de 1988 somente diz respeito a esses Territórios. Dessa forma, se ao Congresso Nacional é facultada a iniciativa de lei sobre matéria tributária, nenhum obstáculo há para que essa faculdade seja exercida por meio de emenda constitucional, conforme artigo 60, inciso I da CRFB de 1988.

Ver ADI 2031, Rel. Min. Ellen Gracie, Tribunal Pleno, julgado em 03/10/2002, DJ 17-10-2003; ARE 743.460, Rel. Min. Gilmar Mendes, Tribunal Pleno, julgado em 10/10/2013, DJ 20-11-2013.

(ii) No caso descrito, é possível a promulgação da PEC sem que ela tenha retornado à Casa iniciadora para que seja, uma vez mais, discutida e votada em dois turnos em razão da modificação ocorrida. Conforme o artigo 60, § 2° da CRFB de 1988 a PEC será discutida e votada em cada Casa do Congresso Nacional, em dois turnos, considerando-se aprovada se obtiver, em ambos, três quintos dos votos dos respectivos membros. No entanto, de acordo com o posicionamento do STF, a supressão da alusão ao artigo 195, § 6° da CRFB de 1988 no texto da PEC pelo Senado, não consubstanciou alteração substancial do texto a justificar o retorno à Câmara para a apreciação do novo texto.

Ver ADI 2031, Rel. Min. Ellen Gracie, Tribunal Pleno, julgado em 03/10/2002, DJ 17-10-2003.

(iii) Na situação descrita não é necessário observar o prazo nonagesimal disposto no artigo 195, § 6° da CRFB de 1988, uma vez que não houve instituição nem modificação da contribuição. Nesse sentido é o posicionamento do STF.

Ver ADI 2666 ED, Rel. Min. Ellen Gracie, Tribunal Pleno, julgado em 18/10/2006, DJ 10-11-2006.

(iv) Não se aplica a LICC atual LINDB no caso de vigência de Emenda Constitucional. Isto porque, a EC entra em vigor na data de sua publicação ressalvada a hipótese dela dispor de modo diverso, mas em sendo silente, a entrada em vigor é na data de sua publicação. As ECs são normas de aplicabilidade imediata que geram efeitos a partir da data de sua publicação.

Ver RE 629693 AgR/PR, Rel. Min. Dias Toffoli, julgamento: 10/09/2013, Primeira Turma.

4. DAS FINANÇAS PÚBLICAS

(Cespe/AGU/Advogado/2012) *Suponha que o presidente de determinada autarquia encaminhe ofício ao Banco Central do Brasil, explicando a impossibilidade de reformar o seu gabinete com os recursos orçamentários disponíveis e pedindo um empréstimo no valor de R$ 5.000,00. Nessa situação, é possível a concessão do empréstimo? Justifique sua resposta.*

Direcionamento da resposta

O candidato deve explicitar de forma sucinta e objetiva a função do Banco Central. O candidato deve citar o artigo 164, § 1° da CRFB de 1988, que diz respeito à possibilidade de concessão de empréstimos por parte do Banco Central. Ademais, mencionar os limites constitucionais orçamentários submetidos ao crivo da legalidade ressalvadas situações excepcionais que autorizariam abertura de créditos o que não é o caso (arts. 165, § 5° I e art. 167 II da CRFB).

Sugestão de resposta

O Banco central tem a função de gerir a política econômica, controlando o poder de compra da moeda e garantindo sua estabilidade. Conforme artigo 164, caput da CRFB de 1988 compete única e exclusivamente ao Banco Central a emissão da moeda. Dessa forma, nessa situação não é possível a concessão do empréstimo. De acordo com o artigo 164, § 1° da CRFB de 1988 é vedado ao Banco Central conceder, direta ou indiretamente, empréstimos ao Tesouro Nacional e a qualquer órgão ou entidade que não seja instituição financeira. As autarquias são entidades da administração pública indireta, com personalidade jurídica de direito público, patrimônio e receita próprios, para desempenhar atividades típicas da Administração Pública, que requeiram, para seu funcionamento, gestão administrativa e financeira descentralizada. Desse modo, as autarquias não são instituições financeiras, não podendo o Banco Central conceder empréstimos às mesmas. Outrossim, a fixação de despesas está estabelecida na Lei Orçamentária (Princípio da Legalidade cuja iniciativa compete ao Chefe do Poder Executivo), ressalvados os casos de aberturas de créditos adicionais o que não ocorre no caso em tela.

(Cespe/Bacen/Procurador/2013) *Considere que determinado estado-membro tenha deslocado o depósito do salário ou remuneração de seus servidores, feito em instituição financeira oficial, para instituição financeira privada e que a legitimidade do ato esteja sendo questionada, sob o fundamento de que tais depósitos somente poderiam ser feitos em instituições financeiras oficiais. Em face dessa situação hipotética, esclareça, com fundamento na jurisprudência do Supremo Tribunal Federal sobre o tema, se o depósito do valor correspondente à remuneração dos servidores públicos estaduais em instituição privada afronta a Constituição Federal no que concerne às normas gerais relativas às finanças públicas.*

Direcionamento da resposta

O candidato deve explicitar o artigo 164, § 3° da CRFB de 1988 em sua resposta, abordando se a remuneração dos servidores públicos pode ser declarada disponibilidade de caixa e a orientação do STF sobre o tema.

Sugestão de resposta

O depósito do valor correspondente à remuneração dos servidores públicos estaduais em instituição privada não afronta o artigo 164, § 3º da CRFB de 1988. Segundo este artigo, as disponibilidades de caixa da União serão depositadas no Banco Central; as dos Estados, do Distrito Federal, dos Municípios e dos órgãos ou entidades do Poder Público e das empresas por ele controladas, em instituições financeiras oficiais, ressalvados os casos previstos em lei. De acordo com a orientação da jurisprudência do STF, o depósito do valor correspondente à remuneração dos servidores públicos em instituições financeiras privadas não afronta o artigo 164, § 3º da CRFB d 1988, uma vez que o referido depósito não se enquadra no conceito de disponibilidade de caixa, enquadrando-se em tal conceito o dinheiro ainda não afetado a determinado fim. Os valores correspondentes à remuneração dos servidores públicos já estão afetados ao pagamento dos mesmos, não podendo ser considerados disponibilidade de caixa.

Ver AI 837677 AgR, Rel. Min. Rosa Weber, Primeira Turma, julgado em 03/04/2012, DJe 08-05-2012.

DIREITO MATERIAL/ PROCESSUAL DO TRABALHO

1. DA SEGURANÇA E DA MEDICINA DO TRABALHO

(Cespe/AGU/Advogado/2012) *Durante fiscalização laboral em determinada empresa, um auditor-fiscal do trabalho verificou que uma das máquinas apresentava risco para a segurança dos empregados que a utilizavam. Por isso, interditou o referido equipamento. Na mesma oportunidade, o auditor-fiscal constatou que não tinha havido prévia inspeção e aprovação das instalações da empresa por autoridade competente em matéria de segurança e medicina do trabalho, conforme prevê o artigo 160 da Consolidação das Leis do Trabalho. Por conseguinte, lavrou auto de infração, determinando multa administrativa para a empresa. (i) Com referência a essa situação hipotética, atenda, de forma justificada, ao que se pede a seguir. (ii) Discorra sobre o poder da administração correspondente aos atos praticados pelo auditor-fiscal do trabalho. (iii) Informe que atributos ou características estão implícitos nos atos administrativos praticados pelo referido agente público.*

Direcionamento da resposta

Nessa questão, o candidato deve: (i) identificar que o poder da administração correspondente aos atos praticados pelo auditor-fiscal do trabalho é o poder de polícia e discorrer sobre o seu conceito, com fundamento no art. 78 do Código Tributário Nacional e abordagem mais doutrinária; (ii) informar e explicar cada atributo ou característica do poder de polícia, quais sejam: a discricionariedade, a coercibilidade e a autoexecutoriedade.

Sugestão de resposta

A autoridade administrativa atuou no exercício do poder de polícia que consiste na "atividade da administração pública que, limitando ou disciplinando direito, interesse ou liberdade, regula a prática de ato ou abstenção de fato, em razão de interesse público concernente à segurança, à higiene, à ordem, aos costumes, à disciplina da produção e do mercado, ao exercício de atividades econômicas dependentes de concessão ou autorização do Poder Público, à tranquilidade pública ou ao respeito à propriedade e aos direitos individuais ou coletivos", nos termos do art. 78 do CTN.

O fundamento do poder de polícia é o interesse público. A Administração Pública, ao exercê-lo, tem por finalidade resguardar a coletividade, evitando que o uso indevido de direito, interesse ou liberdade possa causar danos a terceiros. Os seus atributos são: a discricionariedade (também pode ser manifestado de forma vinculada), coercibilidade e autoexecutoriedade.

A **discricionariedade** consiste no uso da liberdade legal de valoração das atividades policiadas, na gradação das sanções aplicáveis, bem como pelo melhor momento de agir. A **coercibilidade** é um meio indireto de coação das medidas adotadas que independe de ordem judicial. Já a **autoexecutoriedade** é um meio de sub-rogação pelo qual a Administração executa as medidas coercitivas independente de prévia autorização judicial. Nem todas as medidas decorrentes do exercício do poder de polícia são dotadas de autoexecutoriedade, como, por exemplo, a multa, que pode ser aplicada (autoexecutoriedade), mas sua cobrança depende de procedimento judicial próprio (heteroexecutoriedade).

2. DO CONTRATO INDIVIDUAL DE TRABALHO

2.1. Da Rescisão

***(Cespe/AGU/Procurador/2013)** A autarquia QT foi citada em processo judicial perante a justiça do trabalho para pagamento de verbas rescisórias sob alegação de sucessão de empregadores, e, em razão disso, o procurador federal SL foi designado para comparecer à audiência inaugural para apresentação de defesa. Em face da situação hipotética acima descrita, redija um texto dissertativo que atenda ao que se pede a seguir: (i) defina e aponte os requisitos para a sucessão de empresas no âmbito laboral; (ii) esclareça, segundo o entendimento do Tribunal Superior do Trabalho, se o procurador federal SL deve apresentar procuração em juízo; (iii) esclareça, ainda, se a autarquia QT se sujeita à revelia e à multa prevista no art. 477 da Consolidação das Leis do Trabalho.*

Direcionamento da resposta

Nessa questão, o candidato deve: (i) definir e apontar os requisitos para a sucessão de empresas no âmbito laboral, previsto nos artigos 10, 448 e 448-A da CLT, qual sejam, a transferência da unidade econômico-jurídica e a continuidade da atividade empresarial; (ii) mencionar o entendimento do TST acerca da obrigatoriedade, ou não, da apresentação de procuração em juízo pelo procurador federal (Súmula n. 436 do TST); (iii) mencionar o entendimento do TST se autarquia se sujeita à revelia (OJ n. 152 da SDI-I do TST) e à multa prevista no art. 477 da CLT (OJ n. 238 da SDI-I do TST).

Sugestão de resposta

Nos termos do art. 10 da CLT, qualquer alteração da estrutura jurídica da empresa não afetará os direitos adquiridos dos empregados. Como reflexo desta norma, os arts. 448 e 448-A da CLT regulamentam os direitos dos empregados na hipótese de sucessão trabalhista. Segundo o art. 448 da CLT, a sucessão trabalhista tem como requisitos caracterizadores: i) a transferência da unidade econômico-jurídica; ii) a continuidade da atividade empresarial. Difere da sucessão do direito civil, de modo que a responsabilidade do sucessor alcança não apenas os débitos provenientes dos contratos de trabalho em vigor à época da venda do fundo de comércio, mas também aqueles oriundos dos contratos extintos antes da sucessão de empresas. Na forma do art. 448-A da CLT, caracterizada a sucessão, as obrigações trabalhistas são de responsabilidade do sucessor, respondendo o sucedido, solidariamente, em caso de fraude na transferência.

O TST já firmou entendimento por meio da Súmula n. 436[1] no sentido de que o Procurador SL estaria dispensado da juntada de instrumento de mandato e de comprovação do ato de nomeação, sendo essencial que declare ser exercente do cargo de procurador, não bastando a indicação do número de inscrição na OAB.

A Autarquia QT, pessoa jurídica de direito público, sujeita-se à revelia prevista no art. 844 da CLT, conforme dispõe o enunciado da OJ n. 152/SDI-I[2]. Também se submete à multa do art. 477 da CLT, quando não observar o prazo para pagamento das verbas rescisórias, entendimento esse fixado na OJ n. 238/SDI-I[3]. Isso porque, para o TST, nivela-se a qualquer particular, em direitos e obrigações, despojando-se do "jus imperii" ao celebrar um contrato de emprego.

---

1. **Súmula n. 436/TST**: I. A União, Estados, Municípios e Distrito Federal, suas autarquias e fundações públicas, quando representadas em juízo, ativa e passivamente, por seus procuradores, estão dispensadas da juntada de instrumento de mandato e de comprovação do ato de nomeação. II. Para os efeitos do item anterior, é essencial que o signatário ao menos declare-se exercente do cargo de procurador, não bastando a indicação do número de inscrição na OAB.
2. **OJ n. 152/SDI-I**: Pessoa jurídica de direito público sujeita-se à revelia prevista no artigo 844 da CLT.
3. **OJ n. 238/SDI-I**: Submete-se à multa do artigo 477 da CLT a pessoa jurídica de direito público que não observa o prazo para pagamento das verbas rescisórias, pois nivela-se a qualquer particular, em direitos e obrigações, despojando-se do "jus imperii" ao celebrar um contrato de emprego.

(Cespe/AGU/Advogado/2004) *Aprovado em concurso público promovido por uma empresa pública federal, João foi regularmente contratado pelo regime da Consolidação das Leis do Trabalho (CLT). Depois de superado o período alusivo ao estágio probatório, em que foi aprovado com louvor, João alterou substancialmente o seu comportamento. Passou a comparecer ao trabalho trajando camisa com a marca de determinado partido político e a provocar os colegas de trabalho que assumiam orientação política distinta da sua. Em razão dos transtornos causados, João acabou sendo dispensado – embora imotivadamente – do emprego e recebeu todas as verbas rescisórias devidas. Não se resignando, João buscou a Justiça do Trabalho e obteve, em decisão antecipatória dos efeitos da tutela, a sua reintegração no emprego. Diante da situação hipotética acima, responda, fundamentadamente, se a forma de rescisão contratual deliberada pela empresa apresenta alguma ilicitude e posicione-se quanto à existência de algum meio processual de a empresa buscar a reversão da decisão antecipatória proferida. Na sua resposta, deverão ser abordados necessariamente os seguintes aspectos: (i) contrato de trabalho e rescisão imotivada por entidades vinculadas à administração pública indireta; (ii) decisões interlocutórias, irrecorribilidade e amplo direito de defesa.*

Direcionamento da resposta

Nesta questão espera-se que o candidato: 1) aborde a natureza do vínculo estabelecido entre os empregados públicos e as estatais; 2) discorra sobre os efeitos da submissão à CLT quanto à dispensa; 3) mencione a OJ 247 da SDI-I do TST e o entendimento do STF acerca da dispensa imotivada; 4) aponte o princípio da irrecorribilidade imediata das decisões interlocutórias (art. 893, § 1°, da CLT e a Súmula 214 do TST); e 5) conclua pelo cabimento do mandado de segurança, fazendo expressa menção à Súmula 414 do TST (30 linhas).

Importante destacar, quanto a este tema, que apesar de a sugestão de resposta estar alinhado à jurisprudência atual do STF, o tema voltou à pauta, sendo reconhecida repercussão geral no *leading case*, RE 688267, tema 1022, em que o STF revisitará a matéria à luz da finalidade lucrativa da empresa pública ou sociedade de economia mista.

Recomenda-se que o leitor acompanhe o desenrolar da matéria, tendo em vista sua relevância para atuação e concursos no âmbito da advocacia pública.

Sugestão de resposta

A relação jurídica que se forma entre as entidades públicas de direito privado e o empregado público é contratual. Isso implica que a Administração Pública e o servidor trabalhista celebram um típico contrato de trabalho, com submissão às regras prescritas pela CLT. Entretanto, sendo o empregador o Estado, incidem também normas decorrentes do regime jurídico administrativo que mitigam a aplicação integral do regime trabalhista.

Com efeito, merece destaque o art. 37, II, da CF, que impõe a obrigatoriedade da realização de concurso para o acesso a cargos e empregos públicos. Sem embargo disso, aos empregados públicos não foi estendido o direito à estabilidade no emprego, já que o art. 41 da CF a confere apenas para os titulares de cargos públicos.

Em virtude da ausência da estabilidade, o TST tinha entendimento consolidado (OJ 247 da SDI-I, I[4]) de que a despedida de empregados de empresa pública e de sociedade de economia mista independeria de ato motivado para sua validade.

Apesar da jurisprudência consolidada do TST, em 2013[5], o STF firmou posição em sentido contrário em sede de repercussão geral[6], asseverando ser obrigatória a motivação da dispensa unilateral de empregado por empresa pública e sociedade de economia mista de todos os entes federativos, em virtude dos princípios da impessoalidade e moralidade insculpidos no caput do art. 37, da CF. Assim, foi ilegal a dispensa de João, porque imotivada.

Quanto ao meio de impugnação da decisão judicial, é preciso observar que o art. 893, § 1º, da CLT e a Súmula 214 do TST estabelecem a irrecorribilidade imediata das decisões interlocutórias. Diante disso, a tutela antecipada em tela se enquadra como decisão judicial da qual não cabe recurso com efeito suspensivo, o possibilita a impetração do mandado de segurança com esteio no art. 5º, II, Lei 12.016/2009.

Nesse caso, a impetração do *mandamus* é cabível para assegurar o direito à ampla defesa e garantir a possibilidade de revisão de decisão que fira direito líquido e certo do interessado, além disso, evitar o perecimento do direito ameaçado por uma decisão judicial da qual não caiba recurso imediato. Veja-se, a esse propósito, que o TST sumulou o enunciado 414, que dispõe ser possível o manejo do manado de segurança em face de tutela provisória concedida ou indeferida antes da sentença. Registra-se, por oportuno, que na hipótese de tutela provisória concedida em sentença, não caberá mandado de segurança, podendo postular o interessado a concessão de efeitos suspensivo ao recurso

4. OJ 247 da SDI-I, II, do TST– a despedida de empregados de empresa pública e de sociedade de economia mista, mesmo que admitidos por concurso, independe de ato motivado para sua validade.

5. À época da questão, portanto, era para o candidato indicar a legalidade da dispensa sem motivação.

6. STF, RE 589998. Leia mais: http://jus.com.br/artigos/24159/despedida-imotivada-de-empregado-publico-e-a-nova-orientacao-do-supremo-tribunal-federal-re-589-998#ixzz3FDAzaCag, acesso em 04.10.2014.

ordinário mediante requerimento dirigido ao Tribunal, ao relator ou ao presidente ou ao vice-presidente do Tribunal.

2.2. Contratação pela Administração Pública

(Esaf/PFN/Procurador/2016) *Discorra sobre a responsabilidade da Administração Pública (na condição de tomadora de serviço) pelo inadimplemento das obrigações trabalhistas da empresa contratada para prestar serviços terceirizados, abordando necessariamente os seguintes temas: (i) responsabilidade solidária x responsabilidade subsidiária; (ii) tipos de atividade passíveis de terceirização e aquelas nas quais a terceirização é vedada; (iii) eventual formação de vínculo empregatício entre o empregado da empresa contratada e a Administração Pública; (iv) possíveis precauções que podem ser tomadas quando de eventual licitação para mitigar a responsabilidade da Administração Pública.*

Direcionamento da resposta

Na presente questão, o candidato deveria realizar diferenciação entre a responsabilidade solidária e subsidiária da Administração Pública na condição de tomadora de serviço, abordando o art. 71, caput e § 1° da Lei n. 8.666/1993, que tratam do assunto. Também deverá ser defendido que mesmo no caso de contratação irregular, tal negócio jurídico não gera vínculo de emprego com os órgãos da Administração Pública direta, indireta ou fundacional por expressa vedação constitucional (art. 37, II, da CF/88), bem como que os entes integrantes da Administração Pública direta e indireta respondem subsidiariamente, caso evidenciada a sua conduta culposa no cumprimento das obrigações da Lei n. 8.666/93.

Importante destacar que em 31/03/2023 será revogada a Lei 8.666/93 pela Lei 14.133/21, de modo que a presente obra oferecerá duas respostas, sendo a primeira adequada ao panorama legislativo vigente no momento de sua publicação e a segunda considerando-se os termos da Lei 14.133/21.

Sugestão de resposta (Lei 8.666/93)

(i) A responsabilidade solidária corresponde àquela na qual há mais de um devedor da obrigação, sem existência de benefício de ordem entre os devedores. Assim, o credor poderá buscar o cumprimento da obrigação perante um, alguns ou todos os devedores solidários, indistintamente. A seu turno, a responsabilidade subsidiária é aquela em que, apesar da existência de mais de um devedor da obrigação, existe um benefício de ordem entre os devedores, de modo que o credor somente poderá buscar o cumprimento da obrigação perante o devedor subsidiário quando já o tiver feito, sem sucesso, perante o devedor principal. Atualmente, a responsabilidade subsidiária na seara trabalhista é prevista pela Lei 6.019/74, que, em seu art. 5º-A, §5º, estabelece que a empresa contratante é subsidiariamente responsável pelas obrigações trabalhistas referentes ao período em que ocorrer a prestação de serviços. No caso específico da Administração Pública, em que pese o artigo 71 da Lei nº 8.666/93 contemplar a ausência de responsabilidade da Administração Pública pelo pagamento dos encargos trabalhistas, definiu o STF, em julgamento da ADC 16 e, posteriormente, via julgamento de recurso com repercussão geral, que o simples inadimplemento de encargos trabalhistas dos empregados do contratado não transfere, automaticamente, ao Poder Público contratante a responsabilidade pelo seu pagamento, seja em caráter solidário ou subsidiário. Exige-se, para a formação da responsabilidade da administração pública, que esta tenha agido com culpa (negligência) na fiscalização do cumprimento das obrigações da empresa contratada.

(ii) O STF, ao julgar a constitucionalidade da Súmula 331 do TST, estabeleceu ser lícita a terceirização independentemente do objeto social das empresas envolvidas, de modo que atualmente considera-se que qualquer atividade pode ser objeto de terceirização, estando superada a limitação da terceirização às atividades-meio do tomador de serviços.

(iii) Em razão da regra constitucional que exige concurso público para admissão aos quadros da administração pública (CF, art. 37, II), é juridicamente inviável o reconhecimento de vínculo empregatício com o ente público tomador dos serviços, tendo em vista a necessidade de concurso público para investidura em cargo ou função pública (art. 37, II, da CF/88).

(iv) As principais precauções que podem ser tomadas quando de eventual licitação para mitigar a responsabilidade da Administração Pública podem ser localizadas na Lei n. 8.666/93, mormente quando da avaliação da qualificação técnica; qualificação econômico-financeira; regularidade fiscal e trabalhista e cumprimento do disposto no inciso XXXIII do art. 7º da Constituição Federal (art. 27 e ss.), tais como (rol meramente exemplificativo, o candidato pode localizar diversas outras medidas na mencionada legislação):

a. Exigência de prova de inexistência de débitos inadimplidos perante a Justiça do Trabalho, mediante a apresentação de certidão negativa (art. 29, V);

b. Exigência de comprovação de aptidão para desempenho de atividade pertinente e compatível em características, quantidades e prazos com o objeto da licitação, e indicação das instalações e do aparelhamento e do pessoal técnico adequados e disponíveis para a realização do objeto da licitação, bem como da qualificação de cada um dos membros da equipe técnica que se responsabilizará pelos trabalhos (art. 30, II);

c. Exigência de balanço patrimonial e demonstrações contábeis do último exercício social, já exigíveis e apresentados na forma da lei, que comprovem a boa situação financeira da empresa (art. 31, I);

d. Exigência de garantia limitada a 1% (um por cento) do valor estimado do objeto da contratação (art. 31, III).

Sugestão de resposta (Lei 14.133/2021)

(i) A responsabilidade solidária corresponde àquela na qual há mais de um devedor da obrigação, sem existência de benefício de ordem entre os devedores. Assim, o credor poderá buscar o cumprimento da obrigação perante um, alguns ou todos os devedores solidários, indistintamente. A seu turno, a responsabilidade subsidiária é aquela em que, apesar da existência de mais de um devedor da obrigação, existe um benefício de ordem entre os devedores, de modo que o credor somente poderá buscar o cumprimento da obrigação perante o devedor subsidiário quando já o tiver feito, sem sucesso, perante o devedor principal. Atualmente, a responsabilidade subsidiária na seara trabalhista é prevista pela Lei 6.019/74, que, em seu art. 5º-A, § 5º, estabelece que a empresa contratante é subsidiariamente responsável pelas obrigações trabalhistas referentes ao período em que ocorrer a prestação de serviços. No caso específico da Administração Pública, a Lei 14.133/2021 estabelece, em seu art. 121, § 2º, que nas contratações de serviços contínuos com regime de dedicação exclusiva de mão de obra, a Administração responderá subsidiariamente pelos encargos trabalhistas se houver comprovada falha na fiscalização do cumprimento das obrigações do contratado, estando tal norma em linha com a recente tese firmada pelo STF em julgamento de recurso com repercussão geral.

(ii) O STF, ao julgar a constitucionalidade da Súmula 331 do TST, estabeleceu ser lícita a terceirização independentemente do objeto social das empresas envolvidas, de modo que atualmente considera-se que qualquer atividade pode ser objeto de terceirização, estando superada a limitação da terceirização às atividades-meio do tomador de serviços.

(iii) Em razão da regra constitucional que exige concurso público para admissão aos quadros da administração pública (CF, art. 37, II), é juridicamente inviável o reconhecimento de vínculo empregatício com o ente público tomador dos serviços, tendo em vista a necessidade de concurso público para investidura em cargo ou função pública (art. 37, II, da CF/88).

(iv) As principais precauções que podem ser tomadas quando de eventual licitação para mitigar a responsabilidade da Administração Pública podem ser localizadas na Lei n. 14.133/2021, em seu art. 121, § 3º, destacando-se:

a. exigência de caução, fiança ou seguro-garantia com cobertura para verbas rescisórias inadimplidas;

b. condicionar o pagamento à comprovação de quitação das obrigações trabalhistas vencidas relativas ao contrato;

c. efetuar depósito de valores em conta vinculada ou, em caso de inadimplemento, efetuar o pagamento direto aos trabalhadores, com dedução do pagamento devido ao contratado;

d. estabelecimento que valores destinados a férias, décimo terceiro salário, ausências legais e verbas rescisórias dos empregados sejam pagos apenas na ocorrência do fato gerador.

(Cespe/Bacen/Procurador/2013) *Autarquia federal vinculada ao Ministério da Fazenda e cuja finalidade é o acompanhamento e o controle das políticas de crédito e fiscalização do sistema financeiro lançou edital de licitação para a contratação de empresa de vigilância, limpeza e conservação, fazendo constar a determinação de que a empresa contratada não poderia colocar aos serviços da instituição funcionário com restrição financeira ou cujo nome estivesse inscrito nos órgãos de proteção ao crédito. Após denúncia, o Ministério Público do Trabalho se insurgiu contra o edital. Com base na situação hipotética apresentada, discorra sobre a intervenção do Ministério Público do Trabalho em face da autonomia da autarquia com relação aos termos da contratação da empresa terceirizada, justificando os motivos e fundamentos ensejadores de eventual demanda administrativa ou judicial, e sobre a responsabilidade jurídica da autarquia em demanda relacionada a inadimplemento de obrigação trabalhista ajuizada por funcionário contratado pela terceirizada.*

Direcionamento da resposta

Nesta questão espera-se que o candidato: 1)discorra sobre a impossibilidade de cláusula de barreira à contratação com base em restrição de crédito de empregados; 2) conclua que a violação dos direitos difusos dos trabalhadores justifica a intervenção do MPT, que pode representar a ilegalidade perante a Administração ou ajuizar Ação Civil Pública; e 3) aponte a natureza subsidiária da responsabilidade da Administração pelos encargos trabalhistas, citando a Súmula 331, do TST e o art. 71 da Lei 8.666/93 (Máximo de 15 linhas).

Importante destacar que em 31/03/2023 será revogada a Lei 8.666/93 pela Lei 14.133/21, de modo que a presente obra oferecerá duas respostas, sendo a primeira adequada ao panorama legislativo vigente no momento de sua publicação e a segunda considerando-se os termos da Lei 14.133/21.

Sugestão de resposta (Lei 8.666/93)

A cláusula do edital de licitação que impede que a empresa terceirizada contrate funcionários com restrição ao crédito, para além de implicar discriminação injustificável do acesso ao emprego, viola os fundamentos republicanos da dignidade da pessoa humana e do valor social do trabalho (art. 1º, CF). Registre-se, ademais, que se trata de barreira contratual sem qualquer relação funcional direta com os serviços a serem prestados pelos empregados[7].

Sem embargo de a Autarquia gozar de autonomia administrativa e financeira, está ela submetida tanto ao controle administrativo exercido pelo Poder Executivo, quanto ao controle de legalidade levado a efeito pelo Legislativo e Judiciário. Assim, é possível que o MPT proceda à representação contra a ilegalidade perante a Administração Direta (Ministério da Fazenda), bem como ajuíze ação civil pública, fundada na violação dos direitos difusos e coletivos dos trabalhadores.

O STF, ao julgar a constitucionalidade da Súmula 331 do TST, estabeleceu ser lícita a terceirização, respondendo a administração pública subsidiariamente caso atue com culpa (negligência) no cumprimento do dever de fiscalização da contratada, não decorrendo a responsabilidade do mero inadimplemento da contratada perante os empregados (art. 71, §1º, da Lei 8.666/93).

Sugestão de resposta (Lei 14.133/2021)

A cláusula do edital de licitação que impede que a empresa terceirizada contrate funcionários com restrição ao crédito, para além de implicar discriminação injustificável do acesso ao emprego, viola os fundamentos republicanos da dignidade da pessoa humana e do valor social do trabalho (art. 1º, CF). Registre-se, ademais, que se trata de barreira contratual sem qualquer relação funcional direta com os serviços a serem prestados pelos empregados[8].

Sem embargo de a Autarquia gozar de autonomia administrativa e financeira, está ela submetida tanto ao controle administrativo exercido pelo Poder

7. TST, 7ª Turma, Processo n. RR 123800-10.2007.5.06.0008, publicado em 03/02/2012.
8. TST, 7ª Turma, Processo n. RR 123800-10.2007.5.06.0008, publicado em 03/02/2012.

Executivo, quanto ao controle de legalidade levado a efeito pelo Legislativo e Judiciário. Assim, é possível que o MPT proceda à representação contra a ilegalidade perante a Administração Direta (Ministério da Fazenda), bem como ajuíze ação civil pública, fundada na violação dos direitos difusos e coletivos dos trabalhadores.

No caso específico da administração pública, a Lei 14.133/2021 estabelece, em seu art. 121, § 2°, que nas contratações de serviços contínuos com regime de dedicação exclusiva de mão de obra, a Administração responderá subsidiariamente pelos encargos trabalhistas se houver comprovada falha na fiscalização do cumprimento das obrigações do contratado, estando tal norma em linha com a recente tese firmada pelo STF em julgamento de recurso com repercussão geral.

(Cespe/AGU/Advogado/2007) *Redija, de forma fundamentada, texto dissertativo acerca da contratação de empregados pela administração pública direta federal. Em seu texto, aborde, necessariamente, os seguintes aspectos: (i) possibilidade jurídica da referida contratação; (ii) requisitos constitucionais para a validade da contratação e consequências da não observância desses requisitos; (iii) garantias contra a dispensa e existência de estabilidade; (iv) competência para apreciar as controvérsias decorrentes desse contrato de trabalho.*

Direcionamento da resposta

Nesta questão espera-se que o candidato: 1) discorra sobre o art. 39, caput, da CF e a alteração provocada pela EC n° 19/1998, para extinguir o regime jurídico único; 2) aborde a Lei Federal 9.962/2000, que disciplina o emprego público; 3) aponte a necessidade de prévio concurso, com base no art. 37, II, CF e no art. 2°, da Lei Federal 9.962/2000; 4) indique a inexistência de estabilidade e as formas de rescisão unilateral, expressas no art. 3° Lei Federal 9.962/2000; e 5) Conclua pela competência da Justiça do Trabalho, com base no art. 114, I, da CF.

Sugestão de resposta

A redação originária do art. 39, caput, da CF estabelecia o regime jurídico único para os servidores da administração direta, das autarquias e das fundações públicas da União, dos Estados, do Distrito Federal e dos Municípios. Essa sistemática foi, no entanto, alterada pela EC n° 19/98, para permitir que a Administração adote mais de um regime jurídico de servidores, tornando-se possível que um mesmo ente tenha servidores estatutários e trabalhistas. A partir disso, foi editada a Lei Federal 9.962/2000, que estabeleceu o regime de emprego público para a administração direta na órbita federal.

O art. 1º, da Lei 9.962/2000 prevê que o regime do emprego será regido pela CLT, naquilo em que a Lei não dispuser em sentido contrário. Nesse sentido, o vínculo tem natureza contratual e se formaliza por um típico contrato de trabalho por prazo indeterminado. Não obstante, para a validade da contratação, o art. 2º da Lei, em obediência a art. 37, II, da CF, prescreve a necessidade de prévia realização de concurso público.

Caso não seja realizado o certame, o contrato a ser pactuado será nulo, não formando vínculo algum entre o contratado e a Administração, ensejando, ainda, a responsabilização funcional da autoridade que determinou a contratação. Nesse caso, o particular somente terá direito ao pagamento da contraprestação pactuada e aos valores referentes aos depósitos do FGTS (Súmula 363, do TST[9]).

Segundo expressa disposição do art. 1º, § 2º, da Lei 9.962/2000, o regime de emprego público não pode ser aplicado aos servidores já regidos pela Lei 8.112/90, assim como também não pode abranger os cargos em comissão. Ademais, conquanto tenha sido vetado o dispositivo que vedava a utilização da lei para os cargos concernentes às funções típicas de Estado, a doutrina majoritária firmou-se no sentido que tal regime seria incompatível para o exercício das atividades exclusivas de Estado.

Aos empregados públicos não foi estendido o direito à estabilidade no emprego, já que o art. 41 da CF a confere apenas para os titulares de cargos públicos. A despeito disso, o art. 3º, da Lei 9.962/2000 impõe restrições à rescisão unilateral, a qual está autorizada quando houver:(i) falta grave, conforme previsto no art. 482 da CLT;(ii) acumulação ilegal de cargos, empregos e funções; (iii) necessidade de redução de quadro no caso de excesso de despesa, como nas situações descritas pelo art. 169, da CF; (IV) e insuficiência de desempenho apurada em processo administrativo.

Quanto à competência para dirimir conflitos decorrentes do contrato de emprego público, impõe-se considera-la como da Justiça do Trabalho, mormente porque a relação travada entre administração e o particular é tipicamente empregatícia (art. 114, I, da CF). Vale ressaltar, porém, que caso se tratasse se

---

9. Súmula 363.TST. A contratação de servidor público, após a CF/1988, sem prévia aprovação em concurso público, encontra óbice no respectivo art. 37, II e § 2º, somente lhe conferindo direito ao pagamento da contraprestação pactuada, em relação ao número de horas trabalhadas, respeitado o valor da hora do salário mínimo, e dos valores referentes aos depósitos do FGTS. Redação dada pela Res. n. 121 do TST, de 28-10-2003 (DJU 21-11-2003).

regime estatutário, a competência seria da Justiça Comum[10], pois os servidores públicos firmam relação jurídico-administrativa, o que escapa ao conceito de "relação de trabalho" acobertada pela competência material da Justiça do Trabalho.

Por fim, cumpre destacar que o STF deferiu medida cautelar, por motivo de inconstitucionalidade formal, para suspender a eficácia do art. 39, caput, da CF, com a redação dada pela EC nº 19/98. Isso implicou a restauração do regime jurídico único, no entanto, foi conferida eficácia *ex nunc* à decisão, razão pela qual subsistem as legislações editadas segundo o dispositivo suspenso para reger situações passadas.

3. DA ORGANIZAÇÃO SINDICAL

(Cespe/AGU/Advogado/2015) *Determinada categoria profissional específica filiada ao sindicato dos servidores públicos do município Z pretende constituir, no mesmo município, um sindicato próprio e específico para representá-la exclusivamente. Para por em prática sua pretensão, realizou pedido administrativo de registro sindical, o qual foi negado pelo Ministério do Trabalho, que entendeu ser o pleito inconstitucional. Considerando a situação hipotética apresentada, redija um texto dissertativo que atenda às seguintes determinações. (i) Discorra sobre as hipóteses de fracionamento sindical que resultam na criação de sindicatos. (ii) Avalie a decisão do Ministério do Trabalho de ter negado pedido administrativo de registro sindical. (iii) Indique o juízo competente para julgar eventual ação ajuizada contra a União pelo autor do pedido administrativo para requerer tanto a nulidade do ato que indeferiu seu pedido quanto o registro sindical, considerando o entendimento do STJ sobre a matéria.*

Direcionamento da resposta

O candidato, ao oferecer resposta aos três itens de abordagem obrigatória, deverá esclarecer o conflito aparente entre a liberdade sindical e as bases ideológicas da unicidade sindical, uma vez que a criação de um novo sindicato na mesma base territorial poderia levaria a um pluralismo sindical nocivo aos interesses dos trabalhadores, haja vista o enfraquecimento da categoria em relação ao sindicato patronal, abordando ainda a legitimidade do Ministério do Trabalho para tomada de decisão e a competência da Justiça Federal para revisão judicial do ato.

10. STF, ADI 3.395-6.

Sugestão de resposta

i. O modelo de organização sindical brasileiro apresenta a base territorial (a) e a categoria representada (b) como limites para a atuação de cada sindicato.

Dessa forma, o fracionamento sindical pode ser objetivo ou subjetivo. O primeiro (a) consiste na divisão de um sindicato já constituído em uma base territorial maior, em vários sindicatos da mesma categoria com nova base territorial menor, até o limite territorial de um Município (art. 8º, II, da CF). Já o fracionamento subjetivo (b) refere-se à especialização das categorias de empregados e empregadores que, aparentemente, façam parte do mesmo ramo de atividade. O art. 571 da CLT prevê essa hipótese de dissociação.

O fracionamento por categoria não é inconstitucional, pois não atenta contra o princípio da unicidade sindical.

ii. No caso analisado, categoria profissional específica, filiada ao sindicato dos servidores públicos do município Z, pretende constituir no mesmo município um sindicato próprio e específico para representá-la exclusivamente. Ou seja, hipótese de fracionamento sindical subjetivo que não representa afronta à unicidade sindical (art. 8º, II, CF).

iii. Quando "a discussão envolve a obtenção de registro sindical, o qual fora indeferido administrativamente; não se trata de demanda inerente a relação de trabalho ou representação sindical, entre sindicatos, entre sindicatos e trabalhadores, e entre sindicatos e empregadores. 3. Afastado o caráter trabalhista da demanda e a competência da Justiça do Trabalho, tal como desenhada no art. 114, inciso I, da CF, com redação dada pela EC n. 45/2004, deve ser declarada a competência da Justiça Federal, *ex vi* do art. 109, inciso I, da Constituição da República Federativa do Brasil" (STJ, CC 126372).

4. DO PROCESSO JUDICIÁRIO DO TRABALHO

(Cespe/AGU/Advogado/2008) *Descreva a aplicação do processo informatizado no processo do trabalho, definindo certificação digital e indicando os procedimentos de comunicação de atos processuais, de intimações e citações eletrônicas bem como os prazos e a comprovação da pratica de ato processual por meio eletrônico.*

Direcionamento da resposta

Nesta questão espera-se que o candidato aborde as disposições constantes dos artigos 1º, 2º, 3º, 4º, 5º, 6º e 7º da Lei 11.419/2006, que regulamentou o uso do meio eletrônico na tramitação de processos judiciais.

Sugestão de resposta

A Lei 11.419/2006 regulamentou o uso do meio eletrônico na tramitação de processos judiciais, inclusive no âmbito do processo trabalhista, dispondo sobre comunicação de atos e a transmissão de peças processuais, de modo que todas as citações, intimações e notificações, inclusive da Fazenda Pública, sejam feitas por meio eletrônico.

A prática eletrônica de atos processuais se dá por intermédio de assinatura eletrônica, gênero composto por duas espécies, quais sejam, assinatura digital, baseada em certificado digital emitido por Autoridade Certificadora e mediante cadastro de usuário no Poder Judiciário.

Certificação digital, portanto, é o método de identificação inequívoca do usuário que permite a assinatura digital e, por seu intermédio, a prática eletrônica de atos processuais.

A comunicação eletrônica dos atos processuais pode ser efetuada via Diário da Justiça Eletrônico (DJE), na forma do art. 4º da Lei 11.419/2006 ou através de intimação inserta em portal próprio, dispensando-se publicação em órgão oficial, na forma do art. 5º da mesma lei.

De acordo com o art. 4º, os tribunais poderão criar Diário da Justiça Eletrônico, disponibilizado em sítio da rede mundial de computadores, para publicação de atos judiciais e administrativos próprios e dos órgãos a eles subordinados, bem como comunicações em geral. Nesse caso, a publicação eletrônica substitui qualquer outro meio e publicação oficial, para quaisquer efeitos legais, à exceção dos casos que, por lei, exigem intimação ou vista pessoal.

Na hipótese de comunicação via DJE, o ato é considerado publicado no dia subsequente a sua disponibilização em portal próprio, iniciando-se o prazo no dia útil subsequente ao da publicação.

Na hipótese de comunicação via portal próprio, a intimação é considerada realizada no dia em que o intimando efetuar a consulta eletrônica ao teor da intimação, iniciando-se o prazo no primeiro dia útil seguinte. Em caso de ausência de consulta por 10 dias corridos, há a abertura automática do prazo, iniciando-se sua contagem no primeiro dia útil seguinte.

Consoante prevê o art. 3º, consideram-se realizados os atos processuais no dia e hora do seu envio ao sistema do Poder Judiciário, do que deverá ser fornecido protocolo eletrônico para fins de comprovação da prática do ato, sendo consideradas tempestivas as peças transmitidas até às 24 horas do último dia do prazo.

A Lei expressamente prevê que as intimações eletrônicas, inclusive da Fazenda Pública, serão consideradas pessoais para todos os efeitos legais.

A citação poderá ser efetuada a eletronicamente, inclusive a do Poder Público, excetuando-se os processos criminais e infracionais, desde que a íntegra dos autos seja acessível ao citando. Além disso, serão feitas preferentemente por meio eletrônico as comunicações de cartas precatórias, rogatórias, de ordem e, de um modo geral, todas as comunicações oficiais que transitem entre órgãos do Poder Judiciário, bem como entre os deste e os dos demais Poderes.

(Cespe/AGU/Procurador/2010) *O Tribunal Superior do Trabalho (TST), por intermédio de uma de suas turmas, proferiu decisão negando provimento ao agravo interposto por autarquia federal contra decisão monocrática do relator, na qual se proclamou a ausência de pressupostos extrínsecos do agravo de instrumento em recurso de revista, divergindo no entendimento empossado por outra turma do TST. A partir dessa situação hipotética, redija um texto dissertativo acerca do recurso cabível contra a decisão judicial. Ao elaborar seu texto, aborde, necessariamente, os seguintes aspectos: (i) tipo de recurso cabível e prazo para sua interposição. (ii) requisitos especiais de cabimento. (iii) figuras formais relevantes para sua interposição.*

Direcionamento da resposta

Nessa questão, o candidato deve elaborar um texto dissertativo abordando os seguintes aspectos: (i) o tipo de recurso cabível é o de embargos, e o prazo para sua interposição é de 16 dias (CLT, art. 894, II; Decreto n. 779/1969, art. 1º, III; CPC, art. 188 do CPC; e Súmula n. 353 do TST); (ii) os requisitos especiais de cabimento previstos nas Súmulas de n. 296 e 333 do TST; e (iii) as figuras formais relevantes para sua interposição previstos na Súmulas de n. 337 e 23 do TST.

Sugestão de resposta

O art. 894, II, da CLT prevê o cabimento de embargos, no prazo de 8 dias, no TST, das decisões das Turmas que divergirem entre si, ou das decisões proferidas pela Seção de Dissídios Individuais, salvo se a decisão recorrida estiver em consonância com Súmula ou OJ do TST ou do STF. O TST já firmou entendimento por meio da Súmula n. 353[11], item b, no sentido de que não cabem embargos

11. Súmula n. 353/TST: Não cabem embargos para a Seção de Dissídios Individuais de decisão de Turma proferida em agravo, salvo: a) da decisão que não conhece de agravo de instrumento ou de agravo pela ausência de pressupostos extrínsecos; b) **da decisão que nega provimento**

para a SDI de decisão de Turma proferida em agravo, salvo da decisão que nega provimento a agravo contra decisão monocrática do Relator, em que se proclamou a ausência de pressupostos extrínsecos de agravo de instrumento.

Portanto, o recurso cabível é o de embargos, cujo prazo para interposição é de 8 dias. Entretanto, como o recurso será interposto por autarquia federal, o prazo para interposição deve ser em dobro, ou seja, de 16 dias, na forma do art. 1º, III, do Decreto n. 779/1969 c/c art. 188 do CPC.

Quanto aos requisitos especiais de cabimento, o mais importante é a demonstração de divergência jurisprudencial, que deve ser específica, revelando a existência de teses diversas na interpretação de um mesmo dispositivo legal, embora idênticos os fatos que as ensejaram, conforme determina a Súmula n. 296 do TST[12]. As referidas teses não podem estar superadas por iterativa, notória e atual jurisprudência do TST, nos termos da Súmula n. 333 do TST[13].

Algumas das figuras formais relevantes para a sua interposição estão previstas na Súmula n. 337 do TST[14], segundo a qual o recorrente deve:

---

a agravo contra decisão monocrática do Relator, em que se proclamou a ausência de pressupostos extrínsecos de agravo de instrumento; c) para revisão dos pressupostos extrínsecos de admissibilidade do recurso de revista, cuja ausência haja sido declarada originariamente pela Turma no julgamento do agravo; d) para impugnar o conhecimento de agravo de instrumento; e) para impugnar a imposição de multas previstas no art. 538, parágrafo único, do CPC, ou no art. 557, § 2º, do CPC. f) contra decisão de Turma proferida em agravo em recurso de revista, nos termos do art. 894, II, da CLT.

12. Súmula n. 296/TST: I. **A divergência jurisprudencial ensejadora da admissibilidade, do prosseguimento e do conhecimento do recurso há de ser específica, revelando a existência de teses diversas na interpretação de um mesmo dispositivo legal, embora idênticos os fatos que as ensejaram.** II. Não ofende o art. 896 da CLT decisão de Turma que, examinando premissas concretas de especificidade da divergência colacionada no apelo revisional, conclui pelo conhecimento ou desconhecimento do recurso.

13. Súmula n. 333/TST: Não ensejam recurso de revista decisões superadas por iterativa, notória e atual jurisprudência do Tribunal Superior do Trabalho.

14. Súmula n. 337/TST: I. Para comprovação da divergência justificadora do recurso, é necessário que o recorrente: a) Junte certidão ou cópia autenticada do acórdão paradigma ou cite a fonte oficial ou o repositório autorizado em que foi publicado; e b) Transcreva, nas razões recursais, as ementas e/ou trechos dos acórdãos trazidos à configuração do dissídio, demonstrando o conflito de teses que justifique o conhecimento do recurso, ainda que os acórdãos já se encontrem nos autos ou venham a ser juntados com o recurso. II. A concessão de registro de publicação como repositório autorizado de jurisprudência do TST torna válidas todas as suas edições anteriores. III. A mera indicação da data de publicação, em fonte oficial, de aresto paradigma é inválida para comprovação de divergência jurisprudencial, nos termos do item I, "a", desta súmula, quando a parte pretende demonstrar o conflito de teses mediante a transcrição de trechos que integram a fundamentação do acórdão divergente, uma vez que só se publicam o dispositivo e a ementa dos acórdãos; IV. É válida para a comprovação da divergência jurisprudencial justificadora do recurso a indicação de aresto extraído de repositório oficial na internet, desde que o recorrente: a) transcreva o trecho divergente; b) aponte o sítio de onde foi extraído; e c) decline o

– juntar certidão ou cópia autenticada do acórdão paradigma ou cite a fonte oficial ou o repositório autorizado em que foi publicado;

– transcrever, nas razões recursais, as ementas e/ou trechos dos acórdãos trazidos à configuração do dissídio, demonstrando o conflito de teses que justifique o conhecimento do recurso, ainda que os acórdãos já se encontrem nos autos ou venham a ser juntados com o recurso.

Ainda acerca da juntada de cópia autenticada ou indicação de fonte oficial de publicação, a existência de código de autenticidade na cópia em pdf do precedente supre tais exigências.

Na Súmula n. 23, o TST alerta para o não conhecimento do recurso, se a decisão recorrida resolver determinado item do pedido por diversos fundamentos e a jurisprudência transcrita não abranger a todos[15].

número do processo, o órgão prolator do acórdão e a data da respectiva publicação no Diário Eletrônico da Justiça do Trabalho.

15. Súmula n. 23/TST: Não se conhece de recurso de revista ou de embargos, se a decisão recorrida resolver determinado item do pedido por diversos fundamentos e a jurisprudência transcrita não abranger a todos.

DIREITO ECONÔMICO

1. DIREITO DA CONCORRÊNCIA

(Cespe/Bacen/Procurador/2009) *Uma empresa que atua no ramo de roupas esportivas, com vistas a aumentar a produtividade e melhorar a qualidade de seus serviços, adotou determinada prática restritiva da concorrência. A referida conduta foi submetida à apreciação do Conselho Administrativo de Defesa Econômica (CADE), no prazo legal, tendo sido autorizada, mesmo com prejuízo causado à livre concorrência, pelas seguintes razões: os benefícios dela decorrentes foram distribuídos equitativamente entre os seus participantes, de um lado, e os consumidores, de outro; não implicou eliminação da concorrência de parte substancial do mercado relevante; foram observados, nessa conduta, os limites estritamente necessários para atingir os objetivos visados. A propósito da situação hipotética acima descrita, indique como se denomina a técnica/regra adotada pelo legislador brasileiro que, segundo a doutrina majoritária, permite que o CADE, de forma excepcional, autorize a prática de ato que possa limitar ou de alguma forma prejudicar a livre concorrência, e explicite o seu significado.*

Direcionamento da resposta

A questão foi elaborada quando ainda vigente a Lei n. 8.884, antiga lei antitruste, ab-rogada pela Lei n. 12.529/2011. Contudo, em razão do conteúdo abordado ter sido substancialmente mantido na então vigente Lei n. 12.529, com alguns aperfeiçoamentos, a questão ainda hoje se mantém atual, de forma que iremos respondê-la tendo como parâmetro a lei antitruste em vigor, também conhecida como "Lei do Super Cade".

Sugestão de resposta

A regra adotada pelo legislador brasileiro, oriunda da jurisprudência da Suprema Corte dos Estados Unidos, denomina-se *regra da razão*. De acordo com essa regra, segundo a doutrina majoritária, permite-se que o Cade, na condição de autoridade antitruste, não proíba atos de concentração que impliquem eliminação da concorrência em parte substancial de mercado relevante, que possam criar ou reforçar uma posição dominante ou que possam resultar na dominação de mercado relevante de bens ou serviços, quando tais atos possam, cumulada ou alternativamente, a) aumentar a produtividade ou a competitividade; b) melhorar a qualidade de bens ou serviços; ou c) propiciar a eficiência e o desenvolvimento tecnológico ou econômico; e sejam repassada aos consumidores parte relevante dos benefícios decorrentes. Assim, é correto afirmar que o Cade, quando estiver em jogo uma conduta que, em tese, seja nociva ao mercado, não deve vetar a operação de *per se*, ou seja, sem verificar o contexto e as eventuais consequências positivas que esse ato pode gerar no mercado, procedendo à análise de cada situação antes de decidir.[1]

2. INTERVENÇÃO DO ESTADO NA ECONOMIA

(Cespe/AGU/Advogado/2012) *Considerando os limites constitucionais das políticas que incidem no domínio econômico e tendo em vista que o art. 170, caput, da Constituição Federal erige como um dos fundamentos da atividade econômica a livre iniciativa, responda, de forma justificada, se a intervenção do Estado na economia é sempre excepcional.*

Direcionamento da resposta

Nessa questão, o examinador deseja que o aluno responda à luz dos conceitos de intervenção direta e intervenção indireta do Estado na economia.

Sugestão de resposta

A intervenção do Estado na economia não é sempre excepcional. Será excepcional quando o Estado intervier de forma direta, explorando atividades econômicas. Nesses casos, somente poderá intervir quando previsto na Constituição

1. Sugere-se ao candidato que saiba diferenciar entre regra da razão e a regra da proibição *per se* (*per se rule*). Enquanto aquela considera ilegais as práticas que restringem a concorrência de forma não razoável (FORGINI, Paula A. Os fundamentos do antitruste. 10. Ed. rev. e atual. São Paulo: Thomson Reuters Brasil, 2018, pág. 207), esta "desobriga a autoridade antitruste de realizar análise mais profunda do ato praticado e do seu contexto econômico: a partir do momento em que uma conduta é tomada como 'ilícita *per se*' é considerada restritiva da concorrência, de forma não razoável, e deverá ser repudiada" (FORGINI, Paula A. Os fundamentos do antitruste. 10. Ed. rev. e atual. São Paulo: Thomson Reuters Brasil, 2018, pág. 209).

ou quando necessário aos imperativos da segurança nacional ou a relevante interesse coletivo, conforme estabelece o Art. 173 da CF.

No que diz respeito à atuação indireta, como agente normativo e regulador (Art.174 da CF), o Estado poderá intervir sempre que tal medida se mostrar necessária, desde que respeite o postulado da livre iniciativa, fundamento da ordem econômica, e os demais comandos constitucionais.

(Cespe/AGU/Advogado/2012) *Uma associação que representa empresas de determinado setor econômico ajuizou ação indenizatória perante a justiça federal contra União, postulando sua responsabilidade pelos prejuízos ocorridos no setor, sob dois argumentos principais: o primeiro dizia respeito à ausência de fixação de preços na política de intervenção no domínio econômico no período de 1964 a 1980; e a segunda, à fixação de preços abaixo do patamar definido em estudos macroeconômicos, no período de 1981 a 1992. Não houve instrução processual sob o argumento que a matéria seria apenas de direito (adequação ou não dos atos da União à política de fixação de preços no setor econômico; licitude ou não do ato estatal). O juiz federal acolheu integralmente os pedidos, tendo condenado a União a indenizar todas as empresas do setor no Brasil pelos valores que deixaram de receber em ambos os períodos: no primeiro, em razão da omissão estatal, e no segundo, em razão dos valores fixados a menor pela União. Em face dessa situação hipotética, responda, de forma justificada, às indagações que se seguem. (i) Qual é a modalidade, de acordo com a jurisprudência do Supremo Tribunal Federal, da responsabilidade do Estado por ausência de ato estatal? (ii) Dado o regime de responsabilidade cabível ao caso, é correta a afirmação de que a matéria seria apenas de direito? (iii) Dada a probabilidade efetiva de fatores diretos e imediatos ao prejuízo serem estranhos à fixação de preços pela União no setor, que teoria é acolhida no direito civil brasileiro para a identificação do nexo de causalidade?*

Direcionamento da resposta

Para responder a essa questão de forma completa, o candidato deve abordar (i) a teoria da responsabilidade subjetiva nos casos de omissão estatal; (ii) impossibilidade, no caso, de julgamento antecipado da lide; e (iii) a teoria da causalidade direta e imediata.

Dica: Siga, na sua resposta, a mesma estrutura da pergunta. Explico: se o examinador pergunta sobre os itens 'a', 'b' e 'c', utilize os itens 'a', 'b' e 'c' na sua resposta. Isso, além de demonstrar organização, facilita a correção e impede que o corretor não consiga localizar a sua resposta a cada um dos itens.

Sugestão de resposta

a) De acordo com a jurisprudência consolidada do STF, a responsabilidade por ausência de ato estatal é subjetiva, ou seja, nesses casos, além da conduta, do nexo e do dano, deve ser demonstrado também o elemento subjetivo, consistente na culpa ou dolo.

b) Logo, é incorreta a afirmação de que a matéria seria apenas de direito, a ensejar o julgamento antecipado da lide, já que há matéria fática a ser discutida, consistente na culpa ou dolo do Estado.

c) A teoria acolhida no direito civil brasileiro para a identificação do nexo causal é a teoria da causalidade direta e imediata, extraída, segundo a doutrina majoritária, do Art. 403 do Código Civil, segundo a qual se considera causa somente a ação ou omissão que tem o resultado danoso como consequência direta, imediata e necessária, o que não ocorreu no caso acima narrado.

(Cespe/AGU/Advogado/2012) *Especifique, em conformidade com a doutrina dominante, as formas ou modalidades de intervenção do Estado no domínio econômico, citando exemplos de cada uma delas.*

Direcionamento da resposta

Essa questão exige o conhecimento, por parte do candidato, da classificação proposta por Eros Roberto Grau, em seu livro "A Ordem Econômica na Constituição de 1988", adotada pela doutrina majoritária, segundo a qual a intervenção do Estado no domínio econômico se dá de forma direta, por participação ou absorção; e de forma indireta, por direção e por indução.

Sugestão de resposta

A intervenção do Estado no domínio econômico ocorre de forma **direta**, por meio da *participação* ou da *absorção*; e de forma **indireta**, através da *direção* ou da *indução*. A intervenção direta por participação ocorre quando o Estado atua em regime de competição com empresas privadas em determinado setor, ou seja, o Estado passa a atuar como agente econômico ao lado de empresas privadas, com elas disputando espaço no mercado. Isso se verificaria, por exemplo, se o

Estado criasse uma sociedade de economia mista para explorar determinado ramo já explorado por particulares.

Já a intervenção direta por absorção se dá quando o Estado atua em determinado ramo sob o regime de monopólio, tomando para si a exploração de determinado ramo. Exemplo disso podemos encontrar no Art. 21, XXIII, da CF, segundo o qual pertence à União o monopólio estatal sobre a pesquisa, a lavra, o enriquecimento e reprocessamento, a industrialização e o comércio de minérios nucleares e seus derivados.

Já a intervenção indireta por direção ocorre quando o Estado estabelece comandos impositivos, normas de comportamento a serem observadas, de forma compulsória, pelos sujeitos econômicos. Exemplo disso se dá quando o Estado determina o congelamento ou o tabelamento de preços.

Por fim, a intervenção indireta por indução se dá quando o Estado, através de normas dispositivas, busca incentivar ou desestimular determinadas condutas por parte dos agentes econômicos, como, por exemplo, diminuindo a carga tributária de certos insumos para promover o aumento da produção de certo bem de consumo.

(Esaf/PFN/Procurador/2006) *O título VII da Constituição de 5 de outubro de 1988 elenca uma série de princípios gerais da atividade econômica que permitem que se alcance a concepção de um modelo de Estado, caracterizado por indicativos de intervenção econômica. A partir dessa afirmativa, identifique elementos que caracterizam o Estado brasileiro, como indicado no excerto constitucional citado, bem como explique o nível de intervenção permitido pelo texto constitucional vigente, de modo a explicitar se emendas constitucionais supervenientes alteraram ou confirmaram o modelo cogitado e positivado em 1988.*

Direcionamento da resposta

A resposta a essa questão envolve o conhecimento, pelo candidato, da postura adotada pelo constituinte de 1988 no sentido instituir um Estado que intervenha no domínio econômico predominantemente de forma indireta, deixando a intervenção direta para situações excepcionais. Também exige a questão que o candidato saiba que alguns monopólios estatais instituídos pelo constituinte foram flexibilizados por emendas constitucionais supervenientes.

Sugestão de resposta

O modelo econômico adotado pela Constituição de 1988 é o de Estado Regulador, no qual a livre iniciativa da exploração das atividades econômicas foi atribuída à iniciativa privada.

Assim, a intervenção do Estado na economia passa a ser exercida de forma predominantemente indireta (como agente normativo, regulador e fiscalizador), em detrimento da intervenção direta, que ficou reservada apenas para situações excepcionais.

Logo, para que o Estado intervenha de forma indireta, exercendo atividade econômica, seja concorrendo com o particular, seja em regime de monopólio, devem ser observadas as hipóteses taxativamente previstas no texto constitucional, ou tal atuação deve ser necessária para atender à segurança nacional ou relevante interesse coletivo, conforme prevê o Art. 173 da CF/88. Esse modelo foi confirmado por emendas constitucionais supervenientes, através das quais foram relativizados diversos monopólios estatais, como do petróleo, do gás natural e de outros hidrocarbonetos fluídos, por exemplo.

Isso reforça a concepção de que o Estado deve se ocupar de suas atividades típicas (serviços públicos), deixando, via de regra, a cargo da iniciativa privada a exploração direta de atividades econômicas.

DIREITO EMPRESARIAL

1. DA SOCIEDADE

(Esaf/PFN/Procurador/2012) *A empresa Cozinha Esperta Design e Comércio Ltda. (CE) contava com dívidas fiscais não ajuizadas parceladas maiores que seus ativos. Surgiu então nova modalidade de parcelamento, na qual os devedores de pequeno porte (microempresas e empresas de pequeno porte – EPP) pagariam módica parcela mensal. Como a CE possuía nome comercial muito prestigiado, seus sócios decidiram extinguir as Aliais e alterar o objeto social da empresa, passando a CE a figurar como franqueadora (Lei n. 8.955/94), sob a forma, porém, de EPP, aderindo, em seguida, ao novo parcelamento. Ato contínuo, cederam as locações das Aliais para empresas franqueadas, todas constituídas por seus filhos (então maiores, com bens e rendas), com royalties pagáveis à franqueadora (CE), segundo o faturamento. Depois de algum tempo, surgiram outras franqueadas, de empresários sem ligação com a família. Pergunta: há defeito no negócio jurídico da transformação societária da CE? Qual? Por quê? Havendo, caracterize os elementos fundamentais segundo a doutrina majoritária.*

Direcionamento da resposta

Trata-se de questão difícil. Sua resposta envolve institutos de direito privado aplicáveis ao direito tributário, como a simulação e o abuso de direito.

Sugestão de resposta

O negócio jurídico que resultou na transformação societária da CE é defeituoso na medida em que configurou uma simulação, ou seja, efetuou-se um negócio com o único intuito de iludir terceiros (Fazenda), fingindo transmitir direitos a terceiros (franquias), direitos estes que foram mantidas, em verdade, nas mãos dos sócios originários, a fim de obter fim diverso daquele declarado (no caso, o parcelamento especial).

É verdade que as empresas têm liberdade para efetuar transformações societárias de acordo com suas necessidades, mas também é verdade que, se utilizadas estruturas empresariais com o único intuito de obter benefícios indevidos, está configurado o abuso de direito.

É que, no caso, a transformação societária realizada não encontra justificativa dentro da organização da empresa, tampouco decorre de um planejamento negocial. Serviu, tão somente, para ludibriar o Fisco, que poderá, se valendo da norma geral antielisiva do parágrafo único do art. 116 do CTN, desconsiderar o negócio realizado e prosseguir com a tributação adequada à antiga (e verdadeira) estrutura da empresa.

(Esaf/PFN/Procurador/2005) *Discorra sobre a responsabilidade dos sócios e administradores das sociedades limitadas resultante da cessão de quotas.*

Direcionamento da resposta

Para responder a essa questão, é importante, sobretudo, que o candidato conheça o teor do art. 1.003 do Código Civil, que trata das sociedades simples, e sua aplicação subsidiária às sociedades limitadas.

Sugestão de resposta

Conforme dispõe o parágrafo único do art. 1.003 do Código Civil, aplicável subsidiariamente às sociedades limitadas por força do disposto no art. 1.053 do mesmo diploma, até dois anos depois de averbada a modificação do contrato, responde o cedente solidariamente com o cessionário, perante a sociedade e terceiros, pelas obrigações que tinha como sócio.

Assim, a cessão de quotas não exime o cedente, imediatamente, das obrigações que tinha quando era sócio. Somente após o decurso do prazo acima mencionado é que o cedente estará isento de responsabilidade, passando, então, o cessionário a responder sozinho perante a sociedade.

Sobre esse tema, é importante destacar que, consoante o disposto no art. 1.057, parágrafo único, do Código Civil, a cessão somente terá eficácia quanto à sociedade e terceiros, inclusive para os fins do parágrafo único do art. 1.003, a partir da averbação do respectivo instrumento, subscrito pelos sócios anuentes, se for o caso.

(Esaf/PFN/Procurador/2006) *O Prof. José Edwaldo Tavares Borba, na obra Direito Societário (Rio de Janeiro: Renovar, 2004), afirma, em relação à sociedade limitada, que: "Enquanto agirem no âmbito dos seus poderes, os administradores obrigarão a sociedade. Vem, todavia, se afirmando, de modo crescente, o entendimento de que as limitações contratuais aos poderes dos administradores não são oponíveis a terceiros, de tal modo que a sociedade se* *obrigará, mesmo que o administrador haja se excedido, desde, naturalmente, que o ato praticado seja compatível com o objeto social. Essa teoria funda-se na culpa 'in eligendo'." Discorra sobre essa opinião do autor à luz dos dispositivos do Código Civil sobre o tema, abordando, necessariamente, sobre: a Teoria "Ultra Vires", a Teoria da Aparência e a Responsabilidade Pessoal dos Administradores.*

Direcionamento da resposta

A resposta a essa questão envolve o conhecimento da Teoria da Aparência, bem assim do texto do Código Civil, em especial do teor do art. 1.015, que, em seu inciso III, contempla a teoria *ultra vires*. No entanto, deve-se destacar que a doutrina pátria aponta, de forma majoritária, que a teoria do *ato ultra vires societatis* não mais subsiste na ordem jurídica, vista a revogação do art. 1.015, parágrafo único, e seus respectivos incisos.

Sugestão de resposta

É possível, de acordo com o Art. 997, inciso VI, do Código Civil, que o contrato social estabeleça limitações aos poderes dos administradores da sociedade.

Em homenagem à Teoria da Aparência, a regra é que a sociedade responde pelos atos praticados pelos administradores, ainda que estes tenham agido com excesso em relação aos seus poderes.

Contudo, conforme o disposto no parágrafo único do Art. 1.015 do Código Civil, o excesso por parte dos administradores poderá ser oposto a terceiros em três hipóteses, quais sejam: I – se a limitação de poderes estiver inscrita ou averbada no registro próprio da sociedade; II – provando-se que era conhecida do terceiro; III – tratando-se de operação evidentemente estranha aos negócios da sociedade.

Essa terceira hipótese trata da compatibilidade entre o ato praticado e o objeto da sociedade mencionada pelo Prof. José Edwaldo Tavares Borba, também conhecida como *teoria ultra vires*. De acordo com essa teoria, se o administrador celebra contrato com objeto evidentemente estranho ao da sociedade, presume-se que agiu com excesso de poderes, o que acarreta a sua responsabilidade pessoal. Logo, nesses casos, as obrigações pelo ato tido como excessivo poderiam ser exigidas diretamente junto ao administrador.

Nesse cenário, antes da Lei nº 14.195/2021 (Lei do Ambiente de Negócios), poder-se-ia afirmar que a aplicação do ato *ultra vires* quando o ato fosse considerado excessivo ou a operação evidentemente estranha aos negócios societários.

O fundamento para essa regra era o seguinte: o terceiro contratante deveria ser diligente no sentido de apurar se o administrador com quem contrata age de fato dentro dos limites dos poderes que lhe confere o contrato social. Faltando com esse dever de cautela, não poderia pretender responsabilizar a sociedade pelo ato praticado pelo administrador.

Esse raciocínio, porém, colocava em segundo plano a tutela da confiança legítima e o princípio da boa-fé objetiva, indo na contramão do princípio da boa-fé objetiva, razão pela qual a doutrina criticava fortemente a adoção da teoria ultra vires societatis pelo Código Civil. Veja alguns enunciados doutrinários:

> Enunciado nº 219 das Jornadas de Direito Civil do Conselho da Justiça Federal (CJF): "(a) o ato ultra vires não produz efeito apenas em relação à sociedade; (b) sem embargo, a sociedade poderá, por meio de seu órgão deliberativo, ratificá-lo; (c) o Código Civil amenizou o rigor da teoria ultra vires, admitindo os poderes implícitos dos administradores para realizar negócios acessórios ou conexos ao objeto social, os quais não constituem operações evidentemente estranhas aos negócios da sociedade; (d) não se aplica o art. 1.015 às sociedades por ações, em virtude da existência de regra especial de responsabilidade dos administradores (art. 158, II, Lei n. 6.404/76)".
>
> Enunciado nº 11 das Jornadas de Direito Comercial do Conselho da Justiça Federal (CJF): "A regra do art. 1.015, parágrafo único, do Código Civil deve ser aplicada à luz da teoria da aparência e do primado da boa-fé objetiva, de modo a prestigiar a segurança do tráfego negocial. As sociedades se obrigam perante terceiros de boafé".

Na mesma linha era a crítica de André Santa Cruz:

> "(...) a teoria ultra vires, após surgir na Inglaterra e nos Estados Unidos, foi sendo gradativamente abandonada, o que nos permite dizer que, de certo modo, a adoção dessa teoria pelo Código Civil de 2002 representa um retrocesso. É que na maioria das vezes, em razão do dinamismo inerente às atividades econômicas, é muito difícil analisar, em todas as transações negociais, se os poderes dos administradores lhe permitem firmar aquela relação jurídica específica. Portanto, a teoria ultra vires, é inegável, traz consigo uma certa insegurança jurídica para o mercado. Melhor seria, talvez, em homenagem à boa-fé dos terceiros que contratam com a sociedade limitada, reconhecer sua responsabilidade pelos atos ultra vires, mas assegurar-lhe a possibilidade de voltar-se em regresso contra o administrador que se excedeu."

O STJ também já vinha mitigando a teoria *ultra vires societatis*. A jurisprudência do Tribunal já tinha exemplos de decisões que privilegiaram a teoria da aparência e boa-fé do terceiro contratante. Nesse sentido:

DIREITO COMERCIAL. SOCIEDADE POR QUOTAS DE RESPONSABILIDADE LIMITADA. GARANTIA ASSINADA POR SÓCIO A EMPRESAS DO MESMO GRUPO ECONÔMICO. EXCESSO DE PODER. RESPONSABILIDADE DA SOCIEDADE. TEORIA DOS ATOS ULTRA VIRES. INAPLICABILIDADE. RELEVÂNCIA DA BOA-FÉ E DA APARÊNCIA. ATO NEGOCIAL QUE RETORNOU EM BENEFÍCIO DA SOCIEDADE GARANTIDORA.

1. Cuidando-se de ação de declaração de nulidade de negócio jurídico, o litisconsórcio formado no polo passivo é necessário e unitário, razão pela qual, nos termos do art. 320, inciso I, do CPC, a contestação ofertada por um dos consortes obsta os efeitos da revelia em relação aos demais. Ademais, sendo a matéria de fato incontroversa, não se há invocar os efeitos da revelia para o tema exclusivamente de direito.

2. Não há cerceamento de defesa pelo simples indeferimento de produção de prova oral, quando as partes, realmente, litigam exclusivamente em torno de questões jurídicas, restando incontroversos os fatos narrados na inicial.

3. A partir do Código Civil de 2002, o direito brasileiro, no que concerne às sociedades limitadas, por força dos arts. 1.015, § único e 1.053, adotou expressamente a ultra vires doctrine.

4. Contudo, na vigência do antigo Diploma (Decreto n.º 3.708/19, art. 10), pelos atos ultra vires, ou seja, os praticados para além das forças contratualmente conferidas ao sócio, ainda que extravasassem o objeto social, deveria responder a sociedade.

4. No caso em julgamento, o acórdão recorrido emprestou, corretamente, relevância à boa-fé do banco credor, bem como à aparência de quem se apresentava como sócio contratualmente habilitado à prática do negócio jurídico.

5. Não se pode invocar a restrição do contrato social quando as garantias prestadas pelo sócio, muito embora extravasando os limites de gestão previstos contratualmente, retornaram, direta ou indiretamente, em proveito dos demais sócios da sociedade fiadora, não podendo estes, em absoluta afronta à boa-fé, reivindicar a ineficácia dos atos outrora praticados pelo gerente.

Recurso especial improvido.

(REsp 704.546/DF, Rel. Ministro LUIS FELIPE SALOMÃO, QUARTA TURMA, julgado em 01/06/2010, DJe 08/06/2010)

Seguindo as fortes críticas doutrinárias e essa tendência na jurisprudência do STJ, a Lei nº 14.195/2021 (Lei do Ambiente de Negócios) revogou o parágrafo único do art. 1.015 do CC/2002, extirpando do ordenamento jurídico brasileiro a teoria *ultra vires societatis*.

Nesse passo, reforçou-se, no direito privado brasileiro, a boa-fé objetiva, em especial a tutela da confiança legítima e a teoria da aparência, de sorte que, atualmente, a sociedade responde por todos os atos de seus administradores, inclusive pelos atos praticados com excesso de poderes.

(Cespe/Bacen/Procurador/2013) *Estabeleça a diferença entre dissolução (ou resolução) parcial em sentido estrito e exclusão de sócio. Em seguida, explique por que as sociedades anônimas são chamadas de "intuitus pecuniae" e esclareça, com fundamento na legislação, na doutrina e na jurisprudência, se é admissível a dissolução parcial desse tipo de sociedade.*

Direcionamento da resposta

Interessa para o deslinde da questão conhecer o caráter sancionatório da exclusão de sócio, fator que a diferencia da dissolução parcial em sentido estrito, que configura medida preservacionista da empresa quando desaparecer a "affectio societatis" com relação a um ou a alguns dos sócios. Há que se mencionar, ainda, que as sociedades anônimas são chamadas de "intuitus pecuniae" porque nelas, via de regra, prepondera o fator "capital", motivo pelo qual não poderão ser objeto de dissolução parcial em sentido estrito, salvo quando se tratar de sociedade anônima fechada familiar ou sociedade anônima fechada de pequeno ou médio porte.

Sugestão de resposta

A exclusão de sócio configura medida punitiva, que pode ser promovida judicial ou extrajudicialmente, nas hipóteses previstas no Código Civil. Já a dissolução parcial em sentido estrito se dá quando algum sócio não mais deseja manter para com a sociedade vínculo de cooperação, ou seja, desaparecimento da chamada "affectio societatis".

Assim, a vontade de algum cotista de não mais integrar a sociedade não gera, de forma automática, a sua extinção, já que esta pode, a despeito de sua retirada, permanecer desempenhando seu objeto social com os sócios remanescentes, que ainda mantêm vínculo de interesses, se estes assim desejarem, a fim de preservar a empresa, inexistindo caráter sancionatório na medida.

As sociedades anônimas são chamadas de "*intuito pecuniae*" justamente porque nelas, via de regra, inexiste um verdadeiro vínculo de cooperação, confiança e afinidade entre os sócios, que, não raras as vezes, nem mesmo se conhecem, preponderando os interesses patrimoniais.

Logo, por inexistir "*affectio societatis*" nesse tipo de sociedade, via de regra, nelas não poderá se verificar a dissolução parcial em sentido estrito, salvo quando se tratar de sociedade anônima fechada familiar ou sociedade anônima fechada de pequeno ou médio porte, já que nestas, em razão das referidas características, é possível verificar a existência de "affectio societatis".

2. DA ESCRITURAÇÃO

(Cespe/AGU/Advogado/2008) *A pessoa jurídica Alfa Participações Ltda. Adquiriu 40% das quotas sociais de Neta Administração e Serviços de Hotelaria Ltda., cuja gerencia permaneceu com sua sócia majoritária, Gama Rede de Hotéis Ltda. Após 6 meses como sócia da Beta, Alfa percebeu que grande parte dos serviços de hotelaria prestados por Beta haviam sido terceirizados por intermédio de contrato celebrado com duas outras empresas, X Serviços Gerais Ltda. e Y Administração de Hotéis Ltda. O lucro de Beta, que, antes da terceirização, era de aproximadamente 15%, reduziu-se para 3%, cabendo a Alfa apenas 1,2%. Irresignados, os dirigentes de Alfa exigiram de Gama a apresentação dos livros contábeis de Beta, para conhecerem o motivo da drástica redução da rentabilidade. Os dirigentes de Gama, todavia, apresentaram documentação incompleta e negaram-se a mostrar os livros contábeis. Alfa, então, ajuizou ação cautelar de exibição de documentos (livros contábeis) em desfavor de Beta e Gama, como preparatória para o ajuizamento de ulterior ação de prestação de contas. Considerando a situação hipotética, discorra, com a devida fundamentação, acerca da eficácia probatória dos livros contábeis exibidos judicialmente por Beta e por Gama, na hipótese de eles não preencherem os requisitos previstos em lei. Em seu texto, exponha os requisitos intrínsecos e extrínsecos para escrituração regular dos livros empresariais, citando os dispositivos legais a ela aplicáveis.*

Direcionamento da resposta

A questão pode ser integralmente respondida com base nas disposições do Código Civil aplicáveis ao instituto da escrituração.

Sugestão de resposta

O Código Civil (CC) condiciona a regularidade da escrituração à observância de alguns requisitos. Para tanto, a escrituração deverá ser feita em idioma e moeda corrente nacionais e em forma contábil, por ordem cronológica de dia, mês e ano, sem intervalos em branco, nem entrelinhas, borrões, rasuras, emendas ou transportes para as margens, de acordo com o disposto no art. 1.183 do CC, que traz os requisitos intrínsecos à escrituração.

Ademais, como requisitos extrínsecos, tem-se a necessidade de autenticação dos livros, prevista no art. 1.181 do CC, após a lavratura dos termos de abertura e de encerramento.

É preciso atentar, contudo, ao fato de que, mesmo que não preencham os requisitos legais (intrínsecos ou extrínsecos), os livros contábeis a serem exibidos judicialmente por Beta e por Gama terão eficácia probatória em seu desfavor, ressalvada a possibilidade de estas demonstrarem que os lançamentos não correspondem à realidade, consoante o disposto no art. 378 do CC.

3. CONTRATOS BANCÁRIOS

(Cespe/Bacen/Procurador/2009) *Ricardo deseja comprar um veículo automotor. No entanto, não possui capital suficiente para adquiri-lo. Buscando realizar seu desejo, Ricardo procurou uma instituição financeira, com a qual firmou um contrato caracterizado da seguinte forma: a instituição adquirirá a propriedade do veículo, mas transferirá sua posse a Ricardo. Em troca, o devedor terá de pagar prestações periódicas, acrescidas de juros e taxa de administração, durante certo período de tempo, até que, ao final, essa instituição transferirá a propriedade do veículo para seu nome. Em relação à situação hipotética apresentada acima, responda de forma sucinta aos seguintes questionamentos: (i) O contrato previsto na situação descrita é admitido no direito brasileiro? Caso seja, classifique-o como típico ou atípico e, se for o caso, denomine-o. (ii) Caso Ricardo deixe de pagar algumas prestações, que medida(s) poderá(ão) ser adotada(s) pela instituição financeira para ser ressarcida de seu prejuízo? (iii) Segundo o entendimento atual do Supremo Tribunal Federal, será admissível a prisão de Ricardo pela dívida, caso o veículo não tenha como ser devolvido à instituição financeira?*

Direcionamento da resposta

A questão exige do candidato conhecimentos acerca do contrato de alienação fiduciária em garantia, previsto no Código Civil (bens móveis) e na Lei n. 9.514/97 (bens imóveis), bem como a então recente mudança de entendimento do STF (recente quando da aplicação da prova) no julgamento conjunto dos HCs n. 87.585 e 92.566, e dos REs n. 466.343 e 349.703, em que ficou assentada a impossibilidade de prisão civil em razão de inadimplemento contratual, especialmente no caso do depositário infiel, com a revogação da Súmula n. 619 do STF e a posterior edição da Súmula Vinculante n. 25.

Sugestão de resposta

(i) O contrato descrito acima é admitido no direito brasileiro, sendo uma espécie de contrato típico, eis que encontra disciplina específica na legislação. Trata-se de um contrato de alienação fiduciária em garantia.

(ii) Caso Ricardo deixe de pagar as prestações, a instituição financeira deve se valer de uma ação de reintegração de posse, a fim de obter o bem, para, necessariamente, vendê-lo, judicial ou extrajudicialmente, de acordo com o disposto no artigo 1.364 do CC. O valor obtido com a venda do bem será utilizado no pagamento da dívida e, se houver saldo, este será entregue ao devedor, conforme o disposto no artigo 1364 do CC.

(iii) Segundo o entendimento atual do STF, em mudança de entendimento para alinhar-se ao Pacto de São José da Costa Rica, não cabe a prisão de Ricardo caso o veículo não tenha como ser devolvido à instituição financeira.

4. LEI DE RECUPERAÇÃO JUDICIAL, EXTRAJUDICIAL E FALÊNCIA (LEI 11.101/05)

(Cespe/AGU/Advogado/2004) *Em processo de falência da empresa mãe, o julgador de primeiro grau, apreciando as provas dos autos, constatou a existência de notório desvio de finalidades sociais para fins ilícitos e verificou que a estrutura de grupo de sociedades era meramente formal, com administração sob unidade gerencial, laboral e patrimonial. Com base nesses fatos e atendendo a pedido do síndico da massa falida, ele aplicou a teoria da desconsideração da personalidade jurídica e decretou a falência das empresas coligadas. Essas recorreram e alegaram a ilegitimidade do síndico para pedir a falência e a necessidade de propositura de ação autônoma, para a desconsideração de personalidade jurídica e decretação da falência das coligadas, sob pena de ofensa aos princípios constitucionais da ampla defesa e do devido processo legal. Diante desses fatos, apresente uma análise da situação abordando os fundamentos da decisão do juiz e do recurso, à luz da jurisprudência do STJ.*

Direcionamento da resposta

Observado o ano em que aplicada a prova, bem como a menção à figura do síndico, percebe-se que a questão foi formulada à luz do Decreto-Lei 7661, conhecido como a antiga lei de falências. Com o advento da Lei n. 11.101/2005, operou-se a ab-rogação da antiga lei de falências, com o surgimento de regramento novo, o qual, inclusive, substituiu a antiga figura do síndico pela do administrador judicial. Contudo, os entendimentos cobrados na questão ainda hoje permanecem atuais, motivo pelo qual a questão foi aqui mantida. Tal questão, certamente, foi retirada do REsp 228357/SP, julgado pela Terceira Turma do STJ, em 09/12/2003.

Ressalte-se que o art. 82-A da Lei de Recuperação Judicial e Falência, cujo dispositivo foi incluído pela Lei nº 14.112/2020, traz a seguinte redação:

> Art. 82-A. É vedada a extensão da falência ou de seus efeitos, no todo ou em parte, aos sócios de responsabilidade limitada, aos controladores e aos administradores da sociedade falida, admitida, contudo, a desconsideração da personalidade jurídica.

Destarte, permanece a admissibilidade para a desconsideração da personalidade jurídica observados os requisitos do art. 50 do Código Civil e o procedimento previso no arts. 133 a 137 do CPC/2015. No entanto, não é aplicável a suspensão prevista no art. 134, § 3º, do CPC, nos termos do art. 82-A, parágrafo único, da Lei de Recuperação Judicial e Falência.

Sugestão de resposta

Segundo entendimento do Superior Tribunal de Justiça, o síndico (atual administrador judicial), tem legitimidade para pleitear a extensão dos efeitos da falência a empresas coligadas.

Essa possibilidade de extensão dos efeitos da falência a empresas coligadas, quando constatada a existência de notório desvio de finalidades sociais para fins ilícitos, bem como a utilização meramente formal de estrutura de grupo de sociedades, com administração sob unidade gerencial, laboral e patrimonial, encontra fundamento na desconsideração da personalidade jurídica, e pode ser feita incidentalmente no processo falimentar, prescindindo do ajuizamento de ação autônoma.

A desnecessidade de propositura de ação autônoma é tema pacífico na jurisprudência e, tendo em vista que os responsáveis pela empresa poderão apresentar defesa quanto à desconsideração da personalidade jurídica nos autos da própria falência, não há que se falar em ofensa aos princípios constitucionais da ampla defesa e do devido processo legal.

DIREITO FINANCEIRO

1. DESPESAS E RECEITAS PÚBLICAS

***(Cespe/AGU/Advogado/2012)** A administração federal direta, autárquica e fundacional pode admitir empregados públicos pelo regime celetista. A contratação de pessoal para emprego público deverá ser precedida de concurso público, a exemplo dos empregados de estatais, admitidos pelas empresas públicas e sociedades de economia mista. Com base em uma perspectiva orçamentária, estabeleça a diferença entre a natureza da contraprestação da remuneração devida ao empregado público, assim considerado o admitido pela administração direta, autárquica ou fundacional, e a da contraprestação devida ao empregado de estatal não dependente.*

Direcionamento da resposta

Nesta questão espera-se que o candidato aponte a natureza de despesa com pessoal, sob o ponto de vista orçamentário, relativamente aos empregados admitidos pela administração direta, autárquica ou fundacional. Também deverá ser feita a diferenciação entre empresa estatal dependente e não dependente, com o fim de concluir que as empresas estatais não dependentes não estão submetidas à LRF no que toca ao regime de gastos com o pessoal.

Sugestão de resposta

Em virtude do comando constante do art. 1º, § 3º, I, *b*, da LC 101/2000, a administração direta, autárquica ou fundacional, os fundos e as empresas estatais dependentes sofrem incidência da sistemática de limitação de despesas determinada pela responsabilidade na gestão fiscal. Disso decorre o enquadramento como despesa de pessoal dos gastos efetuados por eles com quaisquer espécies remuneratórias pagas aos ativos, aos inativos e aos pensionistas, relativos a mandatos eletivos, cargos, funções ou empregos (art. 18 da LRF).

Destaque-se que a apuração da despesa total com pessoal deve atender aos limites contidos no art. 19, *caput*, e incisos, da LRF, cuja apuração ocorre tendo como base a respectiva receita corrente líquida do ente, nos seguintes percentuais: a) cinquenta por cento à União; b) sessenta por cento aos Estados e Municípios. Além disso, é imperioso ressaltar que o art. 19, § 1º, da LRF, traz algumas despesas que não serão computadas na verificação dos limites acima apresentados.

Assim, sob a perspectiva orçamentária, a contraprestação da remuneração devida ao empregado público admitido pela administração direta, autárquica ou fundacional tem natureza de despesa com pessoal, devendo ser consignada nos orçamentos fiscal e da seguridade social que de cuida o art. 165, § 5º, I e III, da CF.

Por outro lado, as empresas estatais não dependentes não são alcançadas pela LRF em sua inteireza, já que a lei não as inclui no rol de destinatários previsto no supracitado art. 2º. O conceito dessa modalidade de estatal é estabelecido por inferência, pois ao contrário do das empresas dependentes, que recebem do ente instituidor recursos financeiros para pagamento de despesas com pessoal ou de custeio em geral ou de capital (art. 2º, III, da LRF), as empresas não dependentes apenas recebem do Tesouro do ente ao qual se vincula recursos para incremento de capital.

Segundo afirma a doutrina, as empresas não dependentes ficam vinculadas ao orçamento de investimentos de que trata o art. 165, § 5º, II, da CF e não precisam mostrar todas as despesas e receitas[1]. Nesse sentido, é forçoso concluir que a contraprestação dos empregados das empresas não dependentes não tem natureza de despesa com pessoal para fins orçamentários, não ingressando no cálculo do limite de despesas, razão pela qual fogem da regência dos arts. 19 e 20 da LRF[2].

2. DÍVIDA PÚBLICA

***(Cespe/AGU/Procurador/2007)** A União, ao final do primeiro quadrimestre de determinado exercício financeiro, ultrapassou os limites legalmente previstos da*

1. LEITE, Harisson. **Manual de Direito Financeiro**. Salvador: Juspodivm, 2012, p.93.
2. Inclusive, em matéria de teto remuneratório, o STF também aplicou essa distinção entre estatais dependentes e não dependentes, firmando a posição que apenas há a incidência do teto quando se tratar de uma estatal dependente conforme se verifica no julgamento da ADI 6584: "Ação direta de inconstitucionalidade. 2. Emenda à Lei Orgânica do Distrito Federal n. 99/2017, que alterou o art. 19, § 5° da Lei Orgânica do Distrito Federal (LODF), e o art. 19, X, da LODF. 3. Teto remuneratório aos empregados de empresas públicas e sociedades de economia mista não dependentes do erário do Distrito Federal. 4. Violação ao art. 37 da Constituição Federal. 5. Medida cautelar confirmada. 6. Inconstitucionalidade da Emenda à Lei Orgânica do Distrito Federal n. 99/2017. 7. Interpretação conforme à Constituição ao artigo 19, X, da LODF, de modo que a expressão "empregos públicos" se limite às entidades que recebam recursos do Distrito Federal para pagamento de despesas de pessoal ou de custeio em geral. 8. Ação julgada procedente". (ADI 6584, Relator(a): GILMAR MENDES, Tribunal Pleno, julgado em 24/05/2021, PROCESSO ELETRÔNICO DJe-105 DIVULG 01-06-2021 PUBLIC 02-06-2021)

dívida pública consolidada. (i) Em razão desse fato, o Ministério de Minas e Energia teve de suspender a implementação de política pública que visava desenvolver a pesquisa, a lavra, a refinação e o transporte de petróleo bruto e de seus derivados básicos, pois dependia da realização de operação de crédito, pela União, para abertura de crédito especial, em favor daquele ministério. (ii) Em virtude de interesse público relevante, a União decidiu dar continuidade ao referido programa, obtendo receita para o seu financiamento, mediante antecipação de valores de empresas controladas e, outrossim, celebrando contrato administrativo de concessão com empresas privadas para desenvolvimento das atividades previstas no referido programa. (iii) Com base nessa situação hipotética, elabore texto dissertativo a respeito da legalidade da operação realizada pela União para obtenção de crédito, para financiamento do programa, bem como a respeito da legalidade da celebração de contrato de concessão com empresa privada para a pesquisa, a lavra, a refinação e o transporte de petróleo bruto e de seus derivados básicos, apresentando, para cada caso, o respectivo fundamento legal.

Direcionamento da resposta

Nesta questão espera-se que o candidato: 1) conceitue dívida pública consolidada; 2) aborde as medidas a serem tomadas para recondução dos limites de endividamento; 3) conclua pela ilegalidade da operação de crédito; 4) discorra sobre o monopólio da União sobre petróleo e derivados; 5) conclua pela possibilidade da concessão, tendo em vista o art. 177, § 1º, da CF.

Sugestão de resposta

Segundo o art. 29, I, da LRF, a dívida pública consolidada ou fundada corresponde ao montante total das obrigações financeiras do ente da Federação, assumidas em virtude de leis, contratos, convênios ou tratados, para a amortização de dívida com prazo superior a doze meses. Os limites globais para a dívida consolidada são fixados pelo Senado, a partir de iniciativa do Presidente da República (art. 52, VI, da CF e art. 30 da LRF), com base na Receita Corrente Líquida de cada esfera de governo.

O monitoramento do nível de endividamento é feito a cada quadrimestre, e uma vez ultrapassados os limites, deverá o ente reconduzir dívida até o término dos três subsequentes, reduzindo o excedente em pelo menos vinte e cinco por cento no primeiro (art. 31, LRF). Além disso, conforme previsão do art. 31, § 1º, da LRF, enquanto perdurar o excesso, o ente estará proibido de realizar operação de crédito interna ou externa, inclusive por antecipação de receita, ressalvadas as para pagamento de dívidas mobiliárias, assim como deverá obter resultado primário necessário à recondução da dívida ao limite, promovendo dentre outras medidas, a limitação de empenho.

Assim, na situação descrita, a antecipação de receita realizada pelo Ministério afronta literalmente o art. 31, § 1°, da LRF, já que está proibida a sua contratação tendo em vista a afronta aos limites para a dívida consolidada. Não bastasse isso, a antecipação de valores de empresas controladas para a União é vedada pelo art. 35 da LRF, pois configura operação de crédito entre um ente da Federação e outro, fora das hipóteses permitidas em lei.

No tocante ao contrato de concessão com empresa privada, a atuação da administração está ancorada na redação do art. 177, da CF, conferida pela EC n° 09/05. Por força da citada emenda, o monopólio da União sobre combustíveis fósseis e derivados foi relativizado para permitir a contratação de empresas estatais ou privadas para as atividades relacionadas ao abastecimento de petróleo, mormente em relação às atividades de: i) pesquisa e a lavra das jazidas; ii) refino de petróleo; iii) importação e exportação dos produtos e derivados básicos; e iv) transporte. Assim, conclui-se legal a celebração de concessão com empresa privada, com fundamento no art. 177, § 1°, da CF.

3. LEI DE RESPONSABILIDADE FISCAL

(Cespe/AGU/Advogado/2012) *Discorra sobre as exigências a serem cumpridas pelos entes da Federação para que possam aumentar a despesa com pessoal, com base no disposto na Constituição Federal e na Lei de Responsabilidade Fiscal.*

Direcionamento da resposta

A questão é de fácil resolução, bastando, conforme consta do enunciado, conjugar as disposições constitucionais e legais que regem a matéria. É importante verificar que o dispositivo foi objeto de modificações e de acréscimos pela Lei Complementar n° 173/2020.

Sugestão de resposta

De acordo com o art. 169 da Constituição Federal, as despesas com pesoal ativo, inativo e pensionistas da União, dos Estados e dos Municípios não pode exceder os limites contidos em lei complementar. No exercício da competência legislativa em questão, houve a edição da Lei Complementar nº 101/2000, a Lei de Responsabilidade Fiscal.

Demais disso, o art. 169, § 1º, da CRFB, indica que para que ocorra o aumento da despesa com pessoal é necessário que: a) exista previsão orçamentária suficiente para atender às projeções de despesa de pessoal e aos acréscimos dela decorrentes (inciso I); e b) haja autorização específica na lei de diretrizes orçamentárias (inciso II). Frise-se que a jurisprudência do STF[3] é no sentido de que a ausência deste segundo requisito não implica a inconstitucionalidade da lei que instituiu eventual aumento, mas apenas a sua inaplicabilidade no exercício financeiro respectivo devido à inocorrência de dotação específica na LDO.

Ultrapassada a análise constitucional da matéria, cumpre informar que a LRF determina, em seu art. 21, a nulidade do aumento de despesa com pessoal que não atenda às seguintes exigências:

(i) a estimativa do impacto orçamentário-financeiro no exercício em que deva entrar em vigor e nos dois subsequentes;

(ii) a declaração do ordenador da despesa de que o aumento tem adequação orçamentária e financeira com a lei orçamentária anual e compatibilidade com o plano plurianual e com a lei de diretrizes orçamentárias;

(iii) a vedação de vinculação ou ou equiparação de quaisquer espécies remuneratórias para o efeito de remuneração de pessoal do serviço público;

(iv) a demonstração da origem dos recursos para o custeio;

(v) o atendimento ao limite legal de cumprimento aplicado às despesas com pessoal inativo.

Além do mais, existem algumas limitações temporais apresentadas pelo art. 21 nos incisos II a IV, informando que não é possível o aumento de despesas por ato que resulte aumento da despesa com pessoal nos 180 (cento e oitenta) dias anteriores ao final do mandato do titular de Poder ou órgão, ato de que resulte aumento da despesa com pessoal que preveja parcelas a serem implementadas em períodos posteriores ao final do mandato do titular de Poder ou órgão e cuja a aprovação.

E, por fim, também haverá nulidade quando a edição ou a sanção, por Chefe do Poder Executivo, por Presidente e demais membros da Mesa ou órgão decisório equivalente do Poder Legislativo, por Presidente de Tribunal do Poder Judiciário e pelo Chefe do Ministério Público, da União e dos Estados, de norma legal contendo plano de alteração, reajuste e reestruturação de carreiras do setor público, ou a edição de ato, por esses agentes, para nomeação de aprovados

3. ADI 1585, Relator(a): SEPÚLVEDA PERTENCE, Tribunal Pleno, julgado em 19/12/1997.

em concurso público e também quando resultar em aumento da despesa com pessoal que preveja parcelas a serem implementadas em períodos posteriores ao final do mandato do titular do Poder Executivo.

(Esaf/PFN/Procurador/2008) *Tendo em vista o disposto no inciso I dos arts. 157 e 158 da Constituição da República, os valores despendidos pelas pessoas ali enumeradas a título de imposto sobre renda e proventos de qualquer natureza, incidente na fonte, devem ser incluídos no somatório dos gastos com pessoal para efeito de apuração dos limites previstos na Lei de Responsabilidade Fiscal? Fundamente a sua resposta.*

Direcionamento da resposta

O questionamento feito pela banca examinadora é de considerável dificuldade e exige do candidato a interpretação sistemática da Constituição Federal, da Lei Complementar n. 101/00 e, em menor proporção, da Lei n. 4.320/64. Para tanto, são essenciais os conhecimentos acerca dos conceitos de receita corrente líquida e do regramento jurídico das despesas de pessoal.

Sugestão de resposta

Conforme art. 19 da Lei Complementar n. 101/00, para os fins do disposto no caput do art. 169 da Constituição, a despesa total com pessoal, em cada período de apuração e em cada ente da Federação, não poderá exceder os percentuais da receita corrente líquida dos entes federados, nos índices discriminados no citado artigo. Ou seja, o percentual da despesa a ser gasta com pessoal é calculado com base na receita corrente líquida.

Por sua vez, a receita corrente líquida é conceituada como o somatório das receitas tributárias, de contribuições, patrimoniais, industriais, agropecuárias, de serviços, transferências correntes e outras receitas também correntes, deduzidos, entre outras despesas, os valores transferidos pela União aos Estados e Municípios por determinação constitucional ou legal, e as contribuições mencionadas na alínea a do inciso I e no inciso II do art. 195, e no art. 239 da Constituição. No âmbito dos Estados, ainda, as parcelas entregues aos Municípios por determinação constitucional.

Dessa forma, interpretando-se conjuntamente os arts. 2º, IV, "a", e 19 da LRF, verifica-se que os valores dispendidos por força dos incisos I dos arts. 157

e 158 da Constituição Federal não integram o cálculo da receita corrente líquida do ente transferidor e, por consequência, também não integram o somatório dos gastos com pessoal para efeito de apuração dos limites previstos na Lei de Responsabilidade Fiscal.

Tal circunstância se verificar porque no âmbito do conceito de receita corrente líquida ficam deduzidas: a) na União, os valores transferidos aos Estados e Municípios por determinação constitucional ou legal; e b) nos Estados, as parcelas entregues aos Municípios por determinação constitucional.

(Cespe/Bacen/Procurador/2009) *Considerando que o Bacen é o agente financeiro máximo e controlador de todas as operações de crédito disciplinadas na Lei de Responsabilidade Fiscal (LRF) - LC n. 101/2000 -, discorra, com fulcro na LRF, acerca das vedações a que está sujeito o Bacen nas suas relações com ente da Federação, no que concerne às operações de crédito.*

Direcionamento da resposta

Nessa questão, o candidato deve abordar todas as vedações impostas ao Banco Central na relação deste com os entes da Federação previstas nos arts. 35 e 39 da LRF.

Sugestão de resposta

Primeiramente, o art. 35 da LC n. 101/2000, a chamada LRF, veda a realização de operação de crédito entre um ente da Federação e o BACEN, ainda que sob a forma de novação, refinanciamento ou postergação de dívida contraída anteriormente. Excetuam-se dessa vedação as operações entre instituição financeira estatal e outro ente da Federação, inclusive suas entidades da administração indireta, que não se destinem a: i) financiar, direta ou indiretamente, despesas correntes; ii) refinanciar dívidas não contraídas junto à própria instituição concedente. Essa vedação também não impede Estados e Municípios de comprar títulos da dívida da União como aplicação de suas disponibilidades, o que será realizado perante o BACEN, que os negocia, no exercício de política monetária, com o objetivo de regular a quantidade de moeda em circulação e a taxa de juros.

Já o art. 39 da LRF elenca outras vedações ao BACEN nas suas relações com os entes da Federação. A Autarquia não pode realizar: i) operação de crédito, ainda que sob a forma de novação, refinanciamento ou postergação de dívida contraída anteriormente, exceto aquelas entre instituição financeira estatal e outro ente que não se destine a financiar despesas correntes ou refinanciar dívidas não contraídas junto à própria instituição concedente do empréstimo; ii) compra de título da dívida, ressalvado a possibilidade de comprar diretamente títulos emitidos pela União para refinanciar dívida mobiliária federal que estiver vencendo em sua carteira; iii) permuta de título da dívida de ente da Federação por título da dívida pública federal, bem como a operação de compra e venda, a termo, daquele título, cujo efeito final seja semelhante à permuta; iv) concessão de garantia.

Vale ressaltar, por fim, que o BACEN só pode comprar diretamente títulos emitidos pela União para refinanciar a dívida mobiliária federal que estiver vencendo na sua carteira.

(Cespe/Bacen/Procurador/2013) *Foi submetida à análise da Procuradoria-Geral do Bacen minuta de acordo a ser firmado entre o Bacen e o People's Bank of China (Banco Central da China), para operações de "swap" de moedas (reais por yuans), estando consignada, na minuta de acordo, cláusula que permite, em caso de inadimplemento, à parte credora debitar em conta de depósito ou investimento o valor devido pela outra parte (cláusula "set-off"). De acordo com tal cláusula, há, da parte do Bacen, aquisição de yuans que representa um ativo externo e há um depósito de reais que configura um passivo interno. Da parte do Banco Central da China, opera-se o inverso em relação à aquisição de reais e depósito de yuans. No termo final da operação, haverá débito de reais e crédito em yuans e vice-versa. O diretor de política econômica do Bacen questiona se sobre a operação incidiria o óbice previsto no art. 32, § 5º, da Lei Complementar n. 101/2000, que assim dispõe: "Art. 32. O Ministério da Fazenda verificará o cumprimento dos limites e condições relativos à realização de operações de crédito de cada ente da Federação, inclusive das empresas por eles controladas, direta ou indiretamente. (...) § 5º Os contratos de operação de crédito externo não conterão cláusula que importe na compensação automática de débitos e créditos." Nessa situação hipotética, são viáveis o acordo de swap de moedas e a inserção da cláusula "set-off"? Fundamente sua resposta.*

Direcionamento da resposta

Nesta questão espera-se que o candidato: 1) conceitue as operações de *swap*; 2) diferencie a realização de *swap* das operações de crédito; e 3) conclua pela possibilidade da transação (Máximo de 15 linhas).

Sugestão de resposta

A operação de "swap" de moedas é um instrumento financeiro que permite a compra e venda de moedas estrangeiras pelos Bancos Centrais, tendo por principal finalidade permitir a formação de reservas cambiais internacionais. Nos acordos de "swap" com a cláusula "set-off", os bancos centrais reciprocamente aportamos seus ativos nacionais no montante correspondente à moeda a ser comprada e, na data fixada para operação, os depósitos de titularidades diferentes são debitados, às vezes com incidência de remuneração do capital.

Nesse sentido, impõe-se considerar que a operação de "swap" não se confunde com operação de crédito externo, pois enquanto aquela trata de um contrato comutativo de compra e venda de um ativo estrangeiro, esta representa a troca de uma disponibilidade financeira futura por liquidez presente custeada por juros e outros encargos.

Com efeito, é forçoso concluir que os acordos de "swap" escapam à regência da LRF, de modo a não se aplicar a vedação prescrita no art. 32, § 5º, da LRF, pois tal dispositivo apenas veda a compensação automática de débitos e créditos relativos a operações de crédito externo. Portanto, na situação hipotética, são viáveis o acordo de *swap* de moedas e a inserção da cláusula "set-off"[4].

4. LEIS ORÇAMENTÁRIAS

(Esaf/PFN/Procurador/2016) *Discorra sobre o princípio do equilíbrio orçamentário (conceito, panorama histórico, tratamento pelo ordenamento jurídico nacional e diferença entre equilíbrio orçamentário e fiscal), abordando, também, de modo fundamentado, se, no Brasil, é possível a proposição/aprovação de um "orçamento deficitário".*

Direcionamento da resposta

Na questão em referência, cujo tema apresenta certa complexidade, o examinador busca saber se o examinando domina o princípio do equilíbrio orçamentário e suas nuances, bem como que o referido princípio não impede a proposição/aprovação de um orçamento deficitário.

Sugestão de resposta

O princípio do equilíbrio orçamentário diz respeito à correspondência que deve haver entre as despesas previstas no orçamento e as receitas estimadas

4. BRASIL. Procuradoria Geral do Banco Central. Assunto de política monetária e cambial. Parecer PGBC -94.001/2009, de 1º de abril de 2009. Relatores: Marcus Vinícius Matos, Cristiano de Oliveira Lopes Cozer e Francisco José de Siqueira. Revista da Procuradoria-Geral do Banco Central, Brasília, p. 228-248, Volume 3, nº 1, junho de 2009.

para lhes fazer frente (trata-se de um equilíbrio formal). Implícito na ordem constitucional vigente e explícito na legislação de regência (LC 101/00 e Lei nº 4.320/64), referido princípio, a partir dos anos 30, passou a merecer mais atenção, eis que evidenciada também sua relevância do ponto de vista econômico.

Quanto ao equilíbrio fiscal, este não corresponde a uma "equação matemática rígida, em que a diferença numérica entre o montante de receitas e de despesas deva ser sempre igual a zero, mas, sim, que essa equação tenha valores estáveis e equilibrados, a fim de permitir a identificação dos recursos necessários à realização dos gastos[5]".

Em razão disso, é possível proposição/aprovação de um orçamento deficitário[6], sem que isso implique em ofensa às normas orçamentárias brasileiras, mormente porque os *déficits* previstos podem ser cobertos mediante operações de crédito (endividamento), desde que sejam observadas as regras aplicáveis à espécie (especialmente a "Regra de Ouro" prevista no artigo 163, III, da CF), propiciando-se a adequação da dívida pública à sua capacidade de pagamentos e, assim, assegurando-se o equilíbrio substancial das contas públicas.

Inclusive, a Emenda Constitucional nº 109/2021 trouxe parâmetros a serem observados quanto ao endividamento do ente, aduzindo ser papel de lei complementar dispor sobre a sustentabilidade da dívida, especificando (art. 163, VIII): a) indicadores de sua apuração; b) níveis de compatibilidade dos resultados fiscais com a trajetória da dívida; c) trajetória de convergência do montante da dívida com os limites definidos em legislação; d) medidas de ajuste, suspensões e vedações; e) planejamento de alienação de ativos com vistas à redução do montante da dívida.

Além disso, a referida emenda acrescentou o art. 164-A à Constituição, dispondo que os entes públicos devem conduzir as suas políticas fiscais de forma a manter a dívida pública em níveis sustentáveis. Acrescente-se que a LDO compreenderá as metas e prioridades da administração pública federal, estabelecerá as diretrizes de política fiscal e respectivas metas, em consonância com trajetória sustentável da dívida pública (art. 165, § 2º, da CRFB).

Destarte, arremata a doutrina[7] que "o tema do equilíbrio orçamentário exerce um papel fundamental para sopesar a necessidade de investimentos públicos relevantes na área social como a responsabilidade fiscal no endividamento".

5. Citação retirada do padrão de respostas de questão discursiva elaborada pelo Cespe para o concurso de Procurador do Ministério Público junto ao TCU, aplicada em 14/11/2015. Notem como os assuntos das questões se repetem.

6. No padrão de respostas da questão discursiva elaborada pelo Cespe para o concurso de Procurador do Ministério Público junto ao TCU, aplicada em 14/11/2015, a banca examinadora citou, inclusive, previsão legal para o orçamento deficitário: Art. 7º, § 1º, da Lei nº 4.320/64.

7. LEITE, Harrison. **Manual de Direito Financeiro.** ed. 11. Editora Juspodivm: Salvador, 2022 p. 65.

***(Cespe/AGU/Advogado/2012)** Suponha que um projeto de lei orçamentária contenha um dispositivo que tipifique o crime de interceptação de dados pessoais pela Internet e outro que revogue a possibilidade de os órgãos de controle interno da administração pública avaliarem a eficácia e a eficiência dos resultados da gestão orçamentária. Nessa situação hipotética, é possível, de acordo com o ordenamento jurídico brasileiro, a inclusão de tais dispositivos?*

Direcionamento da resposta

A questão é direta e não possui muita complexidade. Basta o candidato se recordar do conteúdo do princípio da exclusividade e adequar o comando do instituto ao caso em análise.

Sugestão de resposta

Em decorrência do princípio da exclusividade, a lei orçamentária apenas poderá conter dispositivos que se refiram à matéria orçamentária. Na literalidade do artigo 165, § 8º da Constituição Federal, "a lei orçamentária anual não conterá dispositivo estranho à previsão da receita e à fixação da despesa, não se incluindo na proibição a autorização para abertura de créditos suplementares e contratação de operações de crédito, ainda que por antecipação de receita, nos termos da lei".

Com efeito, a proibição constitucional de se inserir nas leis orçamentárias qualquer matéria estranha ao orçamento se revela como um fator protetivo à natureza da norma, evitando a validade das chamadas "caudas orçamentárias" ou dos "orçamentos rabilongos"[8]. Desta forma, a hipótese de projeto de uma lei orçamentária que disponha sobre tipificação do crime de interceptação de dados pessoais pela Internet, bem como que revogue a possibilidade de os órgãos de controle interno da administração pública avaliarem a eficácia e a eficiência dos resultados da gestão orçamentária esbarram na aplicação do princípio da exclusividade.

Cabe ressaltar que as únicas exceções previstas no art. 165, § 8º, da Constituição Federal também dizem respeito ao orçamento, quais sejam, a abertura de créditos suplementares e contratação de operações de crédito, ainda que por antecipação de receita[9].

---

8. As chamadas caudas orçamentárias foram muito utilizadas na legislatura nacional, visto que o Orçamento, por ser essencialmente extenso, comportaria a inclusão, em qualquer dos seus anexos, de dispositivo estranho à sua natureza, apenas como uma manobra para tapear os congressistas desatentos a aprovarem determinada medida que não estava sendo apreciada formalmente.
9. O crédito suplementar, conforme é cediço, tem lugar quando a despesa fixada não é suficiente para atender o objetivo almejado inicialmente. Além disso, acaso a receita prevista também

(Cespe/AGU/Advogado/2004) *Analise o seguinte dispositivo hipotético constante de uma Lei Orçamentária Anual da União: "Art. 5º Na vigência desta lei: I – fica autorizado o início de novos investimentos destinados à recuperação da malha rodoviária federal, com duração de até 3 anos; II – fica vedada a realização de concursos públicos para provimento de cargos na Administração Pública Federal; III – passam a compor o rol de prioridades e metas da Administração Pública Federal os seguintes itens: a) ampliação da oferta de moradias a populações carentes; b) incremento do crédito oficial para a agricultura familiar; c) combate à prostituição infantil. A respeito do dispositivo hipotético acima apresentado, redija um texto dissertativo que contemple, necessariamente, os seguintes aspectos: (i) compatibilidade com o conteúdo constitucional das demais peças legislativas orçamentárias; (ii) observação dos princípios orçamentários do texto constitucional; (iii) controle de constitucionalidade do dispositivo, levando-se em conta a natureza jurídica da lei orçamentária e a jurisprudência.*

Direcionamento da resposta

O candidato deverá tecer comentários sobre as três leis orçamentárias, indicando, sucintamente, suas peculiaridades. Após, analisar a compatibilidade do dispositivo legal em comento face aos princípios orçamentários, o que se mostra como o ponto central da questão. Por fim, a banca examinadora exige que a resposta contemple a temática do controle de constitucionalidade da lei orçamentária, com referência à jurisprudência, inclusive. Apesar de extensa, a questão não se mostra demasiadamente difícil.

Sugestão de resposta

Da análise do conteúdo do dispositivo da lei orçamentária anual em comento, verifica-se a sua incompatibilidade com as demais peças orçamentárias. De fato, a Constituição Federal estabeleceu três leis orçamentárias que devem ser elaboradas e executadas de forma harmônica, com observância cogente aos três entes da Federação: o Plano Plurianual (PPA), a Lei de Diretrizes Orçamentárias (LDO) e a Lei Orçamentária Anual (LOA).

O PPA é, em apertada síntese, o diploma legislativo que estabelece o planejamento estratégico do Governo a longo prazo, estabelecendo as diretrizes, objetivos e metas da Administração Pública Federal para as despesas de

não seja suficiente para atingir o seu fim, a lei orçamentária também pode conter previsão autorizando o Poder Executivo a realizar operações de crédito, ou seja, empréstimos públicos, como hipótese de endividamento autorizado.

capital e outras dela decorrentes, bem como para as despesas de duração continuada, influenciando, assim, a elaboração das demais peças do Orçamento. Importa destacar que em relação às despesas de duração prolongada, nenhum investimento cuja execução ultrapasse um exercício financeiro poderá ser iniciado sem prévia inclusão no plano plurianual, ou sem lei que autorize a inclusão, sob pena de crime de responsabilidade (art. 167, § 1º da CF).

A LDO, por sua vez, compreende "as metas e prioridades da administração pública federal, estabelecerá as diretrizes de política fiscal e respectivas metas, em consonância com trajetória sustentável da dívida pública, orientará a elaboração da lei orçamentária anual, disporá sobre as alterações na legislação tributária e estabelecerá a política de aplicação das agências financeiras oficiais de fomento" (art. 165, § 2º da CF). Com efeito, a LDO serve como um elo entre as demais leis orçamentárias, visto que seu objetivo é dar sequência ao processo de afinidade lógica e de compatibilização entre o PPA e a LOA, estabelecendo as prioridades da Administração na aplicação dos recursos públicos.

No caso em comento, a previsão na lei orçamentária de início de novos investimentos destinados à recuperação da malha rodoviária federal, com duração de até 03 anos, bem como a vedação de se realizar concursos públicos para provimento de cargos na Administração Pública Federal, caracteriza-se como incompatível face ao conteúdo destinado a cada uma das leis orçamentárias. Em verdade, tais situações jurídicas são reservadas ao PPA, que, como já dito, se ocupam de despesas de longo prazo.

Por outra via, a previsão de que passam "a compor o rol de prioridades e metas da Administração Pública Federal os seguintes itens: a) ampliação da oferta de moradias a populações carentes; b) incremento do crédito oficial para a agricultura familiar; c) combate à prostituição infantil" se mostra também incompatível com a natureza da lei orçamentária, uma vez que invade questão reservada constitucionalmente à LDO.

Nessa situação, nota-se violação ao princípio da exclusividade na lei orçamentária, que, a teor do art. 165, § 8º da Constituição Federal, só pode conter a previsão da receita e a fixação da despesa, com exceção da abertura de créditos suplementares e contratação de operações de crédito, ainda que por antecipação de receita. Ou seja, não há que se falar em temas outros que não sejam ligados estritamente à fixação da despesa e a previsão da receita, o que não ocorreu no caso em análise, que invadiu seara estranha à natureza da LOA, inclusive tratando de questões ligadas ao PPA e à LDO.

Por fim, não há empecilho para que seja realizado o controle de constitucionalidade da lei orçamentária na espécie. De fato, historicamente o Supremo Tribunal Federal entendeu ser a lei orçamentária uma lei de efeitos concretos, não sendo cabível, assim, o controle abstrato de suas disposições. A orientação mudou a partir do julgado nas ADI's 2925 e 4048, onde predominou o entendimento de que o STF deve exercer sua função precípua de fiscalização da constitucionalidade das leis e dos atos normativos quando houver um tema ou uma controvérsia constitucional suscitada em abstrato, independente do caráter geral ou específico, concreto ou abstrato de seu objeto.

(Esaf/PFN/Procurador/2012) *A Secretaria de Orçamento Federal - SOF, do Ministério do Planejamento, Orçamento e Gestão - MP, formulou consulta à Procuradoria-Geral da Fazenda Nacional - PGFN sobre a submissão, a partir de 2004, da receita arrecadada pelas contribuições sociais da Lei Complementar 110, de 2001, à sistemática da Desvinculação de Recursos da União - DRU contida no art. 76 do Ato das Disposições Constitucionais Transitórias - ADCT. Indaga, em especial, se as leis orçamentárias produzidas a partir de então podem manter a vinculação da arrecadação das contribuições sociais antes referidas à destinação integral e original para a qual foram instituídas. A dúvida decorre do fim específico e extraordinário da contribuição para o FGTS combinada com a disposição contida no art. 13 da LC 101/2001, que assegurou a destinação integral ao FGTS do valor equivalente à arrecadação das contribuições apenas nos exercícios de 2001, 2002 e 2003. Decorre, ainda, do teor do art. 76 do ADCT e da eventual possibilidade de sua mitigação pelas leis orçamentárias anuais. Na condição de Procurador da Fazenda Nacional, formule resposta juridicamente fundamentada no regime de direito financeiro aplicável.*

Direcionamento da resposta

Nesta questão espera-se que o candidato: 1) discorra sobre as contribuições instituídas pela LC 110/2001; 2) aponte a natureza jurídica das contribuições; 3) aborde a sistemática da DRU (art. 76, da ADCT); 4) faça referência ao entendimento do STF sobre a constitucionalidade das contribuições; 5) aborde a sistemática da DRU prevista no art. 76, da ADCT, apontando a exceção constitucional ao regime; 6) conclua pela possibilidade de manter por meio de lei ordinária a vinculação dos resultados das contribuições do FGTS, a partir do exercício de 2004 até 2015.

Sugestão de resposta

A Lei Complementar nº 110/2001 instituiu duas espécies de contribuições sociais destinadas ao FGTS, a serem pagas pelos empregadores, nos seguintes moldes: a) à alíquota de dez por cento sobre o montante de todos os depósitos devidos, referentes ao FGTS, durante a vigência do contrato de trabalho, acrescido das remunerações aplicáveis às contas vinculadas, em casos de despedida de empregado sem justa causa (art. 1º) e b) à alíquota de cinco décimos por cento sobre a remuneração devida, no mês anterior, a cada trabalhador, incluídas as parcelas de que trata o art. 15 da Lei nº 8.036, de 11.05.1990 (art. 2º).

A jurisprudência do STF assentou o entendimento de que os valores depositados no Fundo de Garantia foram insuficientemente corrigidos na vigência dos planos econômicos "Verão" e "Collor I". Nesse contexto, as novas contribuições para o FGTS foram instituídas com a finalidade de aumentar o ativo para equilibrar o déficit causado pelo impacto da atualização monetária dos saldos das contas vinculadas. Vale citar, assim, o art. 4º da LC 110/2001, que autorizou que fossem creditadas parcelas das contribuições nas contas vinculadas para fins de complemento da atualização monetária.

Foram ajuizadas as ADIs 2556 e 2588 contra a LC 110/2001, entretanto, o STF apenas entendeu haver inconstitucionalidade parcial no art. 14, no tocante à expressão "produzindo efeitos". Deveras, foi proclamada a constitucionalidade da contribuição social prevista no art. 1º LC 110/2001, obstando-se apenas a exigibilidade das novas contribuições no mesmo exercício financeiro em que instituídas, em respeito à anterioridade prescrita pelo art. 150, III, b, da CF. Deixou-se, no entanto, de apreciar a constitucionalidade da contribuição prevista no art. 2º por perda superveniente de objeto, já que sua vigência restringiu-se ao período de sessenta meses contados a partir da exigibilidade da norma.

É importante mencionar que o STF entendeu que as contribuições para o FGTS têm natureza de contribuição social geral, o que enseja, a princípio, a destinação específica do produto de sua arrecadação à finalidade do objeto custeado (art. 195, § 4º e 195 da CF). Corolário disso, o art. 13 da LC 110/2001, de constitucionalidade confirmada pelo STF, determinou que leis orçamentárias anuais referentes aos exercícios de 2001, 2002 e 2003 assegurassem a destinação integral de valor equivalente à arrecadação das contribuições ao FGTS.

Nesse sentido, a partir da previsão feita pelo citado art. 13 da LC 110/2001, o produto arrecadado com as contribuições do FGTS fugiu à sistemática da Desvinculação de Receitas da União – DRU, prevista pelo art. 76 da ADCT. Nos termos deste dispositivo constitucional, são desvinculados de órgão, fundo ou despesa, 20 % da arrecadação da União de impostos, contribuições sociais e de intervenção no domínio econômico, já instituídos ou que vierem a ser criados.

Consoante sabido, a regra é a desvinculação das receitas derivadas dos impostos e a vinculação das receitas provenientes das contribuições *lato sensu*. Sucede, porém, que a Constituição permite a afetação da receita dos impostos a algumas despesas, como ao exemplo dos gastos com saúde e educação (art. 167, IV, da CF). Desse modo, é possível concluir que boa parte da arrecadação da União já está comprometida para fazer frente a várias despesas.

Assim, a Desvinculação das Receitas da União (DRU) se caracteriza como mecanismo constitucional que confere flexibilidade ao regime de afetação de algumas receitas ao custeio de atividades específicas, franqueando maior liberdade quanto à eleição dos programas e despesas a serem assumidos pelo Estado. A DRU foi criada pela EC 27/2000, para suceder o Fundo de Estabilização Fiscal – FEF, o qual, por conseguinte, foi o sucessor do Fundo Social de Emergência. Inicialmente o regime da DRU ficou restrito ao período dos exercícios de 2000 a 2003, todavia, sucessivas emendas constitucionais prorrogaram da vigência, tendo a EC 68/2011 promovido desvinculação até o exercício de 2015. Posteriormente, a EC 93/2016 estendeu até 31 de dezembro de 2023 a desvinculação de receitas da União relativa às contribuições sociais, sem prejuízo do pagamento das despesas do Regime Geral da Previdência Social, às contribuições de intervenção no domínio econômico e às taxas, já instituídas ou que vierem a ser criadas até a referida data.

A rigor, a única exceção à desvinculação de receita que consta no § 2º, do art. 76, é a contribuição social do salário-educação, o que não poderia ser ampliada pelo legislador infraconstitucional. Não obstante isso, considerando-se natureza finalística da contribuição para o FGTS, e tendo em vista que a afetação do produto da arrecadação das contribuições sociais é a regra, é possível que seja mantida por meio de lei ordinária a vinculação dos resultados das contribuições do FGTS, a partir do exercício de 2004 até 2015.

Não se pode olvidar que a DRU é um instrumento de direito financeiro, o que implica o seu caráter não impositivo, mas autorizativo. É dizer, não existe a obrigação de desvinculação, mas sim a possibilidade autorizada pelo constituinte. Portanto, nada impede que se mantenha a receita de terminada contribuição à sua finalidade[10].

Mister apontar que a constitucionalidade do instrumento foi contestada no Supremo Tribunal Federal. No âmbito dos REs 537610, julgado em 2009, e 566007 (Tema 227), julgado em 2014, o STF entendeu que a sistemática da desvinculação é constitucional, tendo em vista ter sido veiculada por meio de emenda à Constituição. Assim, não trouxe violação a nenhuma das limitações materiais contidas no art. 60, § 4º, da CRFB.

Sobre o tema, há, também, outra discussão travada no âmbito da ADPF 523, na qual os Estados pleiteavam que a interpretação do art. 157, II, da CRFB,

10. Parecer PGFN/CAF/nº 584/2012.

englobasse a DRU, pois esta se apresenta, de fato, como um "imposto disfarçado", tendo a União exercido sua competência residual por meio de emenda constitucional. Assim, os Estados requereram a partilha dos valores ali desvinculados.

Apesar disso, o STF não concordou com a tese, visto que "ao desvincular de órgão, fundo ou despesa trinta por cento da arrecadação da União relativa às contribuições sociais, às contribuições de intervenção no domínio econômico e às taxas, o art. 76 do ADCT afasta a incidência de qualquer norma que venha a incidir sobre esses recursos para afetar a sua destinação, expressamente excepcionado, apenas, o salário-educação de que trata o art. 212, § 5°, da CF. Pela própria definição, seria paradoxal afirmar que as receitas desvinculadas, nos moldes do art. 76 do ADCT, estariam, para os efeitos, do art. 157, II, da CF, vinculadas a norma prescritiva de partilha".

Destarte, o manejo do referido instrumento não implica em vulneração ao princípio federativo (arts. 1°, caput, e 60, § 4°, I, da CF), bem como de fraude à Constituição.

(Esaf/PFN/Procurador/2005) *Unidade, universalidade, sinceridade, equilíbrio, proibição de estorno, anualidade, não afetação e exclusividade são alguns dos princípios que informam o modelo normativo do orçamento no direito brasileiro. Esses princípios exercem o papel de nortear a função política do orçamento como plano de governo que o Legislativo aprova para fiel execução pelo Executivo. A confecção do orçamento envolve aspectos contábeis de receita e de despesa, de inegável interesse público, enquanto seu controle exige a participação de vários setores do espaço burocrático. Identifique os modelos de controle do orçamento e das finanças propiciados pelo direito brasileiro, em âmbito de finanças públicas federais, especificando suas variantes e peculiaridades.*

Direcionamento da resposta

A questão é ampla e exige a indicação de detalhes muitas vezes pouco estudados pelos candidatos: modelos de controle do orçamento. De qualquer forma, o conteúdo não é complexo e o bom aproveitamento na questão depende, basicamente, de uma explanação organizada da temática.

Sugestão de resposta

É cediço que o controle do orçamento público pode ser identificado de acordo com o momento de sua realização e em relação ao órgão que o realiza.

No que se refere ao momento, o controle pode ser concomitante ou posterior ao próprio orçamento. O controle concomitante, como o nome induz, é realizado ao longo da execução do orçamento, propiciando que os órgãos de fiscalização e a própria população possam acompanhar a execução do orçamento. Por seu turno, o controle posterior se verifica após a execução orçamentária, quando se analisam os relatórios e demais documentos expedidos.

O controle do orçamento também pode ser classificado em externo, interno ou privado. O controle interno é exercido dentro da Administração Pública, consistindo na necessidade de cada órgão possuir uma estrutura que tenha por finalidade analisar os resultados, quanto à eficiência e eficácia, da gestão orçamentária, financeira e patrimonial nos órgãos e entidades públicos, avaliar o cumprimento das leis orçamentárias, controlar as operações de crédito, avais e garantias, bem como auxiliar o controle externo no exercício da sua missão institucional, conforme art. 74 da Constituição Federal.

Opostamente, o controle externo é feito exclusivamente pelo Poder Legislativo de cada ente, com auxílio do Tribunal de Contas, conforme art. 70 a 73 da Constituição Federal. Cabe ressaltar que o controle externo possui duas facetas: uma é predominantemente política, quando o Congresso Nacional, por exemplo, julga as contas do Chefe do Poder Executivo; outra é predominantemente técnica, quando o Tribunal de Contas respectivo analisa as contas dos demais gestores, envolvendo denúncias, tomada de contas especial, fiscalização de atos de pessoal, etc.

Por fim, destaca-se o controle popular ou privado. Conforme o art. 74, § 2º, da Constituição Federal, "qualquer cidadão, partido político, associação ou sindicato é parte legítima para, na forma da lei, denunciar irregularidades ou ilegalidades perante o Tribunal de Contas da União". Da leitura do dispositivo, verifica-se a preocupação do constituinte em possibilitar ao cidadão comum a possibilidade de denunciar impropriedades à Corte de Contas respectiva.

***(Esaf/PFN/Procurador/2003)** Discorra sobre o princípio da não afetação e suas exceções.*

Direcionamento da resposta

Nessa questão, o candidato deve discorrer sobre o princípio da não afetação, abordando os limites de sua incidência, o seu fundamento constitucional (art. 167, IV), bem como todas as suas exceções.

Sugestão de resposta

O princípio da não afetação consiste na vedação à vinculação de receita dos impostos a órgão, fundo ou despesa, com fundamento no art. 167, IV, da Constituição Federal. Vale ressaltar que esse princípio se restringe aos impostos. Assim, é permitida a vinculação a órgãos, fundos ou despesas da receita proveniente das taxas (art. 98, § 2º) e das contribuições sociais e econômicas.

Ocorre que a própria Constituição, no referido dispositivo, apresenta algumas exceções à não afetação de receita. São elas: i) a repartição do produto da arrecadação dos impostos (art. 158 – FPE e art. 159 – FPM); ii) a destinação de recursos para as ações e serviços públicos de saúde (art. 198, § 2º), para manutenção e desenvolvimento do ensino (art. 212) e para realização de atividades da administração tributária (art. 37, XXII – FUNDAF); iii) a prestação de garantias às operações de crédito por antecipação de receita (art.165, § 8º); iv) a vinculação de receitas próprias geradas pelos impostos dos Estados e do Distrito Federal (art. 155), bem como pelos dos Municípios (art. 156) para a prestação de garantia ou contragarantia à União e para pagamento de débitos para com esta (art. 167, § 4º); v) a vinculação de receita facultativa aos Estados e ao Distrito Federal para programa de apoio à inclusão e promoção social (art. 204, parágrafo único) e para fundo estadual de fomento à cultura (art. 216, § 6º).

***(Cespe/Bacen/Procurador/2009)** Considerando que, originalmente, a destinação de recursos públicos para, direta ou indiretamente, cobrir déficits de pessoas jurídicas deveria atender a três requisitos: (i) ser autorizada por lei específica; (ii) atender às condições estabelecidas na lei de diretrizes orçamentárias; e (iii) estar prevista no orçamento ou em seus créditos adicionais, responda, de modo fundamentado, à questão a seguir: o Banco Central do Brasil, o Banco Nacional de Desenvolvimento Econômico e Social e a Caixa Econômica Federal, no exercício de suas atribuições precípuas, estão subordinados aos três requisitos citados?*

Direcionamento da resposta

Nessa questão, o candidato deve demonstrar que conhece a exceção à regra geral do *caput* do art. 26 da LRF, contida no § 1º do próprio dispositivo legal.

Sugestão de resposta

Os três requisitos à destinação de recursos públicos para o setor privado, no caso, para cobrir déficits de pessoas jurídicas, mencionado no enunciado da questão, qual seja, i) autorização por lei específica; ii) atendimento às condições estabelecidas na LDO; e iii) previsão no orçamento ou em seus créditos adicionais, previstos no *caput* do art. 26 da LRF, aplicam-se a toda Administração indireta, inclusive fundações públicas e empresas estatais, mas não às instituições financeiras e ao Banco Central do Brasil, no exercício de suas atribuições precípuas, conforme excepciona o § 1º do referido dispositivo.

Verifica-se, portanto, que, embora o Banco Nacional de Desenvolvimento Econômico e Social (BNDES) e a Caixa Econômica Federal (CEF) sejam empresas estatais, mais precisamente empresas públicas, são, igualmente, instituições financeiras públicas, não se subordinando aos três requisitos citados. Assim também o Banco Central do Brasil (BACEN), autarquia federal, por expressa previsão legal.

5. PRECATÓRIOS

(Cespe/AGU/Advogado/2012) *O Hospital XYZ propôs ação de ressarcimento em face da União, objetivando o pagamento de diferenças da tabela de procedimentos cirúrgicos do Sistema Único de Saúde, em razão de errônea conversão da unidade de referência de valor (URV) para Real. O pedido foi julgado procedente, tendo sido a União condenada a indenizar o Hospital XYZ, bem como a pagar honorários de sucumbência no valor de R$ 150.000,00. Durante a execução do julgado, o Banco ABC interveio como terceiro interessado, sob o argumento de que o advogado do Hospital XYZ havia cedido seus honorários de sucumbência, e requereu, por conseguinte, que fosse habilitado como credor por ocasião da expedição do precatório respectivo. Em face dessa situação hipotética, responda, de forma justificada, aos questionamentos seguintes. (i) É possível a cessão de crédito de precatórios? (ii) A União pode questionar a eficácia da cessão de crédito? (iii) Sendo os honorários advocatícios considerados verbas de natureza alimentar, poderia o respectivo crédito ser cedido, dada a natureza da obrigação prevista como vedação no art. 286 do Código Civil?*

Direcionamento da resposta

Nessa questão, o candidato deve abordar a sistemática do regime de precatórios prevista no art. 100 da Constituição Federal, mais precisamente nos §§ 13 e 14. Ao final, para completar a questão, deve citar o julgamento da ADI pelo STF a respeito da EC n. 62/2009, indicando que os dispositivos constitucionais abordados são constitucionais.

Sugestão de resposta

A Emenda Constitucional n. 62/2009 inclui no art. 100 da Constituição Federal os §§ 13 e 14 prevendo nova sistemática ao Regime de Precatórios. O primeiro dispositivo constitucional permite ao credor ceder, total ou parcialmente, seus créditos em precatórios a terceiros, independentemente da concordância do devedor, no caso a União. Essa regra não se aplica aos débitos de natureza alimentícia cujos titulares tenham 60 anos de idade ou mais ou sejam portadores de doença grave, sob pena de perda da preferência de pagamento na forma do § 2º, bem como aos pagamentos de obrigações definidas em leis como de pequeno valor, as chamadas RPV.

O segundo dispositivo somente dá margem ao questionamento da eficácia da cessão de crédito caso a União, na condição de entidade devedora, não seja comunicada pelo credor por meio de petição protocolizada nos autos do processo respectivo.

Vale ressaltar, ainda, que a citada EC n. 62/2009 foi objeto de controle de constitucionalidade, tendo sido os dispositivos analisados considerados constitucionais[11-12]. Além do mais, é importante destacar que o § 14 teve nova redação conferida pela EC nº 113/2021, indicando que "a cessão de precatórios, observado o disposto no § 9º deste artigo, somente produzirá efeitos após comunicação, por meio de petição protocolizada, ao Tribunal de origem e ao ente federativo devedor". Já o dispositivo contido no § 9º, também alterado pela EC nº 113/2021, indica que "sem que haja interrupção no pagamento do precatório e mediante comunicação da Fazenda Pública ao Tribunal, o valor correspondente aos eventuais débitos inscritos em dívida ativa contra o credor do requisitório e seus substituídos deverá ser depositado à conta do juízo responsável pela ação de cobrança, que decidirá pelo seu destino definitivo".

Por fim, o crédito advindo de honorários advocatícios, com natureza de verba alimentar, pode ser cedido, porém, terá transmutada sua natureza para crédito ordinário, sem preferência na ordem de pagamento e seguindo a cronologia própria.

6. TRANSFERÊNCIAS DE RECURSOS

(Cespe/AGU/Advogado/2015) *Determinado estado da Federação, inscrito no Cadastro de Inadimplentes (CADIN) do governo federal em decorrência de atos praticados na vigência da atual gestão, pretende firmar convênio com o Fundo*

11. STF, ADI 4357, Rel. Min. AYRES BRITTO, Rel. p/ ac.: Min. Luiz Fux, Tribunal Pleno, julgado em 14/03/2013, DJe 26-09-2014.
12. STF, ADI 4425, Rel. Min. Ayres Britto, Rel. p/ ac.: Min. Luiz Fux, Tribunal Pleno, julgado em 14/03/2013, DJe 19-12-2013.

Nacional de Desenvolvimento da Educação (FNDE) – órgão vinculado ao Ministério da Educação – para, com as verbas federais repassadas, adquirir veículos escolares novos e padronizados e garantir a manutenção da frota e, com isso, proporcionar o transporte de crianças e adolescentes das zonas rurais para as escolas mais próximas dos locais onde residem. Considerando o disposto na Lei de Responsabilidade Fiscal, discorra sobre a possibilidade jurídica da realização do repasse pretendido. Em seu texto, aborde, (i) o tipo de transferência de recursos a ser realizado no caso do convênio pretendido, conceituando-o; (ii) a constitucionalidade da utilização do CADIN para o controle e a fiscalização de repasse de verbas e de cumprimento de obrigações referentes ao repasse; (iii) a consequência advinda da inscrição do estado no CADIN e as exceções à ocorrência dessa consequência.

Direcionamento da resposta

Diferentemente de outros questionamentos dos concursos para a Advocacia Pública Federal, este é claramente mais abrangente e exige um exercício do poder de síntese do candidato, já que explora tema complexo e sob diversos aspectos, inclusive quanto à sua constitucionalidade.

Como já tive a oportunidade de escrever[13], **Cadastro Informativo de Créditos não Quitados do Setor Público Federal** (CADIN) é um banco de dados onde estão registradas as pessoas físicas e jurídicas em débito para com órgãos da Administração Direta e entidades federais da Administração Indireta da União, cuja regulamentação é feita pela Lei 10.522/2002.

As informações do cadastro permitem à Administração Pública Federal padronizar procedimentos relativos à concessão de crédito, garantias, incentivos fiscais e financeiros, à celebração de convênios, acordos, ajustes ou contratos de modo a favorecer a gestão seletiva dos recursos existentes.

Qualquer órgão da Administração Direta ou entidades da Administração Indireta podem inscrever devedores no CADIN, inclusive o podem realizar a inscrição o Poder Judiciário, o Legislativo e as Autarquias profissionais fiscalizadoras (CRM, CREA, v. g.)

No que diz respeito à atuação do Procurador da Fazenda Nacional atuante na Dívida Ativa, o contribuinte que tiver débitos inscritos terá seus dados incluídos no Cadastro Informativo de Créditos não Quitados do Setor Público

13. GRILO. Renato Cesar Guedes. **Manual do Procurador da Fazenda Nacional**. Salvador: Juspodivm, 2014. p. 131.

Federal - CADIN, após setenta e cinco dias da comunicação do seu débito, nos termos do artigo 2° e parágrafos da Lei n° 10.522, de 19 de julho de 2002.

O nome do devedor poderá ser suspenso do CADIN sempre que o crédito esteja com a exigibilidade suspensa, como, por exemplo, nos casos de oferecimento de garantia integral e idônea em processo judicial ou tenha aderido à parcelamento - na própria Lei 10.522/2002 há o chamado parcelamento ordinário, pelo prazo de sessenta meses.

A utilização do CADIN é de induvidosa constitucionalidade para o controle e fiscalização de repasse de verbas e para o cumprimento de obrigações legais e contratuais referentes ao repasse. Assim, em suma, a utilização do CADIN serve ao controle interno de repasse e é calcada em princípios maiores da Administração Pública, extraídos da CF (legalidade, moralidade, publicidade, eficiência) e da LRF.

Pois bem. Seguindo na análise da questão, entendo que o candidato deve asseverar que o repasse de verbas para a destinação pretendida deve ser realizado. A transferência do tipo voluntária - que não se confunde com as transferências obrigatórias previstas na Constituição Federal de 1988 -, de acordo com a LRF, se observa pela entrega de recursos correntes ou de capital a outro ente da Federação, sob o fundamento cooperativo (Federalismo de cooperação), não decorrente de determinação constitucional ou legal.

Para a hipótese de não haver o cumprimento das obrigações contratuais e legais e sejam, portanto, inscritos no CADIN, os entes ficam sujeitos a sanções, a exemplo do impedimento temporário de receber os repasses financeiros das transferências voluntárias. Contudo, a LRF, art. 25, § 3°, prevê exceções: para as ações de educação, saúde e assistência social, em virtude da altíssima relevância social da aplicação das verbas nessas áreas, não será aplicada a sanção do impedimento do repasse financeiro.

Em suma, segue abaixo um texto sugestivo para a resposta, abordando os conhecimentos básicos acima descritos, sendo relevante consignar que, na situação narrada, embora o Estado esteja no CADIN, a transferência voluntária não estará obstada diante da ação vinculada à educação, sendo exceção ao impedimento do repasse previsto na LRF.

Sugestão de resposta

O Cadastro Informativo de Créditos não Quitados do Setor Público Federal (CADIN) é um banco de dados onde estão registradas as pessoas físicas e jurídicas em débito para com órgãos da Administração Direta e entidades federais da Administração Indireta da União, cuja regulamentação é feita pela Lei 10.522/2002.

O nome do devedor poderá ser suspenso do CADIN sempre que o crédito esteja com a exigibilidade suspensa, como, por exemplo, nos casos de oferecimento de garantia integral e idônea em processo judicial ou tenha aderido à parcelamento - na própria Lei 10.522/2002 há o chamado parcelamento ordinário, pelo prazo de sessenta meses.

A utilização do CADIN é de induvidosa constitucionalidade para o controle e fiscalização de repasse de verbas e para o cumprimento de obrigações legais e contratuais referentes ao repasse. Assim, em suma, a utilização do CADIN serve ao controle interno de repasse e é calcada em princípios maiores da Administração Pública, extraídos da CF (legalidade, moralidade, publicidade, eficiência) e da LRF.

No caso descrito, cuida-se de Transferência Voluntária, regulada essencialmente no Art. 25 da LRF, que se verifica pela entrega de recursos correntes ou de capital a outro ente da Federação, a título de cooperação, auxílio ou assistência financeira, que não decorram de determinação constitucional ou legal nem sejam destinados ao Sistema Único de Saúde.

Na situação apresentada, embora o estado esteja inscrito no CADIN, a transferência voluntária será destinada para ação vinculada a aplicação na educação, na medida em que os veículos escolares possibilitam que jovens das zonas rurais tenham como chegar às escolas e, portanto, a ação é promotora de inclusão desse público-alvo na coletividade, sendo exceção ao impedimento do repasse previsto na LRF. É que o §3º do Art. 25 da LRF prevê as seguintes exceções a aplicação de sanções: recursos destinados para as ações de educação, saúde e assistência social, em virtude da altíssima relevância social da aplicação das verbas nessas áreas, não será aplicada a sanção do impedimento do repasse financeiro.

Conclusivamente, as Transferências Voluntárias materializam o princípio cooperativo interfederativo, que permite aos entes Políticos se ajudarem mutuamente na execução finalística de bem realizarem serviços públicos, com destaque para aqueles relacionados à saúde, educação e assistência social.

(Cespe/AGU/Advogado/2012) *Considere que a União, por intermédio de um de seus ministérios, pretenda transferir recursos de dotações consignadas no orçamento fiscal para determinada entidade privada sem fins lucrativos. Considere, ainda, que tal transferência vise à execução de programa de governo que envolve prestação de serviço de interesse recíproco, em regime de mútua* *cooperação. Com base nessa situação hipotética, faça o que se pede a seguir. Discorra sobre a questão, informando qual o instrumento jurídico-administrativo adequado para que a autoridade ministerial leve a efeito sua pretensão, bem como o procedimento. Analise a possibilidade de celebração direta do referido instrumento.*

Direcionamento da resposta

Nessa questão, o candidato deve indicar o convênio como sendo o instrumento jurídico-administrativo adequado para que a autoridade ministerial leve a feito sua pretensão e descrever o procedimento, na forma do Decreto n. 6.170/2007. Por fim, explicitar que a celebração de convênio está condicionada, como regra, ao chamamento público, mas que a referida norma prevê três exceções.

Sugestão de resposta

A União, por intermédio de um de seus ministérios, poderá transferir recursos de dotações consignados no orçamento fiscal para determinada entidade privada sem fins lucrativos, sendo o convênio o instrumento adequado para que a autoridade ministerial leve a efeito sua pretensão, conforme definido no art. 1°, § 1°, I, do Decreto n. 6.170/2007[14], que dispõe sobre as normas relativas às transferências de recursos da União mediante convênios e contratos de repasse, e prevê vedações objetivas, subjetivas e materiais à celebração de convênios com entidade sem fins lucrativos em determinadas espécies, bem como no art. 2°, VI, da Portaria Interministerial CGU/MF/MP n. 507/2011.

A mesma norma, no art. 4°, condiciona, como regra, a celebração de convênio com entidades privadas sem fins lucrativos ao prévio chamamento público, visando à seleção de projetos ou entidades que tornem o objeto do ajuste mais eficaz. Esse, segundo a doutrina, é uma modalidade específica de licitação.

Excepcionalmente, o Ministro de Estado ou o dirigente máximo da entidade da Administração Pública Federal, cuja competência para tanto é indelegável,

---

14. O art. 1°, § 1°, I, do Decreto n. 6.170/2007 considera convênio: "acordo, ajuste ou qualquer outro instrumento que discipline a transferência de recursos financeiros de dotações consignadas nos Orçamentos Fiscal e da Seguridade Social da União e tenha como partícipe, de um lado, órgão ou entidade da administração pública federal, direta ou indireta, e, de outro lado, órgão ou entidade da administração pública estadual, distrital ou municipal, direta ou indireta, ou ainda, entidades privadas sem fins lucrativos, visando a execução de programa de governo, envolvendo a realização de projeto, atividade, serviço, aquisição de bens ou evento de interesse recíproco, em regime de mútua cooperação".

pode celebrar tal instrumento diretamente: i) nos casos de emergência ou calamidade pública; ii) para a realização de programas de proteção a pessoas ameaçadas ou em situação que possa comprometer sua segurança; ou iii) nos casos em que o projeto, atividade ou serviço já seja realizado adequadamente mediante parceria com a mesma entidade há pelo menos 5 anos com as respectivas prestações de contas aprovadas.

7. TRIBUNAL DE CONTAS

(Esaf/PFN/Procurador/2016) *Com o objetivo de assegurar o controle orçamentário, a Carta Magna, por meio do art. 70, adota mecanismos de rigorosa fiscalização, que extravasam a legalidade, adentrando nas esferas da legitimidade e economicidade. Assim, com fulcro nas garantias fundamentais, em que consistem a legitimidade e a economicidade?*

Direcionamento da resposta

A questão cobra, de maneira mais imediata, o conteúdo dos princípios orçamentários da legitimidade e da economicidade; contudo, também menciona o "controle orçamentário", a "legalidade", no contexto do que classifica como "garantias fundamentais" e "rigorosa fiscalização".

Portanto, não basta apenas definir o que se entende por legitimidade e economicidade. Exige-se do candidato que amplie o espectro de abrangência da resposta para alcançar a dimensão maior dada pelo enunciado, sem, contudo, fugir dos temas nucleares propostos. Assim, inicialmente competiria fazer parágrafo introdutório sobre o controle e fiscalização públicos, sua relevância e princípios norteadores, concentrando-se no desenvolvimento da legalidade, legitimidade e economicidade, com foco também no aspecto comparativo aplicável. Depois, concluir a breve dissertação com um parágrafo conclusivo de fechamento do raciocínio.

Sobre a necessidade de haver a legitimidade nas manifestações da Administração Pública, ensina Hely Lopes Meirelles que (grifei):

> "A necessidade de controle – A Administração Pública, em todas as suas manifestações, deve atuar com **legitimidade**, ou seja, segundo as normas pertinentes a cada ato e de acordo com a finalidade e o interesse coletivo na sua realização. Até mesmo nos atos discricionários a conduta de quem os pratica há de ser legítima, isto é, conforme as opções permitidas em lei e as exigências do bem-comum. Infringindo as normas legais, ou relegando os princípios básicos da Administração, ou ultrapassando a competência, ou se desviando da

finalidade institucional, o agente público vicia o ato de ilegitimidade e o expõe à anulação pela própria Administração ou pelo judiciário em ação adequada.[15]"

Quanto à economicidade, destaco também citação de Carvalho Filho:

> "O núcleo do princípio é a procura de produtividade e economicidade e, o que é mais importante, a exigência de reduzir os desperdícios de dinheiro público, o que impõe a execução dos serviços públicos com presteza, perfeição e rendimento funcional.[16]"

Trata-se de questão aparentemente simples, porém, que requer do examinando o exercício do poder argumentativo em grau mais apurado, expondo conceitos que parecem ser intuitivos, mas que possuem densidade conceitual e técnica que permitem uma definição mais precisa, dentro do contexto proposto.

Segue uma sugestão de resposta, que contém o conteúdo mínimo que julgamos necessário à pontuação dos itens cobrados pelo questionamento.

Sugestão de resposta

Como função típica do Poder Legislativo lhe cabe a 'função fiscalizadora', que é exercida com o auxílio das Cortes de Contas, abrangendo a fiscalização contábil, financeira, orçamentária e patrimonial. Esse controle se qualifica mediante os vetores constitucionais da legalidade, legitimidade e economicidade.

Do princípio republicano, segundo o qual o povo detém o Poder Soberano, exercido por meio dos seus representantes eleitos e de forma direta, nos termos da Constituição, advém a legalidade orçamentária: só se gasta aquilo que o Parlamento autorizou, devendo os administradores públicos a este princípio estarem vinculados no seu agir, sendo ponto de partida para o mister fiscalizatório materializado no Art. 70 e seguintes da Carta Magna.

Contudo, não basta a simples observância da Lei, visto que a despesa pode até estar republicanamente autorizada, mas não ser legítima; emergente, então, o princípio da legitimidade, no sentido de qualificar a legalidade, exigindo-se o compasso com o real atendimento das necessidades públicas, servindo de limite à discricionariedade do gestor.

Assim, pode-se conceituar a legitimidade como o exame de mérito da despesa com vistas a identificar eventual desvio de finalidade, pois as competências discricionárias, ainda que atendam aos parâmetros da legalidade, devem se ater circunscritas a padrões de razoabilidade, moralidade e dos princípios constitucionais

---

15. MEIRELES, Hely Lopes. **Direito administrativo brasileiro**. 33 ed. São Paulo: Malheiros. p. 565.
16. CARVALHO FILHO, José dos Santos. **Manual de direito administrativo**. 24 ed. Rio de Janeiro, Lumen Iures, 2011. P. 58.

reconhecidos, qualificando os aspectos éticos da gestão financeira, a fim de atender ao interesse público também sob o viés político, sociológico e valorativo.

Por sua vez, a economicidade enfoca o binômio do custo/benefício em busca de se extrair do meio utilizado o melhor índice de resultado, dirigindo, assim, o critério de conveniência e oportunidade do administrador público, em atenção aos princípios da eficiência da gestão financeira, com o objetivo de não comprometer a qualidade exigida das prestações públicas.

Portanto, a segurança jurídica advinda com o atendimento aos padrões preestabelecidos pela legalidade se complementa com a ideia de justiça, obtida com a aplicação da legitimidade como princípio da gestão dos recursos públicos e a eficiência orçamentária a partir das escolhas mais eficazes – meios menos custosos que se traduzam em resultados mais eficientes – em salvaguarda da economicidade. Tal fórmula deve nortear o controle das contas públicas, permitindo que se faça não apenas um mero juízo jurídico formal quanto ao atendimento dos limites legais, mas também quanto aos critérios eleitos dentre os possíveis, capazes de tornar, ou não, legítima e econômica a escolha do administrar público.

Em suma, diante do exposto, vislumbra-se a possibilidade de se avaliar o mérito (conveniência e oportunidade) das diretrizes seguidas pelo administrador público, mediante controle da legalidade, qualificada pela legitimidade e economicidade, em busca da eficiência alocativa dos finitos recursos públicos.

(Cespe/AGU/Advogado/2012) *Um servidor público federal teve sua aposentadoria por invalidez concedida por determinado órgão público federal e remetida para apreciação do TCU. Após o ato de registro no TCU, a respectiva aposentadoria ganhou eficácia. No entanto, foi constatado, posteriormente, por uma junta médica oficial, que os motivos da aposentadoria eram insubsistentes. Tendo em vista essa constatação, o órgão público a que o funcionário fora vinculado determinou seu imediato retorno ao serviço público, sem antes comunicar o TCU. Considerando essa situação hipotética e a jurisprudência do STF e STJ acerca do tema, atenda, de forma justificada, ao que se pede a seguir. Com relação à conjugação de vontades para a formação do ato administrativo que concede aposentadoria, informe qual é o entendimento do STF e do STJ quanto à natureza jurídica desse ato. Discorra sobre a revogação do ato que concedeu a aposentadoria e avalie a maneira como o órgão público revogou a aposentadoria na situação hipotética supramencionada.*

Direcionamento da resposta

Apesar de se referir ao Tribunal de Contas da União (TCU), a questão abrange conceitos ligados quase que exclusivamente do Direito Administrativo, não exigindo grande domínio do Direito Financeiro.

Sugestão de resposta

Conforme jurisprudência do Supremo Tribunal Federal, atribui-se natureza *complexa* – e não *composta* – aos atos administrativos concessivos de aposentadorias, reformas e pensões, ou seja, o ato *só se forma com a conjugação de vontades de órgãos diversos, ao passo em que o ato composto é formado pela vontade única de um órgão, sendo apenas ratificado por outra autoridade* (STF MS 3.881).

O posicionamento do Superior Tribunal de Justiça, apesar de inicialmente oscilante, também vai ao encontro do entendimento sufragado pelo STF, mormente após a edição da Súmula Vinculante n. 03.

No caso concreto, porém, o procedimento adotado se mostra equivocado do ponto de vista jurídico. De fato, quando o Tribunal de Contas aprecia a legalidade de um ato concessivo de pensão, aposentadoria ou reforma, ele não precisa ouvir a parte diretamente interessada, porque a relação jurídica travada, nesse momento, é entre o Tribunal de Contas e a Administração Pública. Num segundo momento, porém, concedida a aposentadoria ou reconhecido o direito à pensão ou à reforma, já existe um ato jurídico que, *a priori*, até que se prove o contrário, chama-se ato jurídico perfeito, porque se perfez reunindo os elementos formadores que a lei exigia para tal. E, nesse caso, a aposentadoria, ainda que concedida equivocadamente, ganha tônus de juridicidade.

Assim, constatada por junta médica oficial que os motivos ensejadores da aposentadoria são insubsistentes, cabe ao órgão público a que o servidor fora vinculado a imediata comunicação ao TCU, que, no âmbito de suas atribuições, deverá oportunizar o contraditório a ampla defesa ao interessado. Note-se, ainda, que não se trata de "revogação" - que é motivada por critérios de conveniência e oportunidade –, mas sim de anulação, visto que baseada em suposta ilegalidade.

Por fim, em sede de Recurso Extraordinário (Tema 445 de Repercussão Geral), o Supremo Tribunal Federal fixou que "*em atenção aos princípios da segurança jurídica e da confiança legítima, os Tribunais de Contas estão sujeitos ao prazo de 5 anos para o julgamento da legalidade do ato de concessão inicial de aposentadoria, reforma ou pensão, a contar da chegada do processo à respectiva Corte de Contas*". Assim, posição do STF findou uma série de discussões acerca da incidência ou não de prazo para os Tribunais de Contas analisarem o ato de registro.

(Esaf/PFN/Procurador/2005) *Suponha que o Tribunal de Contas da União tenha sustado a execução de um contrato administrativo, firmado pela União por intermédio de um órgão do Poder Executivo federal, sob a alegação de que, ainda que tal contrato não fosse ilegal, era antieconômico. Pergunta-se: o referido* *ato do TCU encontra amparo no direito pátrio? Em sendo negativa a resposta, existe alguma hipótese na qual a Corte de Contas federal pode, diretamente, sustar a execução de contratos administrativos que vêm sendo conduzidos por órgãos do Poder Executivo federal? Fundamente a resposta.*

Direcionamento da resposta

Nessa questão, o candidato deve indicar a possibilidade, ou não, de o Tribunal de Contas da União sustar diretamente a execução de um contrato administrativo, firmado pela União por intermédio de um órgão do Poder Executivo federal com fundamento somente na economicidade. Para tanto, deve abordar a sistemática do art. 71, § 1º, da Constituição Federal. Ao final, para completar a questão, pode também mencionar a hipótese de intervenção do Poder Legislativo, com pronunciamento conclusivo do TCU, na execução orçamentária prevista no art. 72, § 2º, da CRFB.

Sugestão de resposta

A Constituição Federal, no art. 71, IX e X, apesar de elencar dentre as competências do TCU, a de assinar prazo para que o órgão ou entidade adote as providências necessárias ao exato cumprimento da lei, se verificada ilegalidade; e, se não atendido, sustar a execução do ato impugnado, comunicando a decisão à Câmara dos Deputados e ao Senado Federal, deu tratamento diferenciado aos contratos. O § 1º do referido dispositivo constitucional prevê que, no caso de contrato, o ato de sustação será adotado diretamente pelo Congresso Nacional, que solicitará, de imediato, ao Poder Executivo as medidas cabíveis.

Já no parágrafo seguinte consta que somente quando o Congresso Nacional ou o Poder Executivo, no prazo de 90 dias, não efetivar as medidas cabíveis é que o TCU pode decidir a respeito. Portanto, o referido ato do TCU não encontra amparo legal no ordenamento pátrio. A hipótese na qual a Corte de Contas federal pode, diretamente, sustar a execução de contratos administrativos que vêm sendo conduzidos por órgãos do Poder Executivo federal é subsidiária, apenas quando somente quando o Congresso Nacional ou o Poder Executivo, no prazo de 90 dias, não efetivar as medidas cabíveis é que o TCU pode decidir a respeito. De acordo com a jurisprudência do STF, o TCU, embora não tenha poder para anular ou sustar contratos administrativos, tem competência, conforme o art. 71, IX, para determinar à autoridade administrativa que promova a anulação do contrato e, se for o caso, da licitação de que se originou[17].

17. Mandado de segurança. Ato do Tribunal de Contas da União. Competência prevista no art. 71, IX, da Constituição Federal. Termo de sub-rogação e rerratificação derivado de contrato de concessão anulado. Nulidade. Não configuração de violação dos princípios do contraditório e da ampla

Em regra, o controle externo da execução orçamentária é realizado *a posteriori*, iniciando-se após o ato administrativo de realização de despesa ou do encerramento do exercício financeiro. Todavia, a CF/88 prevê em seu art. 72, § 2º, que diante de indícios de despesas não autorizadas, entendidas como irregulares pelo TCU, poderá o Poder Legislativo intervir para sustá-las, durante o curso da execução orçamentária, se julgar que o gasto possa causar dano irreparável ou grave lesão à economia pública.

Ressalte-se que o contingenciamento de despesas é uma prerrogativa do Chefe do Poder Executivo. Portanto, a sustação de despesa não autorizada deve ser encarada como uma hipótese atípica, dado que quem determina sua não execução é o Poder Legislativo no exercício do controle externo concomitante com a execução orçamentária.

(Cespe/Bacen/Procurador/2009) *Considerando as suas competências constitucionais e legais e os direitos fundamentais à intimidade e à vida privada, o Tribunal de Contas da União tem poderes para determinar a quebra do sigilo bancário de dados constantes do Banco Central do Brasil? Justifique a sua resposta.*

Direcionamento da resposta

Nessa questão, o candidato deve indicar que o Tribunal de Contas da União não tem poderes para determinar a quebra de sigilo bancário de dados constantes do Banco Central do Brasil, conforme o entendimento do STF, explicando os fundamentos desse posicionamento sobre o tema.

Sugestão de resposta

O STF já se manifestou no sentido de que o Tribunal de Contas da União, a despeito da relevância das suas funções, não tem legitimidade para requisitar

defesa. Segurança denegada. 1. De acordo com a jurisprudência do STF, "**o Tribunal de Contas da União, embora não tenha poder para anular ou sustar contratos administrativos, tem competência, conforme o art. 71, IX, para determinar à autoridade administrativa que promova a anulação do contrato e, se for o caso, da licitação de que se originou**" (MS 23.550, redator do acórdão o Ministro Sepúlveda Pertence, Plenário, DJ de 31/10/01). Assim, perfeitamente legal a atuação da Corte de Contas ao assinar prazo ao Ministério dos Transportes para garantir o exato cumprimento da lei. 2. Contrato de concessão anulado em decorrência de vícios insanáveis praticados no procedimento licitatório. Atos que não podem ser convalidados pela Administração Federal. Não pode subsistir sub-rogação se o contrato do qual derivou é inexistente. 3. Não ocorrência de violação dos princípios do contraditório e da ampla defesa. A teor do art. 250, V, do RITCU, participaram do processo tanto a entidade solicitante do exame de legalidade, neste caso a ANTT, órgão competente para tanto, como a empresa interessada, a impetrante (Ecovale S.A.). 4. Segurança denegada. (MS 26000, Rel. Min. Dias Toffoli, Primeira Turma, julgado em 16/10/2012, DJe 14-11-2012).

informações que importem a quebra de sigilo bancário, por não figurar dentre aqueles a quem o legislador conferiu essa possibilidade na Lei Complementar 105/2001.

Para o Pretório Excelso, não há como admitir-se interpretação extensiva, por tal implicar restrição a direito fundamental positivado no art. 5º, X, da Constituição Federal[18-19].

18. MANDADO DE SEGURANÇA. TRIBUNAL DE CONTAS DA UNIÃO. QUEBRA DE SIGILO BANCÁRIO. IMPOSSIBILIDADE. SEGURANÇA CONCEDIDA. O Tribunal de Contas da União, a despeito da relevância das suas funções, não está autorizado a requisitar informações que importem a quebra de sigilo bancário, por não figurar dentre aqueles a quem o legislador conferiu essa possibilidade, nos termos do art. 38 da Lei 4.595/1964, revogado pela Lei Complementar 105/2001. Não há como admitir-se interpretação extensiva, por tal implicar restrição a direito fundamental positivado no art. 5º, X, da Constituição. Precedente do Pleno (MS 22801, rel. min. Menezes Direito, DJe-047 de 14.03.2008.) Ordem concedida. (MS 22934, Rel. Min. Joaquim Barbosa, Segunda Turma, julgado em 17/04/2012, DJe 09-05-2012).

19. EMENTA Mandado de Segurança. Tribunal de Contas da União. Banco Central do Brasil. Operações financeiras. Sigilo. 1. A Lei Complementar nº 105, de 10/1/01, não conferiu ao Tribunal de Contas da União poderes para determinar a quebra do sigilo bancário de dados constantes do Banco Central do Brasil. O legislador conferiu esses poderes ao Poder Judiciário (art. 3º), ao Poder Legislativo Federal (art. 4º), bem como às Comissões Parlamentares de Inquérito, após prévia aprovação do pedido pelo Plenário da Câmara dos Deputados, do Senado Federal ou do plenário de suas respectivas comissões parlamentares de inquérito (§§ 1º e 2º do art. 4º). 2. Embora as atividades do TCU, por sua natureza, verificação de contas e até mesmo o julgamento das contas das pessoas enumeradas no artigo 71, II, da Constituição Federal, justifiquem a eventual quebra de sigilo, não houve essa determinação na lei específica que tratou do tema, não cabendo a interpretação extensiva, mormente porque há princípio constitucional que protege a intimidade e a vida privada, art. 5º, X, da Constituição Federal, no qual está inserida a garantia ao sigilo bancário. 3. Ordem concedida para afastar as determinações do Acórdão nº 72/96/TCU/2ª Câmara, bem como as penalidades impostas ao impetrante no Acórdão nº 54/97/TCU/Plenário. (MS 22801, Rel. Min. Menezes Direito, Tribunal Pleno, julgado em 17/12/2007, DJe 14-03-2008)

DIREITO INTERNACIONAL

1. COMÉRCIO INTERNACIONAL

(Cespe/Bacen/Procurador/2009) O comércio internacional, identificado com a "lex mercatoria", sedimenta-se no mundo contemporâneo a partir de uma trajetória cheia de percalços, na qual, à relação entre indivíduos, acrescenta-se a relação entre Estados nacionais. Como em qualquer relação obrigacional, entretanto, há necessidade de que o crédito e o pagamento das operações sejam realizados de forma segura. Nesse contexto, surgiu a figura do crédito documentário (CD), ou LC ("letter of credit"), muito usado para a cobrança dos contratos internacionais de exportação e importação de mercadorias. Tendo o texto acima como referência inicial, considere que um agricultor brasileiro tenha decidido exportar sua safra de soja para uma pessoa jurídica estabelecida no Paquistão e que, para tanto, tenha sido celebrado um contrato de compra e venda estipulando que o pagamento será feito por meio de crédito documentário (CD), visando, assim, reduzir o risco de inadimplemento. Com referência a essa situação hipotética, redija um texto que responda, sucintamente, os seguintes questionamentos: (i) Quem é e como se caracteriza o ordenador? (ii) Quem é e como se caracteriza o beneficiário? (iii) Em que momento o agricultor brasileiro deve enviar a mercadoria, garantindo que não haverá risco de inadimplemento?

Direcionamento da resposta

Nessa questão, o candidato deve explicar a formatação do crédito documentário (CD), cuja denominação em inglês é "letter of credit" (LC), como contrato bancário utilizado em operações internacionais de comércio, indicando e caracterizando, no caso hipotético, a figura do ordenador e do beneficiário, bem como o momento de envio da mercadoria para garantir que não haverá risco de inadimplemento.

Sugestão de resposta

O crédito documentário (CD), cuja denominação em inglês é "letter of credit" (LC) é uma espécie de contrato bancário e importante instrumento de fomento às operações internacionais de comércio.

Além da relação entre o importador e o exportador, envolve uma instituição financeira que garante o pagamento do contrato por intermédio de uma carta de crédito. Na prática, o banco emitente da carta de crédito é procurado por um cliente, ordenador, com o objetivo de efetuar o pagamento a um terceiro, beneficiário, ou, ainda, autorizar outro banco a fazer o pagamento ou a negociar[1].

O cliente que solicita abertura de crédito documentário para pagamento de terceiro é o ordenador, no caso o agricultor brasileiro. Aquele que contrata com o ordenador negócio cujo pagamento é objeto do crédito documentário, chama-se beneficiário, no caso, a pessoa jurídica estabelecida no Paquistão.

O momento de envio da mercadoria para garantir que não haverá risco de inadimplemento ocorre após a liberação de pagamento pelo banco emissor com a apresentação de documentos comprobatórios do atendimento da obrigação[2]. A análise a ser realizada pelo banco, no sentido de verificar se está presente o dever de pagar ao importador, é limitada ao aspecto formal dos documentos.

2. ORGANISMOS INTERNACIONAIS

(Cespe/AGU/Advogado/2012) *Embora as normas brasileiras vedem a importação de pneus usados, considerados nocivos à saúde e ao meio ambiente, o Brasil admite a importação desse produto quando proveniente do Mercosul, em razão da adequação da legislação nacional a uma decisão do Tribunal Arbitral "ad hoc" do citado bloco econômico. Em face disso, outros países recorreram à OMC contra o Brasil. Em face dessa situação, discorra sobre as normas de comércio internacional e os princípios da ordem econômica em tensão no caso concreto.*

Direcionamento da resposta

O candidato deve mencionar o julgamento da ADPF 101 pelo STF e, nesse ínterim, abordar o conflito entre a cláusula da nação mais favorecida (art. I, do GATT/47) e o princípio do reconhecimento de acordos regionais (art. XXIV, do GATT/47). No que se refere aos princípios constitucionais da ordem econômica em tensão, deve tratar, de um lado, do princípio da livre iniciativa e da livre

1. REsp 602.029/RS, Rel. Min. Menezes Direito, Terceira Turma, julgado em 07/12/2004, DJ 11/04/2005.
2. MIRAGEM, Bruno. Direito Bancário. 1. ed. São Paulo: RT, 2013, p.400.

concorrência (art. 170, *caput* e IV, da CF/88), e, do outro, do princípio da proteção ao meio ambiente ecologicamente equilibrado (art. 170, VI, e 225, da CF/88).

Sugestão de resposta

Sob o guarda-chuva das normas da OMC, em particular o art. I do GATT/47, o comércio internacional é pautado pela cláusula da nação mais favorecida, segundo a qual o tratamento conferido a um Estado deve ser alcançado a todos os demais, evitando-se, assim, condutas discriminatórias que criem ineficiência no comércio internacional.

Como exceção à cláusula da nação mais favorecida, opõe-se o princípio do reconhecimento dos acordos regionais, pautados na concepção de que acordos regionais, apesar de criarem tratamento diferenciado em face de algumas nações em detrimento de outras, promovem o aumento da integração e do volume do comércio mundial e, por conta disso, merecem ser tutelados. Assim, o GATT/47, em seu art. XXIV, prevê o reconhecimento dos acordos regionais como exceção à cláusula da nação mais favorecida.

Quanto ao caso concreto, a discussão exposta foi travada no julgamento da ADPF 101, por meio qual o Presidente da República buscou combater decisões judiciais calcadas na cláusula da não mais favorecida que autorizaram a importação, pelo Brasil, de pneus usados provenientes de países não membros do Mercosul, tendo em vista ofensa aos arts. 196 e 225 da CF/88.

Nesse sentido, a União Europeia se sentiu prejudicada em face da permissão à importação de pneus usados somente de países-membros do Mercosul (reconhecimento de acordos regionais), alegando a extensão de benefícios a determinados países em detrimento de outros, o que violaria a cláusula da nação mais favorecida. Reconheceu-se, por fim, a constitucionalidade dos atos normativos que vedavam a importação de pneus usados, com exceção dos países participantes do Mercosul, em relação aos quais seria permitida em razão da decisão oriunda do Tribunal Arbitral do bloco.

No âmbito constitucional, nota-se evidente tensão entre o princípio da livre iniciativa e da livre concorrência (art. 170, *caput* e IV, da CF/88) e o princípio da proteção ao meio ambiente ecologicamente equilibrado (art. 170, VI, e 225, da CF/88), tendo este prevalecido em face daquele, no caso concreto.

3. PERSONALIDADE JURÍDICA INTERNACIONAL

(Cespe/AGU/Procurador/2010) *"A compreensão do conceito de personalidade jurídica internacional que fundamenta a avaliação de que essa* *personalidade é obsoleta e inútil quando é chamada a responder os desafios do hoje e do amanhã é parte de uma visão especifica sobre o futuro do direito internacional. Contudo, há (sempre) alimentado por visões de futuros alternativos, e temos de continuar nos lembrando disso quando nos voltamos para o discurso jurídico do passado". Tradução livre de Janne Elisabeth Nijman, "The concept of international legal personality: an inquiry into the history and theory of international law". The Hague T.M.C. Asser Press, 2004, p. 7 (com adaptações). Durante o século XX, muito se discutiu sobre se o indivíduo pode ser considerado pessoa e se é dotado de capacidade no direito internacional. Embora o debate teórico sobre o tema tenha arrefecido, vários desenvolvimentos, no plano do direito internacional positivo, passaram a exigir uma constante reflexão do tema. Redija um texto dissertativo acerca da capacidade processual do indivíduo no direito internacional. Ao elaborar seu texto, aborde, necessariamente, os seguintes aspectos: (i) Distinção entre personalidade e capacidade no plano internacional. (ii) Capacidade processual do indivíduo perante a Corte Internacional de Justiça. (iii) Capacidade processual do indivíduo perante a Corte Europeia de Direitos Humanos e a Corte Internacional de Direitos Humanos.*

Direcionamento da resposta

O candidato deve fazer a diferenciação entre personalidade e capacidade no plano internacional, destacando que aquela se refere à aptidão para titularizar direitos e obrigações no plano internacional, ao passo que esta é um desdobramento da personalidade e consiste na possibilidade efetiva de uma pessoa, natural ou jurídica, exercer direitos e cumprir obrigações. Em seguida, deve destacar que o indivíduo tem capacidade processual perante a Corte Europeia de Direitos Humanos (Protocolo nº 11/1998), ao passo que ainda carece dela junto à Corte Interamericana de Direitos Humanos e à Corte Internacional de Justiça.

Sugestão de resposta

Por muito tempo, a doutrina resistiu em conferir ao indivíduo o caráter de sujeito de direito internacional público, especialmente em razão da perspectiva eminentemente interestatal que sempre norteou este ramo do direito. Contudo, atualmente, vem sendo reconhecida a personalidade do indivíduo enquanto aptidão para titularizar direitos e obrigações no plano internacional, bem como sua capacidade processual, que lhe permite demandar em instâncias internacionais e, assim, exercer direitos e cumprir obrigações.[3]

---

3. PORTELA, Paulo Henrique Gonçalves. **Direito internacional público e privado**. 4. ed. Salvador: Juspodivm, 2012, p. 169 e 174.

Muito embora exista essa tendência de progressivo reconhecimento da capacidade processual do indivíduo, ainda não são todos os tribunais internacionais que a admitem.

Nesse sentido, a Corte Internacional de Justiça (CIJ) entende que a capacidade de lhe submeter litígios está restrita aos Estados soberanos, membros ou não das Nações Unidas. Portanto, para que um particular faça valer algum direito seu junto à CIJ, é necessário que seu Estado espose tal pretensão e ali deflagre demanda judicial.[4]

Do mesmo modo, a Corte Interamericana de Direitos Humanos (CIDH) não reconhece a legitimação do indivíduo para acessá-la diretamente, nos termos do art. 61, da Convenção Americana, cabendo apenas aos Estados-parte ou à Comissão Interamericana fazê-lo. Assim, ao indivíduo cabe enviar o caso para apreciação da Comissão, que, se entender que o Estado-parte descumpriu alguma obrigação prevista Convenção, poderá submetê-lo à Corte.[5]

A única que assegura o direito de petição ao indivíduo, sem intermediários, é a Corte Europeia de Direitos Humanos (CEDH). Tal garantia, no entanto, somente foi prevista com o Protocolo nº 11/1998, que tornou obrigatória a cláusula do art. 34, da Convenção Europeia, na qual se prevê a capacidade processual do indivíduo.

4. DIREITO DOS TRATADOS

(Cespe/AGU/Advogado/2015) *A República Federativa do Brasil e determinado Estado integrante do Mercado Comum do Sul (Mercosul) pretendem firmar um acordo que tem por objeto a prestação de assistência e de cooperação mútua para investigar e esclarecer as graves violações aos direitos humanos praticadas durante as ditaduras que assolaram os dois países em passado recente. O objetivo do acordo, que deverá ser assinado pelos ministros das Relações Exteriores dos dois países, é promover e fomentar a cooperação entre ambas as partes, com o propósito de contribuir para o processo de resgate da verdade e de promoção da memória social. O acordo limita-se ao compartilhamento de documentação relativa ao seu objeto. Considerando essa situação hipotética, redija um texto dissertativo acerca dos tratados internacionais. Ao elaborar seu texto: (i) apresente a classificação dos tratados internacionais quanto ao procedimento para sua*

4. MAZZUOLI, Valério de Oliveira. **Curso de direito internacional público.** 4. ed. São Paulo: Revista dos Tribunais, 2010. p. 955.

5. PIOVESAN, Flávia. **Direitos humanos e justiça internacional: um estudo comparativo dos sistemas regionais europeu, interamericano e africano**. 5. ed. São Paulo: Saraiva, 2014, p. 141 e 145.

conclusão; (ii) discorra sobre as condições para que o referido acordo entre em vigor nos âmbitos interno e internacional, considerando a sua classificação quanto ao procedimento para sua conclusão; (iii) explique se o ministro das Relações Exteriores brasileiro tem legitimidade para assinar o referido acordo.

Direcionamento da resposta

Deve-se elaborar um texto abordando, em especial: a classificação dos tratados quanto ao procedimento para sua conclusão, distinguindo-os em solene (bifásico), que depende de assinatura e ratificação, e simplificado (unifásico), que só depende daquela; as condições para sua entrada em vigor, destacando que o Brasil adota, em regra, a forma solene, mas que, no caso concreto, não é necessária a ratificação por se tratar de um acordo executivo; e, por fim, a legitimidade do ministro das Relações Exteriores no caso proposto, tendo em vista o que dispõe o art. 7º, § 2º, "a", da Convenção de Viena sobre o Direito dos Tratados, de 1969.

Sugestão de resposta

Dentre as variadas classificações sobre os tratados internacionais, há a que considera o procedimento para sua conclusão. Segundo essa classificação, o procedimento tanto pode ser solene (bifásico) quanto simplificado (unifásico).

Os tratados solenes, por um lado, são aqueles cuja conclusão depende de duas fases de expressão do consentimento estatal: assinatura, ato por meio do qual se põe termo às negociações e se manifesta o compromisso no que tange à celebração do tratado, e ratificação, por meio da qual o Estado se compromete de maneira definitiva a dar cumprimento ao tratado que anteriormente assinou. Por outro lado, o modo simplificado, próprio para os chamados "acordos executivos", prescinde de posterior ratificação e, assim, participação do Poder Legislativo no procedimento, bastando a assinatura do acordo para que as partes se obriguem a cumprir o quanto avençado.

No plano internacional, o art. 12, §1º, da Convenção de Viena sobre o Direito dos Tratados, de 1969, internalizada pelo Brasil em 2009, preceitua que o consentimento de um Estado em obrigar-se por um tratado manifesta-se mediante a assinatura de seu representante. Já no Brasil, em regra, adota-se a forma solene para que um tratado entre em vigor. A exceção, todavia, fica por conta do disposto no art. 49, inc. I, da CF/88, que dispensa posterior ratificação do Congresso Nacional nos casos em que o acordo não acarrete encargos ou compromissos gravosos ao patrimônio nacional. É justamente esse o caso do acordo executivo a que se refere o enunciado, bastando, portanto, a assinatura dos ministros das Relações Exteriores de ambos os Estados para que se considere em vigor o acordo de assistência e cooperação mútuas.

No que se refere à legitimidade para assinatura do acordo, o representante do Estado deve ser dotado do chamado *treaty making power*. Nesse sentido, o art. 84, inc. VIII, CF/88, dispõe ser competência privativa do Presidente da República celebrar tratados, não podendo ser delegada, conforme o parágrafo único do mesmo artigo. No entanto, o art. 7º, § 2º, "a", da Convenção de Viena sobre o Direito dos Tratados, de 1969, prevê que o ministro das Relações Exteriores também é considerado representante do Estado independentemente da apresentação da carta de plenos poderes. Como se trata de um acordo executivo, e não de um tratado, e considerando o disposto na referida Convenção, o ministro das Relações Exteriores tem legitimidade para celebrar o acordo na situação proposta.

(Esaf/PFN/Procurador/2016) *Discorra sobre Tratados Internacionais pontuando os aspectos relacionados abaixo, fazendo expressa referência aos dispositivos constitucionais e legais sempre que pertinente: (i) A celebração e entrada em vigor no Brasil dos Tratados Internacionais; (ii) Os possíveis efeitos jurídicos do Tratado Internacional ainda não vigente; (iii) Diferenças entre os Tratados Internacionais de direitos humanos, Tratados de direito tributário e Tratados das demais matérias; (iv) A hierarquia no ordenamento jurídico brasileiro dos Tratados Internacionais das diversas matérias; (v) Os conflitos entre Tratados Internacionais incorporados e as normas internas; (vi) O papel do Poder Judiciário em suas diversas instâncias nas hipóteses de conflito entre normas internas e Tratados Internacionais incorporados.*

Direcionamento da resposta

Os tratados internacionais entram em vigor em momentos distintos, a depender de qual teoria se adote: monista ou dualista. Seu procedimento de incorporação passa pela negociação, assinatura, ratificação, internalização, publicação e entrada em vigor no plano nacional. Ainda que não tenha sido ratificado, contudo, já gera para o Estado a obrigação de cumprir de boa-fé o texto com o qual anuiu.

A internalização no ordenamento jurídico tanto pode ter a participação do Executivo e do Legislativo quanto somente do primeiro, nos casos dos acordos que não causem gravame ao patrimônio nacional. Uma vez internalizados, detêm hierarquia constitucional, supralegal ou equivalente a lei ordinária, a depender do objeto do acordo (direitos humanos com aprovação em rito similar ao de aprovação de emendas à Constituição, direitos humanos com aprovação em rito similar ao de aprovação de leis ordinárias ou matéria comum, respectivamente). Além disso, tal como as leis nacionais, sujeitam-se ao controle de constitucionalidade e de legalidade.

Sugestão de resposta

A relação entre direito interno e internacional varia conforme a teoria que seja utilizada para compreendê-la. Por um lado, a teoria monista entende que o ordenamento jurídico é uno, integrado tanto pelas normas de origem nacional quanto internacional. Cinde-se em duas vertentes: a internacionalista, que defende a prevalência da ordem internacional em caso de conflito, e a nacionalista, que sustenta a prevalência do direito nacional. A teoria dualista, de outro lado, parte do pressuposto de que, na verdade, existem dois sistemas jurídicos diversos, independentes e separados: o internacional e o nacional. Assim, o direito internacional somente poderia criar obrigações para o indivíduo a partir do momento em que suas normas são incorporadas no ordenamento jurídico interno.

Esse procedimento de incorporação se inicia com a negociação e assinatura, no plano internacional, e se concretiza com a ratificação, a internalização, a publicação e a entrada em vigor do texto do tratado, no plano nacional. Desde a assinatura, no entanto, o Estado já expressa o seu consentimento em obrigar-se pelo texto ao qual anui e deve cumprir de boa-fé, nos termos do art. 12, da Convenção de Viena sobre o Direito dos Tratados, de 1969. Por essa razão, também não pode criar empecilhos ao seu cumprimento ou mesmo invocar disposições de direito interno para justificar o inadimplemento do tratado, conforme o art. 27, da Convenção referida.

No que se refere ao processo de internalização do tratado, em regra, nos termos dos arts. 84, inc. VIII, e 49, inc. I, da CF/88, é necessária a participação do Executivo e do Legislativo. Embora não seja exigência constitucional, somente com o decreto executivo do Presidente da República o tratado passa a integrar a ordem jurídica nacional.[6] Nas hipóteses em que o acordo não acarrete "*encargos ou compromissos gravosos ao patrimônio nacional*" a participação do Congresso Nacional é dispensável, bastando a assinatura do texto no plano internacional para que se inicie sua vigência.

Se o tratado versar sobre direitos humanos e vier a ser internalizado com base no procedimento do art. 5º, § 3º, da CF/88, sua hierarquia é a de

6. VARELLA, Marcelo D. **Direito internacional público**. 6. ed. São Paulo: Saraiva, 2016, p. 87-88.

norma constitucional. Caso não seja aprovado com base nesse rito específico, todavia, tal tratado tem *status* supralegal, conforme entendimento fixado pelo Supremo Tribunal Federal.

Superadas essas exceções, os demais tratados terão status equivalente ao de lei ordinária, conforme pacífica jurisprudência do STF.

Da mesma forma que as leis em geral, os tratados internacionais também estão sujeitos ao controle de constitucionalidade e de legalidade, tal qual se observa, respectivamente, nos arts. 102, inc. III, "b", e 105, III, "a", ambos da CF/88. Além disso, as causas que versem sobre tratado da União com Estado ou organismo estrangeiro serão da competência da Justiça Federal, conforme previsto no art. 109, III, da CF/88.

Por fim, mais recentemente, é reconhecida na jurisprudência do STF a existência de controle de convencionalidade, correspondente ao confronto de normas internas ou de tratados com *status* de lei ordinária com tratados de direitos humanos com *status* supralegal ou constitucional[7].

7. Vide, nesse sentido, STF: ADI 4066.

DIREITO PENAL

1. DAS PENAS

(Cespe/AGU/Procurador/2010) *Segundo o art. 51 do Código Penal, transitado em julgado a sentença condenatória, a multa será considerada dívida de valor, aplicando-lhes as normas da legislação relativa à dívida ativa da Fazenda Pública, inclusive no que concerne às causas interruptivas e suspensivas da prescrição. Considerando o disposto no referido artigo, redija um texto dissertativo acerca do tema "multa criminal". Ao elaborar seu texto, aborde necessariamente, os seguintes aspectos: (i) natureza jurídica desse tipo de multa; (ii) legitimidade para a cobrança e juízo competente, segundo entendimento do Superior Tribunal de Justiça; (iii) possibilidade de impugnação das questões atinentes à multa criminal via "habeas corpus".*

Direcionamento da resposta

Deve-se destacar, inicialmente, que a multa criminal tem natureza de dívida de valor, segundo o STJ, muito embora parte da doutrina a considere sanção penal de natureza pecuniária.

Para o STJ, "a legitimidade para a execução fiscal de multa pendente de pagamento imposta em sentença condenatória é exclusiva da Procuradoria da Fazenda Pública", conforme entendimento que restou consolidado em sua Súmula nº 521.

Vale frisar, contudo, que, em 12/12/2018, o Plenário do Supremo Tribunal Federal, ao julgar a ADI 3.150/DF, fixou as seguintes teses:

> "I - O Ministério Público é o órgão legitimado para promover a execução da pena de multa, perante a Vara de Execução Criminal, observado o procedimento descrito pelos artigos 164 e seguintes da Lei de Execução Penal;
>
> II - Caso o titular da ação penal, devidamente intimado, não proponha a execução da multa no prazo de 90 (noventa) dias, o Juiz da execução criminal dará ciência do feito ao órgão competente da Fazenda Pública (Federal ou Estadual, conforme o caso) para a respectiva cobrança na própria Vara de Execução Fiscal, com a observância do rito da Lei 6.830/1980" (ADI 3.150, Redator p/ o acórdão Min. Roberto Barroso, Plenário, DJe de 6/8/2019)."

Ocorre que, após o julgamento da ADI 3.150/DF, sobreveio a Lei nº 13.964/2019 (Pacote Anticrime), a qual alterou o artigo 51 do Código Penal para prever que "transitada em julgado a sentença condenatória, a multa será executada perante o juiz da execução penal e será considerada dívida de valor, aplicáveis as normas relativas à dívida ativa da Fazenda Pública, inclusive no que concerne às causas interruptivas e suspensivas da prescrição".

Com efeito, a Lei nº 13.964/2019 firmou a competência do juízo da execução penal para a execução da pena de multa, deixando, assim, de haver o seu deslocamento para um juízo cível, porém preservando o status da pena de multa como dívida de valor, devendo ser executada com base na Lei 6.830/1980, que dispõe sobre a cobrança judicial da Dívida Ativa da Fazenda Pública.

Dessarte, o Pacote Anticrime reacendeu o debate acerca da legitimidade subsidiária da Procuradoria da Fazenda Pública, após a vigência da Lei 13.964/2019, para execução de pena de multa decorrente de condenação criminal, nos casos de inércia do Ministério Público.

Nesse panorama, em 03.06.2022, no Recurso Extraordinário nº 1377843, Relator Ministro André Mendonça, foi reconhecida a repercussão geral do Tema 1219, o qual aguarda julgamento pela Suprema Corte, com a seguinte descrição: Recurso extraordinário em que se discute, à luz do artigo 5º, XLVI, "c", da Constituição Federal, se a Procuradoria da Fazenda Pública manteria legitimidade subsidiária para a execução de pena de multa imposta criminalmente, e não executada pelo Ministério Público no prazo de 90 (noventa) dias, considerando-se o entendimento firmado pelo Supremo Tribunal Federal na ADI 3.150/DF e a superveniência da Lei 13.964/2019 (Pacote Anticrime).

Por fim, há que se destacar que as questões atinentes à multa criminal somente não podem ser impugnadas via *habeas corpus* na hipótese em que seja esta a única pena cominada ao condenado. Portanto, em regra, nos termos do que dispõe o Enunciado nº 693, da Súmula do STF, não cabe HC em face de decisão condenatória à pena de multa; é cabível, contudo, na hipótese em que seja cumulada com uma pena privativa de liberdade, por exemplo. Cite-se, nesse plano, a existência de precedente da 2ª Turma do STF de que o Habeas Corpus contra pena de multa deve ser analisado caso a caso, especialmente se a decisão puder impactar a liberdade de locomoção do réu (RHC 194952 AgR, Relator(a): RICARDO LEWANDOWSKI, Segunda Turma, julgado em 13/04/2021, PROCESSO ELETRÔNICO DJe-114 DIVULG 14-06-2021 PUBLIC 15-06-2021).

Em acréscimo, vale também salientar que, no julgamento do Tema 931 dos recursos repetitivos, o STJ decidiu que, "na hipótese de condenação concomitante a pena privativa de liberdade e multa, o inadimplemento da sanção pecuniária, pelo condenado que comprovar impossibilidade de fazê-lo, não obsta o reconhecimento da extinção da punibilidade", modificando seu entendimento anterior em que o inadimplemento da multa obstava o reconhecimento da extinção da punibildade.

Sugestão de resposta

Além das penas privativa de liberdade e restritiva de direitos, o ordenamento jurídico-penal permite a aplicação da pena de multa, isolada ou cumulativamente às outras duas.

Há controvérsia na doutrina[1] acerca da natureza jurídica da multa criminal, de modo que uma parte entende se tratar de sanção penal de natureza pecuniária, ao passo que outra a considera dívida de valor. Este último entendimento tem prevalecido na jurisprudência do STF e do STJ[2], quando analisa o teor do art. 51 do Código Penal (CP).

Tendo em vista se tratar de dívida de valor, o STJ tem considerado que a legitimidade para promover a execução da pena de multa, após o trânsito em julgado, deve ser atribuída à Fazenda Pública, e não ao Ministério Público.[3] Assim sendo, conforme o entendimento consolidado do STJ, deve a Procuradoria da Fazenda Pública ajuizar ação de execução fiscal junto à Vara de Execuções Fiscais competente. A legitimidade da Fazenda Pública para execução fiscal da pena de multa foi cristalizada na Súmula nº 521 do STJ (Publicada no DJ-E de 6-4-2015), que dispõe que "A legitimidade para a execução fiscal de multa pendente de pagamento imposta em sentença condenatória é exclusiva da Procuradoria da Fazenda Pública."

Todavia, em 12/12/2018, o Plenário do STF, ao julgar a ADI 3.150/DF, firmou o entendimento no sentido de que, conquanto a Lei 9.268/96 tenha conferido à pena de multa o status de dívida de valor, o advento da norma não retirou o seu caráter de sanção criminal, pertencendo ao Ministério Público a legitimação prioritária para a sua execução perante a Vara de Execuções Penais. Destacou ainda que, por ser também dívida de valor em face do Poder Público, esta pode ser subsidiariamente cobrada pela Fazenda Pública, na Vara de Execução Fiscal, caso o Ministério Público não houver atuado em prazo razoável (90 dias). No julgamento dos embargos declaratórios, ocorrido em 20/05/2020, o Ministro Roberto Barroso determinou que, 'por razões de segurança jurídica e de excepcional interesse social, devem ser modulados temporalmente os efeitos da decisão, de modo a estabelecer a competência concorrente da Procuradoria da Fazenda Pública quanto às execuções findas ou iniciadas até a data do trânsito em julgado da presente ação direta de inconstitucionalidade' (ADI 3150 ED, Relator(a): Min. ROBERTO BARROSO, Tribunal Pleno, julgado em 20/04/2020, PROCESSO ELETRÔNICO DJe-124 DIVULG 19-05-2020 PUBLIC 20-05-2020).

---

1. CUNHA, Leonardo Carneiro. **A Fazenda Pública em Juízo**. 10ª ed. São Paulo: Dialética, 2012, p. 464 e ss.
2. No STF, ver o RE 804143/SP; no STJ, ver o AgRgREsp 1347767/MG.
3. Ver o AgRg no REsp 1160207/MG. Contra: Leonardo Cunha e Sérgio Shimura.

Sendo assim, no julgamento da ADI 3.150/DF, o STF fixou as seguintes teses:

> "I - O Ministério Público é o órgão legitimado para promover a execução da pena de multa, perante a Vara de Execução Criminal, observado o procedimento descrito pelos artigos 164 e seguintes da Lei de Execução Penal;
>
> II - Caso o titular da ação penal, devidamente intimado, não proponha a execução da multa no prazo de 90 (noventa) dias, o Juiz da execução criminal dará ciência do feito ao órgão competente da Fazenda Pública (Federal ou Estadual, conforme o caso) para a respectiva cobrança na própria Vara de Execução Fiscal, com a observância do rito da Lei 6.830/1980" (ADI 3.150, Redator p/ o acórdão Min. Roberto Barroso, Plenário, DJe de 6/8/2019)."

Ocorre que, após o julgamento da ADI 3.150/DF, sobreveio a Lei nº 13.964/2019 (Pacote Anticrime), a qual alterou o artigo 51 do Código Penal para prever que "transitada em julgado a sentença condenatória, a multa será executada perante o juiz da execução penal e será considerada dívida de valor, aplicáveis as normas relativas à dívida ativa da Fazenda Pública, inclusive no que concerne às causas interruptivas e suspensivas da prescrição".

Com efeito, a Lei nº 13.964/2019 firmou a competência do juízo da execução penal para a execução da pena de multa, deixando, assim, de haver o seu deslocamento para um juízo cível, porém preservando o status da pena de multa como dívida de valor, devendo ser executada com base na Lei 6.830/1980, que dispõe sobre a cobrança judicial da Dívida Ativa da Fazenda Pública.

Dessarte, o Pacote Anticrime reacendeu o debate acerca da legitimidade subsidiária da Procuradoria da Fazenda Pública, após a vigência da Lei 13.964/2019, para execução de pena de multa decorrente de condenação criminal, nos casos de inércia do Ministério Público.

Nesse panorama, em 03.06.2022, no Recurso Extraordinário nº 1377843, Relator Ministro André Mendonça, foi reconhecida a repercussão geral do Tema 1219, o qual aguarda julgamento pela Suprema Corte, com a seguinte descrição: Recurso extraordinário em que se discute, à luz do artigo 5º, XLVI, "c", da Constituição Federal, se a Procuradoria da Fazenda Pública manteria legitimidade subsidiária para a execução de pena de multa imposta criminalmente, e não executada pelo Ministério Público no prazo de 90 (noventa) dias, considerando-se o entendimento firmado pelo Supremo Tribunal Federal na ADI 3.150/DF e a superveniência da Lei 13.964/2019 (Pacote Anticrime).

Por fim, há que se destacar que as questões atinentes à multa criminal somente não podem ser impugnadas via *habeas corpus* na hipótese em que seja esta a única pena cominada ao condenado. Portanto, em regra, nos termos do que dispõe o Enunciado nº 693, da Súmula do STF, não cabe HC em face de decisão condenatória à pena de multa; é cabível, contudo, na hipótese em que seja cumulada com uma pena privativa de liberdade, por exemplo. Cite-se, nesse plano, a existência de precedente da 2ª Turma do STF de que o Habeas Corpus contra pena de multa deve ser analisado caso a caso, especialmente se a decisão puder impactar a liberdade de locomoção do réu (RHC 194952 AgR, Relator(a): RICARDO LEWANDOWSKI, Segunda Turma, julgado em 13/04/2021, PROCESSO ELETRÔNICO DJe-114 DIVULG 14-06-2021 PUBLIC 15-06-2021).

Em acréscimo, vale também salientar que, no julgamento do Tema 931 dos recursos repetitivos, o STJ decidiu que, "na hipótese de condenação concomitante a pena privativa de liberdade e multa, o inadimplemento da sanção pecuniária, pelo condenado que comprovar impossibilidade de fazê-lo, não obsta o reconhecimento da extinção da punibilidade", modificando seu entendimento anterior em que o inadimplemento da multa obstava o reconhecimento da extinção da punibilidade.

2. DOS CRIMES CONTRA A ADMINISTRAÇÃO PÚBLICA

(Cespe/AGU/Advogado/2015) *Durante uma reunião em que se discutia a aplicação à empresa Alfa Ltda. de penalidade de impedimento de licitar – que fora sugerida em parecer elaborado por Marcelo, advogado da União –, o proprietário da empresa, João, com a intenção de atingir a honra do referido servidor público, acusou-o falsamente de estar utilizando seu cargo para beneficiar sua concorrente, a empresa Beta S.A., já que, com a aplicação da penalidade sugerida, a empresa Beta seria a única no mercado nacional apta a fornecer o objeto do contrato. Redija um texto dissertativo a respeito da conduta de João, proprietário da empresa Alfa Ltda. Em seu texto, aborde: (i) o crime cometido por João; (ii) o objeto jurídico tutelado pelo Código Penal com a tipificação do crime cometido e os requisitos para a configuração desse delito; (iii) a legitimação para a propositura da ação penal, considerando a doutrina e a jurisprudência do Supremo Tribunal Federal.*

Direcionamento da resposta

Segundo a narrativa da questão, João cometeu, em tese, o crime de calúnia, tipificado no art. 138, do Código Penal, já que imputou falsamente a Marcelo fato definido como crime. O bem jurídico tutelado por esse tipo penal é a honra objetiva, concepção que a sociedade tem a respeito do indivíduo no que tange aos seus atributos morais, éticos, culturais, intelectuais, físicos ou profissionais. Seus requisitos, segundo a doutrina, são: a) imputação de fato determinado definido como crime; b) falsidade da imputação; e c) *animus caluniandi* (elemento subjetivo). Embora a Súmula nº 714, do Supremo Tribunal Federal, qualifique como concorrente a legitimidade para a propositura da ação penal nessas hipóteses, a doutrina entende que se trata de legitimação alternativa.

Sugestão de resposta

Ao imputar falsamente a Marcelo, Advogado da União, a conduta de utilizar seu cargo com o fim de beneficiar empresa concorrente na licitação, o que, em tese, caracterizaria o crime do art. 321, do Código Penal (poderia também ser aventada a caracterização, em tese, do crime de patrocínio de contratação indevida, previsto no art. 337-G do Código Penal, incluído pela Lei nº 14.133/2021, tipo especial de advocacia administrativa no âmbito das licitações e contratos administrativos), João cometeu o crime de calúnia, previsto no art. 138, do Código Penal. O bem jurídico tutelado, nessa hipótese, é a honra objetiva, isto é, a reputação do indivíduo, consistente na concepção que a sociedade tem acerca dos seus atributos morais, éticos, culturais, intelectuais, físicos ou profissionais.

Os requisitos para que se caracterize o crime de calúnia são três: a) imputação de fato determinado definido como crime; b) falsidade da imputação; e c) *animus caluniandi*, elemento subjetivo consubstanciado na vontade de ofender a honra do sujeito passivo.[4]

Como se trata de crime praticado em face de funcionário público no exercício de suas funções, além de a pena ser aumentada em um terço (art. 141, II, do Código Penal), a ação penal é pública condicionada à representação do ofendido (art. 145, p. ún., do Código Penal).

A partir da Súmula nº 714 ("É concorrente a legitimidade do ofendido, mediante queixa, e do Ministério Público, condicionada à representação do ofendido, para a ação penal por crime contra a honra de servidor público em razão do exercício de suas funções"), o Supremo Tribunal Federal passou a entender que a legitimação seria concorrente, isto é, tanto do ofendido, mediante queixa, quanto do Ministério Público, condicionada à representação do ofendido. Ocorre que o mesmo Tribunal já decidiu que "se o funcionário público ofendido em sua honra apresenta representação, estaria preclusa a instauração penal de iniciativa privada, já que, em tal hipótese, o Ministério Público estaria definitivamente investido na legitimação para a causa" (Inq 1939).

Por esse motivo, a doutrina entende que a hipótese é de legitimação alternativa, uma vez que "para que fosse efetivamente concorrente, o ofendido deveria poder discordar da manifestação do Ministério Público – no sentido do arquivamento – e ingressar com a ação privada, o que não é o caso"[5].

(Cespe/AGU/Advogado/2007) *Marcelo foi denunciado pelo Ministério Público por ter revelado fato que devia permanecer em segredo e do qual tinha*

4. GRECO, Rogério. **Código Penal: comentado**. 8. ed. Niterói: Impetus, 2014, p. 388.
5. OLIVEIRA, Eugênio Pacelli de. **Curso de processo penal**. 18. ed. São Paulo: Atlas, 2014, p. 140-141.

ciência em razão do cargo público que ocupa. A ação praticada por Marcelo resultou em dano à administração pública, e o Ministério Público requereu a condenação do denunciado nas penas do art. 325, § 2º, do Código Penal, transcrito a seguir. Art. 325. Revelar fato de que tem ciência em razão do cargo e que deva permanecer em segredo, ou facilitar-lhe a revelação: Pena – detenção, de seis meses a dois anos, ou multa, se o fato não constitui crime mais grave. (...) § 2º Se da ação ou omissão resulta dano à administração pública ou a outrem: Pena – reclusão, de dois a seis anos, e multa. Por ocasião do recebimento da denúncia, o juiz verificou que não havia qualquer prova, ou sequer indício, no inquérito ou nos autos, a respeito da qualificadora. Com base na situação descrita acima, redija um texto dissertativo que, aborde, necessariamente e de modo fundamentado, os seguintes aspectos: (i) correta conduta a ser seguida pelo juiz; (ii) possíveis efeitos da decisão do juiz; (iii) recurso cabível.

Direcionamento da resposta

O candidato, nesta questão, deve, de início, afirmar que, tendo em vista a inexistência de justa causa (suporte probatório mínimo) quanto à qualificadora do art. 325, § 2º, do CPP, o juiz deve rejeitar parcialmente a denúncia, em razão de o Ministério Público (MP) não ter observado o que diz o art. 513 do CPP. Deve deixar claro, ainda, que a rejeição em parte da denúncia produz coisa julgada formal, nada impedindo que o MP promova o posterior aditamento da denúncia, desde que baseado em novas provas. Além disso, a rejeição da qualificadora torna o crime de menor potencial ofensivo, o que viabiliza a aplicação dos institutos despenalizadores da Lei nº 9.099/95 e fixa a competência no Juizado Especial. O recurso cabível, com base no art. 581, I, do CPP, é o recurso em sentido estrito.

Sugestão de resposta

A situação descrita no caso proposto revela que, no momento de receber a denúncia, o juiz constatou não existirem provas ou indícios quanto à qualificadora prevista no art. 325, § 2º, do Código Penal (CP). Diante disso, a conduta que o magistrado deve adotar é a rejeição parcial da denúncia no que se tange à referida qualificadora, por falta de condição de procedibilidade. Isto porque, conforme o art. 513, do Código de Processo Penal (CPP), para que seja recebida a denúncia consistente na prática de crime próprio por funcionário público, é imprescindível que seja instruída com documentos que façam presumir a existência do delito, ou seja, que contenha um lastro probatório mínimo (justa causa) e, no caso concreto, não existem provas ou indícios quanto à presença da forma qualificada do delito.

A rejeição parcial da denúncia tem por efeito produzir coisa julgada formal, o que, portanto, não impede que o Ministério Público (MP) promova seu aditamento caso esteja amparado em novas provas. Além disso, a rejeição da qualificadora tem o condão de tornar o crime de menor potencial ofensivo (pena máxima não superior a dois anos), o que, consequentemente, viabiliza a aplicação dos institutos despenalizadores da Lei nº 9.099/95 (transação penal e composição do dano) e fixa a competência no Juizado Especial.

Diante da rejeição parcial da denúncia, cabe ao Ministério Público se utilizar do recurso em sentido estrito, conforme previsão do art. 581, I, do CP.

3. LEIS PENAIS ESPECIAIS

(Esaf/PFN/Procurador/2016) *Tendo em vista o Direito Penal e Processual Penal vigente e a legislação sobre os crimes contra a ordem tributária, analise a situação-problema abaixo à luz da jurisprudência do Superior Tribunal de Justiça: Cleonice, domiciliada no município de São Paulo, fornece ao Estado de Tocantins declaração falsa de endereço domiciliar com o objetivo de enganar o fisco para pagamento, a menor, de IPVA em outro estado da federação. Assim, emplaca e paga o IPVA menor no município de Palmas, apesar de ser domiciliada na cidade de São Paulo. De forma fundamentada e sucinta, analise as indagações abaixo, considerando que nesta situação houve a frustração do recolhimento do tributo no estado de origem: (i) Cleonice cometeu em tese alguma infração delituosa? Qual ou Quais? (ii) Considerando que tenha havido crime, qual o juízo competente para processá-lo?*

Direcionamento da resposta

No caso proposto, somente ocorreu o crime de sonegação fiscal (art. 1º, inc. I, da Lei nº 8.137/90), tendo em vista que, pelo princípio da consunção, o crime de falsidade ideológica (declaração falsa de domicílio) é meio para a prática do crime-fim de sonegação fiscal, de modo que o crime de falso não apresenta potencialidade lesiva autônoma. Nesse ponto, vale referir a incidência ao caso da mesma inteligência da Súmula nº 17 do STJ, pela qual "quando o falso se exaure no estelionato, sem mais potencialidade lesiva, é por este absorvido". Além disso, nos termos do art. 70, do Código de Processo Penal, a competência será determinada "pelo lugar em que se consumar a infração". Considerando-se que o crime de sonegação fiscal é de natureza material (Súmula Vinculante nº 24 do STF[6]), consumou-se em São Paulo, Juízo competente para processar e julgar o delito.

6. Não se tipifica crime material contra a ordem tributária, previsto no art. 1º, incisos I a IV, da Lei nº 8.137/90, antes do lançamento definitivo do tributo". Bem por isso, esclareço que o termo

Sugestão de resposta

A conduta praticada por Cleonice, em tese, se amolda ao disposto no art. 1º, inc. I, da Lei nº 8.137/90, tendo em vista que prestou declaração falsa à autoridade fazendária do Estado do Tocantins sobre seu domicílio, que seria, na realidade, o Município de São Paulo, com a finalidade de reduzir o pagamento de tributo.

Embora, em princípio, referida conduta de prestar declaração falsa à autoridade fazendária possa também tipificar a prática do crime de falsidade ideológica (art. 299 do CP), resta ela absorvida pelo delito de sonegação fiscal. Isto porque, com base no que preceitua o princípio da consunção, o falso é apenas o meio empregado para a consecução do fim almejado de sonegar tributo (IPVA), não ostentando potencialidade lesiva autônoma, de modo a tornar aplicável a mesma inteligência da Súmula nº 17 do STJ.[7]

Definida a ocorrência do crime em tese, necessário fixar o Juízo competente para processo e julgamento. O delito de sonegação fiscal é de natureza material, consumando-se na localidade em que foi verificado o prejuízo fiscal (cf. STJ, CC 96888), nos termos, inclusive, do que preceitua o art. 70, do Código de Processo Penal. Sendo assim, o Juízo competente será o local da consumação, isto é, São Paulo.

---

inicial da prescrição punitiva é iniciado a partir da constituição definitiva, pois, somente a partir daí, poderia o Estado dar início à ação penal.

7. Nesse sentido, vide, por exemplo, o EREsp 1154361 (DJe 6.3.2014): "É aplicável o princípio da consunção quando os crimes de uso de documento falso e falsidade ideológica – crimes meio – são praticados para facilitar ou encobrir a falsa declaração, com vistas à efetivação do pretendido crime de sonegação fiscal – crime fim –, localizando-se na mesma linha de desdobramento causal de lesão ao bem jurídico, integrando, assim, o iter criminis do delito-fim".

DIREITO PREVIDENCIÁRIO

1. AÇÕES PREVIDENCIÁRIAS

(Cespe/AGU/Advogado/2008) *Maria ingressou com reclamação trabalhista contra empresa X, alegando não pagamento de verbas trabalhistas – tais como saldo de salário, parcelas fundiárias, horas extras – e, ainda, existência de dano moral. Na audiência de conciliação, as partes, resolvendo pôr fim à demanda, firmaram acordo nos termos apresentados a seguir: "A empresa X irá pagar, em favor de Maria, a título de indenização, valor de R$ 8 mil, sobre o qual não indiciará contribuição social e que será pago em 4 parcelas mensais de R$ 2 mil". O acordo foi homologado integralmente, na própria audiência, pelo juiz do trabalho da Vara de Trabalho de Brasília/DF. Após o cumprimento do referido acordo, ou seja, cinco meses após ter sido firmado, foi o feito encaminhado, para ciência da sentença homologatória, ao órgão jurídico que representa a Previdência Social. A respeito dessa situação hipotética, responda, de forma objetiva e fundamentada, às seguintes indagações: (i) Que medida judicial seria cabível contra a sentença homologatória? (ii) A medida seria tempestiva? (iii) Que argumento de mérito deveria ser arguido contra sentença?*

Direcionamento da resposta

O candidato deve abordar a possibilidade de realização de acordos na seara trabalhista e explicitar que a sentença homologatória não vincula a Previdência Social. Deve-se explicar o cabimento do Recurso Ordinário, abordando a necessidade de discriminação das verbas do acordo em salariais e indenizatórias, e o seu respectivo prazo, considerando as prerrogativas da Fazenda Pública.

Sugestão de resposta

No âmbito do direito trabalho, busca-se, sempre, a conciliação, nos termos do artigo 764, da Consolidação das Leis do Trabalho – CLT. Assim, estando as partes devidamente assistidas, é lícita a realização de acordos, os quais devem ser devidamente homologados pelo Juiz trabalhista.

Nos dizeres do parágrafo único, do artigo 831, da CLT, o termo de conciliação lavrado vale como decisão irrecorrível para as partes, mas não para a Previdência Social no que tange a eventuais contribuições que lhe forem devidas. Destarte, o acordo firmado, ainda que já homologado por sentença, não vincula a Previdência Social, sendo cabível, sobre tal decisório, a interposição de Recurso Ordinário.

Possuindo a Fazenda Pública a prerrogativa processual de prazo recursal em dobro, nos termos do artigo 1º, inciso III, do Decreto-Lei nº 779/69, teria o prazo de 16 dias a contar de sua intimação para a interposição do mencionado recurso. No presente caso, em que pese o feito ter sido encaminhado à Procuradoria Federal após cinco meses após a realização do acordo, é apenas a partir da referida intimação pessoal que se inicia o prazo recursal, em conformidade com o artigo 17 da Lei nº 10.910/04 e 38 da Lei Complementar nº 73/93. Assim, caso a Procuradoria interponha o recurso dentro dos 16 dias seguintes à sua ciência, a medida será tempestiva.

Considerando que, dentre o valor acordado, encontram-se parcelas referentes a saldo de salários, verbas de FGTS e hora-extra, bem como relacionadas à indenização por danos morais, o mérito recursal consistirá na discriminação das verbas do acordo judicial em salariais e indenizatórias, com fundamento no artigo 832, § 3º, da CLT, possibilitando, assim, a execução das contribuições sociais a incidirem, na forma legal, sobre as parcelas salariais.

Ressalta-se, ainda, que, apesar da CLT se referir à Previdência Social, por força da Lei nº 11.457/07, as atividades de tributação, fiscalização, arrecadação, cobrança e recolhimento das Contribuições Sociais passaram ao âmbito da União, por meio da Secretaria da Receita Federal, sendo atribuição da Procuradoria Geral da Fazenda Nacional a representação da União em tais questões. No entanto, mencionado normativo previu a possibilidade de delegação das atribuições de cobrança, na Justiça Trabalhista, à Procuradoria Geral Federal, o que se encontra em vigor, desde 2007. Assim, cabe ao Procurador Federal, no presente caso, a interposição do recurso ordinário.

2. PRESTAÇÕES EM GERAL (LEI 8.213/91)

2.1. Aposentadoria por Idade

(Cespe/AGU/Advogado/2007) *Maria, que completou 60 anos de idade em fevereiro de 2007, trabalhou em uma escola estadual durante o período de 10.4.1980 a 12.12.1993 e, desde que deixou a escola, não mais desenvolveu atividade laborativa. Em março de 2007, Maria requereu ao Instituto Nacional de*

Seguro Social (INSS) a sua aposentadoria por idade, a qual lhe foi negada sob o único argumento de que houvera perda da qualidade de segurada. Com base nessa situação hipotética, discorra, de forma objetiva e fundamentada, acerca do acerto, ou não, do ato da autarquia previdenciária.

Direcionamento da resposta

O candidato, em resposta ao caso proposto, deve mencionar que se trata de requerimento de aposentadoria por idade e que, assim, caso preenchidos os requisitos à concessão do benefício, não se aplicam os efeitos da perda da qualidade do segurado. Ademais, por ter a segurada se inscrito na Previdência antes de 24/07/91, aplica-se o regime de transição para fins de carência, nos termos do artigo nº 142, da Lei nº 8.213/91, possuindo Maria direito ao benefício. Por fim, observe-se que a questão nada informou ser Maria servidora de cargo efetivo, devendo-se considerar, pelos demais elementos do enunciado, que se enquadra no RGPS.

Sugestão de resposta

O Regime Geral da Previdência Social é um regime contributivo, que necessita que os segurados contribuam para o sistema, no intuito de obterem o acesso aos benefícios ali previstos. Neste sentido, via de regra, cessando-se as contribuições, perde-se a qualidade de segurado, salvo quando se enquadre em uma das situações previstas no artigo 15, da Lei nº 8213/91, mantendo referida qualidade durante o período de graça.

No presente caso, observa-se que Maria cessou suas atividades desde 12.12.1993, deixando, portanto, de contribuir para o RGPS e, perdendo, assim, a sua qualidade de segurada, o que geraria, por consequência, a caducidade dos respectivos direitos relativos a essa qualidade, impossibilitando-a de gozar eventuais benefícios. Ocorre que o caso proposto, por se tratar de requerimento de aposentadoria por idade, enquadra-se na exceção prevista no artigo 3º, § 1º, da Lei nº 10.666/2003, desconsiderando-se a perda da qualidade de segurado, desde que preenchidos todos os requisitos à aposentadoria, o que deveria ter sido analisado pelo Instituto Nacional de Seguro Social (INSS) quando da resposta ao requerimento.

Considerando se tratar de pedido de aposentadoria por idade, nos termos do artigo 201, § 7º, inciso II, da Constituição Federal, deverá a segurada mulher possuir a idade mínima de 60 anos, salvo quando se tratar de trabalhador rural ou atividade em regime de economia familiar, quando a idade mínima exigida é reduzida em 5 anos. Ademais, para concessão do mencionado benefício, deve-se preencher o período de carência legal, nos termos do artigo 48, da Lei nº 8.213/91.

No caso em questão, Maria já havia completado 60 anos de idade antes de realizar o requerimento, satisfazendo, assim, a idade mínima exigida. Quanto ao prazo de carência, deve-se observar que ela ingressou no RGPS em 1980, portanto, antes de 24/07/91, atraindo, assim, a aplicação da regra transitória prevista no artigo 142, da Lei nº 8.213/91, em detrimento da regra geral do artigo 25, inciso II, da mesma lei. Destarte, implementadas as condições ao benefício em 2007, exige-se 150 meses de carência, atendendo Maria, plenamente, ao referido requisito.

Assim, Maria possui direito à aposentadoria por idade, tendo a autarquia previdenciária incorrido em erro quando da análise de seu requerimento.

Todavia, é importante mencionar que atualmente as regras aplicáveis à aposentadoria por idade foram alteradas substancialmente pela Emenda Constitucional nº 103 de 2019. As alterações, contudo, não se aplicam à Maria, já que implementou todos os requisitos no ano de 2007 (*tempus regit actum*).

De qualquer sorte, registra-se que as aposentadorias por idade urbanas, com as alterações da EC nº 103/2019, no caso de segurados que se filiaram após 13/11/2019, exigem a comprovação de 65 anos de idade para o homem e 62 anos de idade para mulher, com tempo mínimo de 15 anos de contribuição (artigo 201, § 7º, I, da CF/1988 e 19 da EC nº 103/2019). Para os segurados que já eram filiados ao RGPS antes de 13/11/2019, aplicam-se as regras de transição previstas no artigo 19 da EC nº 103/2019.

2.2. Auxílio-doença

(Cespe/AGU/Procurador/2010) *Eduardo, segurado da previdência social que trabalha há quinze meses como advogado em Brasília, ficou incapacitado parcialmente para o trabalho pelo período de trinta dias em razão de uma forte gripe, conforme atestado fornecido por junta médica de hospital público da capital federal. No quinto dia da doença, Eduardo pleiteou, ao Instituto Nacional do Seguro Social (INSS), o benefício de auxílio-doença, que lhe foi negado sob o argumento de que a incapacidade não era total. Até então, o segurado efetuava regularmente suas contribuições previdenciárias, na qualidade de contribuinte individual, no entanto, a partir do infortúnio, ficou indignado com a negativa da autarquia previdenciária e deixou de efetuá-las, estando inadimplente há seis meses. A partir dessa situação hipotética, responda, de forma justificada e fundamentada, aos seguintes questionamentos: (i) Na hipótese de pleito judicial, Eduardo faria jus ao recebimento do benefício auxílio-doença? (ii) O que se entende por incapacidade parcial? (iii) Caso Eduardo fosse advogado empregado,* *durante os primeiros quinze dias consecutivos ao do afastamento da atividade por motivo de doença, incidiria contribuição para a seguridade social sobre a remuneração que lhe tivesse sido paga?*

Direcionamento da resposta

Deve-se explicar, inicialmente, o auxílio-doença, expondo os seus requisitos, bem como o período de carência legal à sua concessão. Ainda, conceituar a incapacidade parcial, nos termos da Súmula nº 25/AGU, e a possibilidade do auxílio-doença em tal caso. Por fim, diferenciar o regime do auxílio-doença para o segurado empregado, concluindo-se pela não incidência da contribuição previdenciária no salário recebido nos primeiros 15 dias, em razão de sua natureza indenizatória, conforme pacificado pelo STJ.

Sugestão de resposta

O auxílio-doença, atualmente denominado auxílio por incapacidade temporária, é um benefício devido ao segurado em razão da incapacidade para o trabalho ou para sua atividade habitual. São requisitos do benefício: (a) a caracterização da incapacidade temporária para o trabalho; (b) o cumprimento do período de carência legal, que, nos termos do artigo 25, inciso I, da Lei nº 8.213/91, é de 12 contribuições mensais, salvo quando a invalidez decorrer de acidente de qualquer natureza, doença profissional, do trabalho, ou determinadas moléstias graves.

Para os segurados empregados, somente a incapacidade que perdure por mais de 15 dias consecutivos dará azo ao auxílio por incapacidade temporária. Para os demais segurados, o benefício é devido desde o início da incapacidade, desde que o requerimento seja formulado dentro de 30 (trinta) dias do início da incapacidade (artigo 60, § 1º, da Lei nº 8.213/1991) ou desde a DER se formulado após esse prazo.

No presente caso, observa-se que Eduardo preenchia o tempo de carência legal, tendo contribuído por quinze meses. Se Eduardo se filiou ao RGPS como **segurado empregado**, somente fará jus ao auxílio-doença pago pelo INSS a partir do 16º dia de afastamento e, como efetuou o seu pleito administrativo no quinto dia da incapacidade, não preencheria, assim, os requisitos necessários à concessão. Se, de outro lado, sua filiação for como **contribuinte individual**, fará jus ao benefício desde o início da incapacidade (artigo 60 da Lei nº 8.213/1991), respeitada a regra do artigo 60, § 1º, da Lei nº 8.213/1991.

No que se refere ao fundamento da autarquia previdenciária, quando da negativa ao seu requerimento, fora incorreto. Em que pese a legislação previdenciária ser omissa quanto à exigência da integralidade ou da parcialidade da incapacidade, ainda que houvesse tal distinção na lei, o pedido deveria ser deferido, pois a Advocacia Geral da União, por meio da Súmula nº 25, reconhece a possibilidade de concessão do referido benefício em caso de incapacidade parcial, que, segundo referido enunciado, corresponderia àquela incapacidade que permite a reabilitação do segurado para outras atividades laborais.

Em que pese o pedido negado ter sido realizado quando ainda se encontrava no 5º dia da doença, caso pretenda Eduardo a discussão judicial, poderia fazer *jus* ao benefício, considerando que sua capacidade durou mais de 15 dias. Ademais, mesmo com a inadimplência de seis meses, Eduardo ainda possui a qualidade de segurado, levando-se em consideração a manutenção de tal condição durante o período da incapacidade, nos termos do artigo 15, I, da Lei nº 8.213/91, bem como em virtude do período de graça de 12 meses. Ainda, como acima mencionado, a incapacidade, ainda que parcial, dá direito ao gozo do benefício pleiteado.

Por fim, na hipótese de Eduardo ser segurado empregado, durante os primeiros 15 dias consecutivos de seu afastamento da atividade, é dever da empresa o pagamento de seu salário integral. No entanto, conforme entendimento sedimentado no Superior Tribunal de Justiça (Recurso Repetitivo, REsp 1230957/RS, 26.2.2014), não haverá que se falar em incidência de contribuição para seguridade sobre referida remuneração, por possuir tal verba natureza indenizatória, e não remuneratória.

2.3. Benefício Assistencial de Prestação Continuada

(Cespe/AGU/Procurador/2013) *Pedro, de sessenta e seis anos de idade, deixou, há quarenta meses, seu último emprego, onde laborou por dezoito meses, época em que foram regularmente recolhidas as contribuições mensais devidas à previdência social em face do regime geral de previdência social (RGPS). Desempregado, ele não fez novas contribuições para a previdência social desde então. Em 5 de outubro do corrente ano, Pedro foi vítima de acidente que o deixou incapaz e insuscetível de reabilitação para o exercício de atividade que lhe garanta a subsistência. Pedro reside apenas com seu filho menor, que tem dez anos de idade, sendo que ambos não possuem bens e não auferem qualquer renda, de modo que Pedro se vê sem meios de prover a sua manutenção, assim como a de seu filho. Além desse filho, o único parente de Pedro é uma irmã, que reside em outro município e com a qual ele não mantém contato. Com base na situação hipotética descrita acima, redija um texto dissertativo que responda, de maneira fundamentada, aos seguintes questionamentos: (i) Pedro faz jus ao recebimento do benefício previdenciário de aposentadoria por invalidez previsto na Lei n. 8.213/1991? (ii) Pedro preenche os requisitos legais para a concessão do benefício de prestação continuada previsto na Lei Orgânica da Assistência Social (LOAS) destinado ao idoso? (iii) O benefício de prestação continuada previsto na*

LOAS gera pensão por morte para o filho menor, caso Pedro venha a falecer no gozo do referido benefício?

Direcionamento da resposta

Inicialmente, deve-se abordar o caráter contributivo da previdência social, a perda da qualidade de segurado de Pedro e a ausência de preenchimento dos requisitos necessários à concessão da aposentadoria por invalidez. Por fim, explicar o benefício de prestação continuada, informando que Pedro faz *jus* a tal benefício, que não gera direito a pensão por morte.

Sugestão de resposta

Conforme dispõe a Constituição Federal, em seu artigo 194, a seguridade social compreende um conjunto integrado de ações de iniciativa dos Poderes Públicos e da sociedade, destinadas a assegurar os direitos relativos à saúde, à previdência e à assistência social. Dentre referidas ações, apenas a Previdência Social se refere a um regime contributivo, que necessita que os segurados contribuam para o sistema, no intuito de obterem o acesso aos benefícios ali previstos.

Neste sentido, via de regra, cessando-se as contribuições, perde-se a qualidade de segurado, salvo quando se enquadre em uma das situações previstas no artigo 15, da Lei nº 8213/91, mantendo referida qualidade durante o período de graça, em respeito ao princípio da solidariedade. No presente caso, observa-se que Pedro, que, em seu último emprego, contribuiu por 18 meses, encontra-se há 40 meses sem contribuir. Destarte, ainda que, eventualmente, aplicada a prorrogação prevista no artigo 15 e seus parágrafos 1º e 2º, teria Pedro perdido a sua condição de segurado.

Ainda que preencha os requisitos necessários à concessão da aposentadoria por incapacidade permanente, por se tratar de vítima de acidente que o deixou incapaz e insuscetível de reabilitação para o exercício de atividade que lhe garanta a subsistência, inclusive com a dispensa da carência, nos termos do artigo 26, II, da Lei nº 8.213/91, por ter perdido a condição de segurado, houve a caducidade dos respectivos direitos relativos a essa qualidade, não lhe sendo possível, portanto, a concessão do benefício da aposentadoria por incapacidade permanente.

No entanto, Pedro tem mais de 65 anos e reside apenas com seu filho, menor de idade, não possui bens, renda nem meios de prover sua manutenção e de seu filho, tampouco possui parentes próximos que o possam fazer. Preenche, assim, todos os requisitos[1] e faz jus ao recebimento do benefício de prestação continuada, previsto no artigo 203, V, da Constituição Federal e na LOAS.

Considerando que o benefício de prestação continuada se refere a um benefício assistencial, possui caráter personalíssimo. Logo, pode ser revogado a qualquer tempo, caso não mais preencha o destinatário os requisitos legais, e não gera a pensão por morte, nos termos da vedação expressa do artigo 23 do Decreto nº 6.214/07. Assim, caso Pedro venha a falecer no gozo do referido benefício, seu filho não terá direito a pensão por morte, fazendo *jus*, apenas, ao valor de eventual resíduo devido e não recebido em vida pelo beneficiário.

3. SAÚDE

(Cespe/AGU/Advogado/2012) *Maria ajuizou ação, sob o rito ordinário, contra a União, objetivando o fornecimento do medicamento X, de elevadíssimo custo e inexistente na lista de medicamentos fornecidos pelo Sistema Único de Saúde (SUS). O juiz federal competente deferiu liminar para determinar o fornecimento, pela União, do referido medicamento. Antes do ajuizamento da ação, foi disponibilizado a Maria, por intermédio do SUS, o medicamento Z, de igual qualidade, mas de custo inferior, como tratamento para a sua doença. Ela, contudo, recusou o fornecimento do medicamento sem apresentar justificativa. Com base nessa situação hipotética e na jurisprudência do STF acerca do tema, apresente argumentos de mérito para fundamentar recurso a ser interposto pela União. Em sua resposta, aborde os seguintes aspectos: direito à saúde e princípio da reserva do possível; e a intervenção do Poder Judiciário na efetivação dos direitos sociais.*

Direcionamento da resposta

Deve-se abordar, inicialmente, a judicialização das relações sociais e a possibilidade de efetivação de políticas públicas pelo Poder Judiciário. Ademais, deve-se explicar que, em que pese a importância do direito à saúde, princípio intimamente ligado à dignidade da pessoa humana, em dadas situações, aplicando-se a ponderação e da razoabilidade, a União pode deixar de atender ao pleito por medicamentos, em respeito ao princípio da reserva do possível. Por fim, deve-se indicar o cabimento do agravo de instrumento e do pedido de

1. Sobre os requisitos da LOAS, destacam-se os julgados na RCL 4374 e nos REs 567985 e 580963, quando o Supremo Tribunal Federal entendera pela inconstitucionalidade dos artigos 20, § 3º, da Lei nº 8.742/93 e 34 da Lei nº 10.471/03.

suspensão em face da decisão judicial, explicitando que a União não se omitiu na efetivação do direito à saúde.

Sugestão de resposta

Com o advento da Constituição Federal de 1988, houve a constitucionalização de diversas matérias, até então deixadas à regulamentação legal. A Carta Magna de 1988 passou a tratar, diretamente, de questões de cunho social, econômico e político, contribuindo, assim, para a judicialização das relações sociais, ou seja, a possibilidade de diversas questões, outrora resolvidas por outras esferas, serem submetidas ao Poder Judiciário.

Neste contexto, com o intuito de promover a efetivação de políticas públicas, o Poder Judiciário passa, cada vez mais, a intervir nas atividades dos demais poderes, obrigando-os, muitas vezes, a adotar uma postura ativa, no intuito da efetivação dos direitos fundamentais.

Dentre os direitos fundamentais, encontram-se o direito à vida e à saúde, diretamente ligados ao princípio da dignidade humana, sendo dever do Estado a sua efetivação, ainda que seja para garantir o mínimo existencial, direitos básicos e indispensáveis à vida humana. Ocorre que, por vezes, o orçamento estatal é limitado, devendo-se escolher, dentre as diversas políticas públicas, aquelas que serão prioritariamente implementadas e os limites em que o serão. Com base no princípio da reserva do possível, deve-se analisar a não efetivação de determinada política pública, sopesando-se com a possibilidade material do Estado fazê-la.

Por vezes, leva-se ao judiciário o conflito entre a necessidade de efetivação do direito à vida e à saúde, com o fornecimento de medicamentos devidos ao tratamento de determinada doença, e a impossibilidade material do Estado de fornecê-lo, por limitação orçamentaria. Analisando referido conflito, o Supremo Tribunal Federal[2] entende pela necessidade de aplicação dos princípios da ponderação e da razoabilidade, observando-se, em cada caso, as condições oferecidas aos indivíduos pelo Estado e a eventual limitação estatal para agir de forma diversa.

No caso proposto, em face da decisão judicial, poderia ser interposto o recurso de agravo de instrumento e apresentado, ao presidente do tribunal competente, pedido de suspensão, em face do risco do múltiplo efeito de decisões como esta causar lesões imensuráveis aos cofres públicos. Ademais, deve-se observar que o Estado não se omitiu na efetivação do direito à saúde,

2. Indispensável a leitura dos julgados nas Suspensões de Tutela Antecipada (STA) nº 175, 211 e 278/STF.

disponibilizando, por meio do SUS, medicamento de qualidade e efetividade similar ao pleiteado por Maria, que o recusou sem qualquer justificativa. Assim, fugiria ao princípio da razoabilidade a exigência de fornecimento de medicamento de maior valor e inexistente na lista do SUS, pelo Poder Público, prejudicando os cofres públicos e, por via de consequência, toda sociedade, em favor de uma vontade individual injustificável.

4. PREVIDÊNCIA COMPLEMENTAR

***(Cespe/AGU/Advogado/2015)** Redija um texto dissertativo a respeito do regime de previdência complementar, com base nas disposições constitucionais, infraconstitucionais e nos entendimentos jurisprudenciais sobre a matéria. Em seu texto, aborde (i) a natureza jurídica e as características do regime de previdência complementar e sua regulação constitucional; (ii) a forma de organização, a possibilidade de finalidade lucrativa e a identificação dos responsáveis pela regulação e pela fiscalização das entidades fechadas de previdência complementar (EFPC); (iii) a possibilidade de aplicação da paridade contributiva a situações deficitárias que envolvam EFPC e patrocínio público; (iv) a aplicação do Código de Defesa do Consumidor a casos que envolvam EFPC, segundo o entendimento do Superior Tribunal de Justiça.*

Direcionamento da resposta

Por se tratar de uma dissertação, deve-se não só responder aos questionamentos, mas fazê-los por meio de um texto com conexão e desenvolvimento das ideias. O enunciado é claro ao elencar todos os pontos que devem ser abordados pelo candidato. No caso, deve-se dar destaque às disposições que constam no artigo 202, da CF/88, e nas LC nº 108/2001 e LC nº 109/2001, posicionando-se, ao fim, pela possibilidade de aplicação da paridade contributiva e pela não aplicação do CDC, conforme recente entendimento do Superior Tribunal de Justiça.

Sugestão de resposta

Com o intuito de possibilitar um verdadeiro incremento de cobertura previdenciária, autônoma e independente do regime geral e do regime próprio da Previdência Social, a Constituição Federal de 1988, em seu artigo 202, instituiu o regime complementar, que consiste em um regime de previdência privada no qual o beneficiário tem a faculdade de aderir. Ao fazê-lo, fará jus a todos os benefícios ali contratados, devendo a entidade operar por meio da constituição de reservas para garanti-los.

Este caráter facultativo do regime complementar traz diversas consequências para o referido instituto. Em primeiro lugar, pois o beneficiário não é obrigado a aderir ao plano de previdência complementar, constituindo-se em verdadeira faculdade. Em segundo lugar, o empregador também não é obrigado a criar um plano específico de previdência complementar para os seus empregados, mas caso o faça, entende-se que deve oferecer a todos os empregados.

É por essa característica que se pode frisar que a relação previdenciária complementar em nada se relaciona ou se confunde com a relação de trabalho. Neste contexto, o artigo 202, § 2º, da Constituição Federal de 1998, é expresso ao definir que as regras, planos e previsões contratuais ou estatutárias da previdência complementar não integram o contrato de trabalho dos participantes ou suas remunerações. Também é por este motivo que eventual ação proposta em face da entidade de previdência complementar deve tramitar na Justiça Comum, e não na trabalhista.

Vê-se, assim, que a natureza jurídica da previdência complementar constitui relação de direito privado entre a entidade fechada, a patrocinadora, participantes e assistidos, compostos por uma relação contratual *sui generis*, regida, assim, pelas regras do direito civil e demais normativos específicos. Neste contexto, para atender ao disposto no artigo 202, *caput* e § 1º, da Constituição Federal de 1988, foram editadas as leis complementares nº 108/2001 e 109/2001.

Como dito, há verdadeira autonomia entre o regime de previdência complementar e os regimes de previdência geral e próprio, o que fica claro pela ausência de vinculação entre o recebimento do benefício na previdência complementar dos demais benefícios e valores destes dois outros regimes. Frise-se, no entanto, que não se trata de característica absoluta, havendo a possibilidade de relativização por vontade das partes, que, no contrato, poderão condicionar a percepção do benefício complementar ao benefício dos demais regimes.

A autonomia, inclusive, decorre da constituição de reservas próprias para garantia do pagamento dos benefícios contratados no regime complementar. Ou seja, característica fundamental do regime de previdência complementar é a constituição obrigatória de reservas garantidoras do benefício contratado, adotando-se, assim, um regime financeiro de capitalização e de custeio compartilhado entre a patrocinadora e os participantes, de forma a garantir os benefícios de prestações programadas e continuadas.

Do arcabouço constitucional, observa-se, ainda, a observância do princípio da transparência nas relações da previdência complementar, de forma que se deve garantir ao participante o total acesso às informações relativas à gestão de seus planos, conforme se depreende de inúmeros dispositivos da LC nº 109/2001. Neste mesmo contexto, dispõe-se sobre a necessidade de regulamentação da designação dos membros das diretorias das entidades fechadas de previdência privada complementar, bem como do acesso dos participantes aos colegiados e instâncias de decisão em que seus interesses sejam objeto de discussão e deliberação.

Assim, em síntese, são características próprias da previdência complementar a complementariedade; a facultatividade; a autonomia em relação ao regime geral e ao regime próprio; a pactuação através de contrato *sui generis;* a necessidade de operar baseada em constituição de reservas; a obrigatoriedade de ser regulada por Lei Complementar; a independência da relação de trabalho e não interferência no contrato do trabalho; a transparência; bem como a possibilidade de ser realizada em regime aberto ou fechado.

Quanto a este último ponto, como dito, a previdência complementar pode ser constituída através de dois regimes, quais sejam, o aberto, em que se permite a filiação de qualquer pessoa, e o fechado, no qual somente poderão ingressar os associados do instituidor ou empregados do patrocinador. No que tange a este último regime, é integrado através de Entidades Fechadas de Previdência Complementar – EFPC, que consistem em associações ou fundações sem finalidade lucrativa, conforme artigo 8º, parágrafo único, da LC nº 108/2001 e artigo 31, § 1º, da LC nº 109/2001, tendo o escopo de instituir e executar planos de benefícios de caráter previdenciário, vedando-se a prestação de quaisquer outros serviços, com ressalva da exceção prevista no artigo 76, da LC nº 109/2001, em que se permite a permanência da prestação de serviços assistenciais à saúde às entidades que o faziam quando da publicação da lei, mas desde que com custeio específico e contabilização e patrimônio separados.

Ainda, referente à organização, devem as Entidades Fechadas de Previdência Complementar possuir como estrutura mínima conselho deliberativo, conselho fiscal e diretoria-executiva, sendo que os dois conselhos, por previsão estatutária, devem ser preenchidos, em ao menos um terço das vagas, por participantes e assistidos, gerando uma maior integração e cooperação na gestão.

A regulação e a fiscalização das Entidades Fechadas de Previdência Complementar competem ao Conselho Nacional de Presidência Complementar (CNPC) e à Superintendência Nacional de Previdência Complementar (PREVIC). O primeiro tem por incumbência exercer a função de órgão regulador do regime de previdência complementar operado por entidades fechadas, sendo órgão da estrutura do Ministério da Previdência Social, conforme artigo 13 da Lei n. 12.154/2009. A segunda, por sua vez, tem o dever de fiscalizar e supervisionar as atividades das Entidades Fechadas de Previdência Complementar, bem como de executar as políticas para o regime de previdência complementar operado por estas entidades.

No que tange às Entidades Fechadas de Previdência Complementar patrocinadas por entes públicos, destaca-se a regra da paridade. Conforme o parágrafo 3º do artigo 202, da Constituição Federal de 1988, acrescido pela Emenda Constitucional nº 20/1998, veda-se que os entes públicos aportem recursos nas entidades de previdência privada, salvo quando ocuparem a posição de patrocinador, caso em que contribuirão até o limite do valor aportado pelo segurado.

Ou seja, referida previsão tata da paridade de contribuição entre os segurados e os patrocinadores públicos, regra que tem por escopo evitar que eventual situação deficitária destes planos complementares recaia sobre os entes públicos, que, eventualmente, poderiam aportar recursos para recuperar o regime complementar.

Frise-se, inclusive, que o Superior Tribunal de Justiça (REsp 1111077) já teve a oportunidade de se pronunciar acerca da aplicação ou não da paridade contributiva em relação aos planos de benefícios que se encontravam em vigor quando da mencionada alteração constitucional, tendo se posicionado pela necessidade de aplicação da regra, sob o argumento de que inexiste, no ordenamento jurídico brasileiro, direito adquirido a regime jurídico em face da Constituição Federal.

Por fim, por se tratar de relação contratual privada, muito se discutiu acerca da possibilidade ou não de aplicação das disposições do Código de Defesa do Consumidor nos casos em que envolvam as Entidades Fechadas de Previdência Complementar e em suas relações com os seus participantes.

Em um primeiro momento, fora editada a Súmula nº 321/STJ, segundo a qual o Código de Defesa do Consumidor seria aplicável à relação jurídica entre a entidade de previdência privada e seus participantes. Ocorre que, recentemente, o Superior Tribunal de Justiça (AgRg no AREsp 504022 e AgRg no REsp 1447483) alterou seu entendimento, posicionando-se pela inaplicabilidade do referido código, sob os argumentos de que não se presume a vulnerabilidade do contratante, e há verdadeiro equilíbrio contratual, uma vez que, na entidade fechada de previdência privada, há efetiva atividade de seus participantes, que compõe, por exemplo, como dito acima, seus conselhos, e agem na gestão do fundo de pensão, caracterizando-se verdadeiro mutualismo e cooperativismo na relação constituída.

5. FINANCIAMENTO DA SEGURIDADE SOCIAL

***(Esaf/PFN/Procurador/2016)** O § 7º do art. 195 da Constituição dispõe que "são isentas de contribuição para a seguridade social as entidades beneficentes de assistência social que atendam às exigências estabelecidas em lei." (i) A "lei" a que se refere o dispositivo é ordinária ou complementar? (ii) Medida provisória poderia dispor sobre as exigências em causa? Justifique ambas as respostas na forma do Direito brasileiro vigente conforme compreendido pela jurisprudência dominante do Supremo Tribunal Federal. A primeira resposta - necessariamente - também deverá tomar em consideração o inciso II do art. 146 da Constituição ("Cabe à lei complementar: (...) regular as limitações constitucionais ao poder de tributar;") inclusive para, se for o caso, distinguir ou não, de modo fundamentado, a imunidade a que se refere esse dispositivo e a isenção a que se refere o § 7º do art. 195 da Constituição.*

Direcionamento da resposta

Deve o candidato se ater ao texto literal do artigo 195, § 7º, da Constituição Federal de 1988, argumentando que, com base na hermenêutica constitucional, apenas se exige Lei Complementar quando a CF/88 é expressa neste sentido, bem como expondo o entendimento do STF acerca da interpretação dada a este artigo e ao 146, II, da CF/88. Ademais, deve-se diferenciar isenção e imunidade, posicionando-se que a regra do artigo 195, § 7º, da CF/88 é imunidade. Por fim, defender que, como não se exige Lei Complementar, não há vedação ao uso da Medida Provisória.

Sugestão de resposta

Conforme entendimento doutrinário, a imunidade corresponde a uma limitação constitucional do poder de tributar que acaba por delimitar a própria competência constitucional conferida aos entes políticos, ao passo em que a isenção opera no âmbito do próprio exercício da competência, correspondendo a uma dispensa legal de se pagar tributo.

Neste contexto, o artigo 195, § 7º, da Constituição Federal de 1988, dispõe que são isentas de contribuição para a seguridade social as entidades beneficentes de assistência social que atendam às exigências estabelecidas em lei. Em que pese ter o constituinte se utilizado da expressão isenção, o entendimento majoritário na doutrina e no âmbito do Supremo Tribunal Federal (RMS 22192 e ADI-MC 2028) é o de que corresponde a verdadeira hipótese de imunidade, posto que prevista na própria CF/88.

Ao ser considerada como uma espécie de imunidade, muito se discutiu se a lei a que se refere o mencionado § 7º corresponderia a uma lei ordinária ou a uma lei complementar, sobretudo em razão da previsão do artigo 146, inciso II, da CF/88, que dispõe que cabe à lei complementar regular as limitações constitucionais ao poder de tributar. Primeiramente, deve-se ter em mente que, conforme a hermenêutica constitucional, apenas se faz necessário o uso da lei complementar quando a própria Constituição Federal a exige expressamente. Assim, não o fazendo, o termo lei, do referido § 7º, deve ser tido como lei ordinária.

Ademais, o Supremo Tribunal Federal (v.g. RE 636941), ao se debruçar sobre a questão, firmou o entendimento de que a lei complementar referida no artigo 146, inciso II, da CF/88, é aquela que regulará a imunidade, enquanto hipótese de limitação ao poder de tributar, definindo os próprios limites objetivos ou materiais da imunidade. Destarte, a própria imunidade do artigo 195, § 7º, da CF/88 estaria sujeita à lei complementar quanto a estes limites materiais. Por outro lado, no que se refere aos aspectos formais ou subjetivos para se gozar da imunidade, tais como a fixação de normas de constituição e funcionamento das entidades beneficentes, é possível a sua regulação por lei ordinária, devendo-se ater a lei referida no mencionado § 7º a estes limites.

Por fim, uma vez que o dispositivo em debate não exige lei complementar, mas apenas lei ordinária, é plenamente possível o uso da medida provisória, por não incorrer na vedação disposta no artigo 62, § 1º, II, da Constituição Federal de 1988.

DIREITO PROCESSUAL CIVIL

1. DA COMPETÊNCIA

(Cespe/Bacen/Procurador/2009) *Após Pedro ter adquirido imóvel pertencente a um menor, identificou-se, dentro do prazo legal, vício oculto no processo de compra que reduzia o seu valor de mercado. Assim, houve interesse, por parte de Pedro, em acionar o vendedor para reaver a diferença resultante da depreciação causada pelo vício, razão pela qual propôs ação com esse fim no juízo em que se encontrava o bem. Citado, o réu defendeu-se argumentando que o foro em que tramitava a ação não era competente para julgá-la, pois ele residia com seus pais em comarca diversa. Com base na situação hipotética acima apresentada, indique o foro competente para julgamento da causa, fundamentando sua resposta.*

Direcionamento da resposta

Na presente questão, o examinador pretendia que o candidato discorresse acerca das hipóteses de competência absoluta para as ações reais imobiliárias previstas no art. 47, §§1° e 2° do Código de Processo Civil, compatibilizando tais disposições com a norma do art. 50 do CPC, que concretiza a proteção constitucional do incapaz.

Importante observar que entra no regime de competência absoluta do *forum rei sitae,* previsto no art. 47 do CPC, as ações imobiliárias fundadas em direito real. Conforme alude expressamente o §1° do referido artigo, se a ação não versar sobre propriedade, vizinhança, servidão, posse, divisão e demarcação de terras e nunciação de obra nova, o autor pode optar pelo foro do domicílio do réu ou pelo foro de eleição, ou seja, rege-se pelas regras gerais da competência relativa.

No que se refere ao foro competente para julgar o incapaz, o Código Processual de 1973, no artigo 98, preceituava que "a ação em que o incapaz for réu se processará no foro do domicílio de seu representante", deixando nebulosa a questão da extensão ou não dessa proteção ao relativamente incapaz (veja-se que o dispositivo abordava apenas a situação do "representante" do menor). Já o CPC de 2015 foi expresso ao acrescentar, em seu art. 50, que "a ação em que o incapaz for réu será proposta no foro de domicílio de seu representante ou assistente".

Assim, o absolutamente e o relativamente incapaz têm domicílio necessário, que é o do seu representante ou assistente. As ações em que o incapaz figure como demandado devem ser propostas no domicílio do seu representante ou assistente, salvo, no entanto, se se tratar de ações imobiliárias fundadas em direito real (propriedade, vizinhança, servidão, posse, divisão, demarcação de terras e nunciação de obra nova), quando prevalece o foro de situação da coisa.

Na hipótese da questão, a ação visa o abatimento no preço da coisa em virtude de defeito oculto, que reduz seu valor. Trata-se de ação que possui caráter pessoal e não real. Cuida-se, portanto, de matéria que rege-se pelas regras gerais da competência relativa e, não, pelas regras de competência absoluta do lugar da coisa.

Sugestão de resposta (adaptada de acordo com o CPC de 2015)

O art. 47, §§ 1º e 2º, do Código de Processo Civil, dispõe uma regra de competência absoluta para as ações sobre imóveis fundadas em direito real (propriedade, vizinhança, servidão, posse, divisão e demarcação de terras e nunciação de obra nova), ao determinar que, nesses casos, será competente o foro de situação da coisa.

O art. 50 do CPC, por sua vez, dispõe que o absolutamente e o relativamente incapaz têm domicílio necessário, que é o de seu representante ou de seu assistente. Tal regra, no entanto, não será aplicável caso se trate de ação real imobiliária, caso em que deverá prevalecer o disposto no art. 47, *caput*, do CPC.

Na situação hipotética apresentada, trata-se de ação estimatória, a qual visa somente o abatimento no preço da coisa em virtude de defeito que reduz seu valor. A referida ação possui caráter pessoal e não real, tratando-se, pois, de matéria estranha ao disposto no art. 47, *caput*, do CPC (foro de situação da coisa), rege-se, assim, pelas regras gerais da competência relativa.

Desse modo, prevalece a dicção do art. 50 do CPC, de modo que o foro competente para o julgamento da causa é o foro do domicílio do representante ou do assistente do incapaz.

2. DAS PROVAS

(Esaf/PFN/Procurador/2003) *Discorra sobre os tópicos: (i) Compatibilidade entre a iniciativa probatória do juiz e a regra de distribuição do ônus da prova. (ii) A inversão do ônus da prova e o contraditório.*

Direcionamento da resposta (adaptada de acordo com o CPC de 2015)

Na presente questão o candidato deve discorrer (i) acerca da viabilidade jurídica da proatividade probatória do Magistrado, esclarecendo que tal iniciativa não encontra óbices nas regras gerais de distribuição do ônus da prova, previstas no art. 373 do CPC, bem como finalizar sua resposta apresentando (ii) as diferentes perspectivas da inversão do ônus da prova (como regra de instrução ou julgamento) e (iii) delineando seu impacto perante a garantia constitucional do contraditório.

Sugestão de resposta

A atribuição do ônus da prova no direito brasileiro é realizada de maneira fixa pelo Código de Processo Civil. O art. 373, *caput*, do mencionado Código, distribui o ônus da prova de acordo com a natureza da alegação de fato a provar: ao autor cumpre provar a alegação que concerne ao fato constitutivo do direito por ele afirmado; ao réu, a alegação de fato impeditivo, modificativo ou extintivo do direito afirmado pelo autor.

No passado, defendia-se uma inércia jurisdicional também no que concerne à iniciativa probatória, por confundir-se a necessária imparcialidade do Juiz com verdadeira omissão na busca da verdade real. Como esclarece Daniel Amorim Assumpção, era a época do chamado "Juiz-Olimpo".

Contudo, os fundamentos que afastavam uma atuação mais diligente do Juiz no campo probatório foram suplantados pela melhor e moderna doutrina, por meio da compreensão de que a produção de prova de ofício privilegiará aquele que, de fato, possui o direito material, o que já é o real objetivo do processo (adjetivo) enquanto tutela do direito substantivo.

Mas destaque-se que, visando compatibilizar tal premissa com a lógica do sistema probatório e as regras de distribuição previstas no art. 373, *caput*, do CPC, inegável que essa proatividade probatória "somente [deve] ser adotada após as partes terem esgotado as provas que pretendiam produzir. Após a realização da prova pelas partes, e ainda havendo questão não clara ao juiz".

A norma que distribui o ônus da prova tem, assim, uma dupla finalidade no processo civil brasileiro contemporâneo: (*i*) serve como guia para as partes, funcionando, assim como uma regra de instrução, com o que visa estimular as partes a bem desempenharem os seus encargos probatórios e adverti-las dos riscos inerentes à ausência de prova das suas alegações e (*ii*) serve ainda como regra de julgamento, a fim de que o órgão jurisdicional, diante de uma situação de dúvida invencível sobre as alegações de fato da causa, possa decidi-la sem arbitrariedade, formalizando o seu julgamento com a aplicação do art. 373, do CPC.

Impõe-se destacar que o Código Processual de 2015 incorporou a dinamização do ônus probatório, permitindo ao Juiz uma maior flexibilização das regras de distribuição, ao dispor em seu art. 373, §1°, que: "nos casos previstos em lei **ou diante de peculiaridades da causa relacionadas à impossibilidade ou à excessiva dificuldade de cumprir o encargo nos termos do *caput* ou à maior facilidade de obtenção da prova do fato contrário, poderá o juiz atribuir o ônus da prova de modo diverso, desde que o faça por decisão fundamentada, caso em que deverá dar à parte a oportunidade de se desincumbir do ônus que lhe foi atribuído**".

Ademais, o CPC de 2015 prevê a possibilidade de distribuição diversa do ônus da prova por convenção das partes, tendo apenas ressalvados as hipóteses em que (i) recair sobre direito indisponível da parte e (ii) tornar excessivamente difícil a uma parte o exercício do direito.

Entrementes, independente da concepção do ônus da prova como regra de instrução ou julgamento (visando-se evitar o "*non liquet*"), as partes terão obrigatoriamente que ser informadas quando houver a inversão, no intuito de se evitar qualquer surpresa prejudicial ao contraditório. Portanto, a inversão deve ser comunicada com tempo de oferecer aos litigantes a oportunidade de se desincumbir do novo ônus probatório, conforme entendimento há muito tempo consolidado pelo Superior Tribunal de Justiça.

3. DO CUMPRIMENTO DA SENTENÇA

***(Cespe/AGU/Advogado/2008)** Apresentada memória de cálculos e iniciado o cumprimento de sentença proferida em favor da Fazenda Pública, na qual houve condenação dos devedores ao pagamento de quantia certa, com a penhora de bens e a intimação deste ato, um dos devedores, representado por procurador diverso daqueles nomeados pelos demais, apresentou, no vigésimo dia após a juntada da última intimação, impugnação, na qual argumentou que o título seria inexigível ante a necessidade de prévia liquidação por artigos. Fundamentou sua pretensão na afirmativa de que, nos cálculos da credora, haviam sido incluídos, no montante do debito, juros moratórios e correção monetária, situação a respeito da qual a sentença fora omissa e que constituía fato novo, cuja existência deveria ter sido objeto de prova em liquidação por artigos. Considerando a situação hipotética apresentada: (i) Discorra a respeito da natureza da impugnação ao cumprimento da sentença. (ii) Avalie a possibilidade de, no caso em tela, o prazo para impugnação ser contado em dobro para litisconsortes. (iii) Analise* *ainda a possível procedência do argumento utilizado pelo referido impugnante para apontar a inexigibilidade do título.*

Direcionamento da resposta (adaptada de acordo com o CPC de 2015)

A presente questão abordou tema que, no âmbito doutrinário, suscitava (e ainda suscita) controvérsias que é a impugnação ao cumprimento de sentença. Em casos desse jaez, é interessante que o candidato demonstre o conhecimento dessa controvérsia, porém, em provas cuja a banca examinadora seja o CEBRASPE, o posicionamento adequado para aqueles que pretendam atingir a pontuação máxima é aquele que se compatibiliza com o entendimento jurisprudencial.

Importante acentuar que, no Código de Processo Civil de 2015, houve uma importante modificação na impugnação ao cumprimento de sentença que reconhece a exigibilidade de obrigação de pagar quantia certa, a qual pode ser extraída da literalidade do art. 525: transcorrido o prazo para pagamento voluntário, não há mais necessidade de penhora ou nova intimação do devedor para que apresente, nos próprios autos, sua impugnação. No que concerne ao prazo em dobro, o CPC tornou explícito que "os litisconsortes que tiverem diferentes procuradores, de escritórios de advocacia distintos, terão prazos contados em dobro para todas as suas manifestações, em qualquer juízo ou tribunal, independentemente de requerimento" (art. 229), trazendo segurança jurídica aos litigantes. Tal circunstância, por questão de lógica, não se aplica aos processos que tramitem em autos eletrônicos (art. 229, §1º).

Desta feita, o candidato deveria discorrer (i) acerca da natureza incidental da impugnação à execução, destacando que seu entendimento tem por fundamento a reforma processual que instaurou o processo sincrético (que à época da prova ainda era tema relativamente recente, considerando o impacto que causou na sistemática processual) e, em função dessa natureza, (ii) defender a aplicação do prazo diferenciado previsto no art. 191 do CPC (atual art. 229 do CPC), (iii) discorrendo ainda acerca da natureza jurídica dos juros e da correção monetária para demonstrar a inadequação da liquidação por artigos ao caso.

Sugestão de resposta (adaptada de acordo com o CPC de 2015)

(i) A doutrina é controvertida quanto à natureza jurídica da impugnação ao cumprimento da sentença, havendo três correntes que devem ser destacadas: a) a primeira defende que a defesa processual no cumprimento de sentença possui natureza de ação, idêntica a dos embargos à execução; b) segunda corrente assevera que tal defesa ostenta natureza híbrida, a depender das matérias que o executado alegar, de modo que, caso a alegação defensiva verse sobre vícios procedimentais, a defesa apresentar-se-ia como incidente processual, contudo, caso a alegação defensiva diga respeito à inexistência da obrigação contida no título executivo, ostentaria natureza de ação incidental; c) já a terceira corrente, acatada pela doutrina de forma majoritária, entende que a impugnação ao cumprimento de sentença possui natureza jurídica de incidente processual, constitui defesa do executado na fase de cumprimento de sentença condenatória ao pagamento de quantia por execução forçada. Com efeito, a impugnação é oferecida por mero requerimento nos autos, dirigida diretamente ao juiz da causa, não é distribuída e seu processamento não está sujeito a custas processuais, porquanto o Código de Processo Civil de 2015 mantém numa só relação processual a tutela cognitiva e a executiva.

(ii) Por se tratar de defesa, existindo litisconsortes com diferentes procuradores, de escritórios de advocacia distintos, há prazo em dobro para oferecer a impugnação, nos termos do art. 229 do CPC. Inclusive, essa é a tese adotada pelo Superior Tribunal de Justiça, desde a reforma do CPC de 1973, que já havia adotado o sincretismo processual: "O entendimento prevalente, registre-se, é de que a impugnação ao cumprimento de sentença possui natureza jurídica de incidente processual, sendo processada no bojo do cumprimento de sentença; (...) Assenta-se, desse modo, que o prazo de 15 (quinze) dias para a apresentação da impugnação ao cumprimento de sentença previsto no art. 475-J, § 1º, do CPC/1973 sujeita-se à regra da contagem em dobro prevista no art. 191 do CPC/1973." (REsp n. 1.964.438/SP. [1]

1. Interessante notar que o STJ faz a seguinte distinção: a impugnação ao cumprimento de sentença previsto sujeita-se à regra da contagem em dobro para diferentes litisconsortes (art. 229 do CPC de 2015 e art. 191 do CPC de 1973), não se lhe revelando extensível subsidiariamente (segundo prevê o art. 475-R do CPC/1973) a vedação incidente sobre os embargos à execução (art. 738, § 3º, do CPC/2015), em razão da distinção ontológica entre os referidos institutos de defesa. Confira a íntegra da ementa:
"RECURSO ESPECIAL. PROCESSUAL CIVIL. IMPUGNAÇÃO AO CUMPRIMENTO DE SENTENÇA. LITISCONSORTES PASSIVOS COM PROCURADORES DIFERENTES. CONTAGEM DE PRAZO EM DOBRO DO PRAZO PARA A IMPUGNAÇÃO. CABIMENTO. IMPUGNAÇÃO TEMPESTIVA. RECURSO ESPECIAL CONHECIDO E PROVIDO.
1. O propósito recursal consiste em definir se a regra do art. 191 do CPC/1973 - que prevê a contagem em dobro dos prazos processuais para litisconsortes com procuradores diferentes - aplica-se ao prazo de apresentação da impugnação ao cumprimento de sentença previsto no art. 475-J, § 1º, do CPC/1973.
2. O entendimento prevalente, registre-se, é de que a impugnação ao cumprimento de sentença possui natureza jurídica de incidente processual, sendo processada no bojo do cumprimento de sentença; ao passo que os embargos à execução possuem natureza de ação, dando origem a um novo processo, diverso da correlata execução de título extrajudicial.
3. Havendo coexecutados representados por advogados diferentes, as diversas impugnações apresentadas serão processadas todas no feito do cumprimento de sentença. Já no que diz

Outrossim, cabe destacar que a liquidação por artigos (procedimento comum) somente é devida "quando, para determinar o valor da condenação, houver necessidade de alegar e provar fato novo" (art. 509, II, do CPC de 2015 e art. 475-E do CPC de 1973), de modo que os juros e correção monetária, os quais são "consectários legais" e não "fatos", não justificam o desencadeamento de liquidação por artigos (procedimento comum) anterior à execução do julgado. Impõe-se acrescentar inclusive que a aplicação dos critérios legais de correção monetária e juros não demanda complexidade a ensejar prévio procedimento de liquidação, tendo em vista que são aferíveis após simples cálculos, motivo pelo qual não procede a argumentação de inexigibilidade do título.

***(Cespe/AGU/Advogado/2012)** Suponha que, em ação de cobrança movida pela União contra particular, seja proferida sentença condenatória, confirmada pelo tribunal, condenando o réu a pagar à União o valor de R$ 100.000,00. Em face dessa situação hipotética, responda, de forma justificada, com fundamento no entendimento jurisprudencial dominante, às indagações seguintes. (i) Para incidência da multa de dez por cento, prevista, no art. 475-J do Código de Processo Civil, para o caso de a obrigação não ser cumprida no prazo de quinze dias, é necessário que o executado seja intimado pessoalmente a realizar o pagamento? (ii) A multa é também devida caso a execução esteja sendo realizada em caráter provisório?*

Direcionamento da resposta

Na presente questão, o candidato deve expor que (i) o STJ, consolidou o entendimento no sentido de que, no início do cumprimento de sentença, é desnecessária a intimação pessoal do demandado, bastando a intimação do advogado constituído nos autos, para que incida a multa de 10% pela ausência do

---

respeito aos embargos, serão formadas novas demandas tantas quantas forem os embargos ajuizados.

4. Assenta-se, desse modo, que o prazo de 15 (quinze) dias para a apresentação da impugnação ao cumprimento de sentença previsto no art. 475-J, § 1º, do CPC/1973 sujeita-se à regra da contagem em dobro prevista no art. 191 do CPC/1973, não se lhe revelando extensível subsidiariamente (segundo prevê o art. 475-R do CPC/1973) a vedação incidente sobre os embargos à execução (art. 738, § 3º, do CPC/2015), em razão da distinção ontológica entre os referidos institutos de defesa.

5. Na hipótese, a recorrente foi intimada da penhora de valores em conta de sua titularidade em 27/10/2015 e a impugnação foi apresentada em 23/11/2015, dentro, portanto, do prazo contado em dobro, que se findaria em 26/11/2015, a demonstrar a tempestividade da impugnação.

6. Recurso especial conhecido e provido." (REsp n. 1.964.438/SP, relator Ministro Marco Aurélio Bellizze, Terceira Turma, julgado em 7/12/2021, DJe de 14/12/2021)

adimplemento voluntário. Contudo, em virtude de incompatibilidade lógica do sistema, (ii) é inviável a aplicação desta multa prevista no art. 475-J, no âmbito da execução provisória.

Com o advento do Código de Processo Civil de 2015, a necessidade de intimação pessoal do devedor para incidência da multa foi questão que permaneceu omissa, motivo pelo qual a jurisprudência do STJ manteve-se no sentido de que *"desde a reforma ocorrida no CPC/73 pela Lei nº 11.232/2005 e também no CPC/15, não há mais que se falar, como regra, em ação autônoma de execução de título judicial, para a qual o devedor deve ser citado, mas, sim, em uma fase de cumprimento da sentença subsequente à fase de conhecimento, na qual a intimação do devedor ocorre, em princípio, na pessoa de seu advogado."* (HC n. 691.631/PR, relatora Ministra Nancy Andrighi, Terceira Turma, julgado em 29/3/2022, DJe de 1/4/2022)

Sob a vigência do CPC de 1973, a Corte Especial do STJ sedimentou que, na execução provisória, não poderia incidir a multa de 10% prevista no art. 475-J do CPC, porque a parte, executada provisoriamente ainda está em pleno exercício de sua garantia constitucional da ampla defesa, materializada na utilização das vias recursais.

Todavia, o CPC de 2015, de modo diverso do entendimento jurisprudencial majoritário, passou a prever, de maneira expressa, que "a multa e os honorários a que se refere o § 1° do art. 523 são devidos no cumprimento provisório de sentença condenatória ao pagamento de quantia certa" (art. 520, §2º). O art. 523, §1° é justamente o dispositivo que informa: "não ocorrendo pagamento voluntário no prazo do *caput*, o débito será acrescido de multa de dez por cento e, também, de honorários de advogado de dez por cento".

Sugestão de resposta (adaptada de acordo com o CPC de 2015)

(i) Desde a reforma processual que introduziu o processo sincrético no CPC de 1973, o início da contagem do prazo para incidência da multa prevista no art. 475-J passou a ser objeto de inúmeros embates doutrinários e jurisprudenciais, dentre os quais, acerca da necessidade de intimação pessoal do devedor para incidência da multa lá prevista.

Porém, em que pese relevantes posicionamentos contrários (tal como: CÂMARA, Alexandre Freitas. A nova Execução da sentença. Rio de Janeiro, Lumen Juris, 2006, p.113), desde meados de 2007, o Superior Tribunal de Justiça assentou entendimento no sentido de que é "desnecessária a intimação pessoal do devedor". Posteriormente, em 2010, deixou o ponto ainda mais claro ao dispor que "o devedor haverá de ser intimado na pessoa do seu advogado, por publicação na imprensa oficial, para efetuar o pagamento no prazo de quinze dias, a partir de quando, caso não o efetue, passará a incidir sobre o montante da condenação, a multa de 10% (dez por cento) prevista no art. 475-J, caput, do Código de Processo Civil". Tal posicionamento da Corte Superior manteve-se com a entrada em vigor do Código de Processo Civil de 2015.

(ii) Sobre a incidência da multa no caso de execução provisória, o CPC de 2015, prevê, de maneira expressa, que "a multa e os honorários a que se refere o § 1º do art. 523 são devidos no cumprimento provisório de sentença condenatória ao pagamento de quantia certa" (art. 520, §2º). O art. 523, §1º, é justamente o dispositivo que informa: "não ocorrendo pagamento voluntário no prazo do *caput*, o débito será acrescido de multa de dez por cento e, também, de honorários de advogado de dez por cento". Assim, a multa é também devida caso a execução esteja sendo realizada em caráter provisório.

4. DO PROCESSO NOS TRIBUNAIS

(Cespe/AGU/Advogado/2012) *Carlos ajuizou demanda contra a União, para receber vantagem pecuniária, tendo sido sua pretensão rejeitada em sentença de improcedência, confirmada em decisão colegiada no tribunal. Carlos, então, interpôs recurso especial, inadmitido no tribunal regional federal, e, posteriormente, agravo para o Superior Tribunal de Justiça. Nessa corte, o agravo foi rejeitado pelos seguintes fundamentos: (1) a decisão impugnada pelo recurso especial não havia ofendido a lei federal; e (2) o tribunal adotara, no julgamento da apelação, jurisprudência dominante na Corte Superior. A decisão transitou em julgado. Face dessa situação hipotética, responda, de forma justificada, aos questionamentos seguintes. (i) De quem é a competência para exame de eventual ação rescisória? (ii) Ajuizada ação rescisória na instância errada, contra o julgado equivocado, que providência deve ser tomada pelo Judiciário?*

Direcionamento da resposta (adequada de acordo com o CPC de 2015)

No presente item, o examinador pretendia averiguar o conhecimento do candidato acerca da possibilidade de aplicação analógica do teor da Súmula 249, do STF, no âmbito do STJ, circunstância que (i) firma a competência da Corte Cidadã para o julgamento da ação rescisória. Com efeito, o STJ assentou sua "competência para julgar ação rescisória contra acórdão de Tribunal originário, quando o Ministro Relator do agravo de instrumento ao desprovê-lo adentra no mérito da questão federal controvertida. Aplicação analógica da Súmula 249-STF." (REsp n. 712.285/PR, relator Ministro Luiz Fux, Primeira Turma, julgado em 4/8/2005, DJ de 29/8/2005, p. 194). Ao final da questão, o examinador questionou acerca do ajuizamento da rescisória com base em julgado equivocado, (ii) caso em que o candidato, considerando as disposições do Código de Processo Civil de 2015, deveria apontar para a aplicação do art. 968, §5º, do referido Código.

Com efeito, o CPC de 2015 inovou de maneira extremamente louvável no que concerne às ações rescisórias. Isso porque, visando pôr fim à celeuma decorrente de omissão do sistema processual anterior, trouxe de maneira expressa que "reconhecida a incompetência do tribunal para julgar a ação rescisória, o autor será intimado para emendar a petição inicial, a fim de adequar o objeto da ação rescisória, quando a decisão apontada como rescindenda" (art. 968, §5º) "não tiver apreciado o mérito e não se enquadrar na situação prevista no § 2º do art. 966" ou "tiver sido substituída por decisão posterior" (incisos I e II).

O CPC de 2015 ainda vai além, dispondo que "na hipótese do § 5º, ou seja, reconhecida a incompetência do tribunal para julgar a ação rescisória, após a emenda da petição inicial, será permitido ao réu complementar os fundamentos de defesa, e, em seguida, os autos serão remetidos ao tribunal competente" (art. 968, §6º).

Cabe, enfim, salientar que a atual jurisprudência do Superior Tribunal de Justiça reforça a aplicabilidade do referido dispositivo ao expressar posicionamento no sentido de que, quando a decisão rescindenda não houver examinado o mérito da demanda, deve-se determinar a emenda à Petição Inicial e a ulterior remessa para o juízo competente, nos termos do art. 968, § 5º, do CPC/2015 (AgInt na AR 6.930/DF, Rel. Ministro Herman Benjamin, Primeira Seção, DJe de 15.3.2022; AR 6.132/PR, Rel. Ministro Herman Benjamin, Primeira Seção, DJe de 9.8.2022).

Sugestão de resposta (adaptada de acordo com o CPC de 2015)

(i) No caso em análise, a ação rescisória deverá ser ajuizada diretamente no Superior Tribunal de Justiça. Isso porque, a rescisória se trata de ação cuja competência para conhecimento e processamento recai originalmente sobre tribunal, contudo, a definição do tribunal competente para sua apreciação dependerá dos recursos que eventualmente tenham sido interpostos no caso concreto.

Com efeito, os Tribunais Superiores serão competentes para a apreciação da rescisória quando esta for interposta contra acórdão de mérito por eles proferidos, de modo que, no caso de simples inadmissão (não recebimento, não conhecimento) do recurso Extraordinário ou Especial, a competência para conhecimento da rescisória permanecerá, via de regra, no tribunal revisor (segunda instância).

Contudo, a Súmula n. 249 do STF, dispõe que "*É competente o Supremo Tribunal Federal para a ação rescisória quando, embora não tendo conhecido do recurso extraordinário, ou havendo negado provimento ao agravo, tiver apreciado a questão federal controvertida*" e tal entendimento é aplicado analogicamente no âmbito do Superior Tribunal de Justiça, que reconhece sua competência para julgar ação rescisória contra acórdão de Tribunal originário, quando o Ministro Relator do agravo de instrumento ao desprovê-lo adentra no mérito da questão federal controvertida.

(ii) No caso de incompetência do Tribunal em que ajuizada a rescisória, o Código Processual de 2015 determina que o juiz intime a parte a fim de auxilia-la na identificação do juízo efetivamente competente para a causa, ou seja, o autor deve ser intimado para emendar a petição inicial, a fim de adequar o objeto da ação rescisória. Se a parte propôs ação rescisória pressupondo que decisão posterior substituiu anterior sem que isso tenha de fato ocorrido (art. 968, §5°, I, do CPC) ou que decisão anterior não tenha sido substituída por outra posterior quando isso de fato ocorreu (art. 968, §5°, II, do CPC), tem o juiz dever de intimar a parte a fim de que adeque o objeto da ação rescisória e a enderece ao juízo competente. (Novo Código de processo civil comentado / Luiz Guilherme Marinoni, Sérgio Cruz Arenhart, Daniel Mitidiero. Imprensa: São Paulo, Revista dos Tribunais, 2017, p. 1.030).

Nessa hipótese, redimensionado o objeto da ação rescisória e corretamente endereçada, será permitido ao réu complementar os fundamentos de defesa, e, em seguida, os autos serão remetidos ao tribunal competente (art. 968, §6°, do CPC).

5. DOS RECURSOS

(Cespe/AGU/Advogado/2012) *Em julgamento monocrático realizado em tribunal regional federal, o relator, com base no art. 557, caput, do Código de Processo Civil, negou seguimento à apelação da União, por considerar o recurso contrário a súmula de tribunal superior. Em razão de omissão referente a um dos pedidos da apelação, a União opôs embargos declaratórios, recurso encaminhado à Turma, para análise específica da omissão apontada. Tendo o referido órgão considerado, por maioria, que a decisão não era omissa, os embargos declaratórios foram rejeitados. Nessa situação hipotética, que medida a União, intimada da decisão, deve tomar? Fundamente sua resposta no entendimento da jurisprudência.*

Direcionamento da resposta (adaptada de acordo com o CPC de 2015)

O ponto chave da questão reside no fato de que, apesar de o colegiado ter julgado os embargos de declaração interpostos contra a decisão do relator, a Turma realizou uma "análise específica da omissão apontada". Ademais, o referido órgão considerou que a decisão não era omissa e os embargos declaratórios foram rejeitados. Portanto, ainda assim, cabe agravo interno (art. 1.021, do CPC de 2015 e art. 557, § 1°, do CPC de 1973), visando o prévio esgotamento da instância ordinária.

O agravo interposto da decisão do relator nos tribunais possuía apenas menção superficial no antigo CPC (art. 557, §1°, do CPC/1973). Com o advento do CPC de 2015, foi estabelecido um regramento mínimo, localizado no art. 1.021 (caput e parágrafos). Atualmente, da decisão proferida pelo relator caberá agravo interno para o respectivo órgão colegiado e seu processamento deverá observar as regras do regimento interno do tribunal. O CPC de 2015 esclarece que o agravo deverá ser dirigido ao relator, que intimará o agravado para manifestar-se sobre o recurso no prazo de 15 (quinze) dias e, ao final, não havendo retratação, levará o recurso a julgamento pelo órgão colegiado, sendo-lhe vedado [ao relator] limitar-se à reprodução dos fundamentos da decisão antes agravada para julgar improcedente o agravo interno.

Por derradeiro, o CPC de 2015 ainda fixa que, caso o agravo interno seja declarado manifestamente inadmissível ou improcedente em votação unânime, o órgão colegiado, em decisão fundamentada, condenará o agravante a pagar ao agravado multa fixada entre um e cinco por cento do valor atualizado da causa e a interposição de qualquer outro recurso estará condicionada ao prévio depósito desse valor, à exceção da Fazenda Pública e do beneficiário de gratuidade da justiça, que farão o pagamento ao final.

Sugestão de resposta (adaptada de acordo com o CPC de 2015)

Conforme dicção do art. 1.021, do CPC de 2015, caberá agravo interno. O agravo será dirigido ao relator, que intimará o agravado para manifestar-se sobre o recurso no prazo de 15 (quinze) dias, ao final do qual, não havendo retratação, o relator levá-lo-á a julgamento pelo órgão colegiado, com inclusão em pauta.

Com efeito, não são raros os casos em que, interpostos embargos de declaração em face da decisão monocrática, estes são recebidos como agravo interno em função da relevância dos seus fundamentos, de modo que a apreciação da questão central da demanda é levada ao conhecimento da Turma e, assim, promovendo-se o esgotamento da instância ordinária, a partir de quando se torna possível a interposição dos recursos aos Tribunais Superiores.

Porém, no caso analisado, não foi esse o ocorrido, tendo em vista que, ao julgar os aclaratórios, a Turma não enfrentou o mérito do recurso que se visa destrancar, mas apenas realizou uma "análise específica da omissão apontada" (limitou-se à análise do ponto incidental, não se manifestando acerca da compatibilidade da decisão do relator com o enunciado sumular).

Em casos desse jaez, o Superior Tribunal de Justiça firmou entendimento no sentido de que, mesmo que tenham sido opostos embargos de declaração em face da decisão monocrática do relator e que, apesar do seu efeito iterativo (regressivo ou diferido), estes tenham sido julgados pelo órgão colegiado do Tribunal de origem, caso o colegiado não tenha se manifestado acerca do mérito da demanda, ainda assim é cabível e necessária a prévia interposição de agravo interno, para posterior manejo de eventuais recursos aos Tribunais Superiores.

6. DO PROCESSO DE EXECUÇÃO

(Cespe/AGU/Advogado/2012) *De acordo com entendimento jurisprudencial e doutrinário dominantes, é possível a determinação da impenhorabilidade de bens móveis à guisa de proteção ao bem de família, na modalidade prevista na Lei n. 8.009/1990? Justifique sua resposta e cite exemplos pertinentes.*

Direcionamento da resposta (adaptada de acordo com o CPC de 2015)

No presente item, o candidato deveria discorrer acerca da existência de previsão legal da impenhorabilidade dos bens móveis que guarnecem o bem imóvel de família, prevista na Lei n. 8.009/90, não esquecendo de citar, ao final, exemplos conforme requerido na questão.

A propósito, cabe ressaltar que a jurisprudência do STJ é no sentido de que "a proteção contida na Lei n. 8.009/1990 alcança não apenas o imóvel da família, mas também os bens móveis indispensáveis à habitabilidade de uma residência e os usualmente mantidos em um lar comum." (Jurisprudência em teses, edição 44, bem de família).

No que se refere aos bens móveis que podem receber a proteção da impenhorabilidade, tal determinação varia conforme o caso concreto. Verifica-se, na jurisprudência, a análise acerca da indispensabilidade do bem para a habitação de uma residência e aqueles considerados usuais em um lar comum, ou seja, não possuem natureza suntuosa. Assim, a Segunda Seção da Corte Superior já decidiu no sentido de que: " I - (...) a proteção contida na Lei nº 8.009/90 alcança não apenas o imóvel da família, mas também os bens móveis que o guarnecem, à exceção apenas os veículos de transporte, obras de arte e adornos suntuosos; II.- São impenhoráveis, portanto, o televisor e a máquina de lavar roupas, bens que usualmente são encontrados em uma residência e que não possuem natureza suntuosa (Rcl n. 4.374/MS, relator Ministro Sidnei Beneti, Segunda Seção, julgado em 23/2/2011, DJe de 20/5/2011).

Enfim, importante observar que, por se tratar de prova anterior ao Código de Processo Civil de 2015, a presente questão não aborda de maneira direta o sistema processual civil atual, cuidando de lei específica. Todavia, o CPC de 2015 cuida especificamente do objeto da penhora entre seus arts. 831 e 836, esclarecendo, tal como o Código Processual anterior, que são impenhoráveis "os móveis, os pertences e as utilidades domésticas que guarnecem a residência do executado, salvo os de elevado valor ou os que ultrapassem as necessidades comuns correspondentes a um médio padrão de vida" (art. 833, II, do NCPC).

Sugestão de resposta (adaptada de acordo com o CPC de 2015)

A Lei n. 8.009/90, que consagrou a impenhorabilidade do bem de família independentemente da constituição formal e do registro, agregou tal característica não apenas ao imóvel residencial, mas também aos bens móveis que o guarnecem (art. 1º, parágrafo único), excetuando-se, somente os veículos de transporte e os bens de natureza supérflua e suntuosa (art. 2º).

Trilhando tal caminho, o ordenamento jurídico visava garantir as condições mínimas de sobrevivência digna ao núcleo familiar, ainda que em situações de endividamento, proteção que inclusive foi estendida, pelo Superior Tribunal de Justiça (Súmula 364), às pessoas solteiras e viúvas.

Nesse contexto, doutrina e jurisprudência concordam que a penhora não pode recair indistintamente sobre quaisquer bens do devedor, havendo uma limitação legal. Contudo, a mencionada lei é omissa no que concerne aos critérios objetivos para aferição do que se trata de bem essencial e do que se trata de coisa "de natureza supérflua e suntuosa", motivo pelo qual tais parâmetros vêm sendo fixados judicialmente em cada caso concreto, levando em conta o contexto social de cada família e a essencialidade do bem.

A jurisprudência do STJ é no sentido de que a proteção contida na Lei n. 8.009/1990 alcança não apenas o imóvel da família, mas também os bens móveis, desde que, no caso concreto, sejam considerados indispensáveis à habitabilidade de uma residência e usualmente mantidos em um lar comum (Rcl 004374/MS, REsp 875687/RS).

Com efeito, a se realizar uma análise individualizada sobre os julgados do STJ que abordaram a questão, constata-se que um mesmo bem pode ser penhorável para um núcleo familiar, contudo impenhorável para outro, havendo decisões nas quais foi reconhecida que são impenhoráveis "a lavadora e secadora de roubas, bem com os aparelhos de ar-condicionado que guarnecem a residência" (RESP 658.841/RS), contudo, em outros julgados proclamou a "penhorabilidade de aparelhos de ar condicionado", considerando que se tratam de bens úteis, mas não indispensáveis à família (RESP 251.360/SP).

(Cespe/AGU/Advogado/2012) *Em uma execução por quantia certa, a efetivação da penhora de um lote depende da prévia averbação do ajuizamento da referida demanda no cartório de registro de imóveis em que ele estiver matriculado? Justifique sua resposta, discorrendo sobre o conceito, a finalidade e as principais características dos referidos institutos, quais sejam, a penhora e a averbação do ajuizamento da demanda, bem como sobre a correlação entre eles.*

Direcionamento da resposta (adaptada de acordo com o CPC de 2015)

No presente quesito, o examinador pretendia examinar o conhecimento do candidato acerca da correlação entre a penhora e a averbação da execução no cartório de imóveis. Nesta senda, é interessante que o candidato já inicie sua resposta afirmando que a penhora não pressupõe a prévia averbação da execução em cartório de registro de imóveis, contudo, tal registro se presta a afastar a presunção de boa-fé em eventual alienação dos bens imóveis ocorrida após a mencionada averbação.

A propósito, assim dispõe o art. 844 do CPC: "para presunção absoluta de conhecimento por terceiros, cabe ao exequente providenciar a averbação do arresto ou da penhora no registro competente, mediante apresentação de cópia do auto ou do termo, independentemente de mandado judicial" (correspondente no CPC/1973: art. 659, §4°) (art. 615-A, § 3°, do CPC).

Sugestão de resposta (adaptada de acordo com o CPC de 2015)

Conforme se extrai da dicção dos artigos 838 e 839 do CPC, a validade da penhora não depende da averbação do ajuizamento da demanda executiva no cartório de registro de imóveis.

Isso porque a penhora é ato executivo por meio do qual se individualiza, no patrimônio do executado, os bens sobre os quais recairá a execução. Portanto, a penhora visa a satisfação do débito, podendo recair sobre valores (dinheiro), caso em que, superada a fase de exercício do direito de defesa, poderá haver a transferência ao exequente do montante penhorado, bem como poderá recair sobre bens diversos do dinheiro, quando então caberá a realização de outros atos prévios (a exemplo da alienação particular ou hasta pública), com o objetivo precípuo de cumprir a obrigação registrada no título executivo.

Por outro lado, assim que iniciada a execução, o exequente poderá obter certidão de que a execução foi admitida pelo juiz, com identificação das partes e do valor da causa, para fins de averbação no registro de imóveis, de veículos ou de outros bens sujeitos a penhora, arresto ou indisponibilidade (art. 828 do CPC). Tal prática visa o afastamento da presunção de boa-fé em eventuais alienações dos bens ocorridas após a mencionada averbação, dado que a lei presume como fraude à execução a alienação ou a oneração de bens efetuada após a averbação (art. 828, § 4º, do CPC), portanto, tal anotação somente se faz necessária para constituição de "absoluta presunção de conhecimento de terceiros" (art. 844 do CPC).

(Cespe/AGU/Advogado/2012) *Em 2 de maio de 2012, a União ajuizou ação de execução contra José com base em dois acórdãos que, proferidos pelo Tribunal de Contas da União, transitaram em julgado em março de 2012. Com base na primeira das referidas decisões, José foi condenado ao pagamento de multa no valor de R$ 20.000,00 e, com base na segunda, foi condenado a ressarcir de R$ 500.000,00 os cofres da União. Regularmente citado, José imediatamente opôs os competentes embargos à execução, limitou-se a alegar, preliminarmente, ausência de título executivo e cumulação indevida de execuções. Em face dessa situação hipotética, responda, de forma justificada, às indagações que se seguem. (i) O ajuizamento de embargos à execução, por si só, obsta o prosseguimento da execução? (ii) As preliminares suscitadas pelo embargante merecem ser acolhidas?*

Direcionamento da resposta (adaptada de acordo com o CPC de 2015)

O candidato deve iniciar a presente questão esclarecendo que (i) os embargos à execução não possuem efeito suspensivo, a teor do art. 919 do CPC. Todavia, o juiz poderá, a requerimento do embargante, atribuir efeito suspensivo aos embargos caso verificado o preenchimento dos requisitos para a concessão da tutela provisória e desde que a execução já esteja garantida por penhora, depósito ou caução suficientes (art. 919, § 1º).

Outrossim, deve acrescentar que (ii) a Constituição Federal conferiu eficácia de título executivo extrajudicial às decisões do Tribunal de Contas da União de que resulte imputação de débito ou multa, bem como que o CPC possibilitou expressamente a execução de dois títulos judiciais em uma única execução, ainda que fundadas em títulos diferentes, quando o executado for o mesmo e desde que para todas elas seja competente o mesmo juízo e idêntico o procedimento (art. 780).

Sugestão de resposta (adaptada de acordo com o CPC de 2015)

(i) O ajuizamento de embargos à execução, por si só, não obsta o prosseguimento da execução, é necessário que o juiz atribua expressamente efeito suspensivo, se verificados os requisitos legais para tanto. Com efeito, nos termos do art. 919 do Código de Processo Civil de 2015, os embargos à execução não terão efeito suspensivo. Todavia, o juiz poderá, a requerimento do embargante, atribuir efeito suspensivo aos embargos quando verificados os requisitos para a concessão da tutela provisória e desde que a execução já esteja garantida por penhora, depósito ou caução suficientes (art. 919, §1º).

(ii) As preliminares suscitadas pelo embargante não merecem ser acolhidas. Isso porque, o § 3º do art. 71 da Constituição Federal de 1988, combinado com o art. 23, III, b, da Lei nº 8.443/199, confere eficácia de título executivo às decisões do Tribunal de Contas de que resulte imputação de débito ou multa, razão pela qual não merece prosperar a alegação de ausência de título executivo.

Outrossim, a possibilidade de execução de diversos títulos em um mesmo processo executivo foi expressamente prevista no art. 780 do CPC, sendo, portanto, lícito ao credor, sendo o mesmo o devedor, cumular várias execuções, ainda que fundadas em títulos diferentes, desde que para todas elas seja competente o juiz e idêntica a forma do processo.

Tais requisitos são observados no caso analisado. Isso porque, tanto o recolhimento relativo à multa, quanto o ressarcimento "aos cofres da União" deve ser feito à conta única do Tesouro Nacional, sendo a União, por meio de sua Advocacia Pública, parte legítima para promover a execução de ambos os títulos executivos mencionados. Por outro lado, "José" figura como devedor em ambos os títulos, os quais serão executados com base no rito da execução fundada em "título extrajudicial".

***(Esaf/PFN/Procurador/2016)** A BD Participações Ltda., empresa de considerável patrimônio e que tem entre seus objetos sociais o de administração de bens, adquiriu de terceiros um apartamento, realizando o devido registro imobiliário. Em seguida, o cedeu gratuitamente a seus empresários, um casal sem bens imóveis, que passaram a utilizá-lo como residência. A penhora desse bem em* *execução movida contra a empresa BD pode ser afastada pelo casal alegando que o apartamento serve de residência para a família e que a compra na verdade se deu integralmente com recursos dos cônjuges? Por quê?*

Direcionamento da resposta

A questão pretendia que o candidato abordasse a diferença entre o patrimônio das pessoas físicas e das jurídicas por aquelas constituídas, analisando a extensão da impenhorabilidade do bem que se pretende tornar "bem de família", todavia adquirido por interposta pessoa (jurídica).

Sugestão de resposta

O patrimônio das pessoas físicas não se confunde com o das pessoas jurídicas por elas titularizadas. Assim, apesar de o art. 1° da Lei n° 8.009/90 e a Súmula 364 do STJ protegerem as pessoas físicas que utilizam imóveis para residência própria ou de suas famílias, tal proteção não é extensível no caso analisado, tendo em vista que o imóvel foi adquirido pela pessoa jurídica, que apenas o cedeu para utilização de maneira gratuita (comodato, art. 579, do CC), não alterando a titularidade do bem.

Fato é que, a defesa da impenhorabilidade do bem pelo casal perpassaria pelo necessário reconhecimento de um negócio jurídico dissimulado (compra do bem pelo casal por interposta pessoa jurídica), acarretando a defesa de um direito em contradição com a conduta anterior do quando objetivamente interpretada. A obtenção de benefícios aos participantes, nesse caso, é vedada pela própria boa-fé objetiva (*venire contra factum proprium*).

De mais a mais, necessário esclarecer que, para o Superior Tribunal de Justiça, a penhora sobre imóvel de empresa somente pode ser afastada em favor de sócio que nele resida quando envolve "empresas com conotação familiar em que, muitas vezes, o local de funcionamento confunde-se com a própria moradia" (vide, p.ex., REsp n° 470.893/RS e 621.399/RS), o que não é o caso posto em análise, uma vez que se trata de "empresa de considerável patrimônio".

7. DO PROCESSO CAUTELAR

(Cespe/AGU/Advogado/2012) *O arresto de bens, cautelar ou executivo, pressupõe sempre a presença dos requisitos do "fumus boni iuris" e do "periculum in mora"? É obrigatório o prévio ajuizamento de execução por quantia* *certa para a efetivação do arresto executivo? O arresto cautelar garante o direito de preferência do credor? Justifique sua resposta.*

Direcionamento da resposta

No presente item, o candidato deveria realizar uma diferenciação entre o arresto cautelar e o executivo, esclarecendo que o arresto executivo, ao contrário do cautelar, prescinde do "fumus boni iuris" e do "periculum in mora". Contudo, o entendimento jurisprudencial (Superior Tribunal de Justiça) exige para sua efetivação não apenas o ajuizamento de execução, mas inclusive a realização de atos tendentes a localizar o devedor para citação na execução. Por derradeiro, deveria encerrar a questão esclarecendo que o STJ também entende que, inexistindo título legal à preferência, o arresto confere ao credor previdente primazia sobre a penhora posteriormente efetuada.

Sugestão de resposta (adaptada de acordo com o CPC de 2015)

(I) Não, o arresto de bens executivo não pressupõe sempre a presença dos requisitos do "fumus boni iuris" e do "periculum in mora". Quando, apesar de não ter sido possível a citação do executado em virtude de sua não localização, forem localizados bens do executado, o oficial de justiça realizará o arresto executivo de tantos bens quantos bastem para garantir a dívida (art. 830, caput, do CPC). Portanto, considerando que tal modalidade de arresto trata-se de ato executivo de pré-penhora ou penhora antecipada, não se exige a comprovação do "fumus boni iuris" e do "periculum in mora" para sua efetivação, bastando que sejam encontrados bens do executado e que este não tenha sido localizado para citação.

(II) Sim, é obrigatório o prévio ajuizamento de execução por quantia certa para a efetivação do arresto executivo. Para realização dos atos relativos ao arresto executivo, devem ser observados os requisitos legais previstos no art. 830, do CPC, quais sejam, a não localização do devedor para citação e a detecção de bens penhoráveis. Portanto, eventual arresto de bens que seja anterior ao ajuizamento da ação executiva deverá ter como fundamento a tutela de urgência de natureza cautelar, a qual pode ser efetivada mediante arresto, nos termos do art. 301 do CPC. Inclusive, o Superior Tribunal de Justiça entende que, caso não tenham sido realizados atos tendentes a localizar o devedor para citação na execução, seja por carta, seja por mandado, encontra-se afastada a possibilidade de realização do arresto executivo previsto no art. 830 do CPC.

(iii) Sim, o arresto cautelar garante o direito de preferência do credor. A propósito, deve-se ser ressaltado que, independente da natureza assumida, cautelar (art. 301 do CPC) ou executiva (art. 830 do CPC), aplicam-se, sem distinção, as disposições relativas à penhora (REsp n. 293.287/SP). Desta feita, conforme esclarecem precedentes do STJ, o arresto é uma pré-penhora e seus efeitos, para fins de prelação, vigoram desde a sua implementação. Assim, inexistindo título legal à preferência, a anterioridade do arresto confere ao credor previdente, que primeiramente levou a efeito este ato de constrição do bem, primazia sobre a penhora posteriormente efetuada.

8. DOS PROCEDIMENTOS ESPECIAIS

(Esaf/PFN/Procurador/2005) *Discorrer, de forma objetivamente fundamentada, a respeito da viabilidade do reconhecimento da fraude contra credores em sede de embargos de terceiro.*

Direcionamento da resposta (adaptada de acordo com o CPC de 2015)

No presente item, o examinador buscava analisar no candidato o conhecimento acerca do teor da Súmula 195 do STJ (Em embargos de terceiro não se anula ato jurídico, por fraude contra credores), bem como acerca da incompatibilidade entre os ritos dos embargos de terceiro e da ação pauliana.

O Código de Processo Civil de 2015 dispõe sobre os embargos de terceiro nos arts. 674 a 681 (contidos no Título III – Procedimentos Especiais, Capítulo VII). Com a entrada em vigor do referido Códex, passou a haver entendimento doutrinário favorável à possibilidade de formulação de pedido de anulação de ato jurídico por fraude contra credores em sede de Embargos de Terceiro. Isso porque, o CPC de 2015 dispõe que "os embargos [de terceiro] poderão ser contestados no prazo de 15 (quinze) dias, findo o qual se seguirá o procedimento comum" (art. 679). O Enunciado 133 da II Jornada de Direito Processual Civil (2018) expressa tal entendimento: "é admissível a formulação de reconvenção em resposta aos embargos de terceiro, inclusive para o propósito de veicular pedido típico de ação pauliana, nas hipóteses de fraude contra credores".

Para fins de prova de concurso, contudo, o entendimento a ser adotado é o da Súmula 195 do STJ, a qual permanece válida, de modo que, em embargos de terceiro não se anula ato jurídico, por fraude contra credores. Nesse caso, será necessária a propositura de ação pauliana (ou revocatória).

Sugestão de resposta

A fraude contra credores encontra previsão nos arts. 158 a 165 do Código Civil, tratando-se de instituto de direito material e cuja anulação do ato lesivo ao patrimônio do credor dependerá de ação própria, denominada "Pauliana" ou "Revocatória".

A ação pauliana é uma ação pessoal, submetida, em regra, ao rito ordinário, que pode ser movida pelo credor que vise anular negócio jurídico realizado por devedor insolvente (ou que tenha se tornado insolvente em função do negócio jurídico), desfazendo-se maliciosamente de bens que poderiam saldar as dívidas. Tal demanda deverá ser ajuizada "contra o devedor insolvente, a pessoa que com ele celebrou a estipulação considerada fraudulenta, ou terceiros adquirentes que hajam procedido de má-fé" (art. 161 do CC).

Já os embargos de terceiro possuem natureza jurídica de ação de conhecimento de rito especial sumário, cabível para defesa do patrimônio de todo aquele que sofra uma constrição em seu patrimônio em razão de decisão judicial proferida em processo do qual não tenha participado (arts. 674 a 681 do CPC). Portanto, tais embargos tratam-se de uma ação de procedimento restrito, em que é defeso ao juiz adentrar no mérito do pedido de fraude contra credores, ampliando o "*thema decidendum*", inclusive porque dele não fazem parte todos os litisconsortes necessários (art. 114 do CPC).

Enfim, cabe destacar que o Superior Tribunal de Justiça cristalizou tal entendimento no bojo da Súmula 195, segundo a qual "em embargos de terceiro não se anula ato jurídico, por fraude contra credores".

DIREITO PROCESSUAL CONSTITUCIONAL

1. CONTROLE CONCENTRADO DE CONSTITUCIONALIDADE

1.1. ADI/ADC

(Cespe/AGU/Advogado/2015) *Determinado estado da Federação editou lei que torna o exercício da acupuntura uma exclusividade dos médicos. Dada a existência de relevante controvérsia doutrinária sobre a aplicação dessa lei, o Conselho Federal de Medicina (CFM) ajuizou no Supremo Tribunal Federal (STF) ação declaratória de constitucionalidade (ADC) pedindo que o tribunal declare sua constitucionalidade. Com base na jurisprudência do STF e nas normas constitucionais, redija um texto dissertativo acerca da viabilidade da ADC apresentada. Em seu texto, aborde (i) a finalidade da ADC e a presunção de constitucionalidade das normas; (ii) a legitimidade do CFM para ajuizar ADC; (iii) o objeto da ADC; (iv) a relevante controvérsia sobre a aplicação da norma objeto da referida ADC como requisito para sua propositura.*

Direcionamento da resposta

Primeiramente sempre indico começar a resposta de questões subjetivas demonstrando conhecimento sobre o assunto; nesse sentido, fica bastante interessante fazer um pequeno parágrafo introdutório no qual o candidato – sem 'enrolar' – discorra sobre o tema 'núcleo' do questionamento que, na espécie, é a Ação Declaratória de Constitucionalidade. Essa proposta, inclusive, facilita o desenvolvimento dos temas seguintes a serem tratados. Assim, discorrendo com poder de síntese e demonstração de domínio do conteúdo (só sintetiza bem quem conhece o tema), o candidato deveria seguir na ordem enumerada dos questionamentos, dando-lhes solução de modo objetivo, mas também com segurança e conteúdo.

É muito importante a leitura atenta do enunciado. A expressão "controvérsia doutrinária" constante do enunciado confronta com a expressão "a existência de controvérsia judicial relevante sobre a aplicação da disposição objeto da ação declaratória" (art. 14, III, Lei 9.868/99 – Lei que regulamenta o processo de caráter objetivo). Ou seja, o enunciado e a Lei estavam à disposição do candidato, bastava ter uma base de leitura sobre o tema para compreender que essa petição inicial não era apta a instaurar a ADC, pois não indicava a controvérsia judicial relevante. O Item 'iv' estaria assim resolvido.

Ademais, quanto aos temas 'i' e 'iii' há a necessidade de o desenvolvimento do parágrafo inicial e geral a que me referi acima, discorrendo sobre a presunção *juris tantum* de constitucionalidade de que gozam as Leis e os atos normativos, objeto da ADC – único aspecto não equiparado à exatidão com a ADI – que compreende apenas as normas federais. Quanto à legitimidade (ii), precisava o candidato discorrer sobre a equiparação, com a EC n. 45, dos legitimados ativos da ADI e ADC (a Lei 9.868/99 está desatualizada, no ponto) e a jurisprudência do STF acerca do tema, a qual não admite que o Conselho Federal de Medicina, ainda que com pertinência temática, proponha ação no processo objetivo. Não se pode confundir o "Conselho Federal", o qual a CF não prevê como legitimado (exceto o Conselho Federal da OAB, que é legitimado institucional e universal), com "as confederações".

Abaixo segue uma sugestão de resposta; fica sempre a observação de que se trata de disposição e estilo próprio, que não ousa ser o 'correto', mas apenas dar um norte de organização e disposição. Cada um tem sua forma de expor – e até melhor do que a que se propõe; contudo, há sim uma diretriz mínima da qual não se pode se distanciar. Essa indicação básica diretiva é o nosso objetivo!

Sugestão de resposta

A Ação Declaratória de Constitucionalidade (ADC) foi inserida no Processo Objetivo por meio da Emenda Constitucional n. 3/1993, alargando e enriquecendo ainda mais o sistema de aferição da constitucionalidade das Leis, cuja gênese difusa no Brasil encontra-se na CF de 1891 e concentrada na inserção da ADI interventiva pela CF 1934, consolidando-se por meio da Emenda à CF de 1946, em 1965.

A regulação infraconstitucional das Ações Diretas se deu com a Lei 9.868/99. Diferenciadas quanto ao objeto (atos normativos federais para a ADC e federais ou estaduais, para a ADI), ADC e ADI tiveram seus legitimados ativos equiparados por meio da EC n. 45.

(i) A finalidade específica da ADC é extirpar controvérsia judiciária quanto à presunção de legitimidade constitucional juris tantum de que gozam as Leis e os Atos normativos; assim, diferentemente da ADI, não se ataca a constitucionalidade da Lei, mas, com sinal inverso, pretende-se ver a sua constitucionalidade declarada, afastando-se a dúvida existente. Por gozar de efeitos vinculantes, com a decisão da ADC não mais se poderá cogitar de (in) constitucionalidade – exceto eventual viragem jurisprudencial no seio do próprio STF.

(ii) Como dito, os legitimados ativos para ADI e ADC estão equiparados pela EC n. 45, sendo que o artigo 12 da Lei 9.868/99 está desatualizado, no ponto. Contudo, nos incisos do artigo 103 da CF/88 não há a permissão de legitimidade ativa para os Conselhos Federais – exceto o da OAB; apenas podem propor a ADI, as confederações sindicais ou entidades de classe de âmbito nacional – que não se confundem com o Conselho Federal de Medicina. Portanto, não há legitimidade ativa para a propositura da ADC narrada no enunciado.

(iii) O objeto da ADC é a Lei ou Ato normativo Federal (art. 102, I, a, da CF), como dito acima, não sendo possível, quanto a este instrumento do processo objetivo, a veiculação de norma de âmbito estadual, sendo este mais um empecilho ao conhecimento da sobredita ADC.

(iv) De acordo com o artigo 14, III, Lei 9.868/99, há a necessidade de a petição inicial da ADC indicar relevante controvérsia judicial – e não apenas 'doutrinária'. Nesse sentido, carece a inicial da ADC narrada no enunciado de aptidão para o seu conhecimento.

Portanto, três razões indicam pela impossibilidade de recebimento e processamento da ADC ilustrada no enunciado: a ausência de legitimidade, o objeto para o qual não cabe o instrumento e a inépcia da inicial ante a ausência de indicação de relevante controvérsia judicial.

(Cespe/AGU/Advogado/2012) *Uma associação representativa de determinada categoria profissional, organizada em sete estados da Federação, ajuizou ação direta de inconstitucionalidade (ADI) no Supremo Tribunal Federal (STF) contra decreto que dispõe sobre medidas para a continuidade de atividades e serviços públicos dos órgãos e entidades da administração pública federal durante as greves. Entre outros argumentos, a associação sustentou a inconstitucionalidade do decreto, por criar condições para o exercício do direito de greve que não estariam previstas em lei. Considerando a situação hipotética apresentada, responda, de forma justificada, com fundamento no entendimento jurisprudencial do STF, às indagações que se seguem. (i) Demonstrada a pertinência temática, a referida associação possui legitimidade ativa para ajuizar a ADI? (ii) Os decretos expedidos pelo Poder Executivo podem ser objeto de ADI?*

Direcionamento da resposta

É necessário que se pontue, nesta questão, que a jurisprudência do STF se consolidou no sentido de que as associações somente têm legitimidade ativa para ajuizar ADI caso se façam presentes em, pelo menos, nove Estados da Federação. Ademais, os decretos expedidos pelo Poder Executivo, conforme entendimento do mesmo Tribunal, somente podem sofrer fiscalização abstrata de sua constitucionalidade na hipótese de se constituírem em ato normativo autônomo, geral e abstrato.

Sugestão de resposta

No caso concreto, tendo em vista que a associação representativa apenas se faz presente em sete Estados da Federação, mesmo que demonstrada a pertinência temática, não terá legitimidade ativa para ajuizar ADI. Isto porque, nos termos da jurisprudência consolidada do STF, com base em analogia aos critérios previstos para registro de partidos políticos junto ao TSE (art. 7º, § 1º, da Lei nº 9.096/95), a associação, para ser dotada de caráter nacional, deve se fazer presente em, no mínimo, nove Estados[1].

Vale destacar, ademais, que o STF entende que o decreto expedido pelo Poder Executivo somente poderá ser objeto de ADI na hipótese em que se configure em ato normativo autônomo, geral e abstrato, isto é, que não se restrinja a regulamentar texto de lei anterior. É o que a doutrina tem chamado de "decreto autônomo".[2]

***(Cespe/AGU/Advogado/2012)** O Conselho Federal da Ordem dos Advogados do Brasil ajuizou ação direta de inconstitucionalidade, perante o Supremo Tribunal Federal (STF), contra artigo de constituição estadual segundo o qual seria da competência privativa da assembleia legislativa do respectivo estado processar e julgar o governador do estado nos crimes de responsabilidade. O ministro relator abriu vista dos autos ao advogado-geral da União, para manifestar-se quanto à ação, nos termos do disposto no art. 103, § 3º, da Constituição Federal de 1988 (CF). Com base na situação hipotética apresentada e no entendimento jurisprudencial do STF, apresente argumentos para subsidiar a manifestação da Advocacia-Geral da União (AGU) pela inconstitucionalidade formal da norma impugnada. Em sua resposta, aborde,*

1. Ver, sobre o assunto, a ADI 3.617-AgR e a ADI 108-QO.
2. Ver, sobre o assunto, a ADI 3.985 e a ADI 4.040.

necessariamente, os seguintes aspectos: (i) Ofensa da constituição estadual à competência legislativa privativa da União fixada na CF. (ii) Possibilidade de a AGU manifestar-se pela inconstitucionalidade de dispositivos impugnados em ações diretas de inconstitucionalidade e, consequentemente, pela procedência dessas ações.

Direcionamento da resposta

O candidato deve abordar, em sua resposta, que artigo de Constituição estadual que inove em matéria de crimes de responsabilidade invade a competência privativa da União para legislar sobre direito processual (art. 22, I, da CF/88), contrariando, ainda, a Enunciado nº 722, da Súmula do STF. Deve, além disso, frisar que o AGU não necessariamente terá que defender a constitucionalidade da norma impugnada por meio da ação direta de inconstitucionalidade, visto que, em situações excepcionais (quando o STF já houver se pronunciado acerca da inconstitucionalidade da norma ou quando o texto impugnado contrariar os interesses da União), pode requerer a procedência dessas ações.

Sugestão de resposta

O artigo de Constituição estadual que atribua à assembleia legislativa do Estado a competência privativa para processar e julgar o Governador, nos casos em que pratique crime de responsabilidade, é formalmente inconstitucional. Isto porque, nos termos do entendimento jurisprudencial do STF, legislar sobre matéria de direito processual é da competência privativa da União (art. 22, I, da CF/88). Nesse sentido, o próprio STF já editou o Enunciado nº 722, da Súmula de jurisprudência dominante, nos termos do qual a definição dos crimes de responsabilidade e o estabelecimento de suas normas de processo e julgamento cabe privativamente à União Federal.[3]

Por sua vez, cumpre destacar que o AGU, em regra, deve intervir nas ADIs com o objetivo de defender a constitucionalidade do ato impugnado. Todavia, a jurisprudência mais recente do STF, valendo-se de interpretação do art. 103, § 3º, da CF/88, entende existir, na realidade, um "direito de manifestação", exigência do contraditório, e não um imperativo de defesa incondicional do texto impugnado. A razão para tanto é que não se pode constranger o AGU a defender atos normativos flagrantemente inconstitucionais ou sobre cuja inconstitucionalidade já tenha o STF se pronunciado. Por conseguinte, pode-se concluir que somente nas hipóteses em que o STF já houver se pronunciado acerca da

3. Vide a ADI 341.

inconstitucionalidade da norma ou quando o texto impugnado contrariar os interesses da União é que não existe a obrigatoriedade de defesa da constitucionalidade do ato pelo AGU.[4]

(Esaf/PFN/Procurador/2003) *A Emenda Constitucional n. 3, de 17 de março de 1993, criou novo instrumento de direito processual constitucional: a ação declaratória de constitucionalidade. No julgamento da primeira ação declaratória (ADC n. 1-1/DF), o Supremo Tribunal Federal (STF) seguiu orientação do relator, Ministro Moreira Alves, também no tocante ao procedimento e julgamento da nova espécie no âmbito do controle concentrado de constitucionalidade. Do voto do relator, extraímos a seguinte passagem: "A Emenda Constitucional n. 3, de 1993, ao instituir a ação declaratória de constitucionalidade, já estabeleceu quais são os legitimados para propô-la e quais são os efeitos de sua decisão definitiva de mérito. Silenciou, porém, quanto aos demais aspectos processuais a serem observados com referência a essa ação." Tendo em conta as observações acima – que têm caráter meramente motivador –, o ordenamento jurídico nacional e a jurisprudência do STF acerca da matéria, discorra sobre a ação declaratória de constitucionalidade. Aborde os seguintes aspectos: (i) finalidade; (ii) legitimidade; (iii) objeto; (iv) procedimento e julgamento; e (v) efeitos da decisão.*

Direcionamento da resposta

A questão proposta requer do candidato o conhecimento do texto de lei e de algum conhecimento jurisprudencial e doutrinário sobre a ADC. Deve-se destacar, portanto, que a finalidade da referida ação é tornar absoluta a presunção de constitucionalidade da lei questionada, que, em regra, é relativa. No que se refere à legitimidade, é a mesma da ADI (art. 103, da CF/88). Seu objeto somente poderá ser lei ou ato normativo federal (art. 13, da Lei n. 9.868/99). Seu procedimento encontra-se previsto nos arts. 14 a 20, da Lei n. 9.868/99, e o julgamento segue a lógica dos arts. 22 a 28, da mesma lei. Por fim, seus efeitos são, em regra, *ex tunc* e *erga omnes*, mas, excepcionalmente, podem sofrer modulação quando o ação foi julgada improcedente (art. 27, da Lei n. 9.868/99).

Sugestão de resposta

a ação declaratória de constitucionalidade (ADC) consiste em instrumento de controle concentrado de constitucionalidade criado por meio da EC

4. A ADI 1616 trata bem dessa questão.

nº 3/1993 e cuja finalidade é a de sanar controvérsia constitucional porventura existente em relação a uma lei ou um ato normativo federal (art. 13, da Lei nº 9.868/99), de modo a transformar em absoluta (*jure et de jure*) a presunção de constitucionalidade da norma, que, em regra, é relativa (*juris tantum*) e, assim, fazer cessar o estado de incerteza e insegurança jurídica no ordenamento.[5]

Nos termos do que dispõe o art. 103, da CF/88, alterado pela EC nº 45/2004, a legitimidade ativa para intentar uma ADC perante o STF é a mesma atribuída à ADI. O procedimento, por sua vez, observa o quanto disposto a partir do art. 14, da Lei nº 9.868/99. Assim, devem ser indicados, na petição inicial, o dispositivo da lei ou do ato normativo questionado, os fundamentos jurídicos do pedido, o pedido de declaração de constitucionalidade e a controvérsia judicial relevante em relação à aplicação do dispositivo em controvérsia. Estando em termos a inicial, seguirá a ADC para o Procurador-Geral da República, para pronunciamento em 15 dias, tendo em vista ser dispensada a participação do Advogado-Geral da União nesta ação. Por fim, o Ministro-relator pedirá a inclusão do feito na pauta de julgamento.

O julgamento da ADC somente pode ocorrer, conforme os arts. 22 e 23, da Lei nº 9.868/99, se presentes ao menos 8 Ministros (2/3) na sessão e pela decisão de, no mínimo, 6 deles (maioria absoluta). Tal decisão, em regra, terá efeitos *ex tunc* e *erga omnes*, exceto na hipótese em que a ADC for julgada improcedente, caso em que será possível, de acordo com a previsão do art. 27, da Lei nº 9.868/99, realizar a modulação dos efeitos para que a decisão somente tenha eficácia a partir do trânsito em julgado ou de outro momento a ser fixado pelos Ministros.

1.2. ADPF

***(Cespe/AGU/Advogado/2012)** Considere que tenha sido proposta, perante o Supremo Tribunal Federal (STF), arguição de descumprimento de preceito fundamental (ADPF) contra resolução administrativa por meio da qual determinada universidade pública estadual tenha instituído sistema de cotas como meio de ingresso em cursos de nível superior. Considere, ainda, que, entre os argumentos apresentados na ADPF, conste o de violação do princípio constitucional da isonomia. Com base nessa situação hipotética e na jurisprudência do STF acerca do tema, responda, de forma justificada, às indagações que se seguem. (i) As*

5. FERNANDES, Bernardo Gonçalves. **Curso de direito constitucional**. 4ª ed. Salvador: Juspodivm, 2012, p. 1182.

resoluções administrativas podem ser objeto de ADPF? (ii) Como se posiciona o STF quanto à constitucionalidade da instituição do sistema de cotas em universidades públicas, em face do princípio da isonomia?

Direcionamento da resposta

O candidato deve mencionar que as resoluções administrativas podem, sim, ser objeto de ADPF, tendo em vista não existir qualquer outro meio apto a sanar a lesão alegadamente causada por tal ato infralegal a preceito fundamental (princípio da subsidiariedade, art. 4º, § 1º, da Lei nº 9.882/99). Deve, ainda, frisar que o STF entende plenamente constitucional o sistema de cotas em universidade públicas, por se tratar de realização do princípio da igualdade material (ADPF 186).

Sugestão de resposta

A arguição de descumprimento de preceito fundamental (ADPF) tem, como um de seus requisitos, a demonstração do caráter subsidiário do meio processual em relação às outras ações de controle concentrado de constitucionalidade, de modo que, nos termos do art. 4º, § 1º, da Lei nº 9.882/99, somente será admitida ADPF quando não houver qualquer outro meio capaz de sanar a lesividade a preceito fundamental. Sendo assim, considerando que contra resolução administrativa (ato infralegal) não cabe ADI ou ADC, resta configurado o requisito da subsidiariedade e, portanto, o cabimento da ADPF. Vide ADPF 532, Min. Rel. Celso de Mello.

Nesse ponto, é importante destacar que o STF, ao julgar a ADPF 186, entendeu, por unanimidade, que a adoção do sistema de cotas por universidade públicas é constitucional. Isto porque, no art. 5º, da CF/88, foi previsto expressamente o princípio da isonomia e a ele deve ser dada máxima concreção, de modo a abranger não somente o plano formal, mas também o plano substancial/material. Portanto, para possibilitar que a igualdade material entre as pessoas possa ser levada a cabo, o Estado pode se utilizar das chamadas "ações afirmativas", cuja finalidade é a de atribuir vantagens a certos grupos sociais, de maneira pontual e por tempo limitado, com vistas a lhes permitir a superação de desigualdades sociais históricas. Trata-se, ademais, de medida que consagra a "justiça distributiva", isto é, uma atuação estatal no sentido de viabilizar a superação de desigualdades fáticas mediante a realocação de bens e oportunidades existentes na sociedade em benefício da coletividade.

(Cespe/Bacen/Procurador/2013) *À luz da chamada cláusula de reserva de plenário, prevista no art. 97 da Constituição Federal, bem como da legislação que rege o processo e julgamento da ação direta de inconstitucionalidade (ADI), da ação declaratória de constitucionalidade (ADC) e da arguição de descumprimento de preceito fundamental (ADPF), responda, de forma justificada, à seguinte indagação. Ao julgar o mérito de ADPF proposta em face de controvérsia judicial relevante sobre a constitucionalidade de determinada lei, o plenário do Supremo Tribunal Federal poderia declará-la inconstitucional por cinco votos contra quatro, ausentes justificadamente dois ministros?*

Direcionamento da resposta

Na questão em análise, é necessário que o candidato aborde, brevemente, em que consiste a cláusula de reserva de plenário, tratando do conteúdo do art. 97, da CF/88. Em seguida, ao conjugar o texto dos arts. 8º, da Lei nº 9.882/99, 22 e 23, da Lei nº 9.868/99, deve concluir que não é possível ao STF declarar a inconstitucionalidade da lei pelo voto de cinco Ministros, mesmo que ausentes justificadamente do Plenário outros dois Ministros.

Sugestão de resposta

A CF/88, em seu art. 97, prevê que a declaração de inconstitucionalidade de lei ou ato normativo do Poder Público somente será possível pelo voto da maioria absoluta dos membros do órgão especial ou plenário dos tribunais. A razão para tanto encontra fundamento na presunção relativa de constitucionalidade das leis, de modo que o ônus argumentativo necessário a afastá-la deve ser considerável e, portanto, somente a maioria absoluta dos membros do órgão especial ou do plenário de um tribunal podem fazê-lo.

No que se refere ao caso concreto posto sob apreciação, é importante frisar que tanto o art. 8º, da Lei nº 9.882/99, quanto o art. 22, da Lei nº 9.868/99, dispõem que é necessária a presença de, pelo menos, oito Ministros para que se possa decidir acerca da constitucionalidade ou não de uma norma. Além disso, conforme o art. 23, *caput*, da Lei nº 9.868/99, desse mínimo de oito Ministros, ao menos seis deles devem se manifestar pela constitucionalidade ou não da norma controversa, caso contrário, o julgamento deve ser suspenso para aguardar o comparecimento dos Ministros ausentes (art. 23, p. ún.).

Em assim sendo, no caso concreto, não é possível a declaração de inconstitucionalidade de determinada lei pelo voto de cinco contra quatro Ministros, mesmo que ausentes justificadamente outros dois. Nessa hipótese, deve ser adotada a solução prevista no art. 23, p. ún., acima mencionado.

2. AÇÕES CONSTITUCIONAIS

2.1. Ação Civil Pública

(Cespe/AGU/Advogado/2012) *Em ação civil pública proposta com o objetivo de reparar dano ambiental, o magistrado, apreciando requerimento do autor, determinou, na sentença, a inversão do ônus da prova no que se refere aos elementos da responsabilidade civil e, ante a dúvida objetiva existente na apreciação da prova, condenou o réu. Em face dessa situação hipotética, responda, de forma justificada, de acordo com a legislação de regência e o entendimento jurisprudencial dominante sobre a matéria, às indagações seguintes. (i) Qual é o fundamento jurídico, em tese, para a inversão do ônus da prova no caso em apreço? (ii) A inversão do ônus da prova foi aplicada no momento processual adequado?*

Direcionamento da resposta

O candidato deve iniciar a sua resposta expondo sobre o entendimento doutrinário e jurisprudencial sobre a forma de melhor tutelar o meio ambiente, dando foco na prevenção em detrimento da reparação.

É importante explicar os princípios da precaução e da prevenção, diferenciando-os, visto que estes servem como base para a inversão do ônus da prova no direito ambiental. Além desses princípios deve o candidato dizer qual a base normativa do caso, explicando ainda como se dá a distribuição do ônus da prova quando a inversão ocorre.

Por último deve criticar a decisão do juiz que inverteu o ônus da prova na sentença, informando que a moderna jurisprudência do STJ entende que o momento correto é no despacho saneador (ou outro momento que possibilite a efetiva produção da prova), sendo esta inversão um regra de instrução processual e não uma regra apenas de julgamento.

Sugestão de resposta

No direito ambiental, conforme lição doutrinária pacífica e entendimento jurisprudencial consolidado é sempre necessária a adoção de medidas que evitem a ocorrência dos danos ambientais, sendo a atuação preventiva mais efetiva do que a atuação reparatória realizando com maior intensidade o princípio da máxima proteção ambiental e os mandamentos do artigo 225 da Constituição da República.

Sobre essa ideia fundamentam-se os princípios da prevenção e da precaução, uma vez que as sequelas de um dano ao meio ambiente muitas vezes são graves e irreversíveis, devendo ser priorizada medidas que busquem a prevenção do dano, sendo essa a tendência no direito internacional dos direitos humanos (busca pela prevenção prioritariamente à reparação).

O princípio da prevenção informa que a prioridade no direito ambiental deve ser para condutas que previnam a ocorrência de danos ambientais. Esse princípio se apoia na certeza científica dos impactos ambientais que serão causados por uma determinada atividade. Por sua vez o princípio da precaução afirma que no caso de ausência de certeza científica formal sobre os possíveis danos ambientais e a sua repercussão, mas havendo dúvida razoável quanto a ocorrência não se pode postergar a adoção de medidas efetivas para evitar a degradação ambiental.

Na Ação Civil Pública, relevantíssimo instrumento de tutela de direitos coletivos, é possível que se adotem diversos mecanismos para a garantia dos direitos por ela tutelados, dentre eles o direito ao meio ambiente equilibrado. Dentre esses mecanismos destaca-se a possibilidade de inversão do ônus probatório. Essa técnica de inversão do ônus probatório tem base normativa no artigo 21 da Lei de Ação Civil Pública (Lei 7.347/85) e no artigo 6º, VIII do Código de Defesa do Consumidor (Lei 8.078/90). A inversão do ônus da prova nas demandas dessa natureza inclusive foi objeto do enunciado de Súmula n. 618 do STJ, aprovado em 24/10/2018, DJe 30/10/2018, cujo teor é o seguinte: *A inversão do ônus da prova aplica-se às ações de degradação ambiental.*

Quando ocorre a inversão do ônus probatório na ACP ambiental transfere-se para o potencial poluidor o dever de comprovar que não está agindo em desconformidade com a legislação e com os princípios jurídicos que determinam manutenção do meio ambiente equilibrado. Esta inversão de ônus probatório se baseia no dever genérico e abstrato que todos têm de não poluir e não degradar o meio ambiente, sendo encampada pelo STJ em sua jurisprudência dominante[6].

E no caso do réu não desincumbir-se do seu ônus de comprovar que não poluiu ou que não infringiu a legislação ambiental, deixando dúvidas para o julgador no sentido da ocorrência do dano ambiental aplica-se o chamado *in dubio pro salute* ou *in dubio pro nature* e a inteligência do princípio da precaução para adotar a medida mais protetiva do meio ambiente, qual seja, a condenação do réu pelas alegadas infrações veiculadas na inicial.

6. AgRg no AgRg no AREsp 153797/SP; REsp 972902/RS.

No que tange o momento da inversão do ônus da prova o juiz não a determinou no momento que a jurisprudência majoritária do STJ entende que é correta. Os precedentes mais recentes do Superior Tribunal de Justiça seguem o entendimento de que a inversão do ônus da prova é uma regra de instrução processual, sendo que a decisão que a determinar deve ocorrer durante o saneamento do processo - preferencialmente - ou em momento posterior garantindo a parte a quem incumbia este ônus a oportunidade de apresentar as suas provas.[7] Na forma como foi feita a inversão pelo magistrado esta tratou-se apenas de uma regra de julgamento e não possibilitou à quem tinha o ônus de produzir a prova a possibilidade de faze-la, recaindo sobre ele apenas o prejuízo da não produção adequada da prova.

(Cespe/AGU/Procurador/2010) *Considerando as características do controle difuso de constitucionalidade e as peculiaridades da ação civil pública no ordenamento jurídico nacional, redija um texto dissertativo que responda à seguinte pergunta. De acordo com a doutrina dominante e com o entendimento do STF, é viável o controle difuso de constitucionalidade em sede de ação civil pública? Ao elaborar seu texto, aborde, necessariamente, os seguintes aspectos: (i) Efeito do controle difuso de constitucionalidade no sistema brasileiro. (ii) Efeito da ação civil pública no ordenamento jurídico nacional. (iii) Viabilidade ou não do controle difuso de constitucionalidade no âmbito da ação civil pública.*

Direcionamento da resposta

Nesta questão a melhor estratégia de resposta é começar expondo conhecimento sobre o controle de constitucionalidade no Brasil, diferenciando os dois sistemas existentes no nosso ordenamento.

Após deve-se falar sobre os efeitos da decisão nesses sistemas, expondo com mais detalhes os efeitos no controle difuso de constitucionalidade visto que este é uma das perguntas do examinador.

Após é importante demonstrar que conhece a Ação Civil Pública, definindo a sua finalidade e expondo qual é a sua base normativa (tanto a legislação ordinária quanto a Constituição da República), respondendo a segunda pergunta sobre os seus efeitos.

7. AgRg no REsp 1450473/SC.

Por último deve-se passar a informar a viabilidade do uso da ACP para o controle difuso de constitucionalidade, dizendo que esta ação só idônea para esta modalidade de controle quando for uma questão prejudicial e indispensável à resolução do litigio principal.

Sugestão de resposta

No direito brasileiro, o sistema de controle de constitucionalidade é chamado de misto ou dual, visto congregar o sistema difuso – concreto e o sistema concentrado – abstrato. O primeiro sistema é aquele que ocorre no caso concreto, pela via de exceção ou de defesa, e de modo incidental, não sendo a análise da constitucionalidade dos atos normativos o objeto principal da ação, podendo ser feito por qualquer juiz ou tribunal quando do julgamento de um caso concreto. Por sua vez o segundo sistema (concentrado/abstrato) é aquele no qual a declaração de inconstitucionalidade de lei ou ato normativo é o objeto principal da ação, não decorrendo de um caso concreto específico (via principal), sendo feito exclusivamente pelo Supremo Tribunal Federal (quando se tratar de violação à Constituição da República) ou pelo Tribunal de Justiça Estadual (quando a violação for à Constituição Estadual).

Outro ponto de diferenciação entre o sistema de controle difuso – concreto e concentrado – abstrato é em relação aos seus efeitos. Neste segundo sistema os efeitos da decisão de procedência do controle de constitucionalidade são *erga-omnes,* vinculante dos demais órgãos do poder judiciário e da Administração Pública (artigo 102, § 2° da Constituição da República e artigo 28, parágrafo único da Lei 9.868/99) e *ex tunc.* No que toca o controle difuso – concreto o órgão julgador não declara a inconstitucionalidade de lei ou ato normativo na parte dispositiva da decisão, somente afastando a incidência da norma questionada na fundamentação da decisão e os efeitos da decisão são, em regra, *inter partes* e *ex tunc,* ou seja fica restrita às partes do processo subjetivo.

A Ação Civil Pública é um dos remédios constitucionais mais importantes do Direito brasileiro, sendo um instrumento típico de proteção jurisdicional de interesses coletivos. A sua base normativa é a Lei 7.347/85 (Lei da Ação Civil Pública), constando no artigo 129, III da Constituição da República como um instrumento para a proteção de interesses difusos e coletivos.

No que toca aos efeitos da Ação Civil Pública no direito brasileiro é fundamental fazer menção aos artigos 16 da Lei da Ação Civil Pública e o artigo 103 da Lei 8.078/90 (Código de Defesa do Consumidor), sendo que, no caso de procedência do pedido, os efeitos da sentença e a coisa julgada se projetarão para além do legitimado coletivo que ajuizou a ACP. Ou seja, a decisão de procedência na Ação Civil Pública extrapola os limites subjetivos da lide produzindo efeitos *erga-omnes* ou *ultra-partes* a depender da modalidade de direito coletivo discutido nos autos.

Quanto a viabilidade do controle difuso de constitucionalidade no âmbito da ação civil pública a jurisprudência do Supremo Tribunal Federal e do Superior Tribunal de Justiça entendem possível[8][9]. Como nesta modalidade de controle de constitucionalidade a discussão acerca da questão constitucional ocorre como fundamento do pedido, na causa de pedir ou na questão prejudicial não poderá extravasar os limites das partes do processo subjetivo, uma vez que por isso não obrigará a pessoas que não concorreram para o evento danoso discutido.

Deve-se atentar que somente o controle difuso é possível através da Ação Civil Pública e jamais o controle concentrado de constitucionalidade, onde a declaração de constitucionalidade é o pedido principal da ação, ficando sujeito à coisa julgada típica dessa ação (*erga omnes* ou *ultra partes*), sendo a mesma um sucedâneo da ação direta de inconstitucionalidade e configurando subtração de competência do STF passível de correção através do manejo da reclamação constitucional[10].

2.2. Mandado de Segurança

(Cespe/AGU/Advogado/2012) *Em razão de indeferimento de inscrição em concurso público, Caio impetrou mandado de segurança, com pedido liminar, contra a autoridade pública federal responsável pelo ato administrativo de indeferimento. A justiça federal concedeu a liminar, assegurando a Caio o direito de participar do certame. Posteriormente, Túlio, cuja inscrição fora indeferida por motivo semelhante ao do indeferimento da inscrição de Caio, solicitou, com o objetivo de ser, também, beneficiado pela liminar concedida, o ingresso no processo, na condição de litisconsorte ativo superveniente. Nessa situação hipotética, que decisão deve ser tornada pelo juiz diante da solicitação de Túlio? Justifique sua resposta.*

Direcionamento da resposta

Trata-se de questão bastante objetiva e que a resposta do candidato tem que ser mais ampla do que foi abordado na pergunta, não se restringindo ao que foi expressamente perguntado.

8. Informativo 212 do STF.
9. Rcl 1898 ED/DF.
10. STF, RCL 2.224/SP.

Primeiramente o candidato deve demonstrar conhecimento sobre o Mandado de Segurança, apontando a sua previsão constitucional e legal, dizendo qual a finalidade da ação e qual o tipo de direito ela visa tutelar.

Após deve-se passar para responder a questão dizendo da impossibilidade do magistrado deferir o pedido de ingresso como litisconsorte ativo tendo em vista a previsão do artigo 10, § 2° da Lei do Mandado de Segurança.

Deve ser fundamentado a impossibilidade pela violação ao princípio do juiz natural uma vez que o pretenso litisconsorte ativo ulterior poderia escolher o juiz que jugaria o seu caso já tendo prévio conhecimento do seu posicionamento e se valer da liminar deferida para o outro importante.

Para demonstrar conhecimento é interessante ao final o candidato colocar a natureza jurídica da decisão que indeferiu o ingresso do litisconsorte ativo e o recurso cabível.

Sugestão de resposta

O mandado de segurança é uma ação com assento na Constituição da República de 1988, no seu artigo 5°, LXIX, e que tem a finalidade de proteger direito líquido e certo, não amparado por habeas corpus ou habeas data, quando o responsável pela ilegalidade ou abuso de poder trata-se de uma autoridade pública ou agente de pessoa jurídica no exercício de atribuições do poder público.

Trata-se de uma ação constitucional de alta relevância no direito brasileiro, com instrumentos similares no direito comparado, e regulada pela Lei 12.016/09 (sucedeu a Lei 1.533/51) e busca proteger, em regra, o particular contra atos abusivos do poder público ou de quem o faça as vezes.

Na presente questão Caio se valeu desta ação constitucional, na sua modalidade repressiva, buscando a remoção de um ato ilícito praticado por uma autoridade pública federal (competência da justiça federal), efetuando pedido liminar uma vez que se fazia presente o perigo da demora inerente ao processo. Cabe ressaltar que a liminar neste caso é fundamental uma vez que mantida a situação reputada como ilegal (indeferimento da inscrição no concurso) o objeto do Mandado de Segurança se perderia com a realização do certame sem a participação do Impetrante.

O pedido de Túlio para ingresso como litisconsorte ativo deve ser indeferido pelo magistrado competente para o processo. O indeferimento deve ocorrer por conta de expressa previsão do artigo 10, parágrafo 2° da Lei do Mandado de Segurança (Lei 12.016/09) que disciplina que o ingresso de litisconsorte ativo neste tipo de ação não será admitido após o despacho da petição inicial.

Assim, tendo em vista o momento processual no qual Túlio requereu o ingresso no polo ativo do processo (após o despacho da petição inicial) o julgador deve, por força de lei, indeferir o pedido.

Desta forma, no Mandado de Segurança, após o despacho da petição inicial não cabe o ingresso de litisconsorte ativo evitando com isso a burla ao princípio do juiz natural, evitando que uma das partes possa escolher o juiz que irá julgar o seu processo e se valha de uma medida liminar que lhe seria favorável sem passar pela livre distribuição dos processos[1].

Destaque-se ainda que neste caso, como a decisão de indeferimento do pedido de ingresso como litisconsorte ativo tem natureza de decisão interlocutória, Túlio pode se valer do recurso de Agravo de Instrumento para levar ao tribunal competente (no caso um Tribunal Regional Federal) a apreciação do caso.

3. RECLAMAÇÃO CONSTITUCIONAL

(Cespe/AGU/Advogado/2015) *Determinado estado-membro ajuizou, perante o juízo de primeiro grau, ação contra a União questionando índice de atualização monetária previsto em convênio celebrado com o ente central. O magistrado determinou a citação da União para que esta apresentasse resposta. Considerando a competência originária do Supremo Tribunal Federal (STF) para processar e julgar causas e conflitos entre a União e os estados, redija um texto dissertativo acerca do eventual cabimento de reclamação constitucional na situação apresentada. Em seu texto: (i) cite as hipóteses em que é cabível reclamação constitucional; (ii) discorra sobre a interpretação do STF a respeito da competência originária para julgar conflitos entre a União e os estados; (iii) aborde a jurisprudência do STF relativa ao cabimento da reclamação em situações como a apresentada.*

Direcionamento da resposta

Renovo a recomendação de se fazer um parágrafo inicial expositivo dos temas nucleares da questão que, ao meu ver, são a Reclamação Constitucional e o Conflito Federativo apto a inaugurar a competência originária do STJ. Assim, importante indicar os seguintes dispositivos da CF/88: artigo 102, I, f e l. Também é muito relevante indicar quais as hipóteses que autorizam o ajuizamento de reclamação constitucional.

1. AgRg no RMS 32650/MT; RMS 22848/DF.

Após essa linha introdutória competia ao candidato demonstrar conhecimento acerca da atual jurisprudência do STF; de início, sempre que litigarem União e Estado ou DF, será necessário aferir se há ou não Conflito Federativo apto a inaugurar a competência originária do STF. Não basta que se identifiquem como partes a União e Estado-membro ou o DF, mas que substancialmente o conflito submetido em juízo seja apto a caracterizar um 'conflito federativo'; este seria um requisito substancial para a Competência do STF. (Precedentes: ACO 2101-AgR, ACO-AgR 570, ACO 1350). Assim, a competência originária deve receber leitura restritiva, sob pena de se inverter de exceção em regra – o que não é o desiderato da norma constitucional.

Um exemplo clássico de Conflito Federativo na jurisprudência do STF foi a Pet 3388 – Ação Popular 'Raposa Serra do Sol' – onde se instaurou a competência excepcional originária. Comparando-se a complexidade de tal precedente, de imprescindível conhecimento, fica fácil perceber que não será cabível a instauração da competência originária do STF em caso no qual se discute interesse patrimonial vinculado a um convênio entre União e Estado; devem haver milhares de tais convênios, sendo que se toda querela a respeito deles instaurar a competência do STF, esta Corte não faria outra coisa além de resolver tais conflitos patrimoniais. Portanto, a celeuma quanto à correção monetária não é apta a vulnerar a competência do STF e, portanto, não autoriza o ajuizamento de Reclamação.

Abaixo segue uma sugestão de resposta; renovo a observação de que se trata de disposição e estilo próprio, que não ousa ser o 'correto', mas apenas dar um norte de organização e disposição. Cada um tem sua forma de expor – e até muito melhor do que a que se propõe; contudo, há sim uma diretriz mínima da qual não se pode se distanciar. Essa indicação básica e diretiva é o nosso objetivo.

Sugestão de resposta

A Constituição Federal prevê em seu Artigo 102, I, f, a competência originária do STF para o julgamento das 'causas e conflitos' entre a União e os Estados ou o DF, devendo ser considerada hipótese especial e excepcional de instauração de jurisdição originária de uma Corte Suprema, em rol taxativo que merece interpretação restritiva, nos termos do que entende a jurisprudência do STF.

(i) Por outro lado, sempre que haja a necessidade de a) preservação da competência do Supremo e b) para a garantia da autoridade das decisões proferidas pelo STF (CF, art. 102, I, l), poderá ser ajuizada a Reclamação Constitucional. Portanto, ferida que seja uma hipótese de competência originária do STF, caberá o ajuizamento de Reclamação com o objetivo de assegurar que a questão jurídica seja solucionada originariamente pelo Supremo. Resta saber se o enunciado ilustra tal contexto aberto à Reclamação para preservação de competência.

(ii) A jurisprudência do Supremo Tribunal Federal, para além de se observar formalmente quem ocupa os polos ativos do processo (União e Estados ou DF), passou a exigir um requisito substancial ou material que sirva à inauguração de sua competência originária do artigo 102, I, f, qual seja, a existência de efetivo Conflito Federativo, apto a abalar o equilíbrio entre os entes componentes da Federação (art. 1º da CF). Assim, é indispensável que o direito controvertido nos autos seja de tal envergadura que se revele capaz de abalar o pacto Federativo, instaurando substancial conflito. Esse foi o caso, por exemplo, do julgamento da Ação Popular da Raposa Serra do Sol, onde instaurada lide entre a União e Estado membro, de envergadura apta a justifica a excepcional hipótese de competência originária do STF.

(iii) É bastante comum em um Federalismo cooperativo a celebração de convênios entre os entes, sendo que as querelas decorrentes de tais pactos não são ordinariamente capazes de atingir o equilíbrio federativo, sob pena de inviabilizar-se, inclusive, tais acordos cooperativos. Ainda mais quando tal controvérsia é de índole meramente patrimonial – incidência de parcela acessória (juros); portanto, o contexto enunciado não é apto a instaurar Conflito Federativo substancial, apto a atrair a competência excepcional do STF.

Conclusivamente, não sendo caracterizado o conflito federativo no exemplo hipotético proposto, não há que se falar em Reclamação Constitucional para preservação da competência do STF, pois esta não se impõe. Vide Rcl 12957, Relator(a): Min. DIAS TOFFOLI, Primeira Turma, julgado em 26/08/2014; Rcl 4210, Relator(a): Min. RICARDO LEWANDOWSKI, Segunda Turma, julgado em 26/03/2019.

DIREITO PROCESSUAL PENAL

1. DO INQUÉRITO POLICIAL

(Cespe/Bacen/Procurador/2013) *A Polícia Federal do Brasil tomou conhecimento, por meio de telefonema anônimo, de que determinado servidor do Bacen estaria repassando informações privilegiadas a operador do mercado de capitais, que, por sua vez, as utilizaria para fins de especulação com títulos imobiliários de algumas companhias. Considerando essa situação hipotética, responda, de modo justificado, aos seguintes questionamentos: (ii) É possível a instauração do inquérito policial após a denúncia anônima? (ii) Qual é o procedimento necessário para a quebra dos sigilos telefônico, fiscal e bancário do referido servidor do Bacen?*

Direcionamento da resposta

A temática da questão aborda a chamada *delatio criminis inqualificada*, também chamada de delação apócrifa ou denúncia anônima, bem como o procedimento para a quebra do sigilo telefônico, fiscal e bancário do servidor público do Bacen.

Quanto à possibilidade de instauração de inquérito policial com base em denúncia anônima, o STF "fixou entendimento no sentido de que é possível a deflagração da persecução penal pela chamada denúncia anônima, desde que esta seja seguida de diligências realizadas para averiguar os fatos nela noticiados antes da instauração do inquérito policial" (HC 108.147, Rel. Min. Cármen Lúcia, Segunda Turma, DJe de 1º/2/2013).

Nesse contexto, a abertura do inquérito após a delação apócrifa é admitida excepcionalmente na jurisprudência pátria[1], desde que a comunicação

1. Nesse sentido, cite-se trecho do STJ RHC 38063, Dje 12/11/2014, que menciona o paradigma emanado do STF no Inquérito nº 1.957/PR: "1. Esta Corte Superior de Justiça, com supedâneo em entendimento adotado por maioria pelo Plenário do Pretório Excelso nos autos do Inquérito n. 1957/PR, tem entendido que a notícia anônima sobre eventual prática criminosa, por si só,

recebida pelo órgão policial ou do Ministério Público seja consistente e, após um lastro mínimo e inicial de apuração, se revele séria e fundada. Importante destacar que a denúncia anônima isoladamente não se mostra legítima para a instauração investigativa, servindo como um elemento inicial para a apuração da polícia judiciária e, após a constatação de fundamentos sólidos, pode viabilizar o inquérito[2].

Quanto à quebra dos sigilos bancário, telefônico e fiscal, também se trata de medida excepcionalíssima, nos termos da pacífica jurisprudência do STJ e STF[3]. Deve a resposta tratar primeiramente da garantia fundamental constante do Artigo 5°, incisos X e XII, da CF/88. Especificamente quanto ao sigilo bancário, embora a Lei Complementar 105/2001, art. 1°, § 4° não enumere pormenorizadamente os requisitos para a quebra do sigilo bancário, exige-se que haja fundados indícios de autoria e materialidade, bem como que a decisão que a autoriza seja devidamente fundamentada[4].

---

não é idônea para a instauração de inquérito policial ou deflagração da ação penal, prestando-se, contudo, a embasar procedimentos investigativos preliminares em busca de indícios que corroborem as informações, os quais tornam legítima a persecução criminal estatal. 2. No caso dos autos, a Polícia Federal, ao receber a notícia da existência de uma quadrilha especializada no furto, roubo e receptação de caminhões e cargas, que seria liderada por pessoa conhecida no meio policial, tendo em vista a gravidade dos fatos nela contidos, teve a necessária cautela de efetuar diligências preliminares para a averiguação da veracidade das informações, o que revela que a persecução penal em apreço não foi iniciada exclusivamente por denúncia anônima."

2. Na jurisprudência do STF, mencione-se o seguinte trecho da ementa da AP 530, julgada em 09/09/2014: "**1. Admite-se a possibilidade de que a denúncia anônima sirva para deflagrar uma investigação policial, desde que esta seja seguida da devida apuração dos fatos nela noticiados. Precedente citado.**" No mesmo sentido, a jurisprudência do STJ, cuja ementa da AP 923/DF, julgada em 23/09/2019 pela Corte Especial,: "2. A delação anônima, embora não seja suficiente, por si só, para ensejar o início da persecução penal do fato nela narrado, não impede que a autoridade policial ou o Ministério Público realizem a) diligências complementares ou b) encontrem no conjunto dos outros fatos já em apuração elementos capazes de confirmar a plausibilidade e verossimilhança das informações nela constantes. Precedentes."

3. Segue o trecho do AI 856552, julgado em 25/03/2014 pelo STF: **A decisão que determina a quebra de sigilo fiscal deve ser interpretada como atividade excepcional do Poder Judiciário, motivo pelo qual somente deve ser proferida quando comprovado nos autos a absoluta imprescindibilidade da medida.**

4. Trecho do RHC do STJ n° 44909, julgado em 16/09/2014: 1. O sigilo bancário é garantido no artigo 5° da Constituição Federal, e para que haja o seu afastamento exige-se ordem judicial que, também por determinação constitucional, precisa ser fundamentada (artigo 93, IX, da Carta Magna). 2. Em reforço às regras contidas na Lei Maior, o artigo 1°, § 4° da Lei Complementar 105/2001 prevê que "a quebra de sigilo poderá ser decretada, quando necessária para apuração de ocorrência de qualquer ilícito, em qualquer fase do inquérito ou do processo judicial". 3. Embora a referida norma complementar não estabeleça os requisitos necessários para a decretação da medida, assim como em qualquer outra que envolve o afastamento de direitos individuais, exige-se que haja fundados indícios de autoria e materialidade, bem como que a decisão que a autoriza seja devidamente fundamentada.

Quanto ao sigilo telefônico, é a Lei 9.296/1996 que regula a possibilidade de interceptação[5]. Há diversos aspectos interessantes que podem, ainda, ser mencionados a propósito do tema, como, por exemplo, a teoria do juízo aparente e o aproveitamento da interceptação telefônica por magistrado diverso daquele que era competente ao tempo da decisão e que, posteriormente, veio a ser declarado incompetente[6].

Ademais, poderia ser abordada a distinção entre o caso proposto pelo enunciado e o quanto decidido pelo STF no Tema 990 da Repercussão Geral (RE 1055941/SP), no sentido de que é constitucional o compartilhamento dos relatórios de inteligência financeira da UIF (Unidade de Inteligência Financeira – no Brasil, COAF) e da íntegra do procedimento fiscalizatório da Receita Federal do Brasil (RFB), que define o lançamento do tributo, com os órgãos de persecução penal para fins criminais, sem a obrigatoriedade de prévia autorização judicial, devendo ser resguardado o sigilo das informações em procedimentos formalmente instaurados e sujeitos a posterior controle jurisdicional (STF. Plenário. RE 1055941/SP, Rel. Min. Dias Toffoli, julgado em 4/12/2019 (repercussão geral – Tema 990).

Sugestão de resposta

A questão trata de situação hipotética na qual se configura, em tese, crime contra o Sistema Financeiro Nacional, contra o Mercado de Capitais (uso indevido de informação privilegiada - *insider trading* - art. 27-D da Lei nº 6.385/76) e contra a Administração Pública praticados em concurso de agentes - funcionário público do BACEN e operador do mercado de capitais.

A denúncia anônima, também chamada de apócrifa ou *delatio criminis* inqualificada, pode servir como elemento para o início de diligências mínimas por parte da autoridade policial, voltadas na direção de se confirmar as informações

5. "(...) a Lei 9.296/1996 nada mais fez do que estabelecer as diretrizes para a resolução de conflitos entre a privacidade e o dever do Estado de aplicar as leis criminais. Em que pese ao caráter excepcional da medida, o inciso XII possibilita, expressamente, uma vez preenchidos os requisitos constitucionais, a interceptação das comunicações telefônicas. E tal permissão existe, pelo simples fato de que os direitos e garantias constitucionais não podem servir de manto protetor a práticas ilícitas. (...) Nesse diapasão, não pode vingar a tese da impetração de que o fato de a autoridade judiciária competente ter determinado a interceptação telefônica dos pacientes, envolvidos em investigação criminal, fere o direito constitucional ao silêncio, a não autoincriminação." (HC 103.236, voto do Rel. Min. Gilmar Mendes, julgamento em 14-6-2010, Segunda Turma, DJE de 3-9-2010.)

6. Não é ilícita a interceptação telefônica autorizada por magistrado aparentemente competente ao tempo da decisão e que, posteriormente, venha a ser declarado incompetente. Trata-se da aplicação da chamada "teoria do juízo aparente". STF. 2ª Turma. HC 110496/RJ, rel. Min. Gilmar Mendes, julgado em 9/4/2013 (Info 701).

repassadas e, sendo o caso de consistência e veracidade, proporcionar a instauração do competente inquérito policial. Nesse sentido, tem-se que o anonimato pode excepcionalmente ser a raiz de um processo investigatório, sempre que as diligências mínimas iniciais – que funcionam como um filtro – indiquem a procedência da denúncia apócrifa. Em verdade, isoladamente, a denúncia anônima não poderá servir de subsídio único e suficiente para a instauração do inquérito, mas de mero elemento motriz para a ação da polícia judiciária.

Por outro lado, quanto ao sigilo dos dados bancários, fiscais e telefônicos, deve-se destacar, preliminarmente, que a inviolabilidade está assegurada na qualidade de direito fundamental à intimidade/privacidade, conforme o Art. 5º, incisos X e XII, da CF/88. Portanto, de acordo com o entendimento uníssono da jurisprudência pátria, a possibilidade de superação do sigilo deve ser pautada como medida excepcional, para fins de investigação criminal da polícia judiciária ou do Ministério Público e da instrução processual penal.

Nesse sentido, a denúncia anônima, quando ausentes outros indícios graves, não é elemento suficiente para a autorização de atuação estatal insidiosa na privacidade dos cidadãos, como para justificar interceptações telefônicas, invasão de domicílio ou mandado de busca e apreensão (STJ. 6ª Turma. RHC 88.642/RS, Rel. Min. Antonio Saldanha Palheiro, julgado em 26/11/2019).

Dessarte, não seria possível decretar a interceptação telefônica com base unicamente em denúncia anônima, haja vista que o art. 2º, inciso II, da Lei nº 9.296/96 (Lei de Interceptação Telefônica) estabelece a inadmissibilidade da interceptação de comunicações telefônicas quando a prova puder ser feita por outros meios disponíveis. Por isso, competiria à autoridade policial ou do MP realizar investigações preliminares, que, confirmando a credibilidade da denúncia anônima, permitiriam a instauração do inquérito policial. Instaurado o inquérito, a autoridade policial deverá buscar outros meios de prova que não a interceptação telefônica (já que esta é a *ultima ratio*). Se houver indícios concretos contra o investigado e a interceptação se revelar imprescindível para provar o crime, poderá ser requerida a quebra do sigilo telefônico ao magistrado.

Quanto à quebra dos sigilos bancário e fiscal, a Lei Complementar 105/2001 trata da possibilidade de quebra do sigilo bancário e a Lei 9296/96 dispõe mais detidamente sobre a interceptação de comunicações telefônicas, sempre por ordem fundamentada da autoridade judiciária, de ofício, por requerimento do Ministério Público ou por representação da autoridade policial.

Nesse ponto, acentue-se que, para que haja acesso aos dados bancários ("quebra do sigilo bancário"), é necessária autorização judicial, por se tratar de verdadeira cláusula de reserva de jurisdição por envolver direito fundamental à intimidade e à inviolabilidade do sigilo de dados (art. 5º, incisos X e XII, ambos da CF/88 e art. 1º da LC nº 105/2001).

Da mesma forma, é ilegal a requisição, sem autorização judicial, de dados fiscais pelo Ministério Público (STJ. 3ª Seção. RHC 83.233-MG, Rel. Min. Sebastião Reis Júnior, julgado em 09/02/2022).

Merece destaque que tal situação é distinta do quanto decidido no RE 1055941/SP, em que o STF pacificou que é legítimo que a Receita Federal compartilhe o procedimento fiscalizatório que ela realizou para apuração do débito tributário com os órgãos de persecução penal para fins criminais (Polícia Federal, Ministério Público etc.), não sendo necessário, para isso, prévia autorização judicial[7]. Relembre-se também a distinção com o quanto decidido pelo STJ no sentido de que "operações financeiras que envolvam recursos públicos não estão abrangidas pelo sigilo bancário a que alude a Lei Complementar nº 105/2001, visto que as operações dessa espécie estão submetidas aos princípios da administração pública insculpidos no art. 37 da Constituição Federal". Por isso, é lícita a requisição pelo Ministério Público de informações bancárias (emissão de cheques e movimentação financeira) de titularidade de Prefeitura Municipal, com o fim de proteger o patrimônio público, não se podendo falar em quebra ilegal de sigilo bancário[8].

Em todo caso, a quebra do sigilo deve ser precedida pela constatação de fortes e suficientes indícios de materialidade e autoria da prática criminosa.

(Cespe/Bacen/Procurador/2013) *A Polícia Federal do Brasil investigou, em um único inquérito, organização criminosa composta por várias pessoas físicas e jurídicas envolvidas na prática reiterada de omissão de informação às autoridades fazendárias, de crimes de lavagem de dinheiro, de crimes contra o sistema financeiro e de formação de quadrilha, tudo, com a única finalidade de atrair para empresas de fachada e seus respectivos sócios laranjas, com pouco ou nenhum patrimônio, os ônus fiscais da cadeia produtiva, pois, com isso, as empresas da organização, que realmente funcionavam (e congregavam os fatores de produção), bem como o patrimônio dos verdadeiros controladores do esquema criminoso, ficariam ocultos e imunes à tributação. Apurou-se, ainda, que, além de se dedicar à sonegação de tributos federais por meio da criação das empresas de fachada compostas por sócios laranjas, a organização falsificava documentos com a ajuda de servidores da Receita Federal do Brasil. Apurou-se, por fim, que o Conselho de Controle de Atividades Financeiras constatara movimentação*

7. (STF. Plenário. RE 1055941/SP, Rel. Min. Dias Toffoli, julgado em 4/12/2019 (Repercussão Geral – Tema 990) (Info 962).
8. (HC 308.493/CE, Rel. Ministro REYNALDO SOARES DA FONSECA, QUINTA TURMA, julgado em 20/10/2015, DJe 26/10/2015).

financeira expressiva oriunda de empresas que não possuiriam capacidade econômica para tanto. Concluídas as investigações e ocorrido o indiciamento, e estando ainda pendente, na esfera administrativa, o lançamento definitivo dos tributos objeto do inquérito, os indiciados impetraram habeas corpus, com o propósito de obter o trancamento do inquérito policial, sob o argumento de não existir justa causa para a sua instauração. Os indiciados alegaram, ainda, ausência de condição objetiva de punibilidade, dada a flagrante inexistência de crime material. Nessa situação hipotética, é cabível o trancamento do inquérito policial no que se refere ao crime de sonegação de tributos? Fundamente sua resposta no posicionamento predominante do Superior Tribunal de Justiça e do Supremo Tribunal federal acerca da matéria.

Direcionamento da resposta

O tema central do questionamento, embora veiculado em questão um pouco mais extensa e que retrata um contexto complexo de prática criminosa, é a consumação dos crimes contra a ordem tributária, os quais exigem – nos termos da jurisprudência pacífica do STF e do STJ[9] – a constituição definitiva do crédito tributário, bem como que este não esteja com a exigibilidade suspensa. Assim, os crimes constantes no Art. 1°, incisos I a IV, da Lei 8.137/1990, bem como aqueles constantes dos Arts. 168-A e 337-A[10], ambos do Código Penal, não prescindem da exigibilidade do crédito tributário, constituído definitivamente.

---

9. STJ, RHC 37375, julgado em 09/09/2014 (trecho recortado da ementa): "1. Consoante consolidado no verbete 24 da Súmula Vinculante, não há crime material contra a ordem tributária antes da constituição definitiva do crédito, razão pela qual é irrelevante o momento no qual ocorreu a omissão ou declaração falsa ao Fisco. 2. Esta colenda Quinta Turma já afastou a alegação de que o enunciado 24 da Súmula Vinculante só se aplicaria aos crimes cometidos após a sua vigência, seja porque não se está diante de norma mais gravosa, mas de consolidação de interpretação judicial, seja porque a sua observância é obrigatória por parte de todos os órgãos do Poder Judiciário, exceto a Suprema Corte, a quem compete eventual revisão do entendimento adotado. Precedente. 3. Considerada a constituição do crédito tributário como termo inicial da prescrição da pretensão punitiva, não se verifica a ocorrência da aludida causa de extinção da punibilidade na hipótese."

10. STJ, RHC 40411, julgado em 23/09/2014: "RECURSO ORDINÁRIO EM HABEAS CORPUS. APROPRIAÇÃO INDÉBITA PREVIDENCIÁRIA E SONEGAÇÃO DE CONTRIBUIÇÕES PREVIDENCIÁRIAS **(ARTIGOS 168-A E 337-A DO CÓDIGO PENAL).** CONSTITUIÇÃO DEFINITIVA DO CRÉDITO PREVIDENCIÁRIO. INSTAURAÇÃO DA AÇÃO PENAL. POSTERIOR ANULAÇÃO DO PROCESSO ADMINISTRATIVO APENAS QUANTO AO RECORRENTE POR IRREGULARIDADE FORMAL. CRÉDITO QUE PERMANECE DEFINITIVAMENTE CONSTITUÍDO QUANTO À PESSOA JURÍDICA QUE É A DEVEDORA PRINCIPAL. DESNECESSIDADE DE ESGOTAMENTO DA VIA ADMINISTRATIVA QUANTO A CADA UM DOS ACUSADOS NO PROCESSO CRIMINAL. CONSTRANGIMENTO ILEGAL NÃO CARACTERIZADO. DESPROVIMENTO DO RECLAMO." 1. **Segundo entendimento adotado por esta Corte Superior de Justiça, os crimes de sonegação de contribuição previdenciária e apropriação indébita previdenciária, por se tratarem de delitos de caráter material, somente se configuram após a constituição definitiva, no âmbito administrativo, das exações que são**

A propósito do tema, é de citação obrigatória a Súmula Vinculante nº 24: "Não se tipifica crime material contra a ordem tributária, previsto no art. 1º, incisos I a IV, da Lei nº 8.137/90, antes do lançamento definitivo do tributo".

Portanto, o argumento central acerca do entendimento do Poder Judiciário é a menção ao verbete vinculante nº 24, o qual, por consolidar o entendimento do STF acerca da natureza material dos crimes constantes do Art. 1º, incisos I a IV, da Lei 8.137/1990 (extensivo aos crimes constantes dos arts. 168-A e 337-A, ambos do CP), assenta a necessidade do resultado naturalístico como imprescindível à sua consumação.

Por isso, como regra, não é possível a instauração de inquérito policial antes do lançamento definitivo dos tributos, porquanto ainda não consumados os crimes tributários materiais (HC nº 81.611). Excepcionam-se, contudo, as situações em que a instauração do inquérito policial é imprescindível para viabilizar a fiscalização (HC 95.443), como na hipótese em que o investigado se recusa a fornecer documentos indispensáveis à fiscalização da Fazenda Pública, o que torna necessária a instauração de inquérito policial para formalizar e instrumentalizar o pedido de quebra do sigilo bancário, diligência imprescindível para a conclusão da fiscalização e, consequentemente, para a apuração de eventual débito tributário.

Sugestão de resposta

Os crimes contra a ordem tributária se dirigem precipuamente à garantia dos interesses arrecadatórios do Estado, assegurando isonomia na cobrança dos tributos e os recursos indispensáveis para a consecução das políticas e serviços públicos.

Na direção da cobrança de seus tributos, a administração pública deve realizar a constituição do crédito mediante o chamado lançamento tributário, procedimento administrativo por meio do qual se verifica a ocorrência do fato

objeto das condutas (Precedentes). 2. Quando os ilícitos tributários são praticados na gestão de pessoas jurídicas e em favor destas, é irrelevante, para a persecução penal, que os responsáveis pelas condutas delituosas tenham integrado pessoalmente a relação procedimental deflagrada na esfera administrativa com a finalidade de constituir o crédito. 3. No caso dos autos, após a constituição definitiva do crédito previdenciário, o recorrente impetrou mandado de segurança que foi julgado procedente para determinar o reinício do procedimento administrativo fiscal tão somente no que se refere a ele, excluindo seu nome da CDA de n. 31.138.871-1 e intimando-o do lançamento para, querendo, providenciar sua defesa. 4. O simples fato de o procedimento administrativo haver sido anulado quando ao recorrente não interfere na comprovação da materialidade dos delitos a ele assestados, uma vez que teriam sido praticados no âmbito de pessoa jurídica com relação a quem o crédito previdenciário permanece definitivamente constituído, o que é suficiente para que possa ser deflagrada a persecução penal. 5. Recurso improvido.

gerador, é determinada a matéria tributável, calculado o montante do tributo devido e identificado o sujeito passivo (art. 142 do CTN).

Sem a constituição definitiva do crédito tributário – que é aquela para a qual se oportunizou e eventualmente se exerceu o contraditório através da impugnação administrativa, quando for o caso – não há que se falar em débito para com o Estado.

Assim, os crimes contra a ordem tributária sofrem a influência deste procedimento administrativo de constituição creditícia, de tal forma que antes da sua definitividade não há que se falar em justa causa ou condição objetiva de punibilidade para tais delitos.

Nesse sentido é a jurisprudência do STJ e do STF, que foi materializada na Súmula Vinculante nº 24, sendo que, pendente de constituição definitiva o crédito tributário, não há que se falar na tipificação do delito, contando-se – inclusive – o prazo prescricional igualmente da formatação definitiva do tributo[11].

Portanto, a consumação do crime contra a ordem tributária, quais sejam os previstos na Lei 8.137/90 e nos Arts. 168-A e 337-A do Código Penal, se consumam com a constituição definitiva do crédito tributário, sendo este o marco inicial da prescrição.

Quanto à impetração de habeas corpus dirigido ao trancamento do inquérito policial referente ao crime de sonegação de tributos, a orientação que prevaleceu na jurisprudência do Supremo Tribunal Federal assevera que a pendência do procedimento administrativo-fiscal impede a instauração da ação penal e também do inquérito policial (HC nº 81.611, Rel. Min. Sepúlveda Pertence, Pleno, julg. 10.12.2003).

Ocorre que o mesmo STF vem assentando a possibilidade de mitigação do disposto na Súmula Vinculante nº 24, conforme peculiaridades do caso concreto, de maneira que é "possível a instauração de inquérito policial para apuração de crime contra a ordem tributária, antes do encerramento do processo administrativo-fiscal, quando for imprescindível para viabilizar a fiscalização[12], como na hipótese em que o investigado se recusa a fornecer documentos indispensáveis à fiscalização da Fazenda Pública, o que torna necessária a instauração de inquérito policial para formalizar e instrumentalizar o pedido de quebra

11. STJ, AgRg 1346625, julgado em 02/10/2014 (trecho relevante da ementa, a propósito do tema): 3. Daí se conclui não ser possível a fluência do prazo prescricional, em face tão somente da ocorrência do fato gerador do tributo, pois, se não existe crime antes do exaurimento do procedimento administrativo fiscal, ilógico cogitar-se a ocorrência da prescrição penal que, a teor do disposto no art. 111, I, do Código Penal, tem-se por termo inicial a consumação do delito.

12. HC n. 95.443, Rel. Ministra ELLEN GRACIE, SEGUNDA TURMA, julgado em 2/2/2010, DJe 19/2/2010.

do sigilo bancário, diligência imprescindível para a conclusão da fiscalização e, consequentemente, para a apuração de eventual débito tributário.

Nesse prisma, não obstante a jurisprudência pacífica quanto ao termo inicial dos crimes contra a ordem tributária, o Supremo Tribunal Federal tem decidido que a regra contida na Súmula Vinculante 24 pode ser mitigada de acordo com as peculiaridades do caso concreto, sendo possível dar início à persecução penal antes de encerrado o procedimento administrativo, nos casos de embaraço à fiscalização tributária ou diante de indícios da prática de outros delitos, de natureza não fiscal.[13]

Ademais, segundo o STJ, inexiste nulidade da ação penal quando o inquérito policial é iniciado antes da constituição definitiva do crédito tributário, mas o oferecimento da denúncia ocorre apenas quando encerrado o procedimento administrativo-fiscal, com o lançamento[14], porquanto, nessa hipótese, revela-se configurada a justa causa já que evidenciada a materialidade do crime tributário e alcançada a condição de procedibilidade da ação penal.

2. DAS CITAÇÕES E INTIMAÇÕES

(Cespe/AGU/Advogado/2004) *A Lei n. 9.271, de 17.4.1996, deu nova redação ao art. 366 do Código de Processo Penal (CPP), que passou a dispor: "se o acusado, citado por edital, não comparecer, nem constituir advogado, ficarão suspensos o processo e o curso do prazo prescricional, podendo o juiz determinar a produção antecipada das provas consideradas urgentes e, se for o caso, decretar prisão preventiva, nos termos do disposto no art. 312". Considerando o comentário acima, redija um texto dissertativo abordando, de forma abrangente, os seguintes aspectos: (i) natureza jurídica do art. 366 do CPP, com a nova redação; (ii) admissibilidade da aplicação retroativa aos crimes cometidos antes da vigência do art. 366 do CPP com a nova redação.*

Direcionamento da resposta

O teor do Artigo 366 do CPP não pode ser compreendido como norma puramente processual, pois trata de prescrição, cuja natureza é de norma penal material (tal como as matérias tratadas no Artigo 116 do Código Penal).

13. ARE 936653 AgR, Relator(a): ROBERTO BARROSO, Primeira Turma, julgado em 24/05/2016, PROCESSO ELETRÔNICO DJe-122 DIVULG 13-06-2016 PUBLIC 14-06-2016.

14. REsp n. 1.500.961/SP, Rel. Ministro SEBASTIÃO REIS JÚNIOR, SEXTA TURMA, julgado em 13/9/2016, DJe 22/9/2016. AgInt no RHC n. 80.774/RS, relator Ministro Nefi Cordeiro, relator para acórdão Ministro Antonio Saldanha Palheiro, Sexta Turma, julgado em 27/2/2018, DJe de 3/4/2018.

Preliminarmente, deve ser destacado que a citação por edital decorre do fato de o réu não ser encontrado (arts. 361 e 363, § 1º, ambos do CPP), tendo sido revogadas pela Lei nº 11.719/2008 as hipóteses de citação por edital quando o citando estiver em local inacessível ou se tratar de pessoa incerta (art. 363 do CPP). Além disso, o fato do réu se ocultar ou se esquivar da atuação do executor de mandados passou a ensejar a citação com hora certa, conforme art. 362 do CPP.

A medida descrita no artigo 366 do CPP visa assegurar ao réu citado por edital a ampla defesa e o contraditório. Conquanto a antiga redação determinava o prosseguimento do processo à revelia do acusado, a nova redação do art. 366 do CPP dispõe que: "Se o acusado, citado por edital, não comparecer, nem constituir advogado, ficarão suspensos o processo e o curso do prazo prescricional, podendo o juiz determinar a produção antecipada das provas consideradas urgentes e, se for o caso, decretar prisão preventiva, nos termos do disposto no art. 312". O processo aguardará o comparecimento do réu para que sua marcha continue.

Portanto, em primeiro lugar, deve ser destacada a natureza mista ou heterotópica da norma: composta por institutos de direito material (suspensão da prescrição), com repercussão no direito processual penal (suspensão do curso normal do processo). Desse modo, a nova redação do dispositivo, nos termos da jurisprudência dos Tribunais Superiores, não poderá retroagir quanto à suspensão do prazo prescricional[15].

Por fim, destaque-se que, para os crimes ocorridos após o advento do dispositivo legal na ordem jurídica, parte da doutrina entende que a suspensão indeterminada da prescrição termina por criar crimes imprescritíveis, o que é inconcebível na atual ordem constitucional[16]. Por isso, no julgamento do RE nº

---

15. PROCESSUAL PENAL. REVELIA. SUSPENSÃO DO PROCESSO E DO PRAZO PRESCRICIONAL. RECURSO EM SENTIDO ESTRITO. CABIMENTO. CPP, ART. 581. LEI Nº 9.271/96. APLICAÇÃO RETROATIVA. IMPOSSIBILIDADE. O artigo 581, da lei processual penal, que disciplina as hipóteses de cabimento do recurso em sentido estrito, deve ser interpretado extensivamente, à luz da analogia e dos princípios gerais de direito, sendo passível, pois, de impugnação por essa via recursal a decisão que determina a suspensão do processo em virtude da revelia do réu que, por não se revestir de decisão de natureza definitiva, não admite a interposição do recurso de apelação. – A Lei nº 9.271/96, que deu nova redação ao art. 366, do Código de Processo Penal, embora contenha preceito de direito processual, não pode ser aplicada aos processos que tenham por objeto o julgamento de delitos praticados antes de sua vigência, por dispor também sobre regra mais gravosa de direito penal, como a suspensão do prazo prescricional. – É inadmissível a aplicação parcial do mencionado diploma legal, com incidência apenas do preceito pertinente à suspensão do processo, afastando o comando relativo à suspensão do prazo prescricional. – Recurso especial não conhecido. (Trecho do RESP 246085).

16. Decisão do STF que é criticada no sentido descrito acima, proferida nos autos do RE 460.971/RS, informativo nº 456: "A Turma deu provimento a recurso extraordinário interposto pelo

600.851/DF, submetido ao regime de repercussão geral, o STF assentou que, "em caso de inatividade processual decorrente de citação por edital, ressalvados os crimes previstos na Constituição Federal como imprescritíveis, é constitucional limitar o período de suspensão do prazo prescricional ao tempo de prescrição da pena máxima em abstrato cominada ao crime, a despeito de o processo permanecer suspenso"[17], entendimento também perfilhado pelo STJ, conforme a Súmula nº 415, que assevera que "o período de suspensão do prazo prescricional é regulado pelo máximo da pena cominada".

Sugestão de resposta

No processo penal, pode o réu que não for encontrado ser chamado aos autos mediante edital (arts. 361 e 363, § 1º, ambos do CPP), tendo sido revogadas pela Lei nº 11.719/2008 as hipóteses de citação por edital quando o citando estiver em local inacessível ou se tratar de pessoa incerta (art. 363 do CPP). Além disso, o fato do réu se ocultar ou se esquivar da atuação do executor de mandados passou a ensejar a citação com hora certa, conforme art. 362 do CPP.

A redação do Artigo 366 do CPP se direciona à garantia do contraditório e ampla defesa do réu citado por edital, de modo que o processo e o prazo prescricional estarão suspensos até que o acusado compareça aos autos para se defender e acompanhar a marcha processual, tendo oportunidade efetiva de ser comunicado e reagir aos atos do processo. Excepciona-se da suspensão da tramitação processual a possibilidade do Juiz determinar a produção antecipada

Ministério Público do Estado do Rio Grande do Sul contra acórdão do tribunal de justiça local que mantivera decisão que, ao declarar a revelia do ora recorrido (CPP, art. 366), suspendera o curso do processo, mas limitara a suspensão do prazo prescricional ao da prescrição em abstrato do fato delituoso. Inicialmente, afastou-se a alegação de ofensa ao art. 97 da CF, no sentido de que a interpretação dada pela Corte a quo ao citado art. 366 do CPP consubstanciar-se-ia em uma espécie de controle de constitucionalidade. Asseverou-se, no ponto, que no controle difuso, a interpretação que restringe a aplicação de uma norma a alguns casos, mantendo-a com relação a outros, não se identifica com a declaração de inconstitucionalidade prevista naquele dispositivo constitucional. No tocante à suspensão da prescrição, entendeu-se que a Constituição não veda que seu prazo seja indeterminado, uma vez que não se constitui em hipótese de imprescritibilidade e a retomada do curso da prescrição fica apenas condicionada a evento futuro e incerto. Além disso, aduziu-se que a Constituição se restringe a enumerar os crimes sujeitos à imprescritibilidade (CF, art. 5º, XLII e XLIV), sem proibir, em tese, que lei ordinária crie outros casos. Por fim, considerou-se inadmissível sujeitar-se o período de suspensão de que trata o art. 366 do CPP ao tempo da prescrição em abstrato, visto que, do contrário, o que se teria seria uma causa de interrupção e não de suspensão. RE provido para determinar a suspensão da prescrição por prazo indeterminado. Precedente citado: Ext 1042/ Governo de Portugal (j. em 19.12.2006)"

17. RE n. 600.851/DF, relator(a): EDSON FACHIN, Tribunal Pleno, julgado em 7/12/2020, PROCESSO ELETRÔNICO REPERCUSSÃO GERAL - MÉRITO DJe-033 DIVULG 22-2-2021 PUBLIC 23-2-2021.

das provas consideradas urgentes e também a possibilidade de decretação da prisão preventiva.

Como se vê, há no Artigo 366 do CPP a conjugação de conteúdos materiais e procedimentais, sendo que a suspensão do processo é um efeito eminentemente processual, mas a suspensão da prescrição é norma de direito penal material, cuja alocação mais adequada seria o Artigo 116 do CP (causas impeditivas da prescrição) – junto às demais causas de suspensão e interrupção da prescrição penal, tal como a determinada pela questão prejudicial heterogênea.

Desse modo, a natureza jurídica da norma é mista, ou, bem assim, na nomenclatura da doutrina, heterotópica, conjugando norma processual e penal material. Como consequência, quanto à suspensão prescricional, seu efeito estará limitado aos crimes praticados posteriormente à inserção do texto pela Lei n. 9.271, de 17.4.1996.

Portanto, o Art. 366 do CPP tem natureza jurídica mista e só tem aplicabilidade quanto aos seus efeitos materiais penais para os crimes praticados após a vigência da norma.

A título de acréscimo, vale mencionar que, além da inaplicabilidade aos crimes praticados antes da vigência da Lei nº 9.271/1996, o art. 366 do CPP não se aplica aos processos referentes aos crimes de lavagem de capitais, porquanto vigora a regra especial do art. 2º, § 2º, da Lei nº 9.613/98 no sentido de que "no processo por crime previsto nesta Lei, não se aplica o disposto no art. 366 do Decreto-Lei nº 3.689, de 3 de outubro de 1941 (Código de Processo Penal), devendo o acusado que não comparecer nem constituir advogado ser citado por edital, prosseguindo o feito até o julgamento, com a nomeação de defensor dativo", conforme redação dada pela Lei nº 12.683/2012.

Por derradeiro, destaque-se que, para os crimes ocorridos após o advento do dispositivo legal na ordem jurídica, parte da doutrina entende que a suspensão indeterminada da prescrição termina por criar crimes imprescritíveis, o que é inconcebível na atual ordem constitucional[18]. Por isso, no julgamento do RE

18. Decisão do STF que é criticada no sentido descrito acima, proferida nos autos do RE 460.971/RS, informativo nº 456: "A Turma deu provimento a recurso extraordinário interposto pelo Ministério Público do Estado do Rio Grande do Sul contra acórdão do tribunal de justiça local que mantivera decisão que, ao declarar a revelia do ora recorrido (CPP, art. 366), suspendera o curso do processo, mas limitara a suspensão do prazo prescricional ao da prescrição em abstrato do fato delituoso. Inicialmente, afastou-se a alegação de ofensa ao art. 97 da CF, no sentido de que a interpretação dada pela Corte a quo ao citado art. 366 do CPP consubstanciar-se-ia em uma espécie de controle de constitucionalidade. Asseverou-se, no ponto, que no controle difuso, a interpretação que restringe a aplicação de uma norma a alguns casos, mantendo-a com relação a outros, não se identifica com a declaração de inconstitucionalidade prevista naquele dispositivo constitucional. No tocante à suspensão da prescrição, entendeu-se que

nº 600.851/DF, submetido ao regime de repercussão geral, o STF assentou que, "em caso de inatividade processual decorrente de citação por edital, ressalvados os crimes previstos na Constituição Federal como imprescritíveis, é constitucional limitar o período de suspensão do prazo prescricional ao tempo de prescrição da pena máxima em abstrato cominada ao crime, a despeito de o processo permanecer suspenso"[19], entendimento também perfilhado pelo STJ, conforme a Súmula nº 415, que assevera que "o período de suspensão do prazo prescricional é regulado pelo máximo da pena cominada".

3. DOS PROCESSOS EM ESPÉCIE

***(Cespe/AGU/Procurador/2013)** Lucas, servidor público, foi denunciado com fundamento na Lei de Licitações por ter frustrado o caráter competitivo de procedimento licitatório com o intuito de obter, para si, vantagem decorrente da adjudicação do objeto da licitação. "Art. 90. Frustrar ou fraudar, mediante ajuste, combinação ou qualquer outro expediente, o caráter competitivo do procedimento licitatório, com o intuito de obter, para si ou para outrem, vantagem decorrente da adjudicação do objeto da licitação: Pena – detenção, de 2 (dois) a 4 (quatro) anos, e multa". (Lei n. 8.666/1993). A propósito da situação hipotética acima e considerando o excerto legal que a ela se segue, discorra sobre a diferença entre crimes funcionais próprios e impróprios. Em seguida, de forma fundamentada, esclareça se Lucas deverá ser notificado para apresentar resposta escrita antes do recebimento da denúncia, conforme o rito especial dos crimes de responsabilidade dos funcionários públicos.*

Direcionamento da resposta

Crimes funcionais ou *delicta in officio* são aqueles cujo tipo penal exige que o sujeito ativo seja funcionário público, dividindo-se em próprios (nos quais

---

a Constituição não veda que seu prazo seja indeterminado, uma vez que não se constitui em hipótese de imprescritibilidade e a retomada do curso da prescrição fica apenas condicionada a evento futuro e incerto. Além disso, aduziu-se que a Constituição se restringe a enumerar os crimes sujeitos à imprescritibilidade (CF, art. 5º, XLII e XLIV), sem proibir, em tese, que lei ordinária crie outros casos. Por fim, considerou-se inadmissível sujeitar-se o período de suspensão de que trata o art. 366 do CPP ao tempo da prescrição em abstrato, visto que, do contrário, o que se teria seria uma causa de interrupção e não de suspensão. RE provido para determinar a suspensão da prescrição por prazo indeterminado. Precedente citado: Ext 1042/Governo de Portugal (j. em 19.12.2006)."

19. RE n. 600.851/DF, relator(a): EDSON FACHIN, Tribunal Pleno, julgado em 7/12/2020, PROCESSO ELETRÔNICO REPERCUSSÃO GERAL - MÉRITO DJe-033 DIVULG 22-2-2021 PUBLIC 23-2-2021.

a condição de funcionário público é indispensável à tipicidade do fato e cuja ausência conduz a atipicidade da conduta – exemplo: prevaricação - art. 319 do CP) e impróprios (estando ausente a qualidade funcional de servidor público, opera-se a desclassificação para outro delito – assim, por exemplo, no peculato-furto, CP, Art. 312, § 1º, se desaparecer a condição de funcionário público no tocante ao autor, subsiste o crime de furto, Art. 155 do CP)[20]. Por sua vez, o crime constante no Art. 90 da Lei 8.666/93 (hoje revogado e sucedido pelo novo crime do art. 337-F do Código Penal após a edição da Lei nº 14.133, de 01.04.2021 - princípio da continuidade normativo-típica) era comum, podendo ser praticado por qualquer sujeito ativo, seja ou não servidor público[21]. Nesse sentido, ao procedimento penal de apuração do crime em testilha – o qual, repetimos, pode ser tipificado tendo como sujeito ativo um particular – não é necessária a chamada defesa prévia dos crimes funcionais típicos, de acordo com o entendimento do STJ[22].

Sugestão de resposta

Os crimes funcionais ou *delicta in officio* são aqueles em que o tipo penal exige que o sujeito ativo seja funcionário público, sendo divididos em funcionais próprios e impróprios.

Crimes funcionais próprios se caracterizam pela indispensabilidade do funcionário público para a tipicidade do fato, de tal modo que o desaparecimento dessa condição do autor faz como que o fato deixe de ser típico. É o caso da corrupção passiva (CP, Art. 317) e da prevaricação (CP, Art. 319).

Por outro lado, crimes funcionais impróprios são os delitos em que o desaparecimento da qualidade de funcionário público faz operar a desclassificação para outra espécie de crime, como no caso do peculato-furto (CP, Art. 312, § 1º), que se desclassifica para o crime de furto (Art. 155, CP).

---

20. MASSON, Cleber. **Direito penal esquematizado – parte geral**. 6 ed. São Paulo: Método, 2012. P. 205.

21. BALTAZAR JÚNIOR, João Paulo. **Crimes federais.** 9 ed. São Paulo: Saraiva, 2014. P. 907/908. No mesmo sentido: STJ, HC 200201750020.

22. RHC 37309, STJ: CRIME DA LEI DE LICITAÇÕES (ARTIGO 90 DA LEI 8.666/1993). RECEBIMENTO DA DENÚNCIA. AUSÊNCIA DE NOTIFICAÇÃO PARA APRESENTAÇÃO DE DEFESA PRELIMINAR. ARTIGO 514 DO CÓDIGO DE PROCESSO PENAL. VIOLAÇÃO. INOCORRÊNCIA. DELITO QUE NÃO SE QUALIFICA COMO FUNCIONAL. CONSTRANGIMENTO ILEGAL NÃO EVIDENCIADO. DESPROVIMENTO DO RECURSO. 1. O procedimento especial previsto nos artigos 513 a 518 do Código de Processo Penal só se aplica aos delitos funcionais típicos, descritos nos artigos 312 a 326 do Código Penal. Precedentes. 2. No caso dos autos, os recorrentes foram denunciados pelo crime de fraude à licitação, o que afasta a incidência do artigo 514 do Estatuto Processual. 3. Recurso improvido.

A defesa preliminar, prevista no art. 514 do CPP, é uma forma de proteger o funcionário público contra acusações infundadas que tenham sido motivadas apenas por perseguições. A norma processual do Art. 514 do CPP prevê a defesa preliminar para os crimes funcionais, conduto, apenas para aqueles considerados típicos, quais sejam, os descritos nos artigos 312 a 326 do Código Penal, nos termos da jurisprudência do STJ. Desse modo, Lucas não deverá ser notificado para apresentar resposta escrita antes do recebimento da denúncia, porquanto não é aplicável ao caso o rito especial dos crimes de responsabilidade dos funcionários públicos previsto no art. 514 do CPP.

Em acréscimo, vale informar que, além da aplicabilidade aos crimes funcionais típicos, o STF possui entendimento de que, se o acusado, à época do oferecimento da denúncia, não era mais funcionário público, não terá direito à defesa preliminar de que trata o art. 514 do CPP[23]. Outrossim, por referir uma prerrogativa do cargo, o corréu que não seja funcionário público não tem direito à defesa preliminar prevista no art. 514 do CPP. Cite-se ainda o entendimento do STJ, vazado na Súmula nº 330, de que "é desnecessária a resposta preliminar de que trata o artigo 514 do Código de Processo Penal, na ação penal instruída por inquérito policial". Ademais, conforme STF[24] e STJ[25], a inobservância do procedimento previsto no artigo 514 do CPP gera, tão somente, nulidade relativa, que, além da imprescindibilidade de ser arguida no momento oportuno, exige a demonstração do efetivo prejuízo daí decorrente.

Portanto, o crime previsto no Artigo 90 da Lei de Licitações é considerado comum, pois pode ser praticado por qualquer sujeito ativo, independentemente da qualificação "funcionário público" e não precisa observar o rito descrito no Art. 514 do Código de Processo Penal.

Por fim, registre-se que o crime constante no Art. 90 da Lei 8.666/93 foi revogado e sucedido pelo novo tipo penal do art. 337-F do Código Penal após a edição da Lei nº 14.133, de 01.04.2021 (princípio da continuidade normativo-típica). Todavia, assim como ocorria com o art. 90 da Lei nº 8.666/93, o novo art. 337-F do CP manteve o caráter de crime comum e que, portanto, pode ser praticado por qualquer indivíduo, não havendo exigência de qualidade específica do sujeito ativo.

23. STF. Plenário. AP 465/DF, Rel. Min. Cármen Lúcia, julgado em 24/4/2014.

24. STF. HC 191613 AgR, Relator(a): RICARDO LEWANDOWSKI, Segunda Turma, julgado em 20/10/2020, PROCESSO ELETRÔNICO DJe-263 DIVULG 03-11-2020 PUBLIC 04-11-2020.

25. STJ. AgRg no RHC n. 147.201/SP, relatora Ministra Laurita Vaz, Sexta Turma, julgado em 5/4/2022, DJe de 8/4/2022.

DIREITO TRIBUTÁRIO

1. COMPETÊNCIA TRIBUTÁRIA

(Esaf/PFN/Procurador/2006) Identifique os requisitos para o exercício da competência residual da União em matéria de contribuições e responda, fundamentadamente, à luz da jurisprudência do Supremo Tribunal Federal, se teria ocorrido violação a tais princípios quando do estabelecimento de alíquotas adicionais para o financiamento da aposentadoria especial, aposentadoria por invalidez e auxílio-acidente (art. 22, II, da Lei n. 8.212/91 e art. 57, §§ 6º e 7º, da Lei n. 8.213/91).

Direcionamento da resposta

A questão exige conhecimentos acerca da competência residual da União em matéria tributária, bem como sobre a jurisprudência do Supremo Tribunal Federal acerca da constitucionalidade do estabelecimento de alíquotas adicionais para o financiamento da aposentadoria especial, aposentadoria por invalidez e auxílio-acidente (art. 22, II, da Lei n. 8.212/91 e art. 57, §§ 6° e 7°, da Lei n. 8.213/91), a chamada contribuição SAT. Ao candidato cabe, inicialmente, abordar a temática da competência residual, indicando seus requisitos e especificidades, mas tendo à vista deixar maior margem de escrita à temática constitucional, valorizando os conhecimentos sobre a jurisprudência superior, mormente porque os aspectos da competência residual da União são de fácil abordagem, com teor menor de complexidade jurídica. Para integral conhecimento do tema, recomenda-se a leitura do RE 343.446/SC e, ainda, mais recentemente, o RE 677.725/RS, cujo teor muito embora tangencie o tema central cobrado é leitura essencial sobre o assunto (**julgado em 11/11/2021 em sede de repercussão geral**[1]).

1. O Tribunal, por unanimidade, apreciando o tema 554 da repercussão geral, negou provimento ao recurso extraordinário, nos termos do voto do Relator, Ministro Luiz Fux (Presidente). Em seguida, foi fixada a seguinte tese: "O Fator Acidentário de Prevenção (FAP), previsto no art. 10 da Lei n° 10.666/2003, nos moldes do regulamento promovido pelo Decreto 3.048/99 (RPS) atende ao princípio da legalidade tributária (art. 150, I, CRFB/88).

Sugestão de resposta

A competência tributária pode ser definida, em apertada síntese, como o poder constitucionalmente deferido aos entes federativos de editar leis que instituam tributos. Conforme é cediço, a Constituição Federal não cria tributos, mas, por outro lado, outorga competência para que os entes políticos o façam por meio de leis próprias.

Nesse sentido, verifica-se que a União possui duas espécies de competência residual: *a)* para instituir novos impostos; e *b)* para instituir novas contribuições sociais de financiamento da seguridade social. Quanto a esta última, o fundamento jurídico se encontra previsto no art. 195, § 4º da Constituição Federal[2], que autoriza a União a instituir outras fontes destinadas a garantir a manutenção ou expansão da seguridade social.

Em ambos os casos, tanto para instituir novos impostos como para instituir novas contribuições sociais de financiamento da seguridade social, a competência residual deve atender aos requisitos previstos no art. 154, I da Constituição Federal, quais sejam: *a)* a instituição do tributo via lei complementar; e *b)* a obediência à técnica da não cumulatividade e a inovação quanto à base de cálculo e fatos geradores.

Cabe ressaltar que a despeito de o art. 154, I da Constituição Federal se referir expressamente a impostos, o Supremo Tribunal Federal[3] entende que o dispositivo se aplica também ao caso das contribuições sociais, com as devidas adaptações ao caso destas. Isto porque a exigência de inovação quanto à base de cálculo e ao fato gerador apenas existe dentro da própria espécie tributária, razão pela qual uma contribuição só pode ser criada se o seu fato gerador e sua base de cálculo forem diferentes daqueles definidos para contribuições já existentes.

Quanto à constitucionalidade das alíquotas adicionais para o financiamento da aposentadoria especial, aposentadoria por invalidez e auxílio-acidente, conforme art. 22, II, da Lei n. 8.212/91 e art. 57, §§ 6º e 7º, da Lei n. 8.213/9, o tema já foi analisado pelo Supremo Tribunal Federal[4], que sufragou o

2. Art. 195, § 4º A lei poderá instituir outras fontes destinadas a garantir a manutenção ou expansão da seguridade social, obedecido o disposto no art. 154, I.

3. Vide RE 138.284-8/CE.

4. CONSTITUCIONAL. TRIBUTÁRIO. CONTRIBUIÇÃO: SEGURO DE ACIDENTE DO TRABALHO – SAT. Lei 7.787/89, arts. 3º e 4º; Lei 8.212/91, art. 22, II, redação da Lei 9.732/98. Decretos 612/92, 2.173/97 e 3.048/99. C.F., artigo 195, § 4º; art. 154, II; art. 5º, II; art. 150, I. I. – Contribuição para o custeio do Seguro de Acidente do Trabalho – SAT: Lei 7.787/89, art. 3º, II; Lei 8.212/91, art. 22, II: alegação no sentido de que são ofensivos ao art. 195, § 4º, c/c art. 154, I, da Constituição Federal: improcedência. Desnecessidade de observância da técnica da competência

entendimento de ausência de afronta à Constituição Federal. Na espécie, o Pretório Excelso se posicionou no sentido de que não houve violação art. 154, I da Carta Magna, visto que não seria necessária a edição de lei complementar para a instituição da contribuição de Seguro de Acidente de Trabalho (SAT).

No que se refere às alíquotas, que estariam em desacordo com o princípio da isonomia, asseverou-se que "embora a alíquota SAT fosse fixada, inicialmente, em 2%, sendo o índice de acidentes de trabalho superior à média setorial, sujeitar-se-ia a empresa à contribuição adicional de 0,9% a 1,8%", ou seja, à medida em que ocorresse um maior número de acidentes do trabalho, a empresa responsável estaria obrigada a recolher o tributo em percentuais maiores, escalonados entre 0,9% a 1,8%. Assim, segundo o STF, a própria lei faz a distinção entre os contribuintes em situação desigual, não havendo ofensa à isonomia tributária.

Por fim, a lei instituidora da referida exação definira todos os elementos capazes de dar origem à obrigação tributária (fato gerador, base de cálculo, alíquota e sujeito passivo), ficando apenas a previsão das atividades e a relação dos agentes nocivos que ensejariam a concessão da aposentadoria especial a cargo de decreto regulamentar, fato não considerado irregular pela Corte Suprema.

(Esaf/PFN/Procurador/2012) *A empresa B, residente e domiciliada no Brasil, está inconformada com a tributação brasileira, especialmente depois de descobrir que, nos termos do art. 74 da Medida Provisória n. 2.158-35, de 24 de agosto de 2001, os lucros decorrentes do investimento que ela realizou na sua empresa controlada Z, domiciliada no exterior, precisamente no País Z, devem passar a compor a base de cálculo do Imposto de Renda da Pessoa Jurídica (IRPJ), a partir da data do balanço no qual tiverem sido apurados pela empresa Z. No entender da empresa B, ao veicular essas normas jurídicas, a legislação brasileira: (i) invade a soberania do País Z, porque desconsidera a personalidade*

residual da União, C.F., art. 154, I. Desnecessidade de lei complementar para a instituição da contribuição para o SAT. II. – O art. 3°, II, da Lei 7.787/89, não é ofensivo ao princípio da igualdade, por isso que o art. 4° da mencionada Lei 7.787/89 cuidou de tratar desigualmente aos desiguais. III. – As Leis 7.787/89, art. 3°, II, e 8.212/91, art. 22, II, definem, satisfatoriamente, todos os elementos capazes de fazer nascer a obrigação tributária válida. O fato de a lei deixar para o regulamento a complementação dos conceitos de "atividade preponderante" e "grau de risco leve, médio e grave", não implica ofensa ao princípio da legalidade genérica, C.F., art. 5°, II, e da legalidade tributária, C.F., art. 150, I. IV. – Se o regulamento vai além do conteúdo da lei, a questão não é de inconstitucionalidade, mas de ilegalidade, matéria que não integra o contencioso constitucional. (...). (RE 343.446/SC).

jurídica da empresa Z, domiciliada naquele país; (ii) é contrária ao art. 43 do Código Tributário Nacional, porque tributa um lucro não distribuído à empresa B; (iii) ofende a Constituição Federal, já que a mesma riqueza será tributada duas vezes, quais sejam, no País Z e no Brasil. Como Procurador da Fazenda Nacional, defenda a legislação brasileira, apresentando fundamentos jurídicos que a livre das acusações levantadas pela empresa B.

Direcionamento da resposta

Trata-se de questão bastante complexa envolvendo a tributação das coligadas no exterior de empresas brasileiras. A sistemática funciona da seguinte forma: determinada empresa, residente e domiciliada no Brasil, possui participação e investimentos em outras empresas, coligadas suas, no exterior. O lucro dessas empresas no exterior, apurado mediante balanço, pertence, em parte, às empresas brasileiras que detém participação em seu patrimônio. Assim, quando realizado o balanço da empresa no exterior, a empresa brasileira saberá quanto de lucro lhe pertencerá, de acordo com a fatia patrimonial que lhe pertence desta empresa estrangeira. Essa aferição da quantidade de lucro medida a partir da quantidade de patrimônio da empresa estrangeira que pertence à coligada brasileira foi denominado de MEP – método de equivalência patrimonial. O MPE funciona como esse mecanismo de aferição de quanto do lucro apurado no balanço pertence à coligada nacional. Antes da Medida Provisória n. 2.158-35, o balanço não era considerado o aspecto temporal da hipótese de incidência do Imposto de Renda da Pessoa Jurídica e da Contribuição Social sobre o Lucro Líquido (CSLL), mas estes tributos só incidiam quando o lucro fosse efetivamente remetido para a empresa nacional. Vale dizer: o fato gerador ocorria apenas com a remessa do lucro pela empresa estrangeira para a empresa nacional que detém parte do patrimônio daquela. A Medida Provisória n. 2.158-35[5], em seu Artigo 74, alterou esse momento de aferição: *Art. 74. Para fim de determinação da base de cálculo do imposto de renda e da CSLL, nos termos do art. 25 da Lei no 9.249, de 26 de dezembro de 1995, e do art. 21 desta Medida Provisória, os lucros auferidos por controlada ou coligada no exterior serão considerados disponibilizados para a controladora ou coligada no Brasil na data do balanço no qual tiverem sido apurados, na forma do regulamento.* Assim, pela redação deste dispositivo, não mais a remessa do lucro serve como critério de determinação da base

5. Em 13 de maio de 2014 foi promulgada a lei nº 12.973, que revogou ao artigo 74 da MP 2.158-35, estabelecendo no artigo 81 que *"os lucros auferidos por intermédio de coligada domiciliada no exterior serão computados na determinação do lucro real e da base de cálculo da CSLL no balanço levantado no dia 31 de dezembro do ano-calendário em que tiverem sido disponibilizados para a pessoa jurídica domiciliada no Brasil"*. **Alterou-se, assim, o regime de tributação cobrado pelo enunciado.**

de cálculo, mas a data do balanço, no qual apurados tais lucros. Assim, a definição da base de cálculo será aferida em momento anterior à efetiva distribuição de lucros. Então, o MEP (previsto em ato infralegal) funciona como critério de definição do quanto de lucro demonstrado no balanço pertence à empresa brasileira – de acordo com a equivalência de patrimônio que possui da coligada estrangeira. A questão aborda esse contexto, no qual o candidato deveria enfrentar a argumentação contrária ao critério da Medida Provisória n. 2.158-35. Deve-se ter em mente, sempre que o enunciado pede que a resposta seja na qualidade de "Procurador da Fazenda Nacional", a argumentação mais favorável ao Fisco Federal. Ainda sobre essa temática, mas fora da cobrança do enunciado – até porque tratam-se de julgados que lhe são posteriores – merecem atenção os seguintes precedentes: RESP 1325709, da Primeira Turma do STJ, STJ REsp 1211882, da Segunda Turma do STJ, ADI 2588 e Recursos Extraordinários 611586 e 541090 e também a **Súmula 137 do CARF**[6]. esses precedentes servem de fonte de estudo e atualização para aprofundamento neste tema.

Sugestão de resposta

A MP n. 2.158-35 alterou o momento de aferição para efeitos de determinação da base de cálculo do IRPJ e da CSLL em relação aos lucros aferidos pelas coligadas estrangeiras de empresas brasileiras.

Agora, quanto ao aspecto temporal do fato gerador, a divulgação do balanço patrimonial – e não mais a efetiva distribuição dos lucros – serve como critério de aferição da parcela de lucro da coligada estrangeira que pertence à empresa brasileira, aferida mediante o Método de Equivalência Patrimonial (MEP).

Essa metodologia não atenta contra a soberania do país no qual sediada a coligada estrangeira, tampouco supera personalidade jurídica. Trata-se tão somente de justo critério de medição do lucro pertencente a uma empresa nacional; lucro este que é percebido por uma coligada sua, sem desmerecimento da personalidade desta. O balanço revela-se como momento adequado para o conhecimento do quantitativo de lucro a que faz jus a empresa brasileira – submetida, esta e a o lucro que lhe pertence, à tributação nacional.

Ademais, o Art. 43 do CTN permite a tributação de IR tanto da disponibilidade econômica como da disponibilidade jurídica; com a divulgação do

6. Os resultados positivos decorrentes da avaliação de investimentos pelo método da Equivalência Patrimonial não integram a base de cálculo do IRPJ ou da CSLL na sistemática do lucro presumido. Acórdãos Precedentes: 1201-002.645, 1402-002.616, 1302-002.291, 9101-003.884, 9101-003.963 e 1402-002.396. (Vinculante, conforme Portaria ME nº 410, de 16/12/2020, DOU de 18/12/2020).

balanço, surge o direito da empresa brasileira de auferir aquela parcela que lhe pertence. Nenhuma incongruência há na antecipação para a disponibilidade jurídica da aferição do aspecto dimensível do Imposto de Renda.

Também infundada a suposta dupla incidência; ora, a tributação nacional se limitará ao lucro pertencente a uma empresa brasileira, de acordo com a divulgação deste no balanço da sua coligada no exterior, de modo que a imposição do IRPJ e da CSLL se limita àquela parcela que seria – de qualquer forma – tributada quando da efetiva disponibilidade econômica do lucro (remessa do lucro).

Conclui-se inexistir qualquer ilegitimidade no critério adotado, servindo como barreira de mecanismo evasivos, especialmente pela utilização de paraísos fiscais para a distribuição de lucros.

2. TRIBUTOS EM ESPÉCIE

(Esaf/PFN/Procurador/2008) *Discorra sobre a natureza jurídica da contribuição social e o prazo decadencial da contribuição previdenciária (5 anos ou 10 anos?), no âmbito da Constituição Federal, da Lei de Custeio Previdenciária (Lei 8.212/91), do Código Tributário Nacional (Lei 5.172/66), da jurisprudência e da doutrina, abordando, necessariamente: (i) a natureza jurídica da contribuição social (é um tributo ou não é um tributo?); (ii) reflexos da sua natureza jurídica na contagem do prazo decadencial (deve prevalecer a Lei de Custeio Previdenciária (art. 45 da Lei 8.212/91, o prazo decadencial é de 10 anos) ou o Código Tributário Nacional (art. 173, incisos I e II do CTN, o prazo decadencial é de 5 anos)); (iii) a posição do Supremo Tribunal Federal e do Superior Tribunal de Justiça sobre a matéria.*

Direcionamento da resposta

O enunciado da questão exige a abordagem de todos os principais aspectos da contribuição social e seus reflexos jurídicos, remetendo à problemática do prazo decadencial outrora estabelecido na antiga redação da Lei 8.212/91. Como se percebe, o imbróglio jurídico resultou na edição da Súmula Vinculante n. 08 do Supremo Tribunal Federal. Contudo, há de se destacar que o conhecimento da jurisprudência do Supremo Tribunal Federal, por si só, pode não ser suficiente ao enfrentamento da matéria, cabendo ao candidato o domínio da Constituição Federal e da doutrina.

Sugestão de resposta

É cediço que a contribuição social possui natureza jurídica de tributo na atual conjuntura constitucional, visto que preenche os requisitos previstos no art. 3º do Código Tributário Nacional e é tratada com minúcia pelo constituinte na definição do Sistema Tributário Nacional. A despeito de ainda existir pequena divergência entre as teorias tripartite[7] e pentapartite[8] na doutrina, é notório que cada vez menos se discute a gênese tributária das contribuições sociais, estando instituídos em lei os elementos necessários à cobrança do tributo, vale dizer: fato gerador, base de cálculo, alíquotas e contribuintes.

Por outro lado, no que se refere ao prazo decadencial de tais contribuições, muito discutiu-se na doutrina e nos tribunais superiores acerca da constitucionalidade da previsão de prazo decadencial de dez anos para tais espécies tributárias, por força da antiga redação do art. 45 da Lei 8.212/91, enquanto o Código Tributário Nacional indicara o prazo quinquenal para as espécies tributárias em geral.

De fato, conforme é cediço, a decadência ou caducidade, no âmbito do Direito Tributário, importa no perecimento do direito potestativo de o Fisco constituir o crédito tributário pelo lançamento, e, consoante doutrina abalizada, tem reflexo sobre a perda do direito de lançar nos casos de tributos sujeitos ao lançamento de ofício, ou nos casos dos tributos sujeitos ao lançamento por homologação em que o contribuinte não efetua o pagamento antecipado.

Nesse sentido, segundo o Supremo Tribunal Federal, as normas relativas à prescrição e à decadência tributárias têm natureza de normas gerais de direito tributário, cuja disciplina é reservada a lei complementar[9], conforme art. 146, b, III, da CF de 1988. Desta forma, a instituição de prazo de dez anos para a decadência das contribuições sociais no corpo da Lei 8.212/91 se encontra incompatível com a ordem constitucional vigente, devendo prevalecer o disposto no Código Tributário Nacional, recepcionado como lei complementar, e não a legislação ordinária.

Ademais, o referido posicionamento visa a preservar a força normativa da Constituição, que prevê disciplina homogênea, em âmbito nacional, da prescrição, decadência, obrigação e crédito tributários, todos indicados, regra geral, no

7. A teoria tripartite se apega ao art. 5º do Código Tributário Nacional para afirmar que somente os impostos, as taxas e as contribuições de melhoria são tributos.

8. A teoria pentapartite é adotada pelo Supremo Tribunal Federal e abrange, além das espécies tributárias citadas pela teoria tripartite, as contribuições sociais e os empréstimos compulsórios.

9. O Código Tributário Nacional (Lei 5.172/1966), promulgado como lei ordinária e recebido como lei complementar pelas Constituições de 1967/69 e 1988, disciplina a prescrição e a decadência tributárias.

corpo do Código Tributário Nacional. Como consequência da orientação esposada pelo STF, deu-se origem à Súmula Vinculante nº 8/STF[10], sendo também seguido tal entendimento pelo Superior Tribunal Justiça[11].

(Esaf/PFN/Procurador/2012) *A empresa Pato e Ganso S/A, antes de qualquer ato formal de lançamento, ajuizou ação em que efetuou o depósito integral dos valores relativos à contribuição destinada ao Serviço Brasileiro de Apoio às Micro e Pequenas Empresas – Sebrae. Alegava, em síntese: (Tese A): a exação não poderia ser cobrada de empresas de grande porte, pois os serviços prestados pelo Sebrae limitam-se às micro e pequenas empresas. No curso do processo, depois de escoado o prazo legal para o lançamento, a empresa alegou, ainda, (Tese B) ter ocorrido a decadência do crédito tributário e requereu o levantamento dos valores depositados, por não ter havido ato formal de lançamento. Comente cada uma das alegações formuladas pela empresa, abordando especialmente: em relação à Tese A, a natureza jurídica da referida Contribuição; e, em relação às Teses A e B, a jurisprudência predominante dos Tribunais Superiores.*

Direcionamento da resposta

A questão abordou duas temáticas, sendo uma de índole eminentemente doutrinária e outra jurisprudencial. Primeiro, quanto à doutrina, deve-se destacar que a natureza jurídica da chamada contribuição ao SEBRAE é interventiva, ou seja, de intervenção sobre o domínio econômico – destacando que as duas outras espécies de contribuições são sociais e coorporativas de interesse de categorias profissionais. A jurisprudência e a doutrina, por conseguinte, afastou a chamada referibilidade direta da contribuição ao SEBRAE; vale dizer, esta espécie de contribuição não precisa ser cobrada apenas daqueles que se aproveitam da intervenção realizada pelo órgão em questão – em acréscimo a isso, percebe-se que a taxa de serviços, de outra banda, é sim um tributo com referibilidade direta, imediata e necessária, pois o sujeito passivo é quem recebe o benefício específico e divisível do Estado. Portanto, o fato de a empresa ser de grande porte e não lhe serem direcionadas as vantagens do Serviço Brasileiro de Apoio às Micro e Pequenas Empresas não é um argumento para ser afastada a incidência da contribuição interventiva em testilha. De outra banda, a decadência não se observa quando há, antes de qualquer atuação do Fisco, o depósito do

---

10. São inconstitucionais o parágrafo único do artigo 5º do Decreto-Lei nº 1.569/1977 e os artigos 45 e 46 da Lei nº 8.212/1991, que tratam da prescrição e decadência do crédito tributário.
11. EREsp 413.343, REsp 961.296, REsp 731.314, REsp 1017266, REsp 919.123, dentre outros.

montante integral da exação, pois essa atitude do contribuinte serve como hipótese de lançamento, nos termos da jurisprudência do STJ. Assim, trata-se de enunciado bastante rico e que exigiu o conhecimento da doutrina[12] e jurisprudência[13] e específicas acerca da contribuição interventiva ao SEBRAE.

Sugestão de resposta

As contribuições são espécies tributárias com regra matriz constitucional no Art. 149 da CF/88, compreendendo as seguintes espécies: sociais, destinadas ao financiamento da seguridade social; coorporativas, de interesse das categorias profissionais; e interventivas, que servem como instrumento de intervenção do Estado sobre o domínio econômico.

As contribuições interventivas, portanto, se dirigem a um agir específico do Estado na indução, fiscalização e planejamento da atividade econômica (Art. 174 da CF), mediante a arrecadação de recursos dos agentes econômicos para o investimento em áreas específicas. É o caso da contribuição para o SEBRAE, que se destina ao incentivo ao empreendedorismo nacional.

Essa contribuição interventiva não deixa de ter a nota marcante e conceitual da solidariedade, da tal forma que a sua arrecadação não precisa guardar uma referibilidade imediata e direta com o sujeito passivo (contribuinte), tal como ocorre com as taxas cobradas pelo fornecimento direto de um serviço público. Vale dizer: a intervenção do Estado sobre o domínio econômico não precisa se voltar direta e especificamente para aqueles que contribuem solidariamente com a exação.

Desse modo, entende a jurisprudência do STF que as grandes empresas são legítimos contribuintes desta espécie de contribuição para a indução do empreendedorismo, pois são regularmente chamadas a contribuir para a melhora do mercado econômico brasileiro, muito embora a atuação do SEBRAE se volte especificamente para as pequenas e médias empresas. A eleição de uma grande empresa como contribuinte de um tributo interventivo sobre o domínio econômico não fere a Constituição.

---

12. Para aprofundamento: "Da finalidade típica do SEBRAE decorre nova diferença da contribuição em foco perante as supramencionadas: **a sua qualificação como contribuição interventiva.**" PAULSEN, Leandro. VELLOSO, Andrei Pitten. Contribuições: Teoria geral e contribuições em espécie. Porto Alegre: Livraria do Advogado, 2010. p. 253.

13. Ao apreciar a constitucionalidade da contribuição ao SEBRAE, o Supremo Tribunal Federal negou que o benefício econômico fosse requisito de validade das contribuições especiais e assim chancelou a sua cobrança até mesmo das empresas de médio e grande porte (Pleno, RE 396.266, 11.2003).

Por fim, quanto à alegação de que há decadência no contexto retratado, o entendimento pacífico do STJ[14] é de que o depósito do montante integral, hipótese de suspensão da exigibilidade do crédito tributário (Art. 151, II, do CTN), tem o condão de constituí-lo, tal qual ocorre na sistemática do autolançamento, com a apresentação de declaração pelo sujeito passivo. Neste caso, estará dispensado qualquer ato formal de lançamento pelo Fisco.

(Cespe/AGU/Advogado/2004) *Em 19 de dezembro de 2002, a Emenda Constitucional n. 39 instituiu, na Constituição Federal, a contribuição destinada ao custeio do serviço de iluminação pública. Redija um texto dissertativo a respeito da natureza jurídica específica da contribuição mencionada acima.*

Direcionamento da resposta

O examinador cobra conhecimentos abrangentes sobre a Contribuição de Custeio do Serviço de Iluminação Pública (COSIP), devendo o candidato expor, de forma fundamentada, a natureza jurídica da exação e sua repercussão na doutrina e na jurisprudência. A questão é um pouco antiga (2004) e aborda um tema que à época despertou debates acalorados sobre a manobra do Congresso Nacional para permitir a cobrança de mais um tributo, com aspectos ora taxa, ora de imposto, mas com nomenclatura de contribuição. O simples conhecimento da jurisprudência do Supremo tribunal Federal sobre a COSIP já seria suficiente para a exposição clara e precisa por parte do candidato.

Sugestão de resposta

A jurisprudência do Supremo Tribunal Federal assenta que o serviço de iluminação pública não atende aos requisitos da especificidade e divisibilidade, necessários à possibilidade de financiamento mediante a instituição de taxa. Aliás, este posicionamento restou sufragado na Súmula n. 670 da Corte.

Contudo, a necessidade de incremento nas receitas municipais, que encontrou barreiras no entendimento jurídico da Corte Suprema, impulsionou uma

14. A título exemplificativo, menciono o trecho de um dos precedentes que forma a referida jurisprudência do STJ (REsp 976.514): "1. Com o depósito do montante integral tem-se verdadeiro lançamento por homologação. O contribuinte calcula o valor do tributo e substitui o pagamento antecipado pelo depósito por entender indevida a cobrança. Se a Fazenda aceita como integral o depósito, para fins de suspensão da exigibilidade do crédito, aquiesceu expressa ou tacitamente com o valor indicado pelo contribuinte, o que equivale à homologação fiscal prevista no art. 150, § 4º, do CTN."

alteração constitucional com vistas a fugirdo quanto previsto no art. 145, II, da Constituição Federal[15] em relação às taxas,gerando,assim,a Emenda Constitucional n. 39/2002, que acrescentou o art. 149-A, *caput,* e parágrafo único à Carta Magna.

De fato, a mencionada emenda constitucional instituiu a Contribuição para o Custeio de Iluminação Pública (COSIP), de competência dos Municípios e do Distrito Federal, que podem exercê-la através de lei própria, definindo, com grau de liberdade, seu fato gerador, base de cálculo, alíquotas e contribuintes. Ademais, a arrecadação da referida contribuição é vinculada ao custeio do serviço de iluminação pública das comunas e do DF, sendo, portanto, ilegítima qualquer espécie de tredestinação das receitas advindas de tal cobrança.

Diante da gênese da COSIP e sua íntima semelhança com o regime jurídico das taxas, muito se discute acerca da natureza jurídica de tal exação. Inicialmente, a COSIP foi duramente criticada pela doutrina, visto que o citado tributo seria, na verdade, uma taxa com roupagem de contribuição, caracterizando, neste sentido, ofensa ao quanto previsto no art. 145, II da Constituição Federal e à Súmula n. 670 do STF.

Entretanto, analisando a questão, a Corte Suprema entendeu pela constitucionalidade da COSIP, afastando-a das taxas e atribuindo-lhe a pecha de tributo *sui generis*, com peculiaridades que o destacam das demais exações. No posicionamento do STF[16], o tributo em voga não se confunde com um imposto, porque sua receita se destina a finalidade específica, tampouco com uma taxa, por não exigir a contraprestação individualizada de um serviço ao contribuinte. Desta forma, restaria somente a sua inclusão em categoria apartada, com caracteres próprios e submetida a regime jurídico peculiar, mas sem que haja ofensa ao art. 145, II, da Constituição Federal.

Em resumo, a COSIP se mantém presente na ordem jurídico-constitucional por ter recebido tratamento específico do STF, não se submetendo ao regime jurídico até então existente para as demais espécies tributárias, mormente em relação às taxas, incluindo-se na forma de contribuição *sui generis.*

(Cespe/AGU/Procurador/2007) *Visando renovar sua frota, determinada empresa de locação de automóveis firmou contratos de arrendamento mercantil*

15. Art. 145. A União, os Estados, o Distrito Federal e os Municípios poderão instituir os seguintes tributos: II – taxas, em razão do exercício do poder de polícia ou pela utilização, efetiva ou potencial, de serviços públicos específicos e divisíveis, prestados ao contribuinte ou postos a sua disposição.

16. RE 573.675/SC.

com duas empresas arrendadoras distintas. O primeiro contrato teve por objeto automóveis de fabricação nacional, e o segundo ensejou a importação de outros veículos. Nesse caso hipotético, à luz da lei e da atual jurisprudência do Supremo Tribunal Federal (STF), esclareça, de maneira fundamentada, se há a incidência do imposto sobre operações relativas à circulação de mercadorias e sobre prestações de serviços de transporte interestadual e intermunicipal e de comunicação (ICMS), ainda que as operações e as prestações se iniciem no exterior em razão dos referidos contratos. Discorra, ainda, sobre os princípios da não cumulatividade e da seletividade quanto ao mencionado imposto, estabelecendo as diferenças de aplicabilidade dos mencionados princípios em relação ao imposto sobre produtos industrializados (IPI).

Direcionamento da resposta

O cerne da questão trazida a lume é a polêmica envolvendo a incidência do ICMS sobre o arrendamento mercantil. Apesar de posições divergentes, como se depreenda da leitura do RE 461968, prevalece, atualmente, a tese no STF de que não incide ICMS sobre arrendamento mercantil internacional, salvo na hipótese de antecipação da opção de compra quando configurada a transferência da titularidade do bem. Outro fato cobrado na questão é a respeito das diferenças e semelhanças entre IPI e ICMS. Neste quesito, o domínio da doutrina e do conteúdo da Carta Magna são fundamentais à elaboração de resposta.

Sugestão de resposta

Conforme é cediço, o ICMS tem fundamento no artigo 155, II, da CF/88, e incide sobre operações relativas à circulação de mercadorias e sobre prestações de serviços de transporte interestadual e intermunicipal e de comunicação, ainda que as operações e as prestações se iniciem no exterior. A alínea "a" do inciso IX do § 2° do art. 155 da Constituição Federal, na redação da EC 33/2001, faz incidir o ICMS na entrada de bem ou mercadoria importados do exterior, somente se de fato houver circulação de mercadoria, caracterizada pela transferência do domínio (compra e venda).

Segundo a jurisprudência do Supremo Tribunal Federal[17], a incidência do tributo em voga não é sobre a entrada de bem ou mercadoria importada, senão sobre essas entradas desde que elas sejam atinentes a operações relativas à circulação desses mesmos bens ou mercadorias. Ou seja, a Constituição Federal não prevê um tributo sobre a entrada de um bem ou mercadoria importada do

17. Acórdão paradigma: RE 461968.

exterior por pessoa física ou jurídica, mas apenas estabelece que, desde que atinente à operação relativa a sua circulação, a entrada de bem ou mercadoria importada do exterior por pessoa física ou jurídica sofrerá a incidência do ICMS.

Dessa forma, não incide o ICMS na operação de arrendamento mercantil internacional[18], como na questão, salvo na hipótese de antecipação da opção de compra, quando configurada a transferência da titularidade do bem. Consectariamente, se não houver aquisição de mercadoria, mas mera posse decorrente do arrendamento, não se pode cogitar de circulação econômica, não se configurando, portanto, o fato gerador do ICMS.

O ICMS possui também aspectos que o distingue dos demais impostos, mas o aproxima do Imposto sobre Produtos Industrializados (IPI), quais sejam: a seletividade e a não cumulatividade.

Com efeito, a seletividade do ICMS, prevista no art. 155, § 2º, III, da CF permitiu que o legislador estadual opte por adotar alíquotas variáveis em razão da essencialidade do produto, sendo menores para os gêneros essenciais e, por outro lado, maiores para os supérfluos. A grande diferença entre a seletividade do ICMS e a do IPI, prevista no art. 153, § 3º, I da CF, é o fato de que o caráter seletivo no ICMS é facultativo, enquanto no IPI é obrigatório.

Por outra via, a não cumulatividade, com previsão no art. 155, § 2º, I, da CF, consiste em compensar o que for devido em cada operação relativa à circulação de mercadorias ou prestação de serviço com o montante cobrado nas anteriores pelo mesmo ou outro Estado ou pelo Distrito Federal. A sistemática é basicamente a mesma utilizada no IPI, com a diferença de que no caso do ICMS a não cumulatividade tem estatura exclusivamente constitucional.

(Cespe/AGU/Procurador/2005) *A Constituição de 1988 pôs fim aos inúmeros debates que existiam na doutrina e na jurisprudência em relação à definição da natureza jurídica das contribuições previdenciárias, incluindo-as no título da Ordem Tributária. Assim, em relação a essa espécie de tributo, a precisa identificação do fato gerador da obrigação previdenciária constitui-se em matéria de extremo relevo, haja vista a relação tributária que surge da ocorrência do fato previsto na norma capaz de produzir os efeitos estabelecidos. A partir do tema do excerto acima, elabore um texto dissertativo comentando, de acordo com*

18. Destaque-se que os conceitos de direito privado não podem ser desnaturados pelo direito tributário, na forma do art. 110 do CTN, à luz da interpretação conjunta do art. 146, III, combinado com o art. 155, inciso II e § 2º, IX, "a", da CF/88.

a legislação vigente, os seguintes aspectos das contribuições previdenciárias: material, subjetivo, espacial, temporal e quantitativo.

Direcionamento da resposta

Para responder o questionamento, o candidato deverá dominar o conteúdo de um tema relevante, mas pouco explorado nos livros jurídico-tributários: a regra-matriz de incidência tributária. Capitaneada pelo Professor Paulo de Barros Carvalho, a teoria estipula uma sistemática mínima que deve estruturar a norma jurídica para que seja possível a constituição do crédito tributário, dividindo-se em critérios: espacial, material, quantitativo, territorial e subjetivo.

Sugestão de resposta

É cediço que as contribuições previdenciárias ocupam lugar de destaque na atividade financeira do Estado, sendo uma das espécies tributárias que mais proporcionam arrecadação. Antes da Constituição Federal de 1988, discutia-se a natureza jurídica de tais contribuições, pairando dúvida sobre a sua tipificação como tributo, mormente em face da teoria tripartite, que, tomando por base o art. 5º do Código Tributário Nacional, entendia que apenas os impostos, as taxas e as contribuições de melhorias configurariam espécies tributárias. Contudo, atualmente, em adoção à teoria pentapartite, sufragada pelo Supremo Tribunal Federal, as contribuições sociais figuram no rol de tributos instituídos na ordem jurídica vigente.

Com relação aos aspectos das multicitadas contribuições, verifica-se a necessidade de compreensão do pensamento estruturalista ou a regra-matriz de incidência tributária, que teve como principal expoente o prof. Paulo de Barros Carvalho. Em síntese, a norma tributária seria formada por um conjunto de critérios necessários à identificação do ato lícito, que não acordo de vontades, gerador do dever jurídico (material, temporal e especial), tendo como consequência um conjunto de critérios esclarecedores da relação jurídica que se forma com a ocorrência concreta do fato gerador (pessoal e quantitativo).

Na espécie, da análise da legislação em vigor, as contribuições previdenciárias possuiriam a seguinte estrutura, de acordo com a regra-matriz de incidência: aspecto material – atuação estatal consistente em prestações individualizáveis e retributivas, com o oferecimento de benefícios em manutenção e futuros pelo Estado, tais como aposentadoria e pensões; aspecto pessoal – a pessoa jurídica de Direito Público que se compromete às prestações futuras e atuais; aspecto temporal – momento em que se estabelece o compromisso dos benefícios; aspecto espacial – território político em que ocorre a atuação estatal; e, por fim, o aspecto quantitativo – base de cálculo e alíquotas incidentes, sendo que, no caso das contribuições previdenciárias, tem-se, por exemplo, a adoção do salário de contribuição como base de cálculo, com alíquotas variáveis a depender do sujeito passivo (empregado ou empregador).

3. OBRIGAÇÃO TRIBUTÁRIA

(Esaf/PFN/Procurador/2008) *A empresa Cruzeiro Ltda., inconformada com a existência de débitos tributários em seu nome, de dívida contraída por empresa da qual é sucessora, apresentou, junto à Fazenda Pública, impugnação, sob a alegação de que o tributo reclamado e as multas dele decorrentes foram saldados. Ressaltou, ainda, que a multa cobrada, por ter caráter de penalidade e, portanto, ser pessoal, não poderia sequer ser a ela atribuída. Com a negativa do pedido administrativo, apresentou recurso direcionado à autoridade superior e, concomitantemente, ajuizou a competente ação judicial, requerendo, além do afastamento do indébito, a devolução de valores, à época, pagos a maior, acrescidos de correção monetária e juros moratórios de 1% ao mês. Com base na narrativa, e sob a luz da mais recente orientação do Supremo Tribunal Federal e do Superior Tribunal de Justiça, responda de forma fundamentada: (i) Considerando as regras de sucessão empresarial, sob a esfera da responsabilidade tributária, é possível atribuir à empresa Cruzeiro Ltda. a obrigação pelo pagamento de multas oriundas de débitos tributários da empresa que sucedeu? (ii) Para o conhecimento do recurso administrativo, pela autoridade fiscal, é exigível depósito prévio? (iii) Não obstante a regra contida no parágrafo único do art. 38 da Lei n. 6.830/80, pode a empresa Cruzeiro Ltda. valer-se, simultaneamente, das vias administrativa e judicial para a discussão da mesma matéria? (iv) Tendo em vista o art. 1º-F da Lei n. 9.494/97, que estabelece que "os juros de mora, nas condenações impostas à Fazenda Pública para pagamento de verbas remuneratórias devidas a servidores e empregados públicos, não poderá ultrapassar o percentual de 6% ao ano", e considerando o princípio da isonomia, opine quanto à possibilidade de condenação da Fazenda Pública na repetição do indébito, acrescido de juros moratórios de 1% ao mês.*

Direcionamento da resposta

Trata-se de questão bastante completa, com abordagem de temas profundos e diversos, e que, por isso mesmo, exige uma resposta muito bem organizada – que evite o desperdício de linhas e ao mesmo tempo não se furte de responder nenhum dos pontos explorados. Os temas e seu direcionamento são os seguintes, respectivamente: a) sucessão tributária e a abrangência das multas tributárias punitivas, Art. 133 do CTN e jurisprudência pacífica do STJ a permitir a inclusão das multas punitivas na responsabilidade por sucessão; b) depósito prévio para o conhecimento de recurso administrativo, Súmula Vinculante nº 21 do STF; c) impossibilidade de interposição simultânea de discussão judicial e administrativa da imposição tributária, declaração de constitucionalidade do p. único do Artigo 38 da Lei n. 6.830/1980 pelo STF; d) juros de mora do indébito tributário deve guardar simetria com aqueles praticados pelo Fisco na cobrança de créditos da mesma natureza, nos termos da pacífica jurisprudência do STF. Portanto, como se vê, a resposta é bastante diversificada, merecendo muito cuidado.

Sugestão de resposta

As hipóteses de incidência da responsabilização de terceiros pelos créditos tributários estão previstas no CTN e, no que interessa ao contexto desta questão, em seu Artigo 133: não se tratando de alienação originária da unidade produtiva (casos de falência e recuperação judicial), há a responsabilização do adquirente pelos tributos devidos até a data do ato de transferência, na condição de responsável tributário.

No ponto, o STJ possui entendimento pacífico[19], aplicável ao presente caso, segundo o qual a reponsabilidade por sucessão também abrange as multas tributária punitivas; desse modo, improcedente a argumentação de que não serão devidas as multas punitivas pelo responsável tributária na qualidade de sucessor do contribuinte originário.

Quanto à admissibilidade da impugnação ao auto de infração tributário sem a correspondente garantia, depósito ou arrolamento de bens, o STF editou a Súmula Vinculante nº 21 dispensando-os expressamente. Assim, é plenamente cabível o recurso administrativo do responsável sem a necessidade de se apresentar garantia mediante dinheiro ou bens.

Não obstante, considerando o acionamento do Poder Judiciário para a discussão da dívida e o teor constante do Artigo 38 da Lei n. 6.830/1980 (LEF), o recurso administrativo não será conhecido, ante a vedação da concomitância das esferas. Destaque-se que o dispositivo da LEF foi declarado constitucional pelo

19. Por exemplo, segue o trecho da ementa de um dos julgados que compõe a jurisprudência do STJ sobre o tema (AgRg no RESP 893.317): "3. Nos termos dos artigos 132 e 133 do CTN, se impõe ao sucessor a responsabilidade integral, tanto pelos eventuais tributos devidos, quanto pela multa decorrente, seja ela de caráter moratório ou punitivo."

STF e STJ[20]. Inviável, destarte, a existência simultânea de debate judicial e administrativo sobre o mesmo auto de infração tributário.

Por fim, quanto aos critérios de incidência de juros de mora, segundo a jurisprudência do STF e do STJ, não incidirá o disposto no art. 1º-F da Lei n. 9.494/97, devendo, em nome do princípio da isonomia, serem aplicados os mesmos critérios de correção e purgação da mora que o Fisco aplica aos seus créditos tributários. Portanto, a repetição de indébito será corrigida simetricamente com os mesmos critérios aplicáveis aos créditos tributários – sendo que hoje aplica-se a SELIC.

4. CRÉDITO TRIBUTÁRIO

(Esaf/PFN/Procurador/2012) *Disserte, detalhadamente e fazendo referências às normas pertinentes, sobre a situação dos créditos tributários da União: (i) perante a recuperação judicial; e (ii) extrajudicial de empresas.*

---

20. STF: "EMENTA: CONSTITUCIONAL. PROCESSUAL TRIBUTÁRIO. RECURSO ADMINISTRATIVO DESTINADO À DISCUSSÃO DA VALIDADE DE DÍVIDA ATIVA DA FAZENDA PÚBLICA. **PREJUDICIALIDADE EM RAZÃO DO AJUIZAMENTO DE AÇÃO QUE TAMBÉM TENHA POR OBJETIVO DISCUTIR A VALIDADE DO MESMO CRÉDITO.** ART. 38, PAR. ÚN., DA LEI 6.830/1980. O direito constitucional de petição e o princípio da legalidade não implicam a necessidade de esgotamento da via administrativa para discussão judicial da validade de crédito inscrito em Dívida Ativa da Fazenda Pública. **É constitucional o art. 38, par. ún., da Lei 6.830/1980 (Lei da Execução Fiscal – LEF), que dispõe que "a propositura, pelo contribuinte, da ação prevista neste artigo [ações destinadas à discussão judicial da validade de crédito inscrito em dívida ativa] importa em renúncia ao poder de recorrer na esfera administrativa e desistência do recurso acaso interposto".** Recurso extraordinário conhecido, mas ao qual se nega provimento." (RE 233582, Rel. p/ ac.: Min. Joaquim Barbosa, Tribunal Pleno, julgado em 16/08/2007, DJe 16-05-2008). STJ: "PROCESSUAL CIVIL E TRIBUTÁRIO. DECISÃO QUE ANULOU O ACÓRDÃO RECORRIDO POR CONTRADIÇÃO (ART. 535 DO CPC). MULTA PREVISTA NO ART. 538, PARÁGRAFO ÚNICO, DO CPC PREJUDICADA PELA NULIDADE DO ACÓRDÃO. SUPOSTO RECONHECIMENTO DO DIREITO DA CONTRIBUINTE POR PARTE DO FISCO. VERIFICAÇÃO INVIÁVEL. 1. Hipótese em que a decisão monocrática deu provimento ao Recurso Especial da empresa, uma vez constatada contradição no acórdão recorrido. 2. A contribuinte agrava, pedindo o afastamento da multa aplicada pelo TJ (art. 538, parágrafo único, do CPC), e a modificação do provimento dado ao Recurso, pois teria havido reconhecimento, pelo Fisco, de que o auto de infração era inválido. 3. Ao anular o acórdão proferido pelo Tribunal de Justiça, relativo aos Embargos de Declaração, foi extinta, por consequência lógica, a multa então aplicada nos termos do art. 538, parágrafo único, do CPC. 4. Quanto ao suposto reconhecimento pelo Fisco de que a autuação é nula, a contribuinte refere-se à decisão do Tribunal de Impostos e Taxas de São Paulo, posterior ao início da demanda judicial. 5. A informação é controversa, pois não houve confirmação pela recorrida. Não há como o STJ analisar a decisão administrativa para aferir eventual identidade de objeto e a prejudicialidade arguida pela empresa. 6. **Ademais, a propositura de Ação Anulatória pela contribuinte (caso dos autos) implica, como regra, a renúncia à instância administrativa (art. 38, parágrafo único, da Lei 6.830/1980 e precedentes do STJ), o que impede a presunção de prejudicialidade em favor da empresa.** 7. Inviável, portanto, a extinção do feito nesta instância especial, podendo o pedido ser reiterado nas instâncias ordinárias. 8. Agravo Regimental não provido." (AgRg no REsp 821.434/SP, Rel. Min. Herman Benjamin, Segunda Turma, julgado em 05/02/2009, DJe 19/03/2009)

Direcionamento da resposta

A questão abordava a sistemática da Lei 11.101/2005 quanto aos créditos tributários para a situação de recuperação judicial e extrajudicial das empresas. Ao tempo do questionamento o paradigma do tema era totalmente diferente do atual (2022), ganhando grande relevo para o próximo certame diante das alterações legislativas realizadas pela lei nº 14.112/20. Com efeito, os dispositivos legais que devem ser mencionados são os seguintes: o artigo 6º da Lei nº 11.101/05, com a criação do parágrafo 7º-B, sendo que, neste ponto especificamente poderia ser abordada também a jurisprudência do STJ que negava vigência a este dispositivo e determinava a suspensão de atos executivos nas execuções fiscais – o que, na prática, terminava por suspendê-las (v.g. CC 116.213, STJ, 2ª Seção); Art. 57, que determina na recuperação judicial a apresentação de certidões negativas de créditos tributários; Art. 161, § 1º, que determina a exclusão completa dos créditos tributários da recuperação extrajudicial, bem como o artigo 69 do Código de Processo Civil. Relevante mencionar, ainda, os dispositivos da LEF (Lei 6830/80) e do CTN, que não submetem a cobrança do crédito público a qualquer concurso de credores: Art. 5º e 26 da LEF e Art. 187 do CTN.

Com efeito, para melhor entendimento da mudança parece interessante a transcrição dos parágrafos:

Redação original revogada:

> Art. 6º. A decretação da falência ou o deferimento do processamento da recuperação judicial suspende o curso da prescrição e de todas as ações e execuções em face do devedor, inclusive aquelas dos credores particulares do sócio solidário.
>
> § 7º As execuções de natureza fiscal não são suspensas pelo deferimento da recuperação judicial, ressalvada a concessão de parcelamento nos termos do Código Tributário Nacional e da legislação ordinária específica. (revogado pela Lei 14.112/20).

Redação atual concedida pela Lei 14.112/20:

> Art. 6º. A decretação da falência ou o deferimento do processamento da recuperação judicial implica:
>
> I - suspensão do curso da prescrição das obrigações do devedor sujeitas ao regime desta Lei;
>
> II - suspensão das execuções ajuizadas contra o devedor, inclusive daquelas dos credores particulares do sócio solidário, relativas a créditos ou obrigações sujeitos à recuperação judicial ou à falência;

> III - proibição de qualquer forma de retenção, arresto, penhora, sequestro, busca e apreensão e constrição judicial ou extrajudicial sobre os bens do devedor, oriunda de demandas judiciais ou extrajudiciais cujos créditos ou obrigações sujeitem-se à recuperação judicial ou à falência.
>
> § 7º-B. O disposto nos incisos I, II e III do caput deste artigo não se aplica às execuções fiscais, admitida, todavia, a competência do juízo da recuperação judicial para determinar a substituição dos atos de constrição que recaiam sobre bens essenciais à manutenção da atividade empresarial até o encerramento da recuperação judicial, a qual será implementada mediante a cooperação jurisdicional, na forma do art. 69 da Lei nº 13.105, de 16 de março de 2015 (Código de Processo Civil), observado o disposto no art. 805 do referido Código.

A análise do texto original do artigo 6º da Lei nº 11.101/05 revela que o início da vigência do sistema da recuperação judicial brasileiro objetivava permitir que o crédito fiscal fosse um crédito não submetido ao regime legal da recuperação, realizando desta forma, a exclusão peremptória do juízo da recuperação para realização de atos constritivos.

Como vimos acima, no entanto, a construção jurisprudencial se deu totalmente contra legem e chegou ao STJ para sedimentação da posição (pois havia divergência entres as Seções): Tema 987 pelo plenário da Corte Especial do STJ assim ementado: "Possibilidade da prática de atos constritivos, em face de empresa em recuperação judicial, em sede de execução fiscal de dívida tributária e não tributária." Recomenda-se a leitura do tema perante o Superior Tribunal de Justiça, em razão da didática atrelada aos julgados.

A alteração realizada recentemente pelo Poder Legislativo, então, indica uma verdadeira resposta à jurisprudência construída, visto que tal posição consolidou uma paralisação total das Fazendas Públicas quanto as seus créditos diante de sociedades empresárias em recuperação, seja pela afetação do tema à sistemática dos recursos repetitivos, seja pela impossibilidade de submissão do crédito tributário ao negócio jurídico realizado na recuperação judicial.

Ora, em razão da mudança legislativa efetivada pela Lei nº 14.112/20, em 23/06/2021 a Primeira Seção do STJ, ao julgar o Recurso Especial nº 1.694.261/SP proferiu a seguinte decisão: "A Primeira Seção, por unanimidade, determinou a remoção da submissão do recurso especial ao regime dos recursos repetitivos, cancelando-se o Tema Repetitivo 987, nos termos da proposta do Sr. Ministro Relator".

Ademais, tem-se que não houve uma mudança normativa substancial. É que o art. 6º § 7º-B da lei nº 11.101/05 continua deixando os créditos inscritos em dívida ativa de fora da recuperação judicial, estabelecendo, assim, a possibilidade de terem sua satisfação obtida de maneira processualmente autônoma (mas não independente).

Realço a questão da independência escrita acima, pois há novidade na previsão de forma dos atos constritivos do patrimônio da empresa em recuperação, como consta na parte final do art. 6º § 7º-B da lei nº 11.101/05, que faz expressa remissão à sistemática da cooperação jurisdicional prevista no artigo 69 do Código de Processo Civil. Evita-se, portanto, o surgimento de conflitos de competência em razão de atos de constrição.

Por fim, mas não menos importante, destaco o julgamento realizado pela Quarta Turma do Superior Tribunal de Justiça no âmbito do REsp nº 1872153 / SP, cujo teor revela a possibilidade de ser afastado "o óbice da dupla garantia e permite a habilitação do crédito público na falência. O dispositivo é uma inovação trazida pela Lei 14.112/2020, que atualizou a legislação sobre recuperação e falência". Leitura recomenada.

Sugestão de resposta

A recuperação judicial e extrajudicial do empresário e das sociedades empresárias (Lei 11101/05) visam a superação de crises episódicas, em nome do princípio da preservação da empresa, manutenção de sua atividade produtiva, dos empregos e pagamento dos tributos.

Na recuperação extrajudicial a Lei expressamente afastou a possibilidade de inclusão dos créditos tributários no plano de pagamentos dos débitos da empresa – Art. 161, § 1º. No que diz respeito à recuperação judicial, deve-se destacar preliminarmente que os créditos públicos não se submetem a qualquer concurso de credores, nos exatos termos dos Artigos 5º e 26 da Lei de Execuções Fiscais (Lei 6830/1980), bem como do Art. 187 do CTN.

Nesse mesmo sentido, a Lei 11.101/05, em seu Art. 6º, § 7º, dispõe expressamente que a cobrança das execuções fiscais não será suspensa em virtude do deferimento da recuperação judicial, salvo a possibilidade de concessão de parcelamento, nos termos do CTN e de legislação específica. Ademais, na lógica da Lei de falências e recuperação judicial, a regularidade fiscal é pressuposto para o processo de recuperação extrajudicial, pois o Art. 57 determina a apresentação de certidões negativas de créditos tributários.

Portanto, salvo a instituição de parcelamento especial para a hipótese de recuperações judiciais, o crédito público não se encontra vinculado ao plano, não havendo de se falar em suspensão das execuções fiscais.

Por fim, tem-se que mais recentemente a nova legislação estabeleceu procedimento específico denominado 'incidente de classificação do crédito público', a ser instaurado de ofício pelo juízo falimentar – uma forma especial de habilitação dos créditos fiscais na falência, e que enseja, conforme previsão expressa, a suspensão das execuções fiscais até o encerramento da falência, sem prejuízo da possibilidade de prosseguimento contra os corresponsáveis.

(Esaf/PFN/Procurador/2008) *Determinada pessoa física, que é sujeito passivo de crédito tributário da União (com regular inscrição na dívida ativa), realiza uma declaração na qual manifesta a intenção de doar à determinada instituição de caridade praticamente todo seu patrimônio móvel. A referida declaração é registrada em Cartório de Títulos e Documentos. Examine a situação, sob a ótica e interesses da Fazenda Nacional e considerando a disciplina do Direito Civil. Considere, ainda, que não foi proposta execução fiscal.*

Direcionamento da resposta

A promessa de doação integral de patrimônio registrada em cartório por sujeito passivo de crédito tributário configura, a rigor, ato de fraude à futura execução fiscal, devendo a Fazenda Pública, nesse caso, adotar as providências cabíveis para a indisponibilidade do ativo patrimonial do devedor, a fim de garantir o êxito da cobrança judicial do débito. É preciso ter em mente que a questão da fraude à execução fiscal tem tratamento diferenciado após a Lei Complementar 118/05 que alterou a redação do art. 185 do Código Tributário Nacional (CTN), de forma que não mais é necessária a citação do devedor para que os atos de oneração e alienação de bens ou rendas sejam considerados atos fraudulentos. Ressalte-se, ainda, que não é aplicável a súmula 375 do Superior Tribunal de Justiça às execuções fiscais.

Sugestão de resposta

Com o advento da Lei Complementar 118/05, a inscrição do crédito tributário na dívida ativa deflagra período de suspeição das movimentações patrimoniais do sujeito passivo do crédito tributário, visto que, de acordo com a atual redação do art. 185 do CTN, "presume-se fraudulenta a alienação ou oneração de bens ou rendas, ou seu começo, por sujeito passivo em débito para com a Fazenda Pública, por crédito tributário regularmente inscrito como dívida ativa".

O mencionado dispositivo tem por objetivo assegurar ao ente público a percepção de seus créditos tributários inscritos em dívida ativa, evitando que o devedor frustre a cobrança com a transferência de seu patrimônio a terceiros.

Daí que o ato do devedor em alienar ou, por outra forma, desfazer-se ou onerar seu patrimônio, que, ao menos potencialmente, poderia garantir débito existente perante o credor, caracteriza a fraude à execução. Cabe ressaltar que a aplicação do instituto da fraude à execução, nos termos do art. 185 do Código Tributário Nacional (CTN), antes da extração da expressão "em fase de execução" determinada pela LC n. 118/2005, conforme a jurisprudência então consolidada pelo Superior Tribunal de Justiça, exigia que o débito estivesse em fase de execução fiscal para legitimar a presunção legal da ocorrência da fraude, ou seja, não bastava a inscrição do crédito tributário em dívida ativa, como atualmente consta no texto legal, mas também se perquiria pela efetivação da cobrança judicial do crédito com a citação validade do executado[21].

A partir da mudança legislativa, bem como do julgamento do Recurso Especial n. 1141990/PR, sob a sistemática dos recursos repetitivos, a presunção legal para a ocorrência da fraude à execução tem como marco inicial a inscrição do débito fiscal em dívida ativa, o que afasta a aplicação da súmula 375/STJ às execuções fiscais.

Na espécie, o registro de declaração de promessa de doação de todo patrimônio móvel de sujeito passivo de crédito tributário da União, com regular inscrição na dívida ativa, caracteriza, em tese, ato fraudulento em desfavor da Fazenda Pública[22]. Nestes casos, a Fazenda Pública poderá manejar a ação cautelar fiscal, cujo escopo é a decretação de indisponibilidade do patrimônio do sujeito passivo de crédito tributário ou não tributário, visando a garantir o efeito prática de futura execução fiscal diante de claro intuito do devedor de frustrar a cobrança judicial do débito tributário.

(Cespe/AGU/Procurador/2005) *No direito brasileiro existem alguns institutos que trazem consequências jurídicas importantes, particularmente com relação a prazos. O direito, pode-se assim dizer, possui dois pilares de suma importância, que são o prazo e a prova. Os institutos mais conhecidos relacionados a prazo são: preclusão, perempção, usucapião, prescrição e decadência. No direito tributário, como não poderia ser diferente, a decadência ou caducidade e a prescrição são de suma importância, tanto para o sujeito ativo (União, estados, Distrito Federal e municípios) quanto para o sujeito passivo (contribuinte responsável). A decadência ou caducidade é a perda da possibilidade de a fazenda pública constituir o crédito tributário. A prescrição é a perda da possibilidade de a*

21. Sob tal enfoque foi aprovada a Súmula nº. 375 do Superior Tribunal de Justiça.
22. Art. 30 da LEF.

mesma fazenda pública entrar com um processo de execução em face do sujeito passivo, transcorrido o prazo legal. Em face do texto acima, discorra sobre a decadência e a prescrição tributárias, mencionando seus termos iniciais, e trace, também, um paralelo sucinto, com pelo menos duas características diferenciadoras dos respectivos institutos.

Direcionamento da resposta

O Código Tributário Nacional terminou sendo um pouco confuso no tratamento da prescrição e da decadência, tanto que as trouxe em um mesmo inciso como causa de extinção do crédito tributário (Art. 156, V); inclusive, para alguns doutrinadores, este dado indica peculiar tratamento desses institutos em termos extintivos da obrigação de pagar tributo. Por exemplo, no direito civil se admite que uma obrigação prescrita seja considerada como obrigação natural e o credor que voluntariamente a quite não terá repetição do indébito. Por outro lado, na seara civilista é inconcebível a impossibilidade de se reaver o que se pagou por obrigação decaída. Destarte, no direito tributário são repetíveis tanto as obrigações decaídas como prescritas que forem pagas pelo sujeito passivo (contribuinte), pois ambos institutos são causa de extinção do crédito tributário. Voltando ao enunciado, já houve um delineamento mínimo da diferença entre decadência e prescrição: um diz respeito à constituição e o outro à cobrança; portanto, esse dado diferenciador deve ser mencionado e também explorado na resposta, sabendo-se, contudo, que o examinador desejará mais do que este ponto de partida (que ele mesmo indicou). Assim, deve o candidato explicar o tratamento dado pelo CTN aos termos iniciais da decadência, de acordo com as modalidades de Lançamento Fiscal (Art. 150, § 4º, e Art. 173 do CTN), e da prescrição (Art. 174 do CTN), e as diferenças: a decadência é fenômeno administrativo, exclusivamente, e vinculado ao ato administrativo de lançamento fiscal, enquanto a prescrição pode ser reconhecida no curso do processo judicial – prescrição intercorrente; a prescrição se interrompe diante das hipóteses do parágrafo único do Art. 174 do CTN, e a decadência não tem interrupção ou suspensão em seu fluxo; o instituto da decadência alcança um direito potestativo e a prescrição uma pretensão jurídica não satisfeita na data aprazada. Destaco que as duas diferenças aqui indicadas têm por finalidade deixar a resposta sucinta – conforme exigiu o enunciado.

Sugestão de resposta

A relação jurídica tributária, que nasce com a ocorrência do fato gerador (Art. 114 do CTN) e se encontra preordenada à satisfação do crédito do Fisco, deve respeitar o tempo na dinâmica e sequencia da cobrança.

Assim, como garantias fundamentais do contribuinte, há os institutos da decadência e prescrição[23], que servem como lapsos temporais máximos, ambos de cinco anos, para a ação do Poder Público em direção ao recebimento do crédito, sendo penalizada a sua inércia com a extinção deste (Art. 156, V).

Ocorrido o fato gerador tributário (ou imponível) surge a necessidade de o Fisco realizar o lançamento (Art. 142 do CTN), que é o procedimento administrativo vinculado que se destina à constituição do crédito e para o qual corre prazo de decadência. Assim, a decadência se relaciona ao direito potestativo de lançar e transmudar uma obrigação em crédito tributário, sendo que o seu curso e termo inicial irá variar conforme a modalidade de lançamento: de forma direta e por declaração (Art.173 do CTN), a decadência conta-se do primeiro dia do exercício seguinte àquele em que o lançamento poderia ter sido efetivado ou da data em que se tornar definitiva decisão que anulou, por vício formal, o lançamento anteriormente realizado; na modalidade chamada de autolançamento o quinquídio contará a partir da ocorrência do fato gerador, que é o prazo que o Fisco tem para homologar ou não o lançamento (Art. 150, § 4º, do CTN).

Da constituição definitiva do crédito tributário disporá o contribuinte de prazo para pagar o débito formalizado no lançamento; quedando-se inerte o devedor, passará a correr o prazo de prescrição, que é aquele também de cinco anos que corre a partir do momento em que surge a exigibilidade do crédito inadimplido (Art. 174 do CTN). A prescrição, portanto, se refere ao crédito exigível e em estado ativo, relacionando-se com a cobrança e com o encaminhamento para inscrição em dívida ativa (sendo que esta não tem o efeito de interromper o prazo de prescrição das dívidas ativas tributárias[24]) e posterior cobrança extrajudicial ou judicial.

---

23. "Duas observações são importantes e merecem ser tratadas em tópico apartado, dentro do contexto da formatação do crédito fiscal. No campo dos créditos tributários, a prescrição e decadência são institutos intimamente relacionados com o PAF: via de regra, **o prazo decadencial finda- se exatamente quando nasce a possibilidade de o contribuinte inaugurar a fase contenciosa do lançamento (notificação ao sujeito passivo do lançamento provisório) e a prescrição começa a correr ao final deste processo administrativo fiscal, com a constituição definitiva do crédito tributário (após o prazo para pagamento).** No curso do processo administrativo fiscal não corre nenhum prazo extintivo de direito ou da pretensão para a cobrança; vale dizer, **haverá um hiato no qual não corre decadência ou prescrição.**" (GRILO, Renato Cesar Guedes. Manual do procurador da fazenda nacional. 1 ed. Editora Juspodivm: Salvador, 2014. P. 99)

24. O Superior Tribunal de Justiça, através da sua Corte Especial, entendeu que os dispositivos constantes no § 2º, do art. 8º e do § 3º do art. 2º da Lei 6.830/80 não tem aplicabilidade às execuções fiscais de dívidas ativas tributárias, tendo em vista que a Constituição Federal exige Lei Complementar para a disciplina da decadência e prescrição tributárias. Corte Especial do STJ: Arguição de inconstitucionalidade no AG 1.037.765. Dje 17/10/2011 (trecho da ementa): "2. Assim, são ilegítimas, em relação aos créditos tributários, as normas estabelecidas no § 2º, do art. 8º e do § 3º do art. 2º da Lei 6.830/80, que, por decorrerem de lei ordinária, não podiam dispor em contrário às disposições anteriores, previstas em lei complementar. "A ins-

Em um paralelo conclusivo e comparativo, tem-se que: a decadência é fenômeno administrativo e vinculado ao ato administrativo de lançamento fiscal, enquanto a prescrição pode ser reconhecida no curso do processo judicial – prescrição intercorrente; a prescrição se interrompe diante das hipóteses do parágrafo único do Art. 174 do CTN, e a decadência não tem interrupção ou suspensão em seu fluxo; o instituto da decadência alcança um direito potestativo e a prescrição uma pretensão jurídica não satisfeita na data aprazada.

5. ADMINISTRAÇÃO TRIBUTÁRIA

(Esaf/PFN/Procurador/2016) *Leia a ementa do julgado abaixo e, a seguir, disserte, detalhadamente, sobre o protesto de certidão da dívida ativa, abordando a evolução jurisprudencial e legislativa sobre a matéria, bem como a sua utilidade para a Fazenda Pública: "Tributário. Processual civil. Agravo regimental no agravo de instrumento. Certidão da dívida ativa – CDA. Protesto. Desnecessidade. Agravo não provido. 1. A jurisprudência do Superior Tribunal de Justiça tem afirmado a ausência de interesse em levar a protesto a Certidão da Dívida Ativa, título que já goza de presunção de certeza e liquidez e confere publicidade à inscrição do débito na dívida ativa. 2. Agravo regimental não provido" (Superior Tribunal de Justiça, 1ª Turma, AgRg no Ag 1316190/PR, Rel. Min. Arnaldo Esteves Lima, DJe 25.5.2011).*

Direcionamento da resposta

Inicialmente destaco a necessidade de o candidato reservar um tempo para estudar acerca da carreira para a qual está prestando concurso. É fundamental, especialmente após a aprovação para a segunda fase e provas orais, ter a curiosidade de saber os temas atuais mais relevantes para o cargo.

Nesse caso, a questão aborda o protesto Certidão de Dívida Ativa da União – CDA. A Procuradoria-Geral Federal (PGF), no seio da AGU, foi pioneira na cobrança das dívidas autárquicas e fundacionais por meio do mecanismo extrajudicial do protesto. Depois, a PGFN passou a adotar o procedimento, o que foi

crição em Dívida Ativa de créditos tributários não possui nenhuma repercussão no curso do lapso prescricional para o ajuizamento da execução fiscal, cujo termo a quo ocorre, em regra, com a constituição definitiva do crédito tributário." (GRILO, Renato Cesar Guedes. Manual do Procurador da Fazenda Nacional. Editora Juspodivm: Salvador, 2014. p. 144) amplamente divulgado no site da Instituição e nos meios de comunicação jurídica.

A PGFN, em tese, ajuíza apenas as execuções fiscais de débitos acima do valor de R$ 20 mil e resolveu realizar o protesto extrajudicial das CDAs abaixo de tal montante, tendo subsequentemente expandido tal procedimento diante dos exitosos índices de recuperação dos créditos protestados. Estados e Municípios também passaram a adotar esse mecanismo alternativo de cobrança.

Na primeira edição do 'Manual do Procurador da Fazenda Nacional' tive a oportunidade de alertar aos leitores da relevância do tema, em tópico destacado da obra – que terminou sendo cobrado no certame seguinte para a carreira:

> "Alertamos os leitores que o tema do protesto extrajudicial da Dívida Ativa da União é extremamente atual e relevante para toda a Advocacia Pública, sendo que a Procuradoria-Geral Federal (PGF) e a Procuradoria-Geral da Fazenda Nacional (PGFN) já realizam tal medida, com a tendência de expansão diante dos resultados positivos que são observados."[25]

Portanto, fica a dica acerca da necessidade de se estudar a carreira e os temas que lhe são caros. Para a resposta adequada ao questionamento, os seguintes pontos eram de fundamental importância.

a) conceituar o instituto do protesto e asseverar que o sistema de cobrança da Dívida Ativa encontra-se em crise de efetividade, diante do insucesso obtido por meio das execuções fiscais.

b) destacar a alteração legislativa e do entendimento jurisprudencial ocorridos a respeito da temática – a viragem jurisprudencial se deu no REsp 1.126.515, como já tive a oportunidade de asseverar, descrevendo suas razões:

> **"Nesse Recurso Especial 1.126.515 (16/12/2013), a Segunda Turma do STJ alterou o antigo entendimento e concluiu pela possibilidade do protesto da CDA. Com base no voto do Ministro relator, Herman Benjamin, podem ser estabelecidos os seguintes argumentos – de fundamental compreensão para todos aqueles que se preparam para os concursos para a advocacia pública:**
>
> a) a Lei 9.492/1997 não disciplina apenas o protesto de títulos cambiais, tampouco versa apenas sobre relações de Direito Privado. (...)
>
> b) a natureza bifronte do protesto viabiliza sua utilização, inclusive para a CDA e as decisões judiciais condenatórias transitadas em julgado, não

25. GRILO, Renato Cesar Guedes. **Manual do Procurador da Fazenda Nacional.** 1 ed. Salvador: Juspodivm, 2014. p. 148.

cabendo ao juiz substituir o administrador público na opção política de protestar os créditos públicos: o prestígio à eficiência administrativa na cobrança de valores menores. (...)

c) a certidão de dívida ativa como título produzido em contraditório. (...)

d) conformidade do protesto da CDA com o "*II Pacto Republicano de Estado por um sistema de Justiça mais acessível, ágil e efetivo*". (...)

Inclusive, o Conselho Nacional de Justiça (CNJ) analisou os Pedidos de Providência 2009.10.00.004178-4 e 2009.10.00.004537-6, nos quais se discutiu a legalidade de orientações firmadas, respectivamente, nas Corregedorias de Justiça dos Estados de Goiás e do Rio de Janeiro, versando sobre a possibilidade de protesto de sentenças judiciais relativas à obrigação alimentar e de CDA, tendo chegado à seguinte conclusão:

CERTIDÃO DE DÍVIDA ATIVA. PROTESTO EXTRAJUDICIAL. CORREGEDORIA GERAL DA JUSTIÇA DO ESTADO DO RIO DE JANEIRO. LEGALIDADE DO ATO EXPEDIDO. Inexiste qualquer dispositivo legal ou regra que vede ou desautorize o protesto dos créditos inscritos em dívida ativa em momento prévio à propositura da ação judicial de execução, desde que observados os requisitos previstos na legislação correlata. Reconhecimento da legalidade do ato normativo expedido pela Corregedoria Geral da Justiça do Estado do Rio de Janeiro."[26]

c) as diretrizes do CNJ sobre o tema; muitos alunos que fizeram o certame acharam estranho o espelho cobrar o entendimento do CNJ sobre o tema, valendo 1 ponto. Contudo, como visto acima, em 2014, antes do concurso, já havia alertado os leitores do Manual do Procurador da Fazenda Nacional acerca da relevância do tema e da decisão do CNJ, que foi bastante divulgada e mencionada pelo Ministro Herman Benjamin no precedente do STJ (que modificou o entendimento jurisprudencial sobre o tema naquela Corte Especial de Justiça).

Atualmente, nos termos da Portaria PGFN. n ° 429, de 04 de junho 2014, as Art. 1° As certidões de dívida ativa da União e do FGTS, de valor consolidado de até R$ 50.000,00 (cinquenta mil reais), poderão ser encaminhadas para protesto extrajudicial por falta de pagamento, sempre no domicílio do devedor.

Tal questão também foi objeto de cobrança na avaliação oral pelos examinadores da banca.

Segue abaixo uma proposta de resposta que não tem a pretensão de ser a "correta", mas apenas de indicar uma diretriz de como se responder a um

26. GRILO, Renato Cesar Guedes. **Manual do Procurador da Fazenda Nacional**. 1 ed. Salvador: Juspodivm, 2014. p. 152/155.

questionamento subjetivo em concursos públicos; tenho certeza de que o leitor, com seu estilo e inteligência próprios, sem se distanciar do conteúdo exigido, terá condições de fazê-lo bem melhor!

Sugestão de resposta

A cobrança do crédito público passa por um debate pela reformulação das suas possibilidades à luz da eficiência que deve almejar o Poder Público na busca da recuperação dos créditos inadimplidos. Nesse sentido, discute-se a elaboração de reformas no sistema de execução fiscal judicial, mas também a utilização de mecanismos alternativos de cobrança amigável e extrajudicial, merecendo destaque o protesto da Certidão de Dívida Ativa (CDA).

Protesto pode ser conceituado como o ato público e solene, mediante apresentação, pelo credor, de títulos ou documentos de dívida, certificando o descumprimento ou a negativa das obrigações neles declaradas. Esse conceito pode ser encontrado no Artigo 1º da Lei 9.492/1997.

A questão que se coloca, de fundamental relevância para o Poder Público, especialmente para crédito de menor valor – que estão, inclusive, abaixo do custo para movimentação da máquina administrativa e judicial de cobrança – é se a Certidão de Dívida Ativa poderá ser objeto de protesto extrajudicial. O Superior Tribunal de Justiça tinha uma jurisprudência pacífica vedando a possibilidade de protesto da Certidão de Dívida Ativa, como se percebe pelo julgado indicado no enunciado.

Contudo, a Segunda Turma do STJ alterou o antigo entendimento e concluiu pela possibilidade do protesto da CDA, entendendo que: a) a Lei 9.492/1997 não disciplina apenas o protesto de títulos cambiais, tampouco versa apenas sobre relações de Direito Privado; b) a natureza bifronte do protesto viabiliza sua utilização, inclusive para a CDA e as decisões judiciais condenatórias transitadas em julgado, não cabendo ao juiz substituir o administrador público na opção política de protestar os créditos públicos: o prestígio à eficiência administrativa na cobrança de valores menores; c) conformidade do protesto da CDA com o "II Pacto Republicano de Estado por um sistema de Justiça mais acessível, ágil e efetivo", contando inclusive com manifestação do CNJ favorável ao instituto do protesto; d) a constituição da CDA em contraditório, contando com a participação do sujeito passivo.

Por fim, merece destaque que a Lei 12.767 de 2012 acresceu um parágrafo único ao Artigo 1º da Lei 9.492/97 para afirmar expressamente que as Certidões de Dívida Ativa do Poder Público se incluem no conceito de título sujeito à protesto.

Por tudo o que se disse, não há qualquer impedimento na coexistência de institutos de direito totalmente diversos e inconfundíveis (cobrança extrajudicial e execução fiscal), além de inexistir regra que obrigue apenas ao credor público a utilização de uma única forma de cobrança. Pensar diferente é negar ao Estado que seja eficaz na arrecadação do dinheiro dos contribuintes, privilegiando os maus pagadores e despertando a cultura de que a inadimplência é a melhor opção.

(Esaf/PFN/Procurador/2003) *Discorrer sobre as hipóteses previstas na Lei Complementar n. 105, de 10 de janeiro de 2001, em que o fornecimento ou prestação de informações pelas instituições financeiras à administração tributária não constitui violação do dever de sigilo a que estão sujeitas em relação a suas operações ativas e passivas e serviços prestados, inclusive no tocante a contas de depósitos e aplicações financeiras. Devem ser enfatizados os termos e condições legalmente estabelecidos para a prestação de informações, nas aludidas hipóteses, à administração tributária da União, dos Estados, do Distrito Federal e dos Municípios, inclusive no que se refere à prescindibilidade, ou não, de prévia autorização ou determinação do Poder Judiciário, nos termos da Lei Complementar n. 105, de 2001.*

Direcionamento da resposta

Muito embora a questão seja um pouco antiga e remeta à discussão sobre a possibilidade de compartilhamento de informações sigilosas pelas instituições financeiras às autoridades fazendárias, é possível que volte a ser cobrada no próxima certame, diante da mudança jurisprudencial realizada pelo Supremo Tribunal Federal consubstanciada no TEMA 225 de Repercussão Geral. Com efeito, restou firmada posição pela possibilidade de compartilhamento de tais informações sem a autorização judicial para tanto: Fornecimento de informações sobre movimentações financeiras ao Fisco sem autorização judicial, nos termos do art. 6º da Lei Complementar nº 105/2001; b) Aplicação retroativa da Lei nº 10.174/2001 para apuração de créditos tributários referentes a exercícios anteriores ao de sua vigência.[27]

Sugestão de resposta

A questão do fornecimento ou prestação de informações pelas instituições financeiras à administração tributária, prevista na Lei Complementar n.

27. Leading Case RE 601314/SP.

105/2001, já foi objeto de apreciação do Supremo Tribunal Federal em diversas oportunidades.

Conforme é cediço, o sigilo bancário, como dimensão dos direitos da privacidade (art. 5º, X, CF) e ao sigilo de dados (art. 5º, XII, CF), é direito fundamental sob reserva legal, podendo ser quebrado no caso previsto no art. 5º, XII, in fine, ou quando colidir com outro direito albergado na Carta Maior.

Neste último caso, a solução do impasse, mediante a formulação de um juízo de concordância prática, há de ser estabelecida através da devida ponderação dos bens e valores, in concreto, de modo a que se identifique uma "relação específica de prevalência" entre eles.

No caso em tela, é possível verificar-se a colisão entre os direitos à intimidade e ao sigilo de dados, de um lado, e o interesse público à arrecadação tributária eficiente, de outro, a ser resolvido, como prega a doutrina e a jurisprudência, pelo princípio da proporcionalidade.

Com base em posicionamentos do STF previamente estabelecida[28], havia o entendimento de que ainda que se aceitasse a possibilidade de requisição extrajudicial de informações e documentos sigilosos, o direito à privacidade, deveria prevalecer enquanto não houvesse, em jogo, um outro interesse público, de índole constitucional, que não a mera arrecadação tributária.

No entanto, houve uma virada paradigmática do STF sobre o tema, o qual decidiu que O art. 6º da Lei Complementar 105/01 não ofende o direito ao sigilo bancário, pois realiza a igualdade em relação aos cidadãos, por meio do princípio da capacidade contributiva, bem como estabelece requisitos objetivos e o translado do dever de sigilo da esfera bancária para a fiscal.

Deste modo, restou sedimentada posição constitucional de prevalência da igualdade satisfeita no plano do autogoverno coletivo por meio do pagamento de tributos, na medida da capacidade contributiva do contribuinte[29].

6. LIMITAÇÕES DO PODER DE TRIBUTAR

(Cespe/AGU/Advogado/2015) *Determinada sociedade de economia mista, prestadora de serviços de tratamento de esgoto e abastecimento de água a um*

28. RE 389808/PR.
29. Leading Case RE 601314/SP.

estado da Federação, ajuizou ação contra a União, visando a obtenção do reconhecimento da imunidade tributária sobre os serviços públicos por ela prestados. A partir dessa situação hipotética, redija um texto dissertativo a respeito da possibilidade, conforme o entendimento do STF, da extensão da imunidade tributária recíproca prevista na Constituição Federal de 1988 à referida sociedade de economia mista. Em seu texto, aponte os três parâmetros utilizados pelo STF ao pacificar seu entendimento sobre a matéria

Direcionamento da resposta

A questão cobra a jurisprudência do Supremo Tribunal Federal sobre a aplicação da imunidade tributária recíproca do art. 150, VI, *a*, da CF, segundo o qual, é vedado à União, aos estados, ao Distrito Federal e aos municípios instituir impostos sobre o patrimônio, a renda ou os serviços uns dos outros.

Nesse sentido, já tive a oportunidade de asseverar que:

> A imunidade é uma norma de incompetência tributária, na nomenclatura de Paulo de Barros Carvalho, ocorrente sempre que o constituinte exclui da possibilidade abstrata - aberta aos entes políticos - a instituição de um tributo. Tem, assim, sede constitucional e funciona para o estímulo do desenvolvimento cultural - como é o caso da imunidade que abrange 'livros, jornais, periódicos e o papel destinado a sua impressão.' (CF, art. 150, VI, d).
>
> Por outro lado, a imunidade se relaciona à capacidade contributiva quando exclui a incidência de impostos sobre o 'patrimônio, renda ou serviços' dos entes políticos, pois estes não ostentam capacidade para contribuir - na medida em que desempenham serviço público, sem qualquer fim lucrativo ou financeiro.[30]

Contudo, tendo o texto constitucional se referido apenas aos entes da Federação, algumas empresas públicas e sociedades de economia mista (administração pública indireta) prestadoras de serviços públicos postularam também o direito à referida imunidade já que, conforme asseverado na citação acima, não há expressão da capacidade contributiva no exercício de serviço público, sendo este, ao fim e ao cabo, a razão máxima da existência do Estado.

Ao pacificar o tema, o Supremo considerou que as sociedades de economia mista prestadoras de serviços públicos podem ser alcançadas pela imunidade tributária recíproca, desde que: a) a imunidade se aplique apenas à propriedade, bens e serviços utilizados na satisfação dos objetivos institucionais inerentes ao ente federado, cuja tributação poderia colocar em risco a respectiva autonomia

30. GRILO, Renato Cesar Guedes. **Manual do Procurador da Fazenda Nacional.** 1 ed. Salvador: Juspodivm, 2014. p. 46.

política; b) não podem ser objeto de imunidade tributária recíproca as atividades de exploração econômica, destinadas primordialmente a aumentar o patrimônio do Estado ou de particulares, por se apresentarem como manifestações de riqueza e deixarem a salvo a autonomia política; c) a desoneração não deve ter como efeito colateral relevante a quebra dos princípios da livre-concorrência e do exercício de atividade profissional ou econômica lícita.

Colaciono o precedente do STF sobre a temática, de fundamental importância:

> "(...) Imunidade tributária recíproca. Art. 150, inciso VI, *a*, da Constituição Federal. Sociedade de economia mista. Companhia Catarinense de Águas e Saneamento (CASAN). Não preenchimento dos parâmetros traçados por esta Corte para a extensão da imunidade tributária recíproca. Precedente. Agravo não provido. 1. Não há *error in procedendo* ou violação da ampla defesa por alegada afronta ao Regimento Interno do STF, em seus arts. 250 (que prevê julgamento colegiado para as ações cíveis originárias) e 251 (que dispõe sobre a concessão de palavra às partes e ao PGR na sessão de julgamento), uma vez que esta Corte admite a possibilidade de o relator decidir, monocraticamente, pretensão sobre a qual a jurisprudência da Corte já tenha se posicionado, nos termos do art. 21, § 1.º, do RISTF. Precedentes. 2. A Corte já firmou o entendimento de que é possível a extensão da imunidade tributária recíproca às sociedades de economia mista prestadoras de serviço público, observados os seguintes parâmetros: a) a imunidade tributária recíproca se aplica apenas à propriedade, bens e serviços utilizados na satisfação dos objetivos institucionais imanentes do ente federado; b) atividades de exploração econômica, destinadas primordialmente a aumentar o patrimônio do Estado ou de particulares, devem ser submetidas à tributação, por apresentarem-se como manifestações de riqueza e deixarem a salvo a autonomia política; e c) a desoneração não deve ter como efeito colateral relevante a quebra dos princípios da livre-concorrência e do livre exercício de atividade profissional ou econômica lícita". Precedentes: RE 253.472/SP, Tribunal Pleno. Rel. p/ ac. Min. Joaquim Barbosa, DJe 1.º/2/11 e ACO 2243/DF, decisão monocrática, Rel. Min. Dias Toffoli, DJe 25/10/13.

Segue abaixo um texto sugestivo de resposta; recomendo aos leitores adotarem a seguinte sistemática: ver os enunciados das questões aqui presentes, resolvê-los em caderno e só depois conferir com as sugestões de resposta e direcionamento das questões. Assim a fixação do conhecimento é de altíssimo nível!

Sugestão de resposta

A Imunidade Tributária é uma técnica constitucional de limitação do Poder de Tributar que se traduz, segundo a doutrina, em norma de "incompetência tributária" servido de valoração jurídica a princípios constitucionais.

Especificamente quanto à Imunidade Tributária recíproca, art. 150, VI, *a*, da CF, há a valorização do princípio da capacidade contributiva e da autonomia dos entes Federativos, na medida em que, ao prestarem serviços públicos, os entes públicos não ostentam qualquer signo capaz de gerar efeito contributivo.

Contudo, vez que o texto constitucional se refere apenas aos "entes da Federação", empresas públicas e sociedades de economia mista, prestadoras de serviços públicos, embora entidades privadas da Administração Indireta, passaram a pleitear judicialmente o amparo da regra imunizante. A argumentação de fundo para tal pretensão é de que a finalidade da Imunidade Constitucional foi reconhecer que o Estado, ao prestar o serviço público, está desempenhando o principal fim de sua existência, independentemente que o faça por meio da Administração Direta ou da Indireta, não ostentando, nesse caso, capacidade contributiva.

O Supremo Tribunal Federal entendeu que as sociedades de economia mista e empresas públicas que desenvolvam serviços públicos podem ser abrangidas pela imunidade tributária recíproca, desde que atendam três critérios fundamentais: a) que a imunidade se restrinja aplica apenas à propriedade, bens e serviços utilizados na satisfação dos objetivos institucionais inerentes ao ente federado, cuja tributação poderia colocar em risco a respectiva autonomia política; b) que a regra imunizante não sirva como objeto de atividades de exploração econômica, destinadas primordialmente a aumentar o patrimônio do Estado ou de particulares, por se apresentarem como manifestações de riqueza e deixarem a salvo a autonomia política; c) por fim, que a desoneração não possua como efeito colateral relevante a quebra dos princípios da livre-concorrência e do exercício de atividade profissional ou econômica lícita.

Portanto, em favor da autonomia política dos entes Federativos, da ausência de capacidade contributiva no desempenho do fim estatal de prestar serviços públicos, atendidos os requisitos fixados pelo STF, as Sociedades de Economia Mista e Empresas Públicas que os prestem estarão abrangidas pela Imunidade Tributária recíproca do art. 150, VI, *a*, da CF.

(Esaf/PFN/Procurador/2012) *Examine a situação descrita e responda as questões formuladas em conformidade com a Constituição de 1988 e com a jurisprudência do Supremo Tribunal Federal. Determinada lei federal reduziu em quarenta por cento o imposto de importação incidente na importação de pneumáticos destinados aos processos produtivos das empresas montadoras e dos fabricantes automobilísticos, incluídos os destinados ao mercado de reposição. Portanto, contribuintes outros – por exemplo, empresas varejistas comercializadoras de* *pneumáticos não inseridas em processos produtivos da espécie – escapam ao benefício fiscal descrito. (i) Tomando em consideração o princípio constitucional da isonomia, é dado ao Poder Judiciário estender o citado benefício de redução de quarenta por cento do imposto de importação a contribuintes outros (ou seja, diversos daqueles que participam dos processos produtivos de fabricantes e montadoras automobilísticos), mas que também atuem no mercado de reposição ofertando rigorosamente os mesmos pneumáticos? Por quê? (ii) Eventual decisão judicial: (a) no sentido de determinar a extensão do benefício aludido a contribuintes outros que não os participantes dos processos produtivos das empresas montadoras e dos fabricantes automobilísticos; ou (b) no sentido da inconstitucionalidade da norma legal que exclui esses outros contribuintes do âmbito do benefício fiscal descrito, poderia ser tomada por uma turma de Tribunal Regional Federal? Por quê? Em tais casos, como deve proceder a Procuradoria da Fazenda Nacional?*

Direcionamento da resposta

Trata-se de questão aparentemente simples, mas que termina abordando temas diversificados e de grande riqueza jurídica. O foco do questionamento está na vedação de extensão do benefício fiscal pelo Judiciário, tendo como fundamento primeiro a separação dos Poderes constituídos. Também há um questionamento prático acerca da conduta da Procuradoria da Fazenda Nacional diante do contexto descrito no enunciado. Assim, deve-se desenvolver a questão iniciando com o plano teórico e fundamentado da jurisprudência e doutrina que negam a possibilidade de extensão de benefício fiscal, bem como, por analogia, da lei geral de normas tributárias (Art. 111 do CTN, II), que impõe leitura literal da isenção (espécie de favor fiscal, tal como a redução de alíquota), e caminhando da fundamentação à conclusão com uma solução prática para o contexto judicial apresentado, que fere frontalmente o princípio constitucional da reserva de plenário (CF/88, Art. 97), devendo ser atacada, na hipótese da alínea b do enunciado, por Recurso Extraordinário (CF/88, Art. 102, III, b), e no contexto da alínea a, por este recurso e também mediante Reclamação Constitucional (CF/88, Art. 103, § 3º) diante da afronta à Súmula Vinculante n. 10 do STF.

Sugestão de resposta

A Separação dos Poderes é cláusula pétrea constitucional (CF, Art. 60, § 4º III), competindo ao Legislador decidir quais tributos a população deve pagar. O princípio da legalidade se aplica de forma estrita no campo tributário servindo tanto para a instituição como para a dispensa dos tributos devidos.

Nesse sentido, compete exclusivamente ao Poder Legislativo dispor sobre isenções fiscais, espécie de desoneração fiscal, a ser veiculada mediante lei específica (CF, Art. 150, § 6º). Por conseguinte e nos termos da pacífica jurisprudência do Supremo Tribunal Federal (STF) é vedado ao Poder Judiciário adentrar nesta esfera de competência específica do Poder Legislativo para determinar a extensão de benefício fiscal, ainda que sob o argumento da isonomia[31].

No contexto oferecido pelo enunciado, mesmo que as empresas pretendentes ao benefício isentivo atuem no mesmo nicho econômico, ofertando idêntico produto, o magistrado ou Tribunal não poderá estender o benefício fiscal criado por Lei. O espaço republicano e democrático para a formatação dos benefícios fiscais é o parlamento.

A declaração de inconstitucionalidade da norma realizada por órgão fracionário de Tribunal fere a cláusula de reserva de plenário do Artigo 97 da Constituição Federal de 1988, introduzida no Brasil desde a CF de 1934, merecendo a censura do Supremo Tribunal Federal mediante a interposição de Recurso Extraordinário (CF/88, Art. 102, III, b).

Por outro lado, a decisão judicial que alarga o campo da Lei que concedeu a isenção termina declarando a sua inconstitucionalidade de maneira não expressa, ou seja, afastando a limitação da tipicidade legal para abranger categoria não originariamente contemplada pelo legislador. Esse procedimento esbarra na Súmula Vinculante nº 10 do STF, desafiando Recurso Extraordinário mas também Reclamação Constitucional (CF/88, Art. 103, § 3º).

Portanto, nas situações descritas (alíneas a e b do enunciado), a Procuradoria da Fazenda Nacional poderá intentar o Recurso Extraordinário ao Supremo Tribunal Federal e, em especial no primeiro contexto (alínea a), concomitantemente a reclamação constitucional por violação à Súmula Vinculante nº 10 do STF.

---

31. **STJ: "Não é possível ao Poder Judiciário estender benefício de isenção fiscal a categoria não abrangida por regra isentiva na hipótese de alegação de existência de situação discriminatória e ofensa ao princípio da isonomia.** A concessão de isenção fiscal é ato discricionário, fundado em juízo de conveniência e oportunidade do Poder Público, não sendo possível ao Poder Judiciário, sob o pretexto de tornar efetivo o princípio da isonomia, reconhecer situação discriminatória de categorias não abrangidas pela regra isentiva e estender, por via transversa, benefício fiscal sem que haja previsão legal específica. AgRg no AREsp 248.264-RS, Rel. Min. Mauro Campbell Marques, julgado em 27/11/2012." **STF:** "Sob o pretexto de tornar efetivo o princípio da isonomia tributária, não pode o Poder Judiciário estender benefício fiscal sem que haja previsão legal específica. No caso em exame, a eventual conclusão pela inconstitucionalidade do critério que se entende indevidamente restritivo conduziria à inaplicabilidade integral do benefício fiscal. A extensão do benefício àqueles que não foram expressamente contemplados não poderia ser utilizada para restaurar a igualdade de condições tida por desequilibrada. (...)." (Trecho da ementa do RE 405.579)

DIREITO PROCESSUAL TRIBUTÁRIO

1. LEI DE EXECUÇÃO FISCAL (LEI 6.830/80)

(Cespe/AGU/Advogado/2012) *A concessionária X, contratada pelo poder público para explorar, conservar e manter a regularidade do tráfego em determinada rodovia federal mediante contraprestação dos usuários, encaminhou ofício ao poder concedente, informando que, após aquela data, enviaria os relatórios de débitos dos usuários para que a procuradoria do ente federativo executasse a cobrança. Em face dessa situação hipotética, discorra sobre a pertinência da conduta da concessionária, com base no disposto na Lei n. 4.320/1964, e estabeleça a distinção conceituai e classificatória entre preço público, tarifa, pedágio e taxa.*

Direcionamento da resposta

Nesta questão o candidato deve apontar qual a natureza da receita em discussão (taxa, pedágio, tarifa ou preço público) e com base na resposta em se tratando de taxa a conduta da concessionária teria sido correta, mas se se tratar das demais receitas, incorreta.

Sugestão de resposta

De acordo com a posição do STF pedágio e taxa não se confundem, bem como pedágio não é tributo.

Taxa é espécie de **tributo** que tem na sua materialidade uma atividade do Estado, servindo para remunerar o exercício do poder de polícia ou a utilização, efetiva ou potencial, de serviços públicos específicos e divisíveis, nos termos do art.145, II, da Constituição Federal. Por ser espécie tributária, está submetida a um regime de **direito público** e a ela se aplicam todas as limitações constitucionais ao poder de tributar (princípios da legalidade, anterioridade nonagesimal, noventena e do exercício financeiro, sua cobrança segue o rito especial da

Execução Fiscal, etc.). Na classificação do Direito Financeiro, se trataria de receita derivada (art. 9º da Lei 4.320/1964) e corrente (art. 11, § 1º, da referida Lei).

O **preço público** possui natureza contratual, sendo imprescindível para a validade de sua cobrança a efetiva utilização do serviço prestado ao usuário, de modo que não se admite a cobrança de preço público pela utilização em potencial do serviço, como ocorre validamente com a taxa.

Parte da doutrina diferencia preço público de **tarifa,** onde aquele seria utilizado para quando o serviço e a cobrança forem realizadas diretamente pelo Estado, e tarifa quando a prestação e a cobrança forem feitas por particular concessionário ou permissionário daquele serviço.

O **pedágio** é taxa ou preço público. De acordo com a Constituição, mesmo se fosse considerado tributo, sua cobrança será possível em razão da utilização de vias conservadas pelo Poder Público. Seria, nesse caso, um tipo especial de taxa que somente poderia ser cobrada pela utilização efetiva de um serviço, não admitindo a cobrança pela simples disponibilização da rodovia em condições de tráfego.

Diante deste impasse, há quem aplique aqui o critério da compulsoriedade na primeira acepção trazida acima: se o usuário puder licitamente se deslocar do ponto A para o B, sem necessariamente se valer da rodovia com pedágio, este possuirá natureza de preço público; agora se para chegar ao seu destino o usuário tiver que se valer da rodovia com pedágio, sua natureza será de taxa.

A jurisprudência do STF já considerou o pedágio taxa (RE nº 181.475), como também já entendeu ser preço público (ADI 800/MC).

O critério diferenciador da taxa e demais receitas está no enunciado da Súmula 545 do STF *"Preços de serviços públicos e taxas não se confundem, porque estas, diferentemente daqueles, são compulsórias e tem sua cobrança condicionada a prévia autorização orçamentária, em relação a lei que as instituiu".*

A súmula deixa claro que o STF além de ver diferença entre tais institutos, parece apontar não só umas das principais características da taxa, mas também o que seria um critério diferenciador entre ambos: a **compulsoriedade.**

Como estamos buscando responder a indagação feita acima, qual seja entender *o que justifica determinado serviço público ser remunerado por taxa enquanto outro é remunerado por tarifa*, é curial que busquemos um critério diferenciador.

O **critério da compulsoriedade**, que é aceito por diversos doutrinadores, pode ser entendido de duas formas: 1. Um serviço público será remunerado por taxa se não puder o administrado licitamente obter de outro modo aquela comodidade por ele proporcionada. Caso haja uma outra alternativa lícita ao administrado para obter a comodidade almejada, sua adesão ao serviço é considerada facultativa, devendo ser remunerado por preço público; ou 2. Sempre que a contraprestação a cargo do sujeito passivo independer de sua efetiva utilização, bastando que o serviço público seja disponibilizado pelo Estado ou por um concessionário, advindo o vínculo diretamente da lei, estaremos diante de uma taxa; agora se for necessário um contrato, mesmo que verbal ou de adesão, podendo o usuário optar em não receber aquele serviço público, estaremos diante de um preço público.

Então, onde não cabe o contrato, o serviço público será remunerado por taxa, pois não há que se falar em liberdade do usuário – trata-se de vínculo *ex lege*. Quando houver possibilidade de escolha por parte do administrado, aderindo ao contrato (seja ele de adesão, verbal, precedido de licitação ou não – exemplo: contrato de transporte coletivo), será o serviço remunerado por preço público.

Nada impede, então, que os preços públicos sejam juridicamente transformados em taxas. Para tanto, que se tornem, por lei, compulsórios; que os serviços a eles correspondentes sejam efetivamente prestados aos contribuintes, ou postos à sua disposição; e que aludidos serviços atendem aos requisitos da especificidade e divisibilidade.

Contudo, decidiu o STF na ADI 800 e ADI 4965 (Informativo 750) que o **pedágio** cobrado pela efetiva utilização de rodovias não tem natureza tributária, mas de preço público, consequentemente, não está sujeito ao princípio da legalidade estrita, sepultando expressamente o critério da via alternativa gratuita para definir a natureza jurídica do pedágio.

Desta forma, em se tratando de preço público, tarifa ou pedágio quando explorado pelo próprio Ente, ter-se-á uma receita originária em razão da obtenção de recursos pela exploração do Estado de seu próprio patrimônio, agindo como se particular fosse e não podendo utilizar seu poder coercitivo. De modo diverso, se se cuidasse de tributo (taxa) ter-se-ia receita de natureza derivada, recolhidas do setor privado por ato de autoridade, aplicando o poder coercitivo.

No caso em questão, aplicando o entendimento do Pleno do STF, a Corte realçou que essa discussão da natureza tributária ou não do pedágio teria sido contaminada pela figura do denominado "**selo-pedágio**", prevista na Lei 7.712/1988, reconhecido como **taxa** pelo STF. Contudo, fez questão de ressaltar em seu julgamento que essa exação seria compulsória a todos os usuários de rodovias federais, por meio de pagamento renovável mensalmente, independentemente da frequência de uso, cobrada antecipadamente, como contrapartida a serviço específico ou divisível, prestado ao contribuinte ou posto à sua disposição (critério da compulsoriedade). Consignou haver profundas diferenças entre o citado "**selo-pedágio**" e o **pedágio,** na forma em que atualmente disciplinado. Foi além, afirmando que esse último somente seria cobrado se, quando e cada vez que houvesse efetivo uso da rodovia, o que não ocorreria com o "**selo-pedágio**", que seria exigido em valor fixo, independentemente do número de vezes que o contribuinte fizesse uso das estradas durante o mês. Destacou que o enquadramento do **pedágio** como **taxa** ou preço público independeria de sua localização topológica no texto constitucional, mas seria relacionado ao preenchimento, ou não, dos requisitos previstos no art. 3º do CTN ("Tributo é toda prestação pecuniária compulsória, em moeda ou cujo valor nela se possa exprimir, que não constitua sanção de ato ilícito, instituída em lei e cobrada mediante atividade administrativa plenamente vinculada").

Assim, não sendo tributo, mas um preço contratual a ser cobrado pela própria concessionária, a cobrança compete a esta não sendo adequado o encaminhamento à Procuradoria para cobrança dos inadimplentes.

Entretanto, sendo tributo, competiria o encaminhamento à Procuradoria para inscrição em Dívida Ativa e posteriormente ajuizamento da execução fiscal.

(Esaf/PFN/Procurador/2006) *O § 3º do art. 2º da Lei n. 6.830/80 determina que a inscrição em dívida ativa "(...) suspenderá a prescrição, para todos os efeitos de direito, por 180 (cento e oitenta) dias ou até a distribuição da execução fiscal se esta ocorrer antes de findo aquele prazo.". Defenda a compatibilidade da regra com o sistema tributário nacional, considerando especialmente o disposto na alínea 'b', do inciso III do art. 146 da CRFB/1988 e a ausência de disposição a respeito no CTN.*

Direcionamento da resposta

O candidato deve abordar se há compatibilidade e demonstrar conhecimento da jurisprudência do STJ que definiu sua inconstitucionalidade para o crédito de natureza tributária.

Sugestão de resposta

O STJ, no Informativo 465, AI no Ag 1.037.765-SP, definiu o entendimento de que desde o regime da CF de 1967 (EC 01/1969) a prescrição e a decadência eram matérias reservadas à lei complementar por serem definidas como norma geral. Ressalte-se que, como explicado acima, a CF de 1967 (EC 01/1969) embora submetesse à lei complementar a definição de normas gerais em direito tributário, não as discriminava, acarretando, à época, dúvidas sobre o que seriam e o que não seriam normas gerais, o que importava se lei ordinária ou lei complementar poderia definir determinados institutos em direito tributário, pois a CF exigia que se se tratasse de norma geral, deveria ser definida por LC.

A CRFB em seu art. 146, repetindo a CF anterior, também definiu que LC estabeleceria normas gerais em direito tributário, mas discriminou quais institutos necessariamente são definidos como normas gerais, como o caso da prescrição e decadência entre outros e, assim, exigem sua definição por lei complementar.

Neste caso decidido pelo STJ, em incidente de inconstitucionalidade por sua Corte Especial, se entendeu pela inconstitucionalidade parcial sem redução de texto do disposto no § 2º do art. 8º e § 3º do art. 2 ambos da Lei 6.830/1980 (LEF), que dispõem respectivamente que "o despacho do juiz que ordenar a citação interrompe a prescrição" e "a inscrição em dívida ativa, suspenderá a prescrição, para todos os efeitos de direito, por 180 dias, ou até a distribuição da execução fiscal, se esta ocorrer antes de findo aquele prazo".

Importante observar que o controle da constitucionalidade do dispositivo foi realizado ao tempo em que a lei foi publicada e entrou em vigência, no caso, em 1980, sendo parametrizada com a CF de 1967 (§ 1º do art. 18 da EC 01/1969).

Isto porque, a Corte Especial do STJ entendeu que apesar da referida CF de 1967 (EC 1/1969) não definirem expressamente quais seriam normas gerais de direito tributário, como fez a CRFB de 1988, o conceito de prescrição e decadência já deveriam ser estabelecidos por LC por se enquadrarem como normas gerais. Assim, como a LEF é lei ordinária e a CF de 1967 (Ec 01/1969) exigiam à época LC para tratar de normas gerais, ela violou a constituição no momento de sua edição.

Poderia se pensar por que esses dispositivos questionados da LEF não foram recepcionados pela CRFB e a resposta seria simples, porque à época de sua vigência (1980) a CF de 1967 (EC 01/1969) já exigiria a edição de lei complementar para definir prescrição e decadência e suas hipóteses de suspensão e interrupção do prazo prescricional. Ora, se a lei que deve ser compatível com a constituição vigente já nasce com vício de inconstitucionalidade, não há falar-se em recepção, pois afrontou o ordenamento vigente à época, sendo incompatível com a constituição já nasceu com vício de inconstitucionalidade.

Cuidado que tal argumento não se confunde com a recepção do CTN como lei complementar, pois neste caso, como o direito brasileiro não admite a inconstitucionalidade formal superveniente, se uma lei obedeceu os trâmites legislativos exigidos à época, ou seja, à forma estabelecida pela CF e o seu conteúdo material não afronta a nova constituição, o diploma será recepcionado ainda que a nova constituição exija uma nova forma para elaboração da matéria tratada. Neste caso, se a CF à época previa que dada matéria fosse veiculada por Decreto-Lei e a nova CF não prevê mais o DL como instrumento normativo, mas o conteúdo do DL é compatível com a nova constituição, então será recepcionado com o status formal que a nova constituição exigir para a matéria. Deve ser lembrado que o CTN é lei ordinária elaborado sob a égide da CF de 1946 que não previa o instituto da LC. Assim, quando o regime constitucional de 1967 (EC 01/1969) passou a exigir que norma geral em matéria tributária fosse veiculada por LC, foi recepcionado com status de LC, ocorrendo o mesmo com a CF de 1988 que recepcionou o CTN como LC.

Assim, lei ordinária já não poderia dispor sobre interrupção e suspensão de prescrição tributária em 1980, pois afrontava o regime constitucional à época de 1967 (EC 01/1969).

Para finalizar o assunto, fica a pergunta: Por que o STJ decidiu pela inconstitucionalidade parcial sem redução de texto dos referidos dispositivos da LEF e não pela total? A resposta é simples. A LEF cuida dos processos de execução fiscal cujo crédito exequendo pode ser tributário (dívidas tributárias) ou não tributário (dívidas não tributárias, como, p.ex., execução fiscal de multas).

Assim, para execução fiscal de créditos não tributários os referidos dispositivos sempre foram válidos e continuam em vigor, já que a exigência de LC somente se faz presente em norma geral de direito tributário.

(Esaf/PFN/Procurador/2006) *De acordo com a legislação e, especialmente, com a jurisprudência, discorra sobre a possibilidade e a viabilidade, na execução fiscal, do requerimento, pela União (Fazenda Nacional), de penhora sobre: (i) saldo ou movimento de conta bancária no país e/ou (ii) receita corrente bruta (ou "faturamento") de contribuinte-executado pessoa jurídica.*

Direcionamento da resposta

O candidato deverá demonstrar conhecimento da jurisprudência do STJ e da progressão legislativa sobre a matéria.

Com efeito, a Primeira Seção do Superior Tribunal de Justiça (STJ) afetou três recursos especiais relativos à penhora sobre o faturamento de empresa para julgamento sob o rito dos recursos repetitivos. Cadastrada como **Tema 769**, a controvérsia trata *"da necessidade de esgotamento das diligências como* *pré-requisito para a penhora do faturamento; da equiparação da penhora de faturamento à constrição preferencial sobre dinheiro, constituindo ou não medida excepcional no âmbito dos processos regidos pela Lei 6.830/1980; e da caracterização da penhora do faturamento como medida que implica violação do princípio da menor onerosidade".*

O colegiado determinou a suspensão dos processos pendentes que versem sobre a questão delimitada em todo o território nacional, até o julgamento dos recursos e a definição da tese.

Vale permanecer atento ao deslinde do tema, visto que poderá ser cobrado novamente no certame que se aproxima.

Sugestão de resposta

A controvérsia gira em torno da possibilidade de bloqueio de ativos financeiros do executado, pelo sistema BACENJUD, antes de efetuadas as diligências para localização de outros bens do devedor.

Antes da vigência da Lei 11.382/2006, o STJ perfilhava o entendimento pela Primeira Seção de que a penhora sobre ativos financeiros somente seria possível pela Fazenda credora se esta tivesse esgotado todos os meios de diligências na busca de bens penhoráveis. Posteriormente, todavia, a questão foi objeto de nova decisão pela Primeira Seção desta Corte, em recurso representativo de controvérsia (REsp 1.184.765/PA, Rel. Min. LUIZ FUX, Dje 03.12.2010), que, seguindo orientação da Corte Especial deste Superior Tribunal de Justiça, no julgamento do REsp 1.112.943/MA, também sob o rito do art. 543-C do CPC e da Resolução 8/STJ, realizado em 15.09.2010, da relatoria da ilustre Ministra Nancy Andrighi, firmou o entendimento de que o bloqueio de dinheiro ou aplicações financeiras, na vigência da Lei 11.382/2006, que alterou os arts. 655, I, e 655-A do CPC, prescinde da comprovação, por parte do exequente, do esgotamento de todas as diligências possíveis para a localização de outros bens, antes do bloqueio on-line. Ressalte-se que a penhora sobre o faturamento sempre foi possível desde que, neste caso, se cuidasse de medida excepcional e que não inviabilizasse o funcionamento regular da empresa.

Atualmente, a questão encontra-se submetida a julgamento no âmbito do STJ em tema repetitivo, a fim de que sejam definidadas: i) da necessidade de esgotamento das diligências como pré-requisito para a penhora do faturamento; ii) da equiparação da penhora de faturamento à constrição preferencial sobre dinheiro, constituindo ou não medida excepcional no âmbito dos processos regidos pela Lei 6.830/1980; e iii) da caracterização da penhora do faturamento como medida que implica violação do princípio da menor onerosidade.

Deste modo, há determinação de suspensão do processamento de todos os processos pendentes, individuais ou coletivos, que versem acerca da questão delimitada e tramitem no território nacional.

(Esaf/PFN/Procurador/2012) *Quatro anos após a constituição definitiva do crédito tributário, a União promoveu execução fiscal contra Jabuticaba Comércio Ltda. Ao tentar citar a executada, o Oficial de Justiça certificou que a empresa não se localizava no endereço indicado na petição inicial, pois já encerrara suas atividades. O Procurador da Fazenda Nacional comprovou que o endereço indicado era aquele que constava dos registros fiscais e empresariais da pessoa jurídica e requereu, então, o redirecionamento do feito contra o sócio que figurava como gerente à época do fato gerador e que permaneceu nessa condição quando da dissolução da empresa. O pedido de redirecionamento foi efetuado e deferido dois anos e meio após o ajuizamento da execução fiscal. Devidamente citado, e tendo sido penhorado seu automóvel, o sócio opôs, no prazo legal, embargos do executado, por meio do qual alegou a ocorrência de prescrição, já que se passaram mais de cinco anos entre a data da constituição do crédito tributário contra a pessoa jurídica e a data da citação do sócio no processo de execução fiscal. Como Procurador da Fazenda Nacional, apresente os argumentos a serem utilizados na impugnação aos embargos do executado, a fim de sustentar a legitimidade do redirecionamento.*

Direcionamento da resposta

Antes de mais nada, convém mencionar que tal questão é deveras complexa e exigiria do candidato elevada capacidade de síntese, de sorte que 10 (dez), 20 (vinte) ou até 30 (trinta) linhas são insuficientes para apresentação de uma resposta completa, máxime em eventual prova de Procurador da Fazenda Nacional.

Assim, considerando que o novo certame se aproxima e há virada paradigmática no enfrentamento do tema, chamo a atenção para possibilidade de questionamento deste conteúdo não apenas em eventual questão discursiva, mas também em questionamentos de natureza prática (parecer ou peça processual).

De início, a fim de entender a dinâmica do ponto de vista da Procuradoria da Fazenda Nacional, sugiro aos candidatos a leitura do PARECER PGFN/CRJ/Nº 12/2018[32] em conjunto com a Nota SEI nº 11/2020/COJUD/CRJ/PGAJUD/

32. Cuida o presente de consultas formuladas pela Procuradoria-Regional da Fazenda Nacional na 4ª Região – PRFN4, objetivando a uniformização e segurança na atuação em sede de execução

PGFN-ME[33], cujo teor é de natureza pública e resultado de análise interna da PGFN acerca do tema.

Ademais, propriamente no que toca ao enunciado acima, o candidato deveria abordar sobre a prescrição ou não para o redirecionamento dos sócios e as teses em conflito no STJ que culminaram na decisão proferida no âmbito do Tema 444 em 2019, bem como de forma periférica abordar os principais pontos de dissolução irregular. Dificilmente esse tema não será cobrado no próximo certame, visto que é um assunto muito sensível do dia a dia no âmbito da Procuradoria da Fazenda Nacional.

Com efeito, foi submetida a julgamento a controvérsia acerca da prescrição para o redirecionamento da Execução Fiscal, no prazo de cinco anos, contados da citação da pessoa jurídica, à posterior dissolução irregular da sociedade empresária.

O tema restou pacificado na forma abaixo, nos termos do julgamento realizado pelo Superior Tribunal de Justiça:

1. o prazo de redirecionamento da Execução Fiscal, fixado em cinco anos, contado da diligência de citação da pessoa jurídica, é aplicável quando o referido ato ilícito, previsto no art. 135, III, do CTN, for precedente a esse ato processual;
2. a citação positiva do sujeito passivo devedor original da obrigação tributária, por si só, não provoca o início do prazo prescricional quando o ato de dissolução irregular for a ela subsequente, uma vez que, em tal circunstância, inexistirá, na aludida data (da citação), pretensão contra os sócios-gerentes (conforme decidido no REsp 1.101.728/SP, no rito do art. 543-C do CPC/1973, o mero inadimplemento da exação não configura ilícito atribuível aos sujeitos de direito descritos no art. 135 do CTN). O termo inicial do prazo prescricional para a cobrança do crédito dos sócios-gerentes infratores, nesse contexto, é a data da prática de ato inequívoco indicador do intuito de inviabilizar a satisfação do crédito tributário já em curso de cobrança executiva

---

fiscal, especificamente no trato do marco inicial, na hipótese de inobservada a sistemática do artigo 40 da Lei de Execuções Fiscais, e respectivas causas de interrupção da prescrição intercorrente.

33. Trata-se de pedido de solução de dúvida proposta pela Procuradoria da Fazenda Nacional no Estado de Rondônia (PFN/RO) e solicitação de Nota Explicativa realizada pela Coordenação-Geral da Representação Judicial da Fazenda Nacional (CRJ/PGFN) sobre os reflexos do julgamento em sede de recursos repetitivos no Recurso Especial do Tema no 444, relativo às causas interruptivas do prazo prescricional posteriores à citação para fins de redirecionamento da execução fiscal.

promovida contra a empresa contribuinte, a ser demonstrado pelo Fisco, nos termos do art. 593 do CPC/1973 (art. 792 do novo CPC - fraude à execução), combinado com o art. 185 do CTN (presunção de fraude contra a Fazenda Pública); e

3. em qualquer hipótese, a decretação da prescrição para o redirecionamento impõe seja demonstrada a inércia da Fazenda Pública, no lustro que se seguiu à citação da empresa originalmente devedora (REsp 1.222.444/RS) ou ao ato inequívoco mencionado no item anterior (respectivamente, nos casos de dissolução irregular precedente ou superveniente à citação da empresa), cabendo às instâncias ordinárias o exame dos fatos e provas atinentes à demonstração da prática de atos concretos na direção da cobrança do crédito tributário no decurso do prazo prescricional.

Como é deveras paradigmático, creio que a citação expressa da posição sedimentada pelo STJ não pode deixar de ser realizada em futuros questionamentos. Assim, segue abaixo sugestão de resposta.

Sugestão de resposta

Primeiro ponto, aponta-se o teor da Súmula 430 STJ: *"O inadimplemento da obrigação tributária pela sociedade não gera, por si só, a responsabilidade solidária do sócio-gerente."* Ademais, temos sobre o tema o disposto no Art. 135, III, CTN: *"Art. 135. São pessoalmente responsáveis pelos créditos correspondentes a obrigações tributárias resultantes de atos praticados com excesso de poderes ou infração de lei, contrato social ou estatutos: III – os diretores, gerentes ou representantes de pessoas jurídicas de direito privado."*

Relativamente à dissolução irregular, faz-se mister ressaltar o teor do enunciado na Súmula 435 STJ: *"Presume-se dissolvida irregularmente a empresa que deixar de funcionar no seu domicílio fiscal, sem comunicação aos órgãos competentes, legitimando o redirecionamento da execução fiscal para o sócio-gerente."* E que *a certidão emitida por oficial de justiça, atestando que a empresa devedora não funciona mais no endereço constante dos seus assentamentos na junta comercial, constitui indício suficiente de dissolução irregular e autoriza o redirecionamento da execução fiscal contra os sócios-gerentes.*

Por outro lado, atualmente a jurisprudência do STJ se consolidou no âmbito do Tema 444, mais precisamente na sistemática dos recursos repetitivos, estabelecendo quanto ao prazo prescricional a síntese do confronto de duas teorias que se debatiam no seio do Tribunal por muito tempo: **Teoria da *Actio Nata*** – momento lesão, ou seja inicia-se o prazo de 5 anos ou pela inércia da Fazenda credora em praticar atos de busca de satisfação do crédito ou se inicia da lesão ao direito do credor quando a certidão atesta o indício de dissolução, esta mais favorável para a Fazenda em contraposição de que o prazo prescricional para o redirecionamento se inicia a contar do despacho do cite-se (AgRg no REsp 1.193.377/SP e REsp 1.222.444/RS x REsp 1.095.687/SP – **cinco anos do despacho do cite-se.**

Com efeito, atento à necessidade de corrigir distorções na aplicação da lei federal, o STJ reconheceu ser preciso distinguir situações jurídicas que, por possuírem características peculiares, afastam a exegese tradicional, de modo a preservar a integridade e a eficácia do ordenamento jurídico. Nesse sentido, analisou precisamente hipóteses em que a prática de ato de infração à lei, descrito no art. 135, III, do CTN (como, por exemplo, a dissolução irregular), ocorreu após a citação da pessoa juridica, modificando para momento futuro o termo inicial do redirecionamento.

Efetivamente, não se pode dissociar o tema em discussão das características que definem e assim individualizam o instituto da prescrição, quais sejam a violação de direito (***ACTIO NATA***), da qual se extrai uma pretensão exercível, e a cumulação do requisito objetivo (transcurso de prazo definido em lei) com o subjetivo (inércia da parte interessada).

Nesse diapasão, o tema restou pacificado na forma abaixo, nos termos do julgamento realizado pelo Superior Tribunal de Justiça:

1. o prazo de redirecionamento da Execução Fiscal, fixado em cinco anos, contado da diligência de citação da pessoa jurídica, é aplicável quando o referido ato ilícito, previsto no art. 135, III, do CTN, for precedente a esse ato processual;
2. a citação positiva do sujeito passivo devedor original da obrigação tributária, por si só, não provoca o início do prazo prescricional quando o ato de dissolução irregular for a ela subsequente, uma vez que, em tal circunstância, inexistirá, na aludida data (da citação), pretensão contra os sócios-gerentes (conforme decidido no REsp 1.101.728/SP, no rito do art. 543-C do CPC/1973, o mero inadimplemento da exação não configura ilícito atribuível aos sujeitos de direito descritos no art. 135 do CTN). O termo inicial do prazo prescricional para a cobrança do crédito dos sócios-gerentes infratores, nesse contexto, é a data da prática de ato inequívoco indicador do intuito de inviabilizar a satisfação do crédito tributário já em curso de cobrança executiva promovida contra a empresa contribuinte, a ser demonstrado pelo Fisco, nos termos do art. 593 do CPC/1973 (art. 792 do novo CPC - fraude à execução), combinado com o art. 185 do CTN (presunção de fraude contra a Fazenda Pública); e

3. em qualquer hipótese, a decretação da prescrição para o redirecionamento impõe seja demonstrada a inércia da Fazenda Pública, no lustro que se seguiu à citação da empresa originalmente devedora (REsp 1.222.444/RS) ou ao ato inequívoco mencionado no item anterior (respectivamente, nos casos de dissolução irregular precedente ou superveniente à citação da empresa), cabendo às instâncias ordinárias o exame dos fatos e provas atinentes à demonstração da prática de atos concretos na direção da cobrança do crédito tributário no decurso do prazo prescricional.

Nessa ordem de ideias, considerando a premissa de que o inadimplemento da obrigação tributária não é por si só causa suficiente a embasar o redirecionamento da execução fiscal, a ocorrência de evento motivador do redirecionamento, via de regra, apenas será verificada no curso da relação processual-executiva, em momento, via de regra, posterior à citação da empresa. É que, uma vez após a citação da empresa executada e da verificação de que ela se dissolveu irregularmente, arruinando seu patrimônio sem o adimplemento de suas obrigações fiscais, estará aberta a via do redirecionamento ou a partir da citação, caso o referido ato ilícito, previsto no art. 135, III, do CTN, for precedente a esse ato processual.

Não prevaleceu, portanto, o entendimento que leva em consideração elemento exclusivamente objetivo – qual seja, o transcurso do lapso temporal a partir da citação da empresa –, sem levar em conta, também, elemento de ordem subjetiva – a saber, a efetiva inércia do credor a partir do surgimento da pretensão a seu favor.

Assim, plenamente possível se afigura a conciliação entre a vedação à imprescritibilidade da obrigação tributária e o princípio da *actio nata*, como definiu o Superior Tribunal de Justiça.

EDITORA JusPODIVM
www.editorajuspodivm.com.br

COLOR system
gráfica digital e offset

JUS2580